前言

PREFACE

党的二十大报告指出，2012—2022 年间，我们实行更加积极主动的开放战略，共建“一带一路”成为深受欢迎的国际公共产品和国际合作平台，我国成为一百四十多个国家和地区的主要贸易伙伴，货物贸易总额居世界第一，吸引外资和对外投资居世界前列，形成更大范围、更宽领域、更深层次对外开放格局。2021 年中国对外货物贸易总额达到 6.05 万亿美元，服务贸易总额突破 8 000 亿美元。中国不仅是“世界工厂”，也是“世界市场”。特别是在疫情对全球供应链持续冲击的背景下，2021 年中国进口对全球进口增长的贡献率达到 13.4%，有力促进了世界经济的复苏。

习近平总书记在党的二十大报告中指出，推进高水平对外开放，稳步扩大规则、规制、管理、标准等制度型开放，加快建设贸易强国，推动共建“一带一路”高质量发展，维护多元稳定的国际经济格局和经贸关系。在世界面临百年未有之大变局的情况下，经济全球化你中有我、我中有你的发展总趋势并没有改变。但受种种因素影响，多边贸易体制发展坎坷，贸易投资保护主义升温，贸易摩擦政治化倾向抬头，经贸摩擦在大国之间频频发生。虽然当前国际局势持续复杂变化，但共建“一带一路”持续展现强大的韧性和旺盛的活力，为全球开放合作和世界经济复苏注入了强劲的动能。因此，高水平的国际商务人才必须对国际市场有很好的掌握并具备较强的营销技能，才能在中国建设“贸易强国”的进程中贡献自己的力量。

教材是育人育才的重要依托，教材建设是铸魂工程。教材是学校教育教学的基本依据，是解决“培养什么人、怎样培养人、为谁培养人”这一根本问题的重要载体，是贯彻党的教育方针、实现教育目标不可替代的重要抓手。习近平总书记强调，要加强教材建设和管理，牢牢把握正确政治方向和价值导向，用心打造培根铸魂、启智增慧的精品教材。

本书就是落实习近平总书记指示，立足开放型世界经济，为高等院校经济管理类本科生、研究生所编写的关于国际市场营销的教材。

本教材在编写过程中，本着博采众长、务实管用的原则，坚持“课程思政”和文化自信，通过借鉴马克思主义基本原理和全球市场营销学的相关理论，总结国际营销的经验案例，并结合国际性企业的国际营销实践，系统地梳理和讲解了国际营销理论新的概念、方法和技术。与同类别国际市场营销学教材相比，本书的特色在于：

（1）注重理论与实践紧密结合。本书理论部分的介绍充分借鉴了国内外相关学科数十年来的研究成果，并形成了体系，为实践部分的学习和掌握奠定了坚实的理论基础；同时，本书结合了大量案例和实践总结，将理论知识融入了实操策略与技术，使读者能够准确地掌握营销策略，并加深对理论部分的理解。本书还运用马克思主义唯物史观的方法分析了国际市场的发展历史，让读者对世界市场的形成及发展有更为清晰而深刻的认识。

（2）注重结构安排的合理性。从全书结构安排来看，本书以国际市场营销的基本内容和理论为基础，依次介绍了国际市场营销导论、国际市场的结构与特点、国际市场营销环境、国际市场营销的客户调研与谈判、国际市场与需求分析、国际市场营销过程、国际市场营销管理、国际市场营销组合策略（产品策略、定价策略、渠道策略、促销策略），以及主要国际营销市场等。从各章的结构安排来看，各章开头均设有“学习目标和重点”“导入案例”等栏目，正文中设有“新闻专栏”“案例”等栏目，并在章末设置“本章小结”“关键术语”“辅助材料推荐”“本章思考题”。此外，本书还在每章末以二维码的方式为读者提供拓展阅读。“学习目标和重点”使读者在学习中更有针对性；“导入案例”引人入胜，快速吸引读者眼球，激发学习兴趣；“案例”与正文呼应，是对本章所学内容的灵活运用，引发读者对实际问题的思考；“本章思考题”中的题目强化了读者对本章知识的掌握。这样的内容设计使全书内容紧密相连，形成了统一的、立体的国际市场营销教学体系。

（3）注重突出案例的作用。本书中涉及实践操作部分的内容，都尽量采用案例来加以说明，案例选材紧扣主题、新颖活泼、实用生动、引人入胜，使读者能够加深对知识的理解并熟练运用国际市场营销策略与技巧。

另外，本书的一个重要特点就是设置“拓展阅读”二维码，专门介绍和分析国际市场营销中的经典案例，这些经典案例都是近年来国际市场营销中的热点焦点问题。通过对这些经典案例的分析，不仅能够使读者切身感受到国际市场营销的魅力，认识到国际市场营销在国际贸易中的重要作用，同时也是对前面所学知识的综合性训练和检验。

本书由中国人民大学世界经济研究中心主任黄卫平教授担任主审，中国人民大学世界经济研究中心副主任、北京大学欧盟经济与战略研究中心研究员丁凯和温州大学商学院黄剑教授以及对外经济贸易大学胡玫副教授担任主编，南方科技大学陈能军副教授、中国劳动关系学院宋洋博士担任副主编。黄卫平、丁凯负责拟定提纲，编写主要内容，并对全书进行了审定与统稿。中国人民大学经济学院彭刚教授、韩玉军教授提供了宝贵的专业意见。对外经济贸易大学的郝晓萌、秦洁瑶参与了资料整理和相关写作。

本书是在借鉴国内外众多专家、学者和业内人士的成果与经验的基础上完成的，我们在此深表谢意！由于编者知识水平的限制，本书中的不足和疏漏之处在所难免，恳请广大读者提出宝贵意见，以便进一步修订完善。

编者

目录

CONTENTS

第一章
国际市场营销导论

学习目标和重点

- 国际市场营销的概念与内涵
- 国际市场营销的任务
- 国际市场营销的基本类型
- 国际市场营销的理论基础
- 国际市场营销观念发展的阶段
- 国际市场营销的发展演变

导入案例

美国连锁咖啡公司星巴克于1971年成立，总部坐落于美国华盛顿州西雅图市，它也是全球最大的咖啡连锁店。在美国和加拿大的学生与城市白领人群中，星巴克是流行的代名词之一，它除了销售咖啡外，也提供茶、蛋糕等商品，部分星巴克店甚至与超级市场、书店等结盟，于与其合作的店铺内觅地开业。

星巴克服务的标准是：在每一位顾客点好餐后当场制作，立即端给顾客。星巴克的招牌武器是提供一种质地浓稠、口味独特、气味芳香的浓缩咖啡，其成功之处就是在平凡中创新——在一致性的服务氛围中，提供因地制宜的商品及服务，近年来更在绿色环保及公平交易等多方面努力并取得成效。

在面对庞大的咖啡市场及众多的咖啡品牌夹击下，星巴克持续地推出可以感动人心的产品，给消费者留下深刻印象且提供感性的价值。星巴克深信，做好员工关系管理，培养出忠诚的员工，他们也就服务出了高度忠诚的客户，如此品牌才能延续。

尽管星巴克拥有广大的客源，却仍感受到压力，对于商品的营销不断地推陈出新。虽然现在的人对于饮食上比较舍得消费，但是仍然有许多对咖啡（质量）不挑剔的人认为星巴克的消费单价还是偏高，他们比较愿意去选择较低价位、质量也不会太差的咖啡，所以，面对可能会失去某部分的消费群，星巴克反而以不卖咖啡的定位打开市场，它推出套餐方案或另外提升附加价值的方案，并强化员工与消费者每一次互动及氛围以贴近更多的消费族群从而深化影响力。

正是在高超的国际市场营销策略下，星巴克建立起它的世界咖啡王朝。

党的二十大报告提出，发展数字贸易，加快建设贸易强国，推动共建“一带一路”高质量发展，深度参与全球产业分工和合作，维护多元稳定的国际经济格局和经贸关系。这为中国高质量开展国际经贸活动指明了方向，提供了根本遵循。

2018 年 11 月 5 日，习近平主席在出席首届中国国际进口博览会开幕式时发表题为《共建创新包容的开放型世界经济》的主旨演讲，强调开放合作是增强国际经贸活力的重要动力；立足当今，开放合作是推动世界经济稳定复苏的现实要求；放眼未来，开放合作是促进人类社会不断进步的时代要求。各国都应该积极推动开放合作，实现共同发展，开创人类更加美好的未来。中国推动更高水平开放的脚步不会停滞，推动建设开放型世界经济的脚步不会停滞，推动构建人类命运共同体的脚步不会停滞。

开放型世界经济的构建和经济全球化的深入，既给从事国际化经营的企业带来了更多的市场机会，同时也使企业面临日趋激烈的国际市场竞争。在机遇与挑战并存的条件下，企业为寻求更为广阔的国际市场空间和生存发展机会，迫切需要理论和实践的指导。国际市场营销学就是在全球化背景下，指导和帮助企业面对复杂多变的国际市场营销环境做出正确判断和决策的营销学专门学科。

第一节　国际市场营销的含义

市场的经济学定义为：一定时空下商品供求关系的总和。而在营销学中，买方构成市场，卖方构成行业。市场＝消费者＋购买力＋欲望。进而，市场营销就是为满足人的需求和欲望而利用市场来实现潜在交换的活动。即以顾客需要为出发点，组织整体性经营活动，以适应、满足、影响这种需要，并将所需商品和服务送到消费者手中，完成总体经营目标。

国际市场，亦称世界市场，是在世界范围内因国际分工和经济联系而进行商品、服务、技术等交换活动的场所，是国际经济体系的一个重要组成部分。

一、从国内营销到国际营销

商品经济社会的市场营销均存在两个方面：一是宏观市场营销；二是微观市场营销。

宏观市场营销是把市场营销活动与社会联系起来，着重阐述市场营销与满足社会需要、提高社会经济福利的关系，是一种重要的社会过程。微观市场营销是指企业活动或企业职能，研究如何从顾客需求出发，将产品或劳务从生产者转到消费者手中，实现企业营利目的。

有些学者从宏观角度对市场营销下定义。例如，美国学者杰罗姆·麦卡锡（Jerome McCarthy）把市场营销定义为一种社会经济活动过程，其目的在于满足社会或人类需要，实现社会目标。又如，“现代营销学之父”菲利普·科特勒（Philop Kotler）则指出：“市场营销是与市场有关的人类活动。市场营销意味着和市场打交道，为了满足人类需要和欲望，去实现潜在的交换。”还有些定义是从微观角度来表述的。例如，美国市场营销协会于1960年对市场营销下的定义是：市场营销是“引导产品或劳务从生产者流向消费者的企业营销活动”。杰罗姆·麦卡锡于1960年也对微观市场营销下了定义：市场营销“是企业经营活动的职责，它将产品及劳务从生产者直接引向消费者或使用者以便满足顾客需求及实现公司利润”。两种定义都说明，市场营销活动是在产品生产活动结束时开始的，中间经过一系列经营销售活动，当商品转到用户手中就结束了，因而把企业营销活动仅局限于流通领域的狭窄范围，而不是视为企业整个经营销售的全过程，即包括市场营销调研、产品开发、定价、分销广告、宣传报道、销售促进、人员推销、售后服务等。菲利普·科特勒于1984年对市场营销又下了定义：市场营销是指企业的这种职能，“认识目前未满足的需要和欲望，估量和确定需求量大小，选择和决定企业能最好地为其服务的目标市场，并决定适当的产品、劳务和计划（或方案），以便为目标市场服务”。美国市场营销协会则于1985年对市场营销下了更完整和全面的定义：市场营销“是对思想、产品及劳务进行设计、定价、促销及分销的计划和实施的过程，从而产生满足个人和组织目标的交换”。这一定义比前面的诸多定义更为全面和完善。主要表现是：（1）产品概念扩大了，它不仅包括产品或劳务，还包括思想；（2）市场营销概念扩大了，市场营销活动不仅包括营利性的经营活动，还包括非营利性的组织活动；（3）强调了交换过程；（4）突出了市场营销计划的制订与实施。

一般地，我们将市场营销定义为个人和群体通过创造并同他人交换产品和价值以满足需求和欲望的一种社会和管理过程。此定义建立在下列核心概念的基础之上：需求、产品、效用、交换、市场、营销。图1-1表明了上述概念之间的逻辑关系。在国际商务中，市场营销一般是指一个企业所进行的各种与市场相关的营利活动，包括：市场调查与分析；市场细分与目标市场的选择；产品或服务的开发；产品或服务的定价；经过一定的分销渠道，向市场供应这些产品或服务；使用某种促销手段，向市场传递信息并说服人们购买。此外，还包括对所有这些活动的计划、组织和控制。

市场营销学的研究对象是市场营销活动及其规律，即研究企业如何识别、分析评价、选择和利用市场机会，从满足目标市场顾客需求出发，有计划地组织企业的整体活动，通过交换，将产品从生产者手中转向消费者手中，以实现企业营销目标。

市场营销作为一种通过创造产品和价值并进行交换满足消费者需要的社会和管理过程，根据是否跨越国界，可细分为国内市场营销和国际市场营销。国际市场营销包括所有国内市场营销所进行的活动，其特征不是进行的活动本身，而是如何进行这些活动，

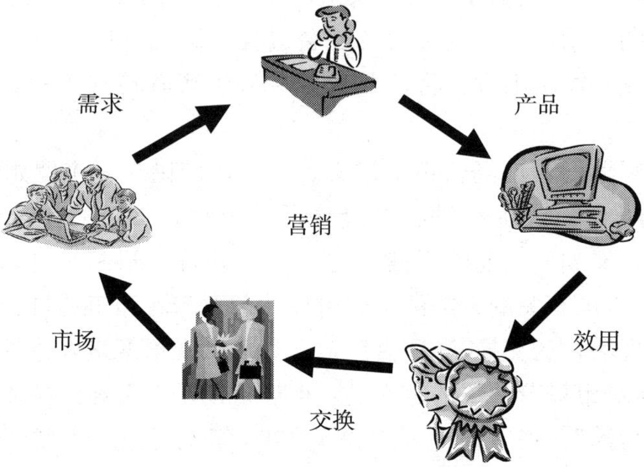

图 1-1　市场营销的概念

即进行这些活动的方式。

二、市场营销观念发展的阶段

1. 生产观念阶段（19 世纪末 20 世纪初）

背景：新技术发展加快并大量采用，经济增长迅速，但国民收入还很低，产品不够丰富，市场呈现供不应求的现象。其实质内容是“我们会生产什么，就卖什么”，藐视消费者。这种观念主要依赖于两个重要前提：

第一，消费者的注意力只集中在是否买得起和价格便宜与否上；

第二，消费者并不了解同类产品还有非价格差异（如质量、花色品种、造型、外观等差异）。

其导致的结果就是：各企业将工作重点放在如何有效利用生产资源及提高劳动生产率，以获得最大产量及降低生产成本上。在这种观念的指导下，生产和销售的关系必然是“以产定销”。

案例 1-1

福特的 T 型“世纪车”

美国福特的 T 型车于 1908 年 10 月 1 日推出，很快就令千百万美国人着迷。它为人们提供了远距离旅行的可能和更多的机遇且价格也很合理，最初的售价为 850 美元/台。随着设计和生产的不断改进，最终降到了 260 美元/台。第一年，T 型车的产量达到 10 660 辆，创下了汽车行业的纪录。到了 1921 年，T 型车的产量已占世界汽车总产量的 56.6%。福特强调：只要产品价格便宜，美国人能够买得起，汽车就能够销售出去。从严格意义上看，营销在这个阶段并不真正存在。企业的营销战略与手段非常简单，就是降低成本，低价格制造。

产品销售的核心因素是价格和产品，其他销售手段都处于辅助状态。比如，在方便大家购买的地方设立销售网点，提供简单的汽车维修服务。品质质量即使出现一些问题也没有关系，在汽车刚刚诞生的早期，消费者实际上没有选择，只有福特公司能够提供大家买得起的汽车。特定的环境、特定的战略使福特公司在1920年前后达到了企业发展的顶峰，产品市场占有率达到全球75%。

而中国汽车行业在1992年之前也处于这个阶段。由于产品非常有限，只有一个桑塔纳轿车，在这个阶段的后期即1991年我国引进了奥迪100，但是总体上看，产品数量有限，供不应求。有限的产品通过国家设立的物资贸易公司计划分配给各个地区，各个地区的用户必须到“控办”审批指标才能购买。汽车公司只要按照国家计划把产品生产出来就可以了，而国家则根据需要的程度分配汽车。各省市汽贸公司只不过履行一个交车手续而已。

产品短缺导致早期参与竞争的企业获得了巨大利润，这使得现有企业扩大生产，而新企业也积极进入汽车产业，于是竞争出现了。尽管在这个阶段竞争水平很低，但是已经迫使汽车厂家开始进行多方面的营销创新，营销实践与理论开始进入第二个阶段。

2. 产品观念阶段（20世纪20年代）

背景：各行业竞争加剧，由于卖方市场的存在，人们开始有较多的产品可以选择，也开始注意产品的质量。其深层次实质是强调企业生产的产品以质、以廉取胜。企业经营的核心在于产品，而非消费需求。

人们对质量产生了两个疑问：（1）所谓质量到底是谁眼中的质量？（2）质量是不是越高越好？

这种认知的结果是：形成产品自恋症、营销近视症，企业迷恋自己的产品，而看不到需求的变化。

此阶段营销的突出特征，就是以往简单依靠产品与价格的厂家为了赢得市场，销售产品时开始使用多个销售工具。比如，开发新的产品，调整价格，进行广告宣传与品牌塑造，创新销售渠道等。这个阶段的代表是通用汽车。

案例1-2

通用汽车的市场细分

通用汽车在20世纪20年代初期，一度在福特低价格单一产品战略下濒临破产。面对福特的压力，其时任掌门人阿尔弗雷德·斯隆（Alfred Sloan）进行了现代意义上的营销战略创新。通用从不同层次消费者的不同需要出发，发挥通用汽车多品牌的优势，对市场进行细分，并且针对不同市场推出了不同价位、不同品牌的产品，如用雪佛兰满足初级消费需求，用别克等产品满足中档消费者的需要，用凯迪拉克等产品满足高档消费者需要。由于产品面向不同购买能力的消费者，并且形成了针对不同消费者的产品、广告宣传和销售体系，以品牌为特征的汽车营销开始发展起来，而销售点也变成了具有品牌特征的专卖店。这种多功能创新对市场起到了有效的推动作用，1930年，通用汽车超过福特汽车公司，成为全世界最大的汽车公司。

---

3. 推销观念阶段（20 世纪 30 年代和 40 年代）

背景：全球从生产不足进入生产过剩，经济危机周期出现，有效需求不足。竞争越来越重要。产品供给稍有宽裕，并向买方市场转变。其实质内容是“我们卖什么，就让人们买什么”，不问消费者是否真正需要，不择手段地采取各种推销活动，把商品推销给消费者。强调不经过努力推销，消费者是不会大量购买企业生产的产品的。企业经营的核心在于推销和促销，而非消费需求。这种认知的结果直接导致企业管理工作全部为销货工作所淹没和代替。

案例 1-3

可口可乐在刚刚开放的中国的推销活动

1979 年，在中美建交三小时后，可口可乐宣布进入中国。之后的第三个星期，第一批可口可乐产品从香港经广州运到了北京，可口可乐再度返回了中国内地市场。可口可乐公司让中国的消费者见识了什么叫商品促销。一个周末，北京冬日的阳光下，可口可乐公司的职员戴着小红帽，举着标有可口可乐商标的彩色气球，在北京的各大商场推销可口可乐，买一瓶可乐，送一个气球或一双带包装的筷子，5 毛钱一瓶。一时间人潮如涌。据考证，这是中国现代市场上第一次卖场促销活动。

这次促销活动引起了很大震动，北京的一些报纸杂志立刻发表文章，抨击可口可乐，称这种做法“侵入中国，引进了资本主义经营方式”；北京的一家报纸在内参上登出文章——《“可口”未必“可乐”》，文章列举了可口可乐进入中国的数条罪状。在此后的一年中，可口可乐被严格地限制在外国人圈子中销售，“不准卖给中国人一瓶”。

后来，经过中粮的据理力争，可口可乐才获准恢复内销。

---

4. 市场营销观念阶段（二战后至 20 世纪 70 年代）

二战后，科技革命进一步兴起，军工转民用，生产效率大大提高，生产规模不断扩大，社会产品供应量剧增；高工资、高福利、高消费政策导致消费者购买力大幅度提高，需求和欲望不断发生变化；企业间的竞争进一步加剧，供过于求，市场竞争激烈。在这一阶段，“市场需要什么，就生产和推销什么”，“能卖什么，就生产什么”。结果导致企业的一切行为都要以市场的需要作为出发点，而又以满足市场的需要为归宿。企业的任务关键在于断定目标市场消费者的需求和欲望，并且要比竞争者更好地满足消费者的需求，体现了市场营销观念的消费者导向和竞争者导向。

5. 社会营销观念阶段（20 世纪 80 年代至今）

社会营销观念是企业提供产品或服务，要从消费者需要和企业自身的条件出发，既满足消费者的需要和欲望，又符合消费者利益、企业自身利益和社会长远利益，并以此作为企业的经营目标和责任。

随着全球环境破坏、资源短缺、人口爆炸等问题日益严重，要求企业顾及消费者整体与长远利益即社会利益的呼声越来越高。市场营销学界提出了一系列的新观念，如人类观念（human concept）、理智消费观念（intelligent consumption concept）、生态准则观念（ecological imperative concept）。其共同点是认为企业生产经营不仅要考虑消费者需要，而且要考虑消费者和整个社会的长远利益——被称为社会营销观念。此观念认为企业的任务在于确定目标市场的需要、欲望和利益，比竞争者更有效地满足顾客需求，同时维护与增进消费者和社会福利。

社会营销观念是对市场营销观念的进一步发展完善。与市场营销观念相比，社会营销观念有以下特点：在继续坚持通过满足消费者和用户需求及欲望而获取利润的同时，更加合理地兼顾消费者和用户的眼前利益与长远利益，更加周密地考虑如何解决满足消费者和用户需求与社会公众利益之间的矛盾。

三、国际市场营销的定义

国际市场营销是指对商品和劳务流入一个以上国家的消费者或用户手中的过程进行计划、定价、促销和引导，以便获取利润的活动，它特别指企业从事跨国界的营销活动，只要其营销决策具有“跨国”性质，其营销活动就属于国际市场营销范畴。

国内市场营销和国际市场营销定义的唯一区别在于国际市场营销活动是在一个以上国家进行的。市场营销的概念、过程和原则具有普遍性。企业的目标在于通过促销、定价和分销有销路的产品获取利润。那么，国内市场营销和国际市场营销的区别到底在哪里呢？这里的答案不在于市场营销概念的不同，而是实施市场营销计划的环境不同。海外市场的特殊性来源于一系列的陌生问题和应付国外市场上出现的程度不同的不确定因素所需要的各种各样的策略。竞争、法律限制、政府管制、天气、多变的消费者以及其他一些不可控制因素可能而且常常会影响切实可行的市场营销计划的实施效果。一般来说，营销人员不能控制或影响这些不可控制因素，必须通过自我调整适应这些因素，以取得富有成效的结果。

国际市场营销是国内市场营销在国际市场上的延伸，指企业为满足国际市场需求和获得利润而进行的经营和销售活动。国际市场营销产生的动因主要有以下几点：国内市场过于狭小，不能满足企业不断扩张的需求；产品生产过剩，在国内市场产生积压，要求继续开拓国外市场；货币升值、出口困难造成企业将部分加工过程外移；工资和土地成本的上升使企业不得不出于降低成本的考虑而开拓成本更低廉的国外市场；环保意识日渐深入人心，很多发达国家将污染严重的工业企业转移至发展中国家，以减少其对本国环境的污染；规避贸易障碍，通过海外设厂绕过贸易壁垒，可有效解决贸易争端，降低成本。

企业在进行市场扩张时普遍遵循一定的地理顺序：本地市场—地区市场—全国市场—海外相邻市场—全球市场。

市场营销一般原理的应用可以跨越疆界，如同在国内市场上组织营销活动一样，国际市场营销同样需要市场调研、市场分析、市场细分、市场营销组合等一系列营销过程的战略确定及战术实施。

国际市场营销与国内市场营销并无本质区别，然而，并不能就此而将二者简单地等同起来，跨越国界本身决定了国际市场营销相较于国内市场营销具有更大、更多的差异性、复杂性和风险性。二者营销概念和原则大体相同，都需要在市场的不可控因素（政治、文化、经济、技术环境）范围内操纵可控因素，但二者实施营销计划的环境却大不相同，国际市场营销环境更加复杂多变，更具挑战性。

国际市场营销是国内市场营销在国际市场上的延伸，因此，国际市场营销的基本原理同国内市场营销是一致的。许多指导国内企业营销活动的范畴、策略和方法，诸如营销调研、环境分析、购买者行为研究、细分市场和目标市场选择、市场营销组合策略的制定与实施等，均可用来指导国际市场营销活动。国际市场营销所面对的是本国以外的其他国家的市场，国外市场范围辽阔且距离遥远，各个国家的政治制度、法律体系、经济体制、人口状况、技术水平、消费方式、风俗习惯等不可控制的环境因素均有较大差异，环境特性成为国际市场营销之间质的区别。这意味着从事国际市场营销活动的企业将面临极为复杂的国际市场营销环境。图 1-2 表明了两种环境的差异。

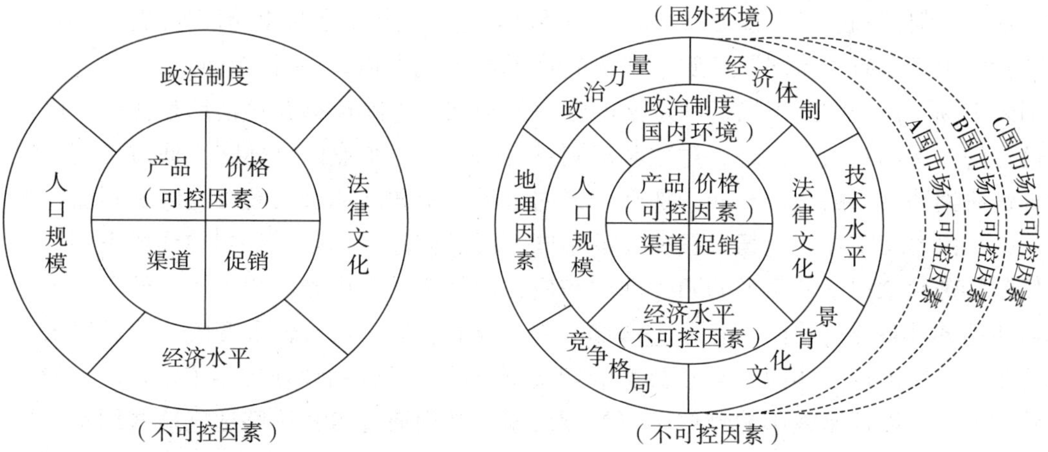

（a）国内市场营销环境　　（b）国际市场营销环境

图 1-2　国际市场营销环境与国内市场营销环境

四、国际市场营销的任务

由于国际市场营销人员必须处理至少两个层次的不可控制的不确定性，而不是一个层次，因此国际市场营销人员的任务要比国内市场营销人员的任务复杂。不确定性是由企业环境的不可控因素造成的，每一个与企业有业务往来的海外国家又会有一系列特殊的不可控因素。如图 1-2（b）所示，内环所示的是可控因素，构成经营者的决策区；中间环包括了对国外经营决策有一定影响的国内环境因素；外环代表了企业在其中开展业务的各个国外市场的外国环境因素。在企业拥有必要资源的条件下，营销经理可对产品策略、定价策略、渠道策略和促销策略等进行综合运用，以便满足预期的需求并获得利润。为了适应不断变化的市场条件、消费者偏好或企业目标，可以在较长时期内或常常在短时期内，调整可控因素。市场可控因素外的两环代表了国内、国外环境所造成的不确定性。尽管营销经理可以从可控因素中形成某个营销组合，但不可控因素完全没变，必须积极地加以评估，必要时做出相应的调整。中间环代表了国内不可控因素，包括一些直接影响着涉外企业的成败而营销人员又不能直接控制的本国因素：政治制度、法律文化、经济水平和人口规模。涉及一国对外政策的政治决策对企业的国际营销的成败有着直接的影响。国内经济形势是另一个国内不可控的重要变量，对企业在国外市场上的竞争地位具有深远的影响。无论是在国内市场还是在国外市场，工厂设施的投资能力在很大程度上都受到国内经济活力的影响。如外环所示，企业开展业务的每个外国市场可能会（而且常常会）产生一些各自的问题，涉及部分或全部不可控因素。这样，一家企业经营所涉猎的外国市场越多，要应付的外国环境可能出现的不可控因素也就越多。通常，A 国市场上的问题解决方法并不适用于 B 国市场。

案例 1-4

汇率对国际市场营销的影响

在 20 世纪 80 年代中期，影响美国国际市场营销者的最迫切的问题是美元在世界市场上的相对坚挺。由于美元相对于大多数外币币值较高，因此对于外国购买者来说，美国货就贵。由于美国产品价格相对较高，外国竞争对手便拥有价格优势，导致美国出口下降。直至 20 世纪 90 年代，美元相对于世界上的一些货币才相对疲软。对于外国客户来说，美国产品便宜了，美国产品出口随之增长。例如，在 1984 年，一位英国人购买一件 15 美元的美国产品，按照当时的汇率 1 英镑兑换 1.15 美元，他要花 13 英镑。到 1997 年，一英镑相当于 1.66 美元，一件 15 美元的相同产品，只需要花 9 英镑就能买到，与 1984 年相比少花了 4 英镑。从美国人的角度来看，与 1984 年的形势相比，1997 年的形势对美国产品的销售有利。因此，币值是本国经济环境中影响营销活动的另一个因素。

案例 1-5

柯达的教训：国际市场营销战略也要充分考虑国内市场

柯达曾长期统治着美国胶卷市场，有把握实现目标利润，为在外国市场投资提供了资本。由于无须为公司丰厚的利润操心，管理层有时间和财力策划雄心勃勃的国际市场营销计划。然而，富士胶卷在美国市场降低销售价格，耗资 3 亿美元兴办工厂，赢得了 12%的美国市场，竞争结构随之发生了变化。柯达不得不把精力和财力放回美国市场。国内竞争影响着公司的国内和国际计划。外国环境的限制和国内环境的影响相互交织在一起，不可分割。

五、国际市场营销的基本类型

（1）贸易-出口营销型。指产品由国内生产，将产品销往国外的营销决策也由国内企业来制定。与国内市场营销不同，跨国界交易会使市场营销活动遇到新的政治、经济和法律限制，这些限制性因素增加了国际市场营销的难度。

（2）海外投资-国外营销型。指企业投资国外，采用独资或合资等方式在国外生产基地从事生产，并在该国市场就近销售。由于每个国家具有自己独特的市场营销环境，这将使国际市场营销活动变得更为复杂。

（3）跨国公司-多国营销型。跨国公司是在两国或两国以上从事经营活动的公司。一般而言，跨国公司在国外拥有直接投资，或设有子公司，或从事生产制造，企业的所有权及控制权仍然掌握在设置于国内的总公司手中，营销决策由总公司做出。

跨国经营企业和跨国公司是两个既密切联系又相互区别的企业组织形式，跨国公司是企业跨国经营的高级形式，国际市场营销学研究的企业实际上是指跨国公司的形式，但一些尚不是跨国公司的跨国经营企业也不同程度地从事国际市场营销，企业只要有跨国经营行为或跨国活动，即可视为从事国际市场营销。

六、国际市场营销与国际贸易

国际市场营销与国际贸易尽管都是以获取利润为目的的跨越国界的经济活动，都在国际市场上有商品和劳务的交换，都会涉及诸如产品定价、实体分配等问题，但二者毕竟在行为方式上有较大差别。有关国际市场营销与国际贸易的区别和联系，美国经济学家维恩·特普斯特拉（Vern Terpstra）从五个方面进行了较为详细的比较，如表 1-1 所示。

表 1-1　国际贸易和国际市场营销比较

比较项目	国际贸易	国际市场营销
1 行为主体	国家	企业
2 商品是否跨越国界	是	不一定
3 交易动机	比较利益	利润
4 信息来源	国际收支平衡表	企业市场营销记录
5 市场活动方式		
买与卖	是	是
物质分配	是	是
定价	是	是
市场研究	一般没有	是
产品开发	一般没有	是
推销	一般没有	是
分销渠道管理	否	是

从行为主体来看，国际贸易往往是以国家为主体的，国家是国际贸易的组织者。在政治制度不同的国家，外贸政策会成为外交政策的组成部分。而国际市场营销活动的主体是企业，主要是指两个或两个以上国家的企业之间发生的营销活动。

从商品是否跨越国界来看，国际贸易的流通形态是跨越国界型，即参加交换的商品和服务必须真正从一国转移到另一国，是纯粹的买卖活动；而国际市场营销的形态则是多样化的，既可跨越国界，也可不必跨越国界，其活动具有经营的特征，不是纯粹的买卖活动。国际贸易与国际市场营销活动的这一差异反映到统计数据上，表现为国际市场营销额往往大于国际贸易额。

从交易动机来看，国际贸易的原动力是国际比较利益；而国际市场营销的原动力是作为微观主体的企业以追求利润为动机的经营决策。

从信息来源来看，国际贸易的信息来源是国际收支平衡表，从进口和出口两个方面体现国际贸易的经营状况和效果；而国际市场营销的信息来源主要是企业市场营销记录。

从市场活动方式看，首先，国际贸易包括出口和进口两个方面，国际市场营销更强调出口方面，且突出出口的售出过程，即通过市场调研，为国际市场提供适销对路的商品或服务。其次，国际贸易的活动过程相对于国际市场营销较为简单，只涉及营销活动的部分内容，而国际市场营销要涉及营销活动的全过程，包括营销调研、环境分析、市场机会的寻找、目标市场的选择与进入，以及产品购销、定价、渠道、促销的决策与管理等全部营销活动。国际市场营销活动的这一特点，决定了它比国际贸易更富于主动精神与创造精神，要求营销管理人员以更为积极进取的态度参与国际市场竞争。

第二节 国际市场营销的理论基础

一、比较利益学说

国际贸易理论肇始于亚当·斯密（Adam Smith）的绝对利益论。亚当·斯密在《国民财富的性质和原因的研究》中这样讲道：如果一件东西在购买时所需的代价比在家内生产时所需的小，就永远不会想要在家内生产，这是每一个精明的家长都知道的格言……在每一个私人家庭中的行为是精明的事情，在一个大国的行为中就很少是荒唐的了，如果外国能以比我们自己制造还便宜的商品供应我们，我们最好利用出售我们自己的优势产业生产出来的物品的一部分来向它们购买，总是比自己制造有利。可见，在斯密的逻辑中，贸易的前提是各国产业间的差异，即生产的国际分工。斯密的理论还进一步阐述了分工的发展是促进劳动生产率增长的关键因素，而分工的程度受到市场范围的强烈制约。对外贸易有助于扩大市场空间范围，因而能够促进分工的深化和生产率的提高，加快一国的经济增长。斯密已具有了通过国际贸易带动经济增长的最初思想。后来，一些学者发展了斯密的学说，提出了相对利益的观点，弥补了斯密绝对利益论的弱点。比较利益学说的基本思路实际上是由英国经济学家托伦斯（Torrens）提出来的。英国古典经济学集大成者大卫·李嘉图（David Ricardo）极大地发展了这一学说，并在其1817年出版的《政治经济学及赋税原理》一书中对此进行了具有说服力的阐述。

李嘉图的比较利益学说是建立在一系列假设前提之上的：

（1）比较利益学说是两个国家、两种产品、一种生产要素的模型（2×2×1的模型)。也就是说，现实世界由 A、B 两个国家构成（即 A+B=W），每个国家都在从事 X、Y 两种产品的生产，只有唯一的要素，即劳动要素的投入。

(2) 要素市场和商品市场是完全竞争型的，A、B 两国均实行自由贸易政策，不存在任何贸易限制。

(3) 要素（这里主要是劳动）在一国内可以自由流动，在两国之间完全不能流动。

(4) 以劳动价值论为基础，即劳动时间决定价值，同时一国之内劳动力是同质的，劳动充分就业，且劳动的报酬是一样的。

(5) 交易双方单位生产的劳动成本不变，无规模收益，不考虑运输、保险等成本支出。

(6) 收入分配不受贸易的影响。

在上述假定前提下，李嘉图的比较利益学说试图证明：决定国际贸易的基础是比较（相对）利益，而非绝对利益。如果用一句话来概括李嘉图比较利益学说的核心思想，那就是“两利相权取其重，两弊相衡取其轻”。

在李嘉图看来，国际分工和国际交换也应该遵循同样的原则。若两个国家生产力水平不相等，甲国在生产任何产品时成本均低于乙国，处于绝对优势，而乙国则相反，其劳动生产率在任何产品的生产上均低于甲国，处于绝对劣势。这时，按照斯密的绝对利益学说，贸易便不可能发生，但事实上两个国家间进行贸易的可能性依然存在，因为两国劳动生产率之间的差距，并不是在任何产品上都一样，这样处于绝对优势的国家不必生产全部产品，而应该集中生产本国具有最大优势的产品。处于绝对劣势的国家也不必停产所有的产品，而只应该停止生产本国处于最大劣势的产品。通过自由贸易，参与交换的国家可以节约社会劳动，增加产品的消费，世界也因为自由贸易而增加了产量，提高了劳动生产率。

二、H-O 模型

20 世纪初，瑞典经济学家赫克歇尔（Heckscher）和俄林（Ohlin）提出了“资源配置”或“资源禀赋”的贸易学说“H-O 模型”，又被称为赫克歇尔-俄林模型或要素禀赋论，他们提出的发挥一国要素禀赋优势发展国际贸易的思想，即我们常说的“靠山吃山，靠水吃水”，在相当长的时间内，甚至直至今天，都被认为是一个国家尤其是经济相对落后国家，从事国际贸易、制定对外经贸战略的基本出发点。

李嘉图的比较利益学说从总体上认为，比较利益源自各国在生产不同商品时劳动生产率的相对差异以及由此产生的劳动成本差异，而商品成本的差异则是国际贸易发生的直接原因；如果存在自由贸易，只要同种商品的价格差大于商品的运输、保险等费用，商品就会从价格低的国家流向价格高的国家逐利。即：

劳动生产率的相对差异→成本差异→同种商品的价格差→国际贸易的产生

后来的经济学家以机会成本差异代替了劳动成本差异，形成了对比较利益的当代理论的解释。但俄林认为，劳动成本的差异并没有从根本上解释国际贸易产生的原因。在他看来，即使要素的生产率在不同国家并不存在相对差异，即要素的生产率在任何地方都相同，贸易仍然会产生，即国际贸易的发生可以与劳动生产率差异无关。俄林认为，李嘉图坚持的劳动价值论并不符合实际，因为单一劳动要素不能说明生产与贸易的全过程。这样，H-O模型以要素的生产率一致为出发点，从其他的角度对生产成本的差异给予说明。

赫克歇尔在讨论国际贸易发生的原因时，使用了与李嘉图基本一致的假设前提，目的在于探讨李嘉图学说中比较利益发生的基础。俄林认为国际贸易与国内贸易都是域际贸易，具有相同的起因，彼此并无本质上的区别。H-O模型提出了以下假设前提：

（1）两个国家、两种要素、两种产品，即2×2×2的模型，这与比较利益学说的假设前提有着根本的区别：H-O模型认为至少要有两种或两种以上的要素才能生产出商品来，而李嘉图认为劳动是生产商品的唯一要素。H-O模型的这一假设前提实质上是以要素论代替了劳动价值论，而且也为分析不同国家中不同的资本-劳动比对比较成本的作用确定了前提。

（2）两国在生产同一产品时，技术水平一样，具有同样的生产函数，产量只是要素投入量的因变量。相同的要素具有同样的生产率，这一假设意味着在两国具有相同的劳动生产率时，贸易仍然可能发生。作为斯密、李嘉图解释国际贸易发生原因的劳动生产率的绝对差异、相对差异并不发挥根本的作用。

（3）商品、要素市场属于完全竞争市场，要素在一个国家内可以充分流动，在国家间完全不能流动。这可以保证同种商品在一个国家之内具有相同的价格，而在国家间则存在着价格差异。

（4）两个国家的最大区别在于要素禀赋的差异，其中一个是资本存量相对丰裕的国家，资本的报酬-利息率相对较低；一个是劳动存量相对丰裕的国家，劳动的报酬-工资率较低。

（5）在两种产品中，其中一个在生产过程中使用的劳动相对更多些（资本-劳动比较低），是劳动密集型产品；另一个则使用的资本要素相对更多些（资本-劳动比较高），为资本密集型产品。

（6）影响贸易的其他因素，如运输成本、需求偏好、规模效益、贸易壁垒等被抽象掉了，不予考虑。

在上述假设前提下，赫克歇尔与俄林提出了H-O模型的三个基本理论点：

（1）每个国家以自己相对丰裕的生产要素从事商品的专业化生产和国际交换，就会处于比较有利的地位；相反，如果以自己相对稀缺的生产要素从事专业化生产和国际交换，就会处于相对不利的地位。

（2）如果两个国家生产要素存量的比例不同，即使两国相同生产要素的生产率完全一样，也会产生生产成本的差异，从而使两国发生贸易关系。

（3）国家间商品交换的结果往往是使各个国家之间的要素报酬（利息、地租、工资）差异趋于减小，出现要素价格均等化趋势。

三、产品生命周期理论

国际贸易的发展带动了国际资本的转移，使得人们把注意力从贸易转向投资，以往的对外贸易理论无法解释在国际经济关系中出现的新现象，因此一些揭示对外直接投资及跨国公司行为和战略的理论应运而生。它们打破了以往的纯粹贸易理论，从更广阔的角度和更深入的层次探讨国际经济活动的规律，这同时也为国际市场营销构筑了理论基础，其中的产品生命周期理论有效地解释了企业的跨国经营行为。

产品生命周期理论是第二次世界大战后最有影响的国际贸易学说之一。它侧重从技术进步、技术创新、技术传播的角度分析国际分工的基础。这一学说发展至今，与国际投资、技术转让结合在一起，不仅对国际贸易，而且对其他国际经济领域都有着巨大的影响。产品生命周期理论经历了从技术差距贸易理论到理论完善的过程，并且也有人用该理论进行了实证性探讨。

1. 技术差距贸易理论

这一理论是由美国经济学家波斯纳（Posner）于 1961 年提出来的，它以不同国家之间技术差距的存在作为对贸易发生（比较优势的差别）的解释原因。波斯纳的看法是：新产品总是在工业发达国家最先问世，新产品在国内销售之后进入国际市场，创新国便获得了初期的比较优势。这时，其他国家虽然想对新产品进行模仿生产，但由于与先进工业国家之间存在着技术差距，需要经过一段时间的努力才可能做到。在这段时间内，创新国仍保有在该产品上的技术领先地位，其他国家对该产品的消费仍需通过进口得到满足，因而技术差距所引起的国际贸易仍然存在。当其他国家可以模仿生产之后，随着模仿规模的扩大，创新国的比较优势逐渐丧失，出口下降，最后甚至可能从其他国家廉价进口该产品。

2. 产品生命周期理论的四阶段模型

产品生命周期原是市场学的概念，说的是产品与有生命的物体一样，具有诞生、发展、衰亡的生命周期，要经历导入期、成长期、成熟期和衰退期。在产品生命周期的不同阶段，不同国家的企业行为、生产、出口有着不同的特征。美国学者弗农（Vernon）和威尔斯（Wells）将市场学的产品生命周期与国际贸易理论结合起来，使比较优势理论从静态发展为动态。他们根据美国的实际情况，提出了产品生命周期的四阶段模型：

第一阶段：美国因国内科技力量、工业基础、市场广大等优势，生产出创新产品，并对该创新产品拥有垄断地位。

第二阶段：外国开始仿制该种新产品，因在劳动成本方面具有优势，仿制国使美国产品竞争力下降，出口出现相应萎缩。

第三阶段：外国厂商开始出口该产品，美国垄断地位逐渐丧失，出口大幅度下降，外国产品在第三国市场取代了美国产品。

第四阶段：外国产品进入美国市场，美国进口该种“不再是创新”的产品，开始从出口国转变为进口国。

当四个阶段结束之后，该产品的生命周期在美国基本完结，但在模仿国中依然继续着，这时可能处于第二或第三阶段，此后另外的国家又可能开始新的仿制过程，使这种产品在另外的国家又开始了自己的生命周期。威尔斯曾以发展中国家纺织品工业的生产、出口作为典型来说明产品生命周期情况。这种新产品的生产、出口在不同类型国家中的变化、传递（通常是由美国传递到西欧、日本，再由西欧、日本传递到有一定工业基础的新兴工业化国家），好像接力赛中的传棒过程（见图 1-3）。

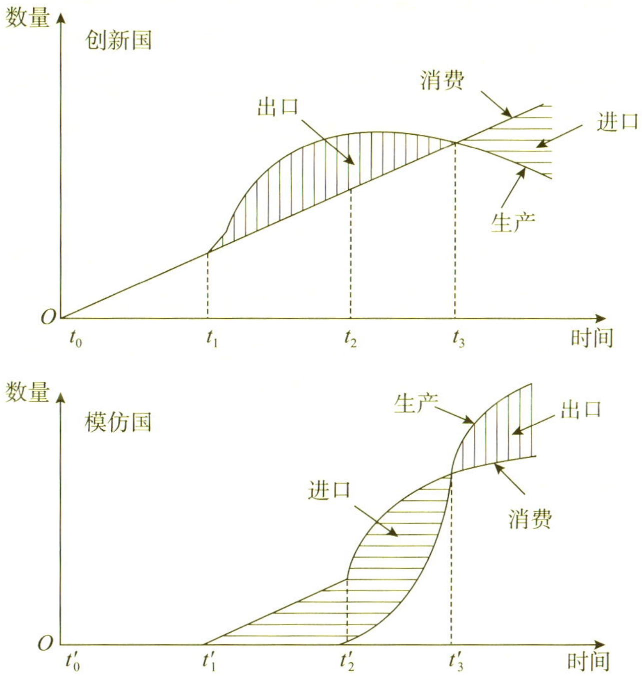

图 1-3 产品生命周期图

第三节 国际市场营销的发展阶段

一、国际市场营销含义的发展

19 世纪中期以后，受产业革命的影响，跨国公司所面临的主要问题由如何寻找产品原料转向如何开拓产品销售市场，在以收购、合作、吞并等方式建立海外机构的资本转移过程中，开始注意在这种早期的国际市场营销活动中运用某些营销手段，尽管这时国际市场营销的整体水平还处于较低层次。国际市场营销的较快发展始于第二次世界大战结束后的 20 世纪 50 年代。

根据市场营销的一般理论，现代市场营销观念的确立是伴随着供求关系的变化，即卖方市场向买方市场的转化而逐步完成的。美国的经济在战争中未受到破坏，战后仍以较快速度发展，在 20 世纪 50 年代初形成买方市场的格局。随着战后经济的恢复和发展，西欧各国和日本先后形成了总体上供大于求的买方市场。买方市场的形成一方面使以消费者为中心的现代市场营销观念被广泛接受；另一方面也意味着主要资本主义国家的生产超过有支付能力的需求的程度不断加深，国内市场日趋饱和，迫使更多的国内企业将所生产的产品向国外市场渗透，或者直接投资海外，建立生产和销售机构以寻求更为广阔的国际商品市场。在这一过程中，形成了为数不少的国际化经营的跨国公司，它们将已形成相对完整体系的市场营销理论、方法和策略运用到国际市场营销活动过程中，在指导国际市场营销实践的同时，也丰富了国际市场营销的理论体系。

20 世纪 80 年代以来，世界范围内的科技革命对各国经济的增长产生了巨大影响，再加上不同社会制度的国家先后采取了对外开放的政策，发达国家独占国际市场的局面已经结束，发达国家和发展中国家的企业相继进入国际市场，使得国际市场更具有供过于求的买方市场特征。此外，集团贸易组织的兴起、贸易保护主义政策的施行，使得国际市场营销环境更趋复杂多变。在这一阶段，跨国公司得到了迅速发展，不仅营销活动的范围进一步扩大，其国际市场营销已经上升到全球营销的高度，而且营销活动进一步向深层次发展，由商品输出转向资本输出，将本国生产成本高的部门或产品向成本低的国家或地区转移。通过在国外筹资办厂，在全球范围内安排产品的开发、生产、销售、定价、促销等活动，国际市场营销活动的效益明显提高。概括来讲，国际市场营销的历史状况可以划分为几个具有阶段性特征的发展历程。

(1) 国内营销 (domestic marketing)。国内营销指的是目标仅在本国市场上的营销活动。这一阶段，企业将营销的重点集中于国内市场，通常不会考虑国际市场和国际营销环境等问题。国内营销一般来讲有两种情况：一种是国内营销发生在国际统一市场尚未形成之时，企业面临的仅仅是一个不成熟的国内市场；另一种是企业仅仅把目标锁定在国内市场，而对国际市场不予考虑。前者由营销的客观条件所决定，后者则更多地反映了企业的战略规划。

(2) 出口营销 (export marketing)。出口营销是企业以国内市场为基础，同时从事部分产品的出口业务，通过产品出口进入国际市场的一种市场营销形态，是企业进入国际市场的第一阶段。在这一阶段，出口营销企业对国外的目标市场进行选择，并依赖国内生产供货，重点是充分利用本国的产品和经验，因此其国际市场营销的规划并不十分明显，很多交易被称为“送上门来的出口订单”。

(3) 国外营销 (overseas marketing)。国外营销是在出口营销的基础上，企业更多地参与某些国外市场，并有比较完整的国际市场营销策略的营销活动。这一阶段的国际市场营销不仅着眼于产品的出口，还明确地把某些外国市场作为自己的目标市场，根据这些海外目标市场的需要，开发产品，建立渠道，销售产品，获得利润。在这一阶段，企业也可以通过在某国设立分支机构建立起在该国国内更加有力的协调销售活动的市场营销系统。

(4) 多国营销 (multinational marketing)。多国营销是指企业同时参与多个国外市场的一种国际营销活动，它比国外营销在开拓境外市场的深度上又进了一步。跨国公司可以根据各东道国不同的要素和市场情况，将生产和销售的不同环节分散到各个更具比较优势的国家，使其资源在全球范围内合理配置。比如 A 国的生产资料最便宜，跨国公司就可在 A 国采购原材料；B 国的研发成本最低，就把研发机构设在 B 国；C 国的工资水平最低，便在 C 国加工；D 国的组装成本较低，就可以在 D 国组装；E 国的市场售价最高，当然就应该把销售的目标市场选在 E 国。

(5) 全球营销 (global marketing)，又称跨国营销。在全球营销阶段，企业将整个世界市场看作一个市场，因为从这一阶段的消费者兴趣和偏好来看，相似的需求已构成一个统一的世界市场，跨国公司可运用一种一体化方式来协调不同国家的消费者需求，生产全球标准化的产品以取得规模效益。

全球营销可定义如下：企业通过全球性布局与协调，使其在世界各地的营销活动一体化，以便获取全球性竞争优势。全球营销的三个重要特征是：全球运作、全球协调和全球竞争。

全球营销概念首见于美国学者莱维特（Levitt）于1988年发表的题为《市场全球化》的学术论文中，并引起了社会各界的极大关注。莱维特认为，自20世纪60年代以来，社会、经济和技术的发展已使世界具有越来越多的共同性。从消费者的兴趣和偏好来看，相似的需求已构成了一个统一的世界市场。

从国际市场营销的发展历程来看，任何一个企业在国际市场营销过程中都会处于上述某一阶段。企业所处阶段既取决于企业的发展战略目标，同时也会受整个国家发展水平的影响。经济发达国家的企业一般会处于国际市场营销的较高阶段；发展中国家的企业相对来讲处于国际市场营销的较低阶段。随着整个国家经济水平逐渐提高，企业的国际市场营销也将由低层次向高层次不断扩展。

国际市场营销在很大程度上是一种经营哲学。早在1969年，美国学者珀尔马特（Perlmutter）就首创了所谓的EPRG体系。该体系将企业的国际市场营销战略分为四类，即：

E（ethnocentrism）——本国中心主义；

P（polycentricism）——多中心主义；

R（regiocentrism）——地区中心主义；

G（geocentrism）——全球中心主义。

企业采取不同的营销战略，则其经营哲学也有所不同。全球营销哲学的发展分为三个阶段。第一个阶段为多国扩张阶段，即通过渐进的方式进占外国市场（在每一个新进入国，母公司以“单性繁殖”式的办法来发展子公司）。这种多国扩张模式于20世纪80年代初让位于以竞争者为中心的全球化方法，即第二个阶段——竞争者驱动阶段（公司为应对激烈的市场竞争而不得不采取全球战略）。第三个阶段就是奥米（Ohmat）在1989年《无国界世界中的管理》提出的所谓顾客驱动阶段。换言之，企业必须迈向全球化的原因在于顾客的需求与偏好已经全球化了。因此，奥米认为，将价值传递给顾客，而不是首先考虑避开竞争，这才是全球化的真正原因所在。

二、国际市场营销发展的五个阶段

从营销角度看，一家公司也许并无市场投资——也就是说，它的市场参与仅限于销售产品，而很少考虑或者不考虑控制市场。或者，一家公司会彻底参与，即投入大量资金和精力获取并保持一定的永久性市场份额。一般来说，国际市场营销发展可分为以下五个阶段：非直接对外营销阶段、非经常性对外营销阶段、有规律的对外营销阶段、国际市场营销阶段、全球市场营销阶段。这五个可能有重叠的阶段可以描述一家公司的国际市场营销参与程度。尽管国际市场营销发展阶段是按照线性顺序排列的，但是不应由此认为一家企业总是从一个阶段发展到另一个阶段，相反，一家企业可以从任何阶段开始，或者同时处于几个阶段。

1. 非直接对外营销阶段

在非直接对外营销阶段，企业不积极培育国外客户，但产品可能会销到国外市场（如通过贸易公司、网上订单等方式）。或者，产品通过国内的批发商或分销商，在生产商并未明确鼓励甚至并不知晓的情况下，销到国外市场。随着公司在互联网上制作网页，许多公司从“网上冲浪者”那里获取订单。外国购买者不请自来的订单常常会激起一家公司增加国际销售的兴趣。

2. 非经常性对外营销阶段

在非经常性对外营销阶段，生产水平和需求的变化所产生的暂时过剩会导致非经常性的对外销售。由于这种过剩是暂时的，因此，企业只是在有货的时候才对外销售，很少打算或者没有打算不断地维持市场。当国内需求增加，吸收了过剩时，就会撤回对外销售活动。在此阶段，公司组织结构和产品很少变化甚至没有变化。如今属于此类的公司很少，因为客户寻求长期业务关系，而且也不乏能提供长期业务的公司。

3. 有规律的对外营销阶段

在此阶段，企业有永久的生产能力，从事货物生产，在国外市场连续销售。企业可以雇用在国外的或国内的国外业务中间商，或者在重要的外国市场拥有自己的销售力量或销售子公司。其生产和经营的中心是服务于国内市场需求。随着海外需求的增加，企业会加强针对外国市场的生产能力，并调整产品以满足国外市场的需要。海外利润不再被视为是对正常国内利润的奖励，企业依赖对外销售额和利润以实现企业目标。随着海外需求的增加，企业会加强针对国外市场的生产与营销——“海外利润”不再只是“在蛋糕上加层糖”。

案例 1-6

“海外利润”不再只是“在蛋糕上加层糖”

Meter-man 公司是一家位于美国明尼苏达州南部仅有 25 位雇员的小公司。该公司生产农用测量装置，是处于此阶段的好例子。1989 年，已有 35 年历史的该公司开始尝试出口，到 1992 年，公司产品销往欧洲。后来，该公司产品销往 35 个国家，外销额占三分之一。其营销主任说：“开始出口时，我心里暗想，这只是在蛋糕上加层糖而已，而现在，走向国际对我们来说至关重要。”

4. 国际市场营销阶段

在此阶段，企业全面参与国际市场营销活动。企业在全球范围内寻求市场，有计划地将产品销往许多国家市场。国内市场业已成熟，并且分割完毕，竞争对手难以战胜，国外市场成为增长的唯一出路；此时不仅需要营销，而且需要在国内市场以外生产货物。这时，企业成为国际的或跨国的营销公司。

案例 1-7

飞达仕的国际业务拓展

室内空调机生产厂家飞达仕（Fedders）的经历是在本阶段开始从事国际业务的典型例子。在 20 世纪 90 年代，尽管该公司是美国最大的空调机生产商，但它在国内市场亦面临着一些制约因素。尽管销售量稳步增长，但是由于空调机（该公司唯一产品）销售是季节性的，故有时国内销售额甚至不能弥补固定成本。此外，美国市场业已成熟，大多数顾客只买替换部件。任何销售增长只能来源于竞争对手的市场份额。而它的对手惠而浦（Whirlpool）和松下电器（Matsushita）都是难以战胜的。飞达仕意识到成长的唯一出路就是到国外去发展。飞达仕认为亚洲由于气候炎热，中层阶级不断壮大，为他们提供了最好机会。其中中国、印度和印度尼西亚前景最好。他们选中了中国，因为中国在短短的 5 年时间内室内空调机的销售量从 50 万台增长到 400 万台，而且仅占北京、上海和广东这样的城市家庭的 12%。公司认为中国具有极好的增长潜力。经过仔细研究，飞达仕与一家也在寻求合作伙伴的中国小型空调机公司建立了一家合资公司——FFedders Xinle。他们马上发现，必须为该市场重新设计产品。在中国，购买空调机被视为一种身份的象征，不像在美国只是一个使房间凉爽的机器。中国人还喜欢分体式的空调机，即空调机分为室内的风机和安装在墙外的热交换器。因为飞达仕不生产分体式空调机，便设计了一种新产品。这种新产品重量轻、节电、自动调节风速，而且带有遥控器。该合资公司很成功。公司正在探讨向日本和其他亚洲市场销售的可能性，甚至将把为中国市场开发的新产品返销到美国。

5. 全球市场营销阶段

在全球市场营销阶段，最深刻的变化是企业的市场导向及其计划。在这一阶段，企业将世界包括国内市场在内，视为一个市场，市场细分不依国界，而是超越国家和地区的因素（收入、年龄、性别）；整个企业的经营包括组织结构、资金来源、生产、营销都从全球出发。跨国公司或国际公司把世界看作为一系列国家市场（包括国内市场在内），这些国家市场具有各自的特征，需要为每个国家市场制定不同的营销策略。全球公司则不同，它们根据国家间市场需求的共性制定策略，通过经营活动的全球标准化（只要有成本优势，文化上可行即可）使收益最大化。

全球市场营销中企业的国际经营说明，随着市场全球化、世界经济相互依赖，以及越来越多的来自发达国家和发展中国家的企业加入竞争行列，争夺世界市场的竞争日趋激烈。人们经常使用全球公司和全球营销这两个术语来描述此阶段企业的经营范围和营销管理导向。

案例 1-8

可口可乐的全球市场营销

可口可乐前总裁罗伯托·戈伊苏埃塔（Roberto Goizueta）曾说，可口可乐的文化已经从一家美国公司在国际上开展业务变为一家总部碰巧在亚特兰大的全球公司。这一变化在我们的组织中到处可见——如果回过头去看看我们1981年的年度报告，你会发现“境外”销售或“境外”收入的提法。如今，“境外”一词在我们的公司语言中已很少出现了。他还说，在全球化流行之前，可口可乐公司就已经全球化了。戈伊苏埃塔所指的是组织变革。该变革能更好地反映公司的全球性。可口可乐公司已成为全球公司多年，但组织变革是最后的事情。起初，所有国际分部都向负责国际经营业务的执行副总裁汇报，该执行副总裁以及负责美国国内业务的副总裁向总裁汇报。新的组织由六个国际分部组成——五个可口可乐分部和一个可口可乐食品分部。美国经营单位的盈利占20%左右，并已降级为公司全球地域中六个国际经营单位中的一个部分而已。新的结构并不降低公司北美业务的重要性，只是将其置于与其他地区同等地位之中。然而，公司意识到，未来的成长将来自美国以外的新兴市场。

很少有企业只属于这五个国际市场营销发展阶段的任何一个阶段，这些定义更多的是让读者知道不同程度的国际市场营销参与和投入。企业可以从一个阶段开始，然后转向另一个阶段或者停留于某一阶段。处于不同阶段的企业对于国外经营业务有着不同的态度，而且随着企业从一个阶段演变到另一个阶段，其对国际经营的导向和态度也会发生变化。

经验表明，当企业依赖于国际市场吸收永久性的生产过剩，依赖于境外利润的时候，国际导向会发生重大的变化。从国际参与的初始阶段到最高阶段，国际市场营销活动的复杂性不断加剧，企业管理层走向国际化的决心不断加大。这样的决心将影响企业的具体策略和决策。

本章小结

在本章，我们学习到：

（1）国际市场营销学就是在全球化背景下，指导和帮助企业面对复杂多变的国际市场营销环境做出正确判断和决策的营销学专门学科。

（2）国际市场（世界市场），是在世界范围内因国际分工和经济联系而进行商品、服务、技术等交换活动的场所，是国际经济体系的一个重要组成部分。市场营销一般是指一家企业所进行的各种与市场相关的营利活动。市场营销学的研究对象是市场营销活动及其规律。

（3）市场营销观念的发展经历了五个阶段：生产观念阶段、产品观念阶段、推销观念阶段、市场营销观念阶段、社会营销观念阶段。

（4）国际市场营销的基本类型有贸易-出口营销型、海外投资-国外营销型、跨国公司-多国营销型。

（5）国际贸易中的比较利益学说和国际投资活动的产品生命周期理论等，都是国际市场营销的重要理论基础。

（6）国际市场营销含义的发展可分为五个阶段：国内营销、出口营销、国外营销、多国营销、全球营销。

（7）国际市场营销的发展可分为五个阶段：非直接对外营销阶段、非经常性对外营销阶段、有规律的对外营销阶段、国际市场营销阶段、全球市场营销阶段。

关键术语

市场营销　　国际市场营销　　跨国公司　　比较优势理论
产品生命周期理论　　全球营销

辅助材料推荐

1. 菲利普·R. 凯特奥拉，玛丽·C. 吉利，约翰·L. 格，等. 国际市场营销学（原书第 17 版）. 北京：机械工业出版社，2017.

2. 王晓东. 国际市场营销. 6 版. 北京：中国人民大学出版社，2022.

3. 黄卫平，丁凯，韩玉军，等. 国际贸易教程. 6 版. 北京：中国人民大学出版社，2023.

本章思考题

1. 国际市场营销与国内市场营销的主要区别与联系是什么？
2. 国际市场营销的三种基本类型及其各自的特点是什么？
3. 国际市场营销的理论基础都有哪些？
4. 企业走向国际市场的动因有哪些？
5. 简述国际市场营销含义的演变及其各个发展阶段的主要特征。

拓展阅读

肯德基的中国本土化营销

迪士尼乐园的跨文化营销

第二章
国际市场的结构与特点

学习目标和重点

- 当代国际市场的结构
- 国际市场的基本特点
- 国际商品市场的类型
- 进口商的主要类型
- 国际市场的替代性与互补性
- 国际市场风险与防范

导入案例

海尔集团是中国家电行业产品系列最全、产品销量最大的企业之一。随着企业不断发展壮大，海尔集团提出要创世界名牌、进入世界500强的宏伟目标。海尔集团始终坚持“靠质量与技术求生存、图进展”的原则，在充分吸收世界先进电子技术的基础上进行创新提高，形成了在人才、技术科技创新、品牌信誉、经济实力等方面的竞争优势，多项技术标准都高于国际标准。在国际市场竞争中拥有了与世界水平同步的高科技含量的产品后，海尔集团开始分时期向国际市场拓展。海尔产品国际市场拓展的第一时期，是将国内生产的海尔产品销往国外。通过几年的努力，海尔冰箱为亚洲销往德国冰箱数量第一的产品，海尔空调则成为国内同行业销往欧洲的数量第一，海尔洗衣机为销往日本洗衣机的数量第一，等等，这使得海尔产品在国际市场上占有重要的地位。海尔产品向国际市场拓展的第二时期，主要聚焦在美国等目标国家，并在目标国家成立家电产品生产基地，即在目标国家成立独资公司或合伙公司，生产海尔品牌的家电产品，然后直接在目标国家进行销售，促进了海尔产品向着国际化水平迈进。

根据国际市场的结构和特点，确定自身进军全球市场的战略，形成优势产品的国际竞争力与品牌力，正是海尔集团成功的秘诀。

国际市场（世界市场）是世界各国进行商品、服务交换，并进行资源配置的场所。它是在国际分工、国际贸易不断发展和深化的过程中逐渐形成的，在这个市场中流通的内容包括商品、资金、服务、信息等。从结构上讲，国际市场是由世界范围内通过国际分工联系起来的各国之间的市场以及参与国际分工的各国内部市场的总和所组成，它的发达程度取决于参与国际交换的国家数量、进入国际交换的商品总额、各国经济的发展水平以及各国参与国际分工的深度等。本章将介绍国际市场的形成、结构与特点。

第一节　国际市场的形成与发展

一、国际市场的诞生

在传统的农耕社会中，自给自足的自然经济占统治地位，社会分工在一定范围内得到了缓慢的发展，商品经济也只是在有限的范围内发生作用，市场还不是社会再生产的必要条件。这一时期参加商品流通的只是剩余的农产品、手工业产品、土特产品和部分奢侈用品。在前资本主义的奴隶社会和封建社会中，从总体上讲，尽管曾经在罗马、波斯古都、希腊各城和长安、广州出现过具有国际商品交换专门场所的市场，也在欧洲出现过自发的跨越国界的国际集市，并且在封建时代后期出现过意大利北部各城市、汉萨同盟和欧洲少数其他城市的国际商品交换市场，但这一时期各国尚未形成统一的全国市场和统一的国民经济。

随着社会生产力的不断发展，封建社会经过漫长的变迁，进入了瓦解、崩溃阶段，商品经济也得到了扩展。在这一时期，资本原始积累和手工工场获得了长足发展。商品生产的增长、社会分工的扩大促进了国家内部的经济联系，最终出现了民族经济的社会再生产过程，形成了国民经济，同时统一的国内民族市场也出现了。16—19 世纪，上述过程在英国、法国、德国、意大利、美国等国相继出现，各国国内的统一市场为国际市场的产生奠定了基础。

15 世纪末和 16 世纪初的地理大发现，对于资本主义生产方式的产生和确立起到了巨大的推动作用。在地理大发现的推动下，统一的国际市场开始萌芽，它伴随着工业革命迅速发展，在第二次科技革命的进程中，即在自由竞争的资本主义向垄断资本主义过渡时最终形成。在地理大发现之前，各国之间的经济联系在地域范围上是有限的，不是现代意义上的统一的国际市场。其主要区别在于：现代的区域性国际市场只是统一国际市场的有机组成部分，而地理大发现前的区域性国际市场则不具有这样的性质。地理大发现把欧洲经济活动的范围扩大到了全世界，美洲、亚洲、非洲被逐渐卷入欧洲经济活动的范围，欧洲区域性市场发生了变迁，地中海、汉萨同盟区域性市场失去了昔日的地位，而大西洋沿岸的大城市如安特卫普、阿姆斯特丹、伦敦的地位逐渐上升，区域市场在这种变迁中也逐渐扩大成为世界市场。18 世纪中叶开始的工业革命促进了统一的国际市场的发展。

案例 2-1

巴扎的故事

巴扎（Bazaar）一词得名于波斯语的 bāzār，意为议价的场所（新疆人取水的坎儿井、吃的馕，名称也同样来自波斯语）。随着伊斯兰教的扩张，巴扎这个词如今已被世界各地的人们熟知，成为集市的代名词，甚至演化出了全新的含义，例如在北美、英国和一些欧洲国家，巴扎就可以用来描述慈善性质的旧物拍卖。

由于考古资料的缺乏，我们尚不清楚巴扎起源和发展的细节。在中东地区的早期人类定居点（原始城市），例如土耳其的恰塔胡由克，伊朗的卡尚、苏萨，约旦河流域的耶利哥等地发现了最初的贸易中心遗迹，也许它们就是最早期的巴扎。最初的巴扎可能产生于城墙之外，为往来商旅提供服务。随着城镇人口的增长，巴扎逐渐搬迁至城市中心，以线性的模式沿着街道发展开来，而中国和西方的集市相对来说则更为集中。

作为社会的基础需求，很久以前，人类就逐渐发展出了两种不同的市场。一种是地点不固定、季节性或临时开放的集市，如今的展销会、特卖会等都可以看成是集市的现代形式。另一种则是地点固定、每日开放的市场，常见的大卖场、百货商店可以看作这类市场的现代形式。古代城镇的市场通常位于城镇中心，市场周围是金属工、皮革工等工匠居住的区域，工匠们可直接在住处出售商品，也可以到市场上销售商品。固定的城镇市场作为城镇经济的一部分，提供了居民的日常所需，而商贸路线上的集市则将各地物产汇聚一堂，勾勒出全国甚至世界性的贸易网络，最终让整片大陆的人民融入世界性的贸易之中。

二、国际市场的迅速发展

1. 大机器生产使国际市场得以不断发展

资本主义大机器生产不仅创造了空前的生产能力，而且使生产从简单再生产发展为扩大再生产，生产规模的扩大使国际市场不断发展。大机器生产的结果是，在资本无止境追逐利润的前提下，产量具有了无限扩张的可能性，但从社会再生产过程看，产品实现直接制约着再生产能否顺利进行，因此扩大的社会再生产要求有与之相应的不断扩大的市场，若市场扩大赶不上生产扩大，后果将是灾难性的。在这种动力的推动下，大工业生产不能不跨越国境去寻找新的实现场所，利用先进的生产手段，以残酷的竞争，不惜造成其他民族手工业的消亡和手工业工人的失业而强制性地发展国际市场。

2. 大机器生产所需原料需在世界范围内采购

大机器生产所具有的无限扩大性，不仅需要克服本国市场的狭小，而且要克服民族市场资源供给的有限性，它已经成为巨大的农、矿原料的吞食者。为满足大机器工业的需求，资本家不得不在全世界范围内进行采购，这样就使得诸多农、矿原料生产国加入了世界市场，从数量、规模、地域和深度上推动了国际市场的发展。

3. 大机器生产为各国进行经济交往提供了物质保证

由于要运输大量的成品与原料进行国际交换，大机器工业扩大再生产的需求使铁路、轮船、电报得以发明和发展。这在一定程度上使国家间的距离相对缩短，运载量绝对地提高，促进了各国之间的商品交换及货币关系的发展，使其日益具有世界规模，国际市场因此从地域上或内部紧密程度上都得到了很大的发展。

4. 其他因素

在自由竞争资本主义时期，统一的国际市场的发展是以工业革命的产物——不平等的国际分工为基础的。这时国际市场上商品交换的特点是“先进”的西方资本主义国家用工业制成品交换“落后”的国家和民族的农、矿原料。英国作为工业革命的发祥地，处于世界工业生产的中心和国际商品贸易的中心。恩格斯在《英国工人阶级状况》一书中曾指出，这个世界市场当时还是由一些以农业为主或纯粹从事农业的国家所组成，这些国家都围绕着一个巨大的工业中心——英国。工业革命在全世界的发展，使得当时存在的四个区域性国际市场——西欧与中欧市场、波罗的海沿岸与俄国市场、北大西洋沿岸市场和亚洲市场之间的贸易往来日趋频繁密切，统一的国际市场向最终形成迈出了一大步，商品的世界价格正在逐渐形成，价值规律的作用范围也得到了扩大。这时居中心地位的国家，仍然是被马克思、恩格斯称为“工业太阳”的英国，东方从属于西方，世界的农村从属于世界的城市的过程也基本完成。

三、统一国际市场的形成

19 世纪 70 年代到 20 世纪初，自由竞争资本主义过渡到了垄断资本主义，同时爆发了第二次科技革命，生产力获得了巨大发展。在变化了的经济游戏规则和第二次科技革命的推动下，统一的国际市场最终形成。

在垄断资本主义条件下，资本输出、殖民统治、金融寡头的巨大经济实力对于统一的国际市场的最终形成起着根本性的推动作用。资本输出是垄断资本统治世界其他国家和民族的坚实基础，在自由竞争资本主义时期，“落后”的国家和民族也曾被殖民统治和不等价交换卷入国际商品交换，各国的社会再生产环节和生产、分配、交换、消费日益交织在一起，统一的国际市场则是各国经济活动的舞台，是世界资本主义体系的重要组成部分。统一的国际市场的最终形成是世界资本主义发展的必然结果。

19 世纪末 20 世纪初，以电力、钢铁、汽车制造及化学等工业为代表的第二次科技革命爆发了。这次科技革命通过物质装备的改善和劳动生产率的提高推动了生产力的发展，使得生产对于农、矿原料的需求迅速扩大，亚非拉国家因此被全面卷入世界市场之中。社会劳动生产率的提高，是扩大资本积累的强有力的杠杆。积累的扩大使垄断资本财团实力增强，不仅具有更强地介入国际分工和国际竞争的实力，而且积累促使过剩资本增长，对外输出资本的能力也因此而加强。生产过程的向外转移，是统一国际市场最终形成的关键之一。

总之，自由竞争资本主义向垄断资本主义的过渡、第二次科技革命所带来的巨大经济影响，给统一的国际市场的最终形成以决定性的推动。旧国际分工的成型和逐步形成，资本输出、商品交换的扩大，金融垄断资本的空前实力，日益完善的交通、通信工具，促进了这一过程的最终完成。

案例 2-2

主导时代的企业家们

科学与工程方面的主要成就为19世纪的企业家指明了方向，19世纪，美国的科尼利尔斯·范德比尔特（Cornelius Vanderbilt）、安德鲁·卡耐基（Andrew Carnegie）和约翰·洛克菲勒（John Rockefeller），以及德国的奥古斯特·蒂森（August Thyssen）、卡尔·蔡司（Carl Zeiss）和维尔纳·冯·西门子（Werner von Siemens）都是伟大的企业家，他们把自己的国家推上了经济优势地位。

他们分别在德国成立了卡尔蔡司公司、蒂森克虏伯公司和西门子公司，在美国成立了纽约中央铁路公司、美国钢铁公司和标准石油公司。这些工业巨无霸具有君主般横扫一切的力量，讽刺的是，这也意味着这些超级竞争者缩小了市场竞争的范围，因为它们控制了绝大部分的市场份额。他们组建的这些巨型企业大到无法由一个人，甚至一个家族来经营，描绘出了20世纪资本主义的特征。

这些人没有挣得巨额的财富，但他们开创了主导时代的产业：铁路、钢铁、电动工具、科学仪器、药物和燃料。像范德比尔特、洛克菲勒以及苏格兰出生的卡耐基这样的美国企业家是激烈的竞争者，他们为了打败对手的公司，大打价格战。而蔡司和西门子这些具有代表性的德国企业家领袖则依靠制度对研发的支持，推进德国的经济发展，使其更加多样化。

第二节　当代国际市场的结构

当代国际市场的结构，可以根据不同的标准进行分类。以国际市场参加国的社会制度和机制为标准，可以分为资本主义国家市场、社会主义国家市场等；以国际市场参加者的地区分布为标准，可以划分为北美市场、西欧市场、亚洲市场、中东市场、拉美市场等；以商品类型为标准，可以划分为粮食市场、机械产品市场、电子产品市场、纺织品市场等；以生产要素含量为标准，可以划分为劳动密集型产品市场、资本密集型产品市场、技术密集型产品市场、知识密集型产品市场等。从消费者出发，又可以按照职业、收入水平、年龄组来对国际市场进行区分，如银发市场、职业妇女市场、高收入层市场等。另外，以市场的组织特性为标准，还可以把国际市场划分为有形市场和无形市场（本节即以最后一种划分标准来进行分析）。

国际市场是由世界范围内通过国际分工联系起来的各国之间的市场和参加国际分工各国的内部市场组成的（见图 2－1）。

- 国际市场
  - 通过国际分工联系起来的各国之间的市场
    - 国际商品市场
      - 有形国际商品市场
      - 无形国际商品（服务）市场
    - 国际金融市场
    - 国际劳务市场
    - 国际信息市场
    - 其他市场
  - 参加国际分工各国的内部市场

图 2－1　国际市场结构略图

上述国际市场结构使得商品可以从一个国家的生产领域进入其他国家的消费领域，形成了世界范围的商品流通渠道。

一、国际商品有形市场

国际商品有形市场，是指在固定场所按照特定的原则和规章进行商品交易的市场。这种市场主要包括商品交易所、拍卖会、博览会和展览会等。

1. 商品交易所

商品交易所最早出现于 17 世纪的欧洲，当时在资本主义比较发达的尼德兰（现在的荷兰）形成了有组织的商品交易所，主要从事粮食交易。随着资本主义的发展，商品交易所获得了长足的发展。目前，世界市场上具有同类特性、质量相同的有色金属、纺织原料、谷物、油料等原料和粮食主要是通过商品交易所进行交易的，约占世界贸易额的 1/7～1/6。今天，商品交易所从事着实物交易与期货交易，其中约 4/5 是后者，世界性商品交易所每天开市后的第一笔交易的成交价格（开盘价），最后一笔交易的成交价格（收盘价），以及全天交易中的最高价格、最低价格，均可实时在相关网站上查询，作为国际市场价格动态的重要资料和国际价格的重要参考数据。

随着国际生产专业化程度的提高，交易所中的商品交易也日趋专业化，每类主要商品都有自己专门的交易中心。例如，谷物交易集中在芝加哥、伦敦、利物浦、温尼伯、米兰、鹿特丹、安特卫普等；有色金属交易集中在伦敦、纽约、新加坡等；棉花交易集中在纽约、新奥尔良、芝加哥、利物浦、亚历山大、圣保罗、孟买等。

2. 拍卖会

拍卖会作为一种交易市场，已经有几百年的历史。在这类市场中，由专门的拍卖行通过公开叫价的方式，完成未曾谋面的买者、卖者的交易。进入拍卖市场交易的商品大多具有不易标准化、易腐不耐贮存、生产厂家众多的特点，如羊毛、毛皮、茶叶、烟草、蔬菜、水果、水产品、工艺品以及石油、黄金等。一些国家在处理库存物资、海关及其他机构罚没的货物时，也采用拍卖的形式。目前通过拍卖成交的商品也都有固定的拍卖地。羊毛拍卖主要在伦敦、利物浦、开普敦、墨尔本、悉尼等地；毛皮拍卖主要在纽约、伦敦、蒙特利尔、哥本哈根、斯德哥尔摩、圣彼得堡等地；茶叶拍卖主要在伦敦、加尔各答、科伦坡、科钦等地；烟草拍卖主要在纽约、阿姆斯特丹、不来梅和卢萨卡等地。

3. 博览会（国际集市）和展览会

这种市场起源于中世纪欧洲，最初只是在重大节日期间举办，后来逐渐发展成为一种定期定点的展销市场。莱比锡和米兰的博览会均已具有几百年的历史。博览会大多为有众多国家厂商参加的展销结合的国际市场，举办的目的是展示新科技成就、产品样品，宣传与联系，促成交易。展览会与博览会的区别在于只展不销，目前这种形式正在逐渐与博览会融合起来。国际博览会、展览会的发展趋势是专业化程度不断提高，反映时代前沿的高精尖产品和设备在展品中的比重不断加大。

二、国际商品无形市场

1. 单边商品购销形式

单边商品购销包括单边进、出口，是交易双方不通过有形市场，直接采用函电往来或面谈，即单次洽商进行的。在这种无形市场上进行交易的一般原则为：买卖双方自由成交，对商品的品质、规格、价格、支付等条件要一一谈判，并在意见相互一致的基础上签订合同成交。单边商品购销形式是世界上最基本也是最普遍的国际商品交换方式。

2. 包含有商品购销的双边、多边经济交易

这是在国际无形市场上发展得很快的交易形式，商品购销与其他因素结合并包含在双边、多边的各类经济交易中，如补偿贸易、加工贸易、招标投标、易货贸易、租赁贸易等。

补偿贸易是一种进出口与信贷相结合的交易形式，买方在信贷基础上从卖方购入机器、技术等，然后用双方所同意的产品或服务来支付货款。加工贸易是把加工产品出口与收取工缴费（服务报酬）结合起来的一种交易形式。这一形式又分为来料加工、进料加工、来样加工和来件装配。招标投标大多用于一些国家（尤其是发展中国家）的政府机构、公用事业单位的采购、工程承包和国际经济组织的援建项目。易货贸易是把进口与出口有机结合起来，以出口为前提进行进口的一种交易形式。租赁贸易是通过出让商品使用权收取租金的交易形式。以上这些交易形式在无形国际市场中的地位正在逐渐上升，这是因为它们往往与利用外资有着密切的关系，因此对于发展中国家尤其具有意义。

三、国外市场的商品销售渠道

销售渠道是商品从生产者手中转移到消费者手中所要经过的路线。一国出口的商品要想顺利地到达外国消费者手中，就必须选择适宜的国外市场商品销售渠道，其结构大致如图 2－2 所示：

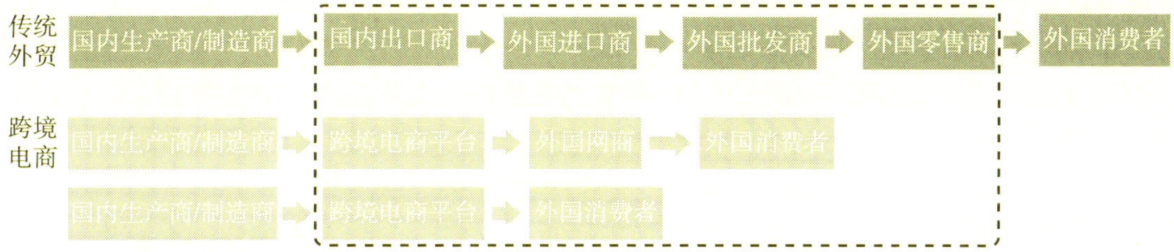

图 2－2　国外市场的商品销售渠道

1. 进口商

外国进口商是与国内出口商直接打交道的购买者。发达国家的大企业在出口时，为了减少中间环节、节约流通费用，往往愿意在有销售业务的地区设立分支机构或联号，以及在网络上采取直接经营的方式。而发达国家的中小企业和广大发展中国家的企业，却很难在国外组织起客户网和消费网进行直接推销，所以，充分利用外国进口商现成的客户网是成本低、效率高的好途径。

2. 批发商

批发商有两种情况，一类是向进口商订货，另一类则兼营进口，直接向国外订货、进货。批发商订货后，要支付货款，取得货物所有权，办理报关等手续，最后将货物存入自备或租用的仓库，通过线上或线下渠道分配给自己的客户网（二级批发或零售商）。

批发商负担的费用和风险比进口商或零售商都要大，它们除支付进口货款外，还负担着直至把货物分配到自己客户手中的费用，以及大部分推销费用（如广告费）。

3. 零售商

在销售渠道中，零售商与国际市场的关系并不那么直接而且情况也最为复杂，但它们与消费者直接接触，最了解商品、市场和消费者的状况。正确选择与使用零售渠道，对于一国产品进入另一国的消费领域是非常重要的。国外零售商大抵包括百货公司、连锁商店、超级市场、专业商店、邮购商店、折扣商店、地摊、自动售货机、杂货店、行商、网商等数类，彼此之间差异巨大。有的是全球性巨贾，在世界各地均设有分号，经营几乎所有种类的商品，很难辨认其经济利益的民族性；有的则本小利微，惨淡经营度日。

第三节　国际市场的基本特点

一、国际市场具有全方位开放的特点，又具有集团化的强烈趋势

国际市场的全方位开放有三层含义：

（1）国际市场的大门对世界上每一个国家都是开放的。在这个市场中进行商品交易的既有美国这样的经济大国，也有土耳其、墨西哥这样的新兴工业化国家，还有像土库

曼斯坦这样的小国。

（2）国际市场对任何从事制造业、服务业或其他行业的厂商都是开放的。在国际市场中，像IBM公司、丰田汽车公司、伊利集团这样的企业界巨人可以销售商品，中国香港、台湾、义乌的成千上万的中小企业也可以出口自己的产品，非洲等地区的手工作坊也能够出口创汇，在国际市场中找到自己合适的位置。

（3）国际市场对任何商品和服务都一视同仁，它们可以进入市场找到交易机会。美国的飞机、日本的轿车、中国的家用电器、厄瓜多尔的香蕉，在国际上都有着自己的市场。在现实中，国家（地区）有大小之分，厂商有强弱之别，产品也有档次的不同，但在国际市场上只有竞争才可能迫使某个国家、某家厂商或某种产品退出市场。

但是，国际市场也存在着政策的歧视，集团化趋势即是其中之一。国际市场上的集团化趋势有两种表现：其一是国家之间形成的集团化，如欧盟、北美自由贸易区等；其二是企业跨国结成集团的趋势。国家之间形成的集团化大多为国家出面通过协议而组成某种一体化的过程。其基本做法是，集团内部实行自由贸易，对外却统一排斥、限制竞争对手的商品进入，同时与某些集团外的国家结成特殊的伙伴关系，互利互惠。如欧盟与美国的对抗关系和欧盟与非洲、加勒比、太平洋地区的发展中国家形成的集团关系即明显的例子。

二、国际市场有着很大的盲目性，但国际协调已开始介入

尽管在第二次世界大战后由于社会主义国家阵营的出现，曾经有“两个平行市场”说法的流行，即存在着互不交叉的资本主义世界市场和社会主义世界市场，今天，两大阵营市场的独立平行已不复存在，国际市场又成为无所不包的统一市场了。在这种条件下，国际市场的运行基本上是建立在生产资料私人占有的基础之上，资本主义经济规律仍然发挥着主导作用，整个国际市场的生产和销售具有很强的无政府主义色彩，私人企业有着充分的决策权，生产什么、生产多少、在哪个市场实现、商品服务价格收取多少等仍然是个别企业的个别行为。这种企业决策行为的分散化，使国际市场行为具有较大的盲目性，各国厂商对于国际市场未来的预测，以及根据这种预测而制订的一厢情愿的计划，加剧了这种盲目性，使国际市场变得更加难以捉摸。

此外，由于第二次世界大战后各发达资本主义国家的国家垄断资本主义获得了长足的发展，它们在对国内社会经济生活各方面进行干预的同时，开始对自己的国际经济贸易关系予以调节，以保证经济对内、对外均衡的实现。为实现这一目标，国家一方面以一体化经济组织、多边或双边协定、国际经济组织（如世界贸易组织、国际货币基金组织）等形式为商品交换、资本和劳动力的流动创造有利的外部条件，另一方面又运用国家的力量实行各种限入奖出的政策措施，进行各方面的歧视，以便从中寻求自己的利益。

国际市场盲目性的存在和国家垄断资本主义国际调节的加强，使各国尤其是发展中国家进入国际市场的难度有所增加，这就要求进入国际市场的厂商必须做好调研工作，了解其他国家的外贸政策与措施，以及各种国际惯例和习惯做法，减少矛盾以求扩大出口。

三、国际市场有着较大的动荡性，但又呈现出以较快速度增长的趋势

1. 经济衰退引起国际市场动荡

当前经济生活国际化进程日益加快，经济危机往往通过各种渠道在国家间传播，引起连锁反应。一般来讲，美国经济是资本主义世界经济的火车头，一旦它的经济陷入衰退，进出口下降，与它有着密切关系的西欧、日本的国际贸易活动必然会受到影响，使西欧、日本的对外经贸活动出现问题，进而造成向西欧、日本提供原料、燃料和其他初级产品的广大发展中国家的出口下降，而这又使发展中国家出口收汇下降，进口能力受到打击，反过来又影响美国、西欧、日本向发展中国家的出口。这样的一系列连锁影响最终会使整个国际市场产生动荡。

2. 政治风波引起国际市场动荡

在当今的世界中，经济与政治的关系密不可分，互相影响，世界性的政治震荡往往会引起国际市场的动荡。这反映了人们对世界政治前景的普遍看法，对前景预期暗淡则国际市场动荡激烈。例如，1979 年底苏联出兵阿富汗，美国卡特政府采取了低姿态。人们认为苏联将会继续南下，完成老沙皇追求不冻港的旧梦，这造成了不少人的恐慌，纷纷抢购黄金，致使金价在国际市场上节节上涨，1980 年 1 月下旬达到了 825 美元/盎司的空前纪录，造成了市场的严重动荡。

3. 大规模的军事行动也会引起国际市场的动荡

大规模的军事行动，一方面会引起某些商品的需求产生变化，另一方面则会影响某些商品的生产和供给，从而造成国际市场的动荡。例如，第一次和第二次世界大战曾使国际市场处于极大的动荡之中，出现了市场的兴旺、萧条和重新组合；20 世纪 80 年代两伊战争的升级曾使油价上涨，武器交易活跃；20 世纪 90 年代初的海湾战争、始于 2022 年的乌克兰危机也使石油价格出现了极大的上涨。

新闻专栏 2-1

俄乌冲突对全球市场的影响

2022 年俄乌冲突爆发，全球经济为此受到大范围影响，特别是石油、金属和粮食价格等。俄罗斯是世界上面积最大的国家，拥有世界上最大的矿产和能源资源，也是全球领先的石油和天然气生产国之一。乌克兰是东欧的大国，拥有广阔的肥沃农田，目前是世界上最大的粮食出口国之一。

在俄乌冲突爆发的第二天早上，由于投资者面临石油冲击、通货膨胀等可能性，道琼斯指数下跌了 700 点。长期的市场低迷可能会影响到人们在股市和账户中所积累的财富。对全球经济而言，随着自然资源价格上涨，通胀率上升的前景将使银行面临困境，并且随着市场动荡打击企业的信心，企业投资也会减弱。

俄乌间的紧张局势已经通过推高能源价格在世界经济中引发震动。自 2022 年 2 月 24 日开始，油价自 2014 年以来首次短暂攀升至每桶 100 美元以上，而欧洲天然气价格则飙

升了62%。俄罗斯与乌克兰的冲突加剧了对全球能源供应中断的担忧，因为俄罗斯是第三大石油生产国和第二大石油出口国。

石油价格的波动不仅会增加油价，它们的上涨也会推高家庭供暖和电力成本。更高的能源价格将使交通变得更加昂贵，并且对于已经在努力应对费用飙升的企业来说，运输和投入成本会保持在较高水平。企业很可能会以提高商品价格的形式将这些较高成本中的至少一部分转嫁给消费者。

俄罗斯是镍、铝和钯等工业金属的主要供应国。俄罗斯和乌克兰都是主要的小麦出口国，并且俄罗斯和白俄罗斯的钾肥产量很大，钾肥是化肥的一种投入。这些商品的价格从2022年开始一直在上涨，现在可能会因为俄乌冲突进一步上涨。

俄罗斯和乌克兰是全球粮食的重要参与者。俄罗斯生产约10%的全球小麦，而乌克兰生产约4%。加起来，这几乎是欧盟小麦总产量的规模。小麦用于国内消费和出口市场。两国合计占全球小麦出口的四分之一。2020年俄罗斯占18%，乌克兰占8%。两国也是玉米的重要参与者，玉米总产量占4%。不过，乌克兰和俄罗斯在出口方面的贡献更为显著，2020年占全球玉米出口的14%。这两个国家也是葵花油的主要生产国和出口国。2020年，乌克兰葵花油出口占全球出口的40%，俄罗斯占全球葵花油出口的18%。两国都是全球粮食供应的主要贡献者，影响其产出的发展对价格的影响不容小觑。

图2-3展示了2017—2021年世界货物、服务贸易额，可以看到，国际市场有着较大的动荡性，但又呈现出以较快速度增长的趋势。

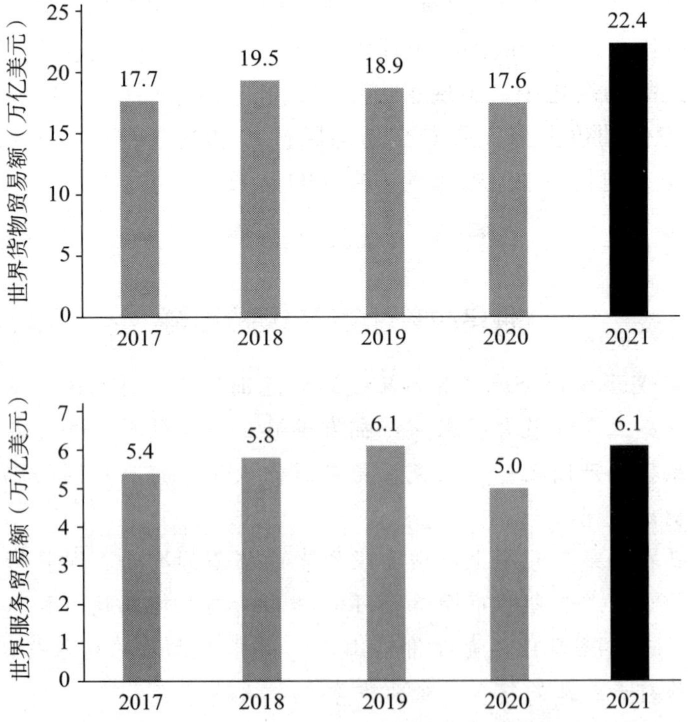

图2-3 2017—2021年世界货物、服务贸易额

四、国际市场中存在着激烈的竞争，同时在各领域中又有着很强的垄断性

市场决定着企业的生死存亡，“优胜劣汰”是国际市场的竞争准则。目前在国际市场中，初级产品、劳动密集型产品、已经标准化了的资金型产品属于高度竞争的产品。以家用电器为例，20 世纪六七十年代，美国、西欧、日本是最大的生产、出口、消费国（地区）；20 世纪 80 年代以来韩国等也加入了角逐；而 20 世纪 90 年代初以生产能力而言，中国在洗衣机、电冰箱、电视机等方面也步入了世界前几位，竞争使国际市场中的家用电器性能更新周期加快，也使不少厂商在竞争中消失。又如我国的黑龙江牌冰刀，也是在激烈竞争中击败了北欧的对手，迫使日本同类厂家停产上门合资后走俏世界市场的。最能说明问题的是可口可乐与百事可乐在世界范围的角逐，它们的确“本是同根生”，但“相煎”起来却是你死我活。

案例 2-3

百事可乐与可口可乐的“辱乐时刻”

1946—1964 年间，美国共有约 7 600 万婴儿出生，占美国总人口的三分之一，百事可乐觉得，赚钞票，还得从这群“娃娃”抓起。于是，百事可乐单方面发起了一个营销活动，叫作百事挑战。

那百事可乐的这一营销活动效果如何呢？

如果你走在 1975 年的街头，大概率会看见一群又一群的人，歪着头狐疑地从商场走出，不用问，他们一定是刚刚参加完百事可乐的“盲品”口味测试（百事挑战），也就是在不知道哪个产品是百事可乐、哪个产品是可口可乐的情况下，品尝两种产品，然后选出自己喜欢的口味。

出乎意料的是，大多数人都选择了百事可乐。

虽然后来证明，这一结果是因为百事可乐更甜，第一口品尝时，人类天然地会被更甜的饮料吸引。但当时，这完全出人意料的结果，使百事可乐收获颇丰。

那段时间，百事可乐成了青春、激情、冒险的代表，收获了一大批年轻的粉丝。

面对百事可乐的攻势，可口可乐该怎么做呢？答案是，打不过就加入，1982 年，可口可乐进行了一项“堪萨斯计划”，他们派出了 2 000 名调查员，在十大城市调查顾客是否愿意接受一种全新的可口可乐，并小心翼翼地试探道：如果可口可乐与百事可乐口味相仿，你会感到不安吗？结果是，一半以上的人表示愿意接受新的口味。

两年后的 1984 年，在新可乐样品出来后，可口可乐依旧不放心，又掏出 400 万美元，邀请了 19 万消费者参加口味盲测。结果依旧喜人，新可口可乐以 61%比 39%的压倒性优势，战胜老可口可乐。

国际市场在存在着激烈竞争的同时，又有着很强的垄断性，今天，国际四大粮商控制着世界谷物贸易，五大金商垄断着世界黄金市场，欧洲、美国、日本的几家汽车公司左右着世界汽车交易。有的产品垄断性更强，这种现象在某些弹性小的初级产品（如石油）和高技术产品上表现得更为突出。

五、国际市场中替代性与互补性并存

1. 替代性

替代性是指在国际市场中存在着这样的规律：在使用价值（用途）相同或类似的情况下，廉价商品将排挤价格昂贵的商品并取而代之；优质高价的商品会取代低质廉价的商品；具有特色且能够反映个性的商品将取代大路货；使用体验好、操作简单并具有安全性的商品会取代操作繁复、具有不安全因素的商品。另外，在国际市场中制成品交易取代了初级产品而主宰着市场交易方向；在初级产品交易中，能源产品、稀有金属的交易取代了其他初级品交易而居主导地位；无形产品（专利、工艺、技术秘密）异军突起，在国际市场中崭露头角，日益显现出它的重要性，很可能在21世纪主宰国际市场。

新闻专栏2-2

国产品牌对国外品牌的替代

2018年至今的中美贸易战，正是“大国崛起”“修昔底德陷阱”等概念在西方国家受到热炒的现实表现。实际上，中国崛起，已经让很多发达国家尤其是美国切实地感受到了压力和焦虑。国产品牌对国外品牌的清洗和替代，已经在两个行业走到了完成时。

第一波替代潮：2000—2010年，家电行业

第一个发生剧变的，是家电行业。

改革开放以后，中国家电行业就开始进入蓬勃发展时期，经过20世纪“三大件”这一波强洗脑宣传，到了2000年，美的、格力、海尔、美菱、小天鹅这些国产家电品牌开始了价格战这一新型抢占市场的营销方式，同时，松下、三星、东芝、日立等外资品牌开始强势入侵中国市场。这种情况一直持续到了2005年，其间2003年的非典引发的健康家电行业风行、钢材价格上涨使得家电成本上升，一批搞价格战的企业死掉，因此2004年家电行业迎来了并购浪潮。

2005年是国产电器行业的一个拐点，大洗牌之后，小厂退出，美的、格力、海尔等龙头企业在规模、渠道、成本、品牌等方面优势扩大，阻止了新进入者，行业从野蛮生长的无序竞争慢慢转变为有门槛的有序竞争。此外，受“家电节能补贴”“新家电”“家电下乡”以及房地产发展和产品升级需求的推动，我国家电零售规模在2006年以后实现了快速稳定增长。

到了2009年，主要类目的增长已经基本进入平缓阶段。2010年，家电市场集中度进一步提升，国家信息中心数据显示，空调、洗衣机、冰箱的国产品牌市场占有率均已超过了50%，空调甚至已经超过80%。国产品牌已经在中国市场所向披靡。时至今日，日立、东芝等日系品牌已经彻底退出国内白色家电市场，而松下、三星等品牌则把业务中心转移到了白电以外的其他品类。

家电行业国产品牌站稳脚跟之后，2011年4月底，白色iPhone4开始在中国发售，这标志着移动互联网开始席卷中国，引出了手机行业的剧变。

第二波替代潮：2011—2018 年，手机行业

第二波国货对国外品牌的替代潮发生在手机行业，伴随着移动互联网对传统互联网的替代，智能手机替代功能手机。

2008 年，3G 网络进一步普及之后，苹果公司就推出了自己的 3G 手机 iPhone 3G。自此以苹果为主、三星为辅的触摸屏智能手机时代开始。中国产业信息网数据显示，2011 年，全球智能手机的总出货量为 4.914 亿部，其中三星与苹果分别以 19.1%和 19%的市场份额领先于其他厂商。

一直到 2014 年，国内手机行业还是以苹果和三星等国外品牌为主，但是，小米、华为、HTC、OPPO、VIVO 等国产品牌也开始崛起，山寨机在国产手机品牌的围攻下加速消亡，国产手机品牌的市场格局初现。

随着 4G 技术的成熟，2014 年，4G 网络开始在全国范围内铺设，OPPO、VIVO 横扫下沉市场，由华为、一加这种高端品牌和小米、OPPO、VIVO、魅族等高性价比品牌组成的国产品牌矩阵逐渐成形。

---

2. 互补性

（1）不同国家因产业结构不同而形成的互补关系。

由于历史与现实的原因，不同经济结构的国家之间会形成某种互补关系。例如在亚太地区，美国、日本向其他国家和地区提供资本和高技术产品，中国向其他国家和地区提供电子产品和中间品，泰国、菲律宾、马来西亚等提供轻纺产品，而其他一些国家则大量提供能源和其他原料性农、矿产品。

（2）不同企业之间形成的互补关系。

世界各国的企业在价值链的作用下，彼此间自然形成某种比例关系，结成生产中的供应链关系。这种互补性一旦被破坏，必然会出现有的企业生产过剩、有的企业陷入生产停滞的状况。维持企业间合理的互补性，是生产顺畅进行的重要条件之一。

（3）不同关联产品之间的互补关系。

在国际市场中，产品之间的互补关系是很明显的，即某种产品的使用是以另一种产品的生产供应为前提的。充分利用国际市场的替代性和互补性，有利于不同国家，尤其是相对落后的发展中国家的厂商在国际市场中寻找自己的位置，扩大对其他国家的出口。

六、国际市场中商品的相对过剩和结构性的供给不足并存

国际市场的大多数商品在多数时间内总是处于相对过剩状态，尤其是那些垄断性较低、多数发展中国家都能生产的某些初级产品和劳动密集型产品更是如此。于是，如何拥有更多的消费者，最大限度地占有市场份额，驱使着厂商无所不用其极地进行角逐，造成了经营方式、销售手段、获利方法的多样化，甚至脱离了惯常的做法和轨道。在这种角逐中，生产结构相似、出口市场相同的生产同类产品的国家之间的竞争将是十分激烈的；而结构互补的国家之间的竞争程度将远不如结构相同的国家之间。

在国际市场上存在着商品过剩的同时，却又存在着结构性的商品供给不足，使某些

产品在世界上供不应求，尤其是某些化工原料和稀有金属，这种情况促成了国际投机的加剧和价格的波动。

七、国际市场中复杂性和风险性并存

以上各方面的特点造成了国际市场的复杂性。这种复杂性表现在以下几个方面：

（1）国际市场上由于彼此语言不通而出现在商务洽谈、往来函电、签约履约、处理争议等方面的麻烦和复杂性；

（2）因为各国法律制度不同、货币制度不同、度量衡制度的差异而产生的复杂性；

（3）由于对国外市场、外国客户调研困难而产生的复杂性；

（4）由于各种国际贸易惯例及国际汇兑、保险、运输的种种规定和做法所产生的复杂性等。

国际市场中除了复杂性外，还存在着种种风险。这些风险主要表现为：

（1）国际市场中存在着信用风险，各种情况的发生都可能影响履约，造成交易的损失；

（2）国际市场中也存在着各方面的商业风险；

（3）汇率的波动往往会产生国际市场中的汇兑风险；

（4）国际市场商品在运输中存在着运输风险；

（5）国际市场中由于供求等方面的变化，存在着价格风险；

（6）国际市场中因政治、军事的波动以及政权的更迭，存在着政治风险等。

第四节　国际市场风险与防范

一、商品风险及其防范

企业将自己的产品在国际市场销售时，到处都有发生商品风险的可能性。商品风险是指商品在物质上所出现的非人为的风险，如自燃、火灾等使商品毁灭或损失。一般地，商品风险在商品的输送和保管中最容易发生。常见的商品风险有两种：一是自然风险，指的是暴风、恶浪、雷电、海啸、地震、洪水、迷雾等自然力量所造成的商品的损失；二是意外事故风险，指船舶搁浅、触礁、沉没、互撞、失踪、与其他物体（如冰山）碰撞，以及火车脱轨、火灾等意外事故造成物质上的损失。企业要有效地防范商品风险，应从两方面入手。

1. 明确承担风险的界限

（1）明确商品品质风险的责任界限。即确认商品在国际流转过程中发生品质损害的承担方。一般的做法是，首先决定交易合同中商品的品质条件。如果是出厂品质条件，就意味着商品出厂时的品质应符合商品交易合同的条件。因此，卖方在必要时，可要求或委托厂地所在的商检机构查定品质，将商检合格证书寄给买方以明确责任。如果是交货品质条件，则商品在到达目的地时，其品质必须符合交易合同的条件，买方若发现不符合要求，可立即委托当地商检机构作品质鉴定，并将鉴定书及时寄给卖方，以作赔偿的请求。其次，当品质不符合要求的原因是由承运方造成时，则要根据与承运方之间签订的契约，由承运方负责赔偿。

（2）明确商品数量风险的责任界限。在签订各种交易合同时，首先必须确定是以发送数量条件还是交货数量条件来进行交易的；其次在重量计算时，明确是以毛重还是净重为条件，有时也可规定数量过多或不足的容忍条件，以此来避免可能遭受到的商品数量损失。

（3）明确商品价格条件。当商品风险发生时，风险责任的承担者往往由交易合同的价格条件来决定。如以交货价格成交，则规定商品交到买方以前的一切风险均由卖方承担；而以 FOB、CIF 和 CIP 价格成交，则规定卖方承担商品装上船以前的风险，而买方承担装上船以后的一切风险。

2. 投保转移风险

明确了风险责任承担者以后，企业就应及时地对所承担的商品风险投保，将风险转嫁给保险公司，这是避免商品风险最有效的办法。保险公司对自然风险和意外事故风险均承保。企业作为投保者，必须事先对可能发生的风险内容做出充分的估计，并据此来决定应投保的保险种类。概括起来，在投保时，企业应注意明确保险目的、决定保险价额，明确风险范围、决定风险发生时作补偿限度的保险金额，明确风险期限、确定保险费等有关事项。

二、违约风险及其防范

1. 信用调查

对企业的交易方和合作方进行详细的信用调查，是避免违约风险的有效措施。通常，信用调查的主要内容包括：

（1）对方的基本情况，如其资产负债表中反映的经营情况等等，以此来判断对方经营状况的好坏。

（2）对方的资信情况，对方在其营销活动中建立起来的资信程度如何，有无诈骗活动。

（3）对方所在国的有关情况，如投资政策、优惠政策等都对企业的营销决策起较大的作用。

信用调查的方式主要有：

（1）向有关咨询机构咨询，这能比较快而准确地获得所需的信息。

（2）交易市场调查，商品交易所和证券交易所能直接反映交易各方的许多情况。

（3）专家调查，通过有关专家的帮助来了解对方所在国的政治经济状况及可能对信用产生的影响。

（4）政府机构或国际性机构调查，从而企业可获得许多确切而又详细的信息。

（5）其他调查方式，如借助报纸、杂志等公开资料，或向已与对方有过贸易关系和合作关系的企业来了解对方的信用等等。

2. 信用保险

企业将违约风险投保是避免风险的有效途径。许多国家不仅设有私人信用保险公司，还设立了国家信用保险机构，如美国的国外信用保险协会（Foreign Credit Insurance Association，简称 FCIA）、瑞士的出口风险保证部（Export Risk Guarantee，简称 ERG），都专门从事违约风险的保险业务。信用风险的种类很多，按信用期限的长短，可以分为短期、展期、中期和长期的保险。短期信用保险的信用期限在 180 天以内，它适用于制成消费品和大宗商品（如农产品、矿产品等）的出口；展期信用保险的信用期限在 180 天至 2 年，它适用于汽车、机械、生产线等半资本性货物的出口；中期信用保险的信用期限为 2～5 年；长期信用保险的信用期限在 5 年以上。中、长期信用保险适用于电站、大型船舶、飞机等项目的出口，以及对外直接投资办企业。信用保险按责任起讫的不同，可以分成信用期的保险和信用前期的保险。信用期的保险从货物出运后开始负责，它保障的是全部应收款（包括利息）；信用前期的保险从合同生效日开始负责，一般到货物出运后截止。信用保险可避免违约风险，企业应根据具体情况投保合适的种类。

案例 2-4

长虹集团海外应收账款逾期的教训

企业经营风险在很大程度上受限于资金使用风险，资本实力是企业规避和防范风险的核心因素。相较于西方大型跨国企业，中国企业的资本实力还很弱，支持其从事跨国经营的绝大部分资金来源于银行贷款。同时存在商业信用危机，因为跨国经营涉及进出口、中介、汇兑、保险等诸多环节，任何环节的失信行为都可能使交易失败，进而给企业带来巨大的风险。而一些中国企业往往急于求成，不注意考察合作伙伴的资本实力和商业信用，没有建立风险防范控制系统，就大幅度地开展海外贸易投资，最终因为商业伙伴的失信甚至诈骗行为而蒙受巨额损失。2004 年，四川长虹集团 4.72 亿美元海外应收账款逾期无法收回的事件就是典型。长虹集团为快速开拓美国市场，与美国 APEX 公司于 2001 年 11 月开始进行风险极高的先发货后收款的大规模营销合作，截至 2004 年底，美国 APEX 公司已经累计拖欠长虹集团 4.72 亿美元，为此长虹集团不得不在 2004 年度财务会计报表上计提 3.1 亿美元坏账。美国公司 APEX 的负责人因为熟悉中国国内企业情况，屡屡得手；而长虹集团在没有完全了解和高度重视对方信用的情况下陷入对方欠账泥潭。

三、市场风险及其防范

市场风险是指由市场的供求、竞争、价格的变化给企业带来损失的可能性。由于市场供求关系的变化、市场竞争程度的变化都直接影响着市场价格的变化，所以市场风险的根源在于价格的变化，这就意味着价格变化的原因就是市场风险产生的原因。我们知道，除了市场供求关系、竞争程度对价格变化有影响外，生产成本、垄断、技术进步、通货膨胀、股市、利率等都对价格变化有影响。

1. 市场风险的综合管理

市场风险的综合管理实际上就是指企业进行多角度经营和多样化生产。企业在国际市场上用多种经营方式经营多种商品和服务，并对销售市场也实现多样化。这样，当影响价格的某一因素对企业某一种产品构成市场风险时，企业还能用其他没有受该因素影响的产品来减少或抵消这一风险。也就是说，如果在特定的地域或特定的时期，某种商品的价格面临不利的状况，由于市场、产品的多样化，在其他地域或其他时期，该商品价格都是有利的，或是企业经营的其他商品价格都是有利的，这时两者相抵补，使实际发生的商品市场风险带来的损失额大为减少，达到了弥补损失的目的。

2. 以滑动价格避免或减少市场风险

企业在国际市场营销活动中，有的项目金额较大，付款期限较长，而物价波动的因素又不太好估计。因此，企业在合同中若采用由适当的物价指数构成的滑动公式来确定出口商品的价格，并在合同中规定物价指数在多大范围内变动可忽略不计的条文，就能达到保值的效果。一般地，出口商品的滑动价格都可以通过滑动公式来计算，以机械设备为例：

$$P=\left(\frac{FE}{BE}-1.0\right)\times \text{其价}$$

其中：P 为应调整的价格部分，即加价部分；FE 为交货前美国劳动部劳动统计局出版的制造商及价格指数增刊中机械设备的批发物价指数；BE 为成交时相应的机械设备的批发物价指数；其价为双方都接受的机械设备基本价格。

当然，若使用几个国家的平均物价指数来进行滑动价格的计算，就更为合理。至于物价指数变化多大，企业才在合同中规定要进行价格调整计算，就完全取决于成交金额的大小。

四、社会风险及其防范

每个不同的东道国之间都存在着政治、文化、技术经济条件和法律规定等方面的差异，即使是同一个东道国也存在着不同风俗习惯、不同种族、不同信仰所带来的不同道德行为。因此，企业在不同东道国或同一东道国的不同地区从事国际市场营销活动，还会面临社会风险。社会风险是指由于道德行为、法律规定的不同及其变化从而给企业带来的风险，这种风险也会导致企业营销活动的失败或利润的损失。

道德行为的不同和变化与东道国的风俗习惯、信仰、种族等等因素有关，企业面临的道德行为风险多为诈骗、强夺、盗窃、伪造等所产生的危险。为防范这一风险，企业最好的办法是到保险公司投保，尽量与保险公司分担可能发生的道德行为风险，如诈骗、盗窃。如果有的风险保险公司不予承保，企业可以借助法律、东道国政府的支持，甚至本国政府的支持来应对。如对于商标、专利的伪造风险，企业可在风险产生之前，在东道国申请商标注册或专利权。总之，道德行为风险还是可以预防、减少的。

由于世界上并不存在一部统一的国际商法来调整国际商业交易活动，而且每个东道国的法律又各不相同，企业进行国际市场营销时，如果对东道国的法律环境不了解、不熟悉，东道国有关法律的规定和变化就有可能造成企业的损失。

五、产品责任风险及其防范

随着科技的进步，现代化的工业给人类生产、消费创造了丰富的产品，同时也增加了危险的因素，带来了风险。诸如波音飞机因制造缺陷而坠毁造成人员伤亡和财产损失，家用电器普及的同时因质量缺陷造成触电事故或火灾，燃放质量低劣的烟花爆竹致人伤残等等，都导致产品制造商、销售商随时都可能成为产品责任事故的被告，承担巨额的赔款。这种由于产品质量问题而给企业带来的损失被称作产品责任风险。

本章小结

在本章，我们学习到：

（1）国际市场是世界各国进行商品、服务交换，并进行资源配置的场所。它是在国际分工、国际贸易不断发展和深化的过程中逐渐形成的，在这个市场中流通的内容包括商品、资金、服务、信息等。

（2）自由竞争资本主义向垄断资本主义的过渡、第二次科技革命所带来的巨大经济影响，给统一的国际市场的最终形成以决定性的推动。

（3）国际市场是由世界范围内通过国际分工联系起来的各国之间的市场和参加国际分工各国的内部市场组成的。如以市场的组织特性为标准，可以把国际市场划分为有形市场和无形市场。

（4）一个国家与商品进口有关的销售渠道结构大致为：进口商—批发商—零售商—消费者。

（5）国际市场的基本特点是：它全方位开放，但又具有集团化的强烈趋势；它有着很大的盲目性，但国际协调已开始介入；它有着较大的动荡性，但又呈现出以较快速度增长的趋势；它存在着激烈的竞争，同时在各领域中又有着很强的垄断性；替代性与互补性并存；商品的相对过剩和结构性的供给不足并存；复杂性和风险性并存。

（6）国际市场风险与防范，主要包括商品风险、违约风险、市场风险、社会风险和产品责任风险及其防范。

关键术语

国际市场　有形市场　无形市场　集团化　市场动荡　国际市场风险　竞争　垄断

辅助材料推荐

1. 菲利普·R. 凯特奥拉，玛丽·C. 吉利，约翰·L. 格，等. 国际市场营销学（原书第 17 版）. 北京：机械工业出版社，2017.

2. 黄卫平，丁凯，韩玉军，等. 国际贸易教程. 6 版. 北京：中国人民大学出版社，2023.

3. 张静中，曾峰，高杰. 国际市场营销学. 北京：清华大学出版社，北京交通大学出版社，2007.

本章思考题

1. 国际市场的定义是什么？统一的国际市场是如何形成的？
2. 国际市场的结构与分类是什么？
3. 国际市场的商品销售渠道都有哪些？
4. 国际市场的基本特点都有哪些？
5. 什么是国际市场的风险？该如何防范？

拓展阅读

LV 的奢侈品全球营销

日清——一个营销比泡面做得更香的品牌

第三章
国际市场营销环境

学习目标和重点

- 国际市场营销环境的构成
- 影响国际市场环境的经济因素与政治因素
- 影响目标国市场环境的政治法律、经济与人口、科技、社会文化因素

导入案例

2008 年 8 月 18 日北京奥运会男子 110 米跨栏初赛场上，上届奥运冠军刘翔因伤退赛，可是以刘翔作为其产品代言人的耐克公司仍继续展开了广告营销战。人们发觉耐克公司这次广告宣传不仅有以往的商业色彩，而且更具有某种人情味。8 月 18 日下午，耐克公司发表简短的官方声明："刘翔一直是中国最杰出的田径运动员之一，耐克为能与刘翔紧密合作而感到自豪。现在我们明白他的感受并期待他伤愈复出。"第二天凌晨，以刘翔退赛为题材、主题为"爱运动，即使它伤了你的心"的平面广告，伴随着各报社"刘翔退赛"的头条消息出现在华东、华南、华北各地域的重要都市报的头版位置。作为刘翔的赞助商，耐克公司原先已预备好刘翔夺冠版的广告和未夺冠的广告，但未料到其退赛。而耐克公司此番动作之快，不由让人想起 2006 年 7 月 12 日刘翔在瑞士破男子 110 米栏世界纪录后，耐克公司仅用了 14 个小时，就让刘翔回国现场身穿纪念款耐克 T 恤的广告迅速占据了从网络到报纸再到电视等各类媒体。充沛的曝光让品牌获得了最大的展现。

环境是指与某一特定作用体之间存在潜在关系的所有外在因素及实体的总称和体系，对不同的事物，环境的内容各有不同。

国际市场营销环境是指影响企业国际市场营销活动的各种外部因素。企业所处的国际环境无时无刻不在变化，随时会产生新的威胁和机会，企业必须适时采取行动，以适应不断变化的国际环境。

当国内企业的产品跨越国界进入国际市场时，首先会遇到来自国际上的各种政治和经济力量的束缚，从而影响商品的国际流动。这些政治、经济方面的限制体现出国际市场营销的某些共性。在这样的国际背景下，不同企业的产品分别进入各具特色的外国市场，不同国家独特的市场营销环境构成国际市场营销的个性特征。因此，国际市场营销环境主要由两个部分组成：国际市场环境和外国市场的国内环境。

第一节　国际市场中的经济因素

伴随世界经济一体化的趋势，各地形成了诸多区域经济一体化组织。这种区域经济一体化组织对某一外国企业在其成员国内部的市场营销活动有很大的抑制或促进作用。此外，国际贸易政策和国际货币制度也将给从事国际市场营销的企业带来某些限制性影响。国际市场营销的经济环境如图 3－1 所示。

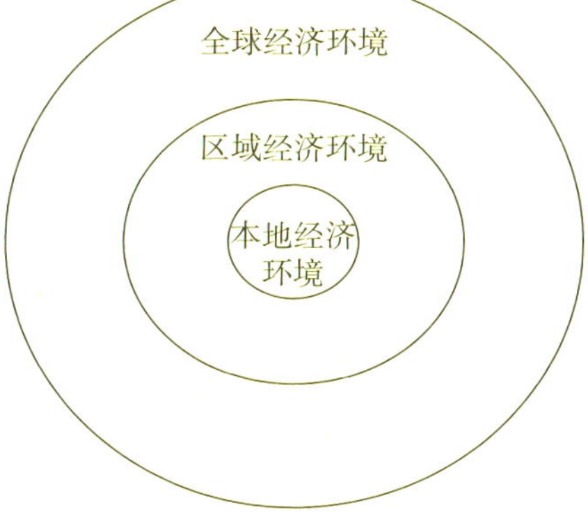

图 3－1　国际市场营销的经济环境

一、区域经济一体化

区域经济一体化亦称区域经济集团化，是指同一地区的两个以上国家逐步让渡部分甚至全部经济主权，采取共同的经济政策并形成排他性的经济集团的过程。其组织形式按一体化程度由低到高排列，包括优惠贸易安排、自由贸易区、关税同盟、共同市场、经济联盟和完全经济一体化。比如，目前一体化程度最高的区域经济集团是欧洲联盟。

1. 区域经济一体化的发展路径

全球范围内区域经济一体化迅速发展主要依靠三条途径：一是不断深化、升级现有形式；二是扩展现有集团成员；三是缔结新的区域贸易协议或重新启动沉寂多年的区域经济合作谈判。

东亚合作是区域经济一体化在亚洲的亮点。从 1992 年东盟签署建立自由贸易区协议（即在 2008 年通过实施有效优惠关税建成东盟自由贸易区）开始，1997 年底又举行首届东盟与中日韩三国领导人非正式会晤（即建立“10＋3”合作机制），将合作从东盟扩展至东亚地区，从而正式启动东亚合作进程。2002 年，中国与东盟达成将在 2010 年建立自由贸易区的框架协议，“10＋1”模式业已形成。2010 年，中国-东盟自由贸易区正式全面启动，成为一个涵盖 11 个国家、19 亿人口、GDP 达 6 万亿美元的巨大经济体，是发展中国家间最大的自贸区。

其他大洲的区域经济一体化趋势也日益明显。南部非洲发展协调会议成员国首脑会议于 1992 年签署关于建立南部非洲发展共同体的条约、宣言和议定书三个文件，正式将该组织更名为南部非洲发展共同体；东部和南部非洲优惠贸易区首脑会议于 1994 年批准把优惠贸易区转变为共同市场的条约，宣布东部和南部非洲共同市场（简称东南非共同市场）正式成立。欧盟的诞生、欧元的启动以及欧盟实现历史上规模最大的一次扩大，使得欧洲区域经济一体化格外引人注目。澳大利亚、新西兰及东盟于 2009 年签署协定，正式建立东盟-澳大利亚-新西兰自由贸易区。2018 年 11 月 30 日，美国与墨西哥、加拿大签订新的贸易协定——《美国-墨西哥-加拿大协定》，取代 1992 年签订的《北美自由贸易协定》，新协定保留了原协定的主要内容，于 2020 年 7 月生效。

案例 3-1

英国脱欧

2018 年 6 月 26 日，英女王批准英国脱欧法案，允许英国退出欧洲联盟。7 月 12 日，英国发布脱欧白皮书。2020 年 1 月 31 日，英国正式“脱欧”，结束了其 47 年的欧盟成员国身份。

由于历史与地理原因，19 世纪晚期以来，英国一直奉行对欧洲大陆事务不干预政策，被称为“光荣的孤立”。“疑欧”的历史传统以及和欧洲大陆经济发展相异的模式使英国长期和欧洲大陆若即若离。在“疑欧”人士看来，欧盟未来的一些政策趋势可能损害到英国的利益。而欧债危机的蔓延，不仅使英国的疑欧之心快速发酵，也加快了脱欧脚步。与此同时，欧盟其他国家的民众也对英国渐生不满，认为英国不仅否决欧元，不参加欧盟的危机救助方案，还反对一切金融监管政策，因此英国脱欧对欧盟的发展来说反而是好事。双方的相互信任已经降到历史低点。英国并非欧元区国家，可以发行自己独立的货币，有利于保持其出口竞争力，拥有自主的财政政策。但这使英国很难真正地参与欧洲大陆的事务处理。尤其是欧债危机的关键时期，由于各种利益分歧明显，脱欧的声音也甚嚣尘上。

区域经济一体化覆盖大多数国家和地区。据世界银行统计，全球只有 12 个岛国和公国没有参与任何区域贸易协议（RTA）。在 174 个国家和地区中，每一个国家或地区至少参加了一个（最多达 29 个）区域贸易协议，平均每个国家或地区参加了 5 个。当然，各地区之间的差别很大，发展程度也不相同。世贸组织全体成员同时又是各区域经济一体化组织成员，有的具有多重区域经济一体化组织成员的身份。全世界近 150 个国家和地区拥有多边贸易体制和区域经济一体化的“双重成员资格”。发达经济体签署的区域贸易协议最多，平均每个经济体为 13 个。相当多数量的发展中经济体已与发达经济体签署了双边优惠贸易协议。多数协议发生在东欧、北非和拉美，东亚各国签署的协议少一些，而南亚各国尚无与发达经济体签署协议的先例。

区域经济一体化的内容广泛深入。新一轮的区域经济一体化协议涵盖的范围大大扩展，不仅包括货物贸易自由化，而且包括服务贸易自由化、农产品贸易自由化、投资自由化、贸易争端解决机制、统一的竞争政策、知识产权保护标准、共同的环境标准、劳工标准，甚至提出要具备共同的民主理念等。比如，很多区域经济一体化协议都涉及标准、物流、海关合作、服务、知识产权、投资、争端解决机制、劳工权益和竞争政策等条款。

区域经济一体化的形式与机制灵活多样。一是大多数区域经济一体化组织对成员资格采取开放式态度，以加速扩大。除一些明确由几方构成的区域经济一体化协议，如《美国-墨西哥-加拿大协定》《澳大利亚-新西兰更紧密经济关系贸易协定》等之外，一般区域经济一体化组织大都经历了成员由少到多的过程。比如，欧盟历经 5 次大规模扩大，现已发展至 27 个成员国。亚太经济合作组织自成立以来也经历了多次扩大，达到 21 个成员。二是合作形式和层次由低级向高级发展。许多国家放弃或基于原有贸易优惠安排而成立自由贸易区或关税同盟，有的从关税同盟发展成为共同市场。

跨洲、跨区域经济合作的兴起和发展。20 世纪 90 年代以来，区域经济合作的构成基础发生了较大变化，打破了狭义的地域相邻概念，出现了跨洲、跨洋的区域合作组织。比如，日本相继与墨西哥、新加坡签署了自由贸易协议。2020 年 11 月，东盟十国和中国、日本、韩国、澳大利亚、新西兰共同签署了《区域全面经济伙伴关系协定》。不同区域经济一体化组织之间也展开了连横合作。1995 年，欧洲委员会通过了建立欧盟与地中海国家伙伴关系的方案，方案确定欧盟先与地中海国家建立联系国伙伴关系，进而到 2010 年逐步建立起包括 12 个南地中海国家在内的近 30 个国家、拥有 6 亿到 8 亿人口的欧盟地中海自由贸易区。同年，南方共同市场与欧盟签署了《区域性合作框架协议》，决定 2005 年建成跨洲自由贸易区。

2. 区域经济一体化组织的类型

（1）优惠贸易安排（preferential trade arrangement）。优惠贸易安排是指成员经济体之间通过签订协定或采取其他形式对全部或部分商品实行特别的关税优惠，它是区域经济一体化中最低级和最松散的一种形式。如成立于 1976 年 6 月 2 日的非洲木材组织就是典型的优惠贸易安排组织。《美加汽车产品协定》也属于优惠贸易安排。

（2）自由贸易区（free trade area）。自由贸易区是国家间经济一体化约束最少、最为松散的形式。在自由贸易区内，成员之间取消商品及服务流动的一切人为限制，成员间的一切贸易壁垒均被撤除，从而产生了一个商品与服务得以自由交易的自由贸易市场，但成员与非成员之间仍保持原有的贸易政策。其主要特点是成员之间取消关税与非关税壁垒，但各自保留自己的海关和关税制度。其不足之处是可能会导致商品流向的扭曲和避税，即如果没有其他措施作为补充，协议各国之外的国家和地区很可能会将货物先运进一体化组织中实行较低关税或贸易壁垒的成员国，然后再将货物转运到实行高贸易壁垒的成员国。为了避免出现这种商品流向的扭曲，自由贸易区组织均制定“原产地原则”，原产地原则表明了自由贸易区对非成员国的某种排他性，规定只有自由贸易区成员国的“原产地产品”才享受成员国之间给予的自由贸易待遇。理论上，凡是制成品在成员国境内生产的价值额占到产品价值总额的50%以上时，该产品就被视为原产地产品。

案例3-2

北美自由贸易区

1992年8月12日，美国、加拿大和墨西哥三国就《北美自由贸易协定》达成一致意见，并于同年12月17日由三国领导人分别在各自国家正式签署。1994年1月1日，协定正式生效，北美自由贸易区宣布成立。三个成员国彼此必须遵守协定规定的原则和规则，如国民待遇、最惠国待遇及程序上的透明化等来实现其宗旨，借以消除贸易障碍。自由贸易区内的国家货物可以互相流通并减免关税，而贸易区以外的国家则仍然维持原关税及壁垒。

北美自由贸易区成立以来，美国、加拿大、墨西哥三国由于取消贸易壁垒和开放市场，实现了经济增长和生产力的提高，尤其是墨西哥的加入，使得北美自由贸易区成为十年来南北区域经济合作的成功范例，国际上对于发达国家和发展中国家能否通过自由贸易实现经济的共同增长、迈向经济一体化的疑问，基本得到消除。

（3）关税同盟（customs union）。自由贸易区的合作层次较低，被列为国际经济合作的低级阶段。关税同盟在自由贸易区的基础上又向前迈进一步，其合作程度高于自由贸易区。关税同盟是指成员之间完全取消在商品贸易中的关税和数量限制，使商品在各成员之间自由流动。另外，成员还对来自非成员的商品进口建立统一的关税制度，形成了统一的对外贸易政策。关税同盟大体可分为两类：一类是发达国家间建立的，如早期的欧洲经济共同体，其目的在于确保西欧国家的市场，抵制美国产品的竞争，促进内部贸易的发展，积极推进欧洲经济一体化的进程。另一类是由发展中国家建立的关税同盟，其目的主要是维护本地区各国的民族利益，促进区内的经济合作和共同发展。如中非关税与经济联盟、安第斯共同体、西非国家经济共同体、东非共同体、中部非洲国家经济共同体等。关税同盟除了具有静态福利效应外，还会带来不少动态效应。一方面，建立关税同盟能够形成广大的市场，从而更容易实现规模经济，加强同盟内成员国对外的竞争力；另一方面，在更大范围内自由流动的劳动力和资本可以使关税同盟内各国的经济资源得到更有效的利用，刺激非成员国到关税同盟内设厂（即所谓的关税工厂），就地销售，以避免关税同盟对非成员国产品继续保持歧视性贸易壁垒。例如《区域全面经济伙伴关系协定》签订之后，RCEP成员国之间降低或取消区域内关税和非关税壁垒，使得贸易额迅速增加。海关统计数据显示，2022年一季度，中国对RCEP其他14个成员国进出口总值为2.86万亿元人民币，同比增长6.9%，占同期中国外贸总值的30.4%。当季，中国与韩国、马来西亚、新西兰等多个国家进出口同比增速超过两位数。

（4）共同市场（common market）。共同市场的经济合作程度高于关税同盟。共同市场不仅包括关税同盟所包含的经济内容，即成员间商品与服务的自由交换、成员间的进出口免税及对非成员的共同关税，还包括比关税同盟更为丰富的经济内容，除商品的自由流动外，各种生产要素（劳动力、资本、技术）也可在共同市场内部的成员之间流动，移民和跨国界投资的限制被取消，各国资源可在更大的市场空间内得以合理配置，组织内财政政策、货币政策以及就业政策方面要进行高度的协调。共同市场的发展目标是废除成员国之间关税和非关税壁垒，实现商品和劳务的自由流通；协调成员国关税政策，分阶段实现共同对外关税；在贸易、金融、交通运输、工农业、能源和法律等领域进行合作；通过加强成员国的贸易和投资联系实现成员国之间的经济一体化，直至建立起货币联盟，发行共同货币。共同市场的特点是，成员国之间不仅实现了商品的自由流动，还实现了生产要素和服务的自由流动。这意味着成员国之间在相互提供通信、咨询、运输、信息、金融和其他服务方面没有人为的限制；资本的自由流动意味着成员国的资本可以在共同体内部自由流出和流入；劳动力的自由流动意味着成员国的公民可以在共同体内的任何国家自由寻找工作。为实现这些自由流动，各成员国之间要实施统一的技术标准、统一的间接税制度，并且协调各成员国之间同一产品的课税率；协调金融市场管理的法规以及成员国学历的相互承认等。所以，共同市场是一种联合程度较高的多国集团。在共同市场内，各国通常有着协调的税收政策、社会福利体系，尽管成员国仍有自己的货币，但汇率通常是固定的，或只允许有小幅度的浮动。共同市场的真正建成，意味着一个相对统一的经济体的形成。

（5）经济联盟（economic union）。经济联盟的建立，除了要求商品、服务和生产要素的自由流动之外，还要求经济政策的一体化。这说明经济联盟的合作程度又高于共同市场形式。经济联盟下的成员间要协调货币政策、税收政策和政府开支政策，甚至要有统一的货币形式。这种经济合作可能导致成员牺牲部分国家主权利益，以服从一个位于国家之上的联盟权威机构，经济联盟最终也有可能推动政治一体化的政治联盟的形成。目前只有欧盟接近经济联盟这一阶段。

（6）完全经济一体化（complete economic integration）。完全经济一体化是区域经济一体化的最高组织形式，区域内各国在经济联盟的基础上，全面实行统一的经济和社会政策，建立统一的货币制度，使各成员在经济上形成单一的经济实体。伴随着经济联盟不断发展，成员将会加强政治上的联合，建立政治经济统一体，因此又称政治经济一体化。欧盟一体化进程就是以建立关税同盟为起点，进而发展为统一大市场、经济货币联盟，并向政治联盟发展，建成政治经济统一体的完全经济一体化组织。

不同区域经济一体化组织的特征及其比较如表 3-1 所示。

表 3-1　不同区域经济一体化组织的特征

组织类型	优惠关税	商品的自由流动	共同对外关税	生产要素的自由流动	经济政策的协调	超国家经济组织
优惠贸易安排	√					
自由贸易区	√	√				

续表

组织类型	优惠关税	商品的自由流动	共同对外关税	生产要素的自由流动	经济政策的协调	超国家经济组织
关税同盟	√	√	√			
共同市场	√	√	√	√		
经济联盟	√	√	√	√	√	
完全经济一体化	√	√	√	√	√	√

3. 区域经济一体化组织的特点

（1）区域经济一体化组织是一种国际趋势。近年来，国际区域市场的形成与发展有不断加速的趋势，各国不断签署协议，区域市场的数量也在不断增加。这种趋势还会继续下去。

（2）区域经济一体化组织有不断扩大的趋势。很多区域经济一体化组织的成员不断增加，规模也不断扩大。如从美加自由贸易区扩大到由美国、加拿大、墨西哥组成的北美自由贸易区；又如欧盟的成员国也在不断增加。

（3）区域经济一体化组织有不断高度化的趋势。所谓高度化，是指国际区域市场的模式由低级向高级逐步演进。如东盟，在成立之初属于地区性合作集团，后发展为自由贸易区；又如欧共体向欧盟过渡的发展过程。

（4）区域经济一体化组织在某种程度上存在交叉性。这种交叉性表现在不同的区域市场相互交叉，即某个国家或地区既是某一个区域经济一体化组织的成员，同时又是另一个区域经济一体化组织的成员。如墨西哥既是北美自由贸易区的成员，又是哥伦比亚、墨西哥和委内瑞拉组成的三国市场的成员。

就国际市场营销来讲，区域经济一体化组织的出现为经营者提供了许多机会，但也有一些潜在的问题。区域经济一体化的基本特征就是为区域内的生产和贸易提供优惠和便利，区域市场越大，它所提供的市场机会就越多。但区域经济一体化组织对区域外的贸易对象将带来不利的条件限制。这显然会对企业的国际市场营销产生消极影响。这方面的影响主要包括两个方面：一是特惠效应的影响。区域经济一体化组织使区域外出口商受到歧视性待遇，难以与区域内企业进行公平竞争，在这种情况下，区域外出口商可以采取直接投资的方式开展国际市场营销。二是增长效应。区域经济一体化组织会造成统一市场规模不断扩大，这种扩大会使区域内企业扩大生产规模以适应市场的需求，这使得区域外的出口商面临着被区域内企业的产品替代的威胁，在这种情况下，经济一体化会导致区域外出口商由出口营销转向投资营销，以部分抵消经济一体化对其造成的消极影响。

4. 区域经济一体化对国际市场营销环境的影响

（1）区域经济一体化有助于自由贸易思想的发展。区域经济一体化在区域内奉行自由贸易原则，清除各种贸易壁垒。自由贸易政策实施所带来的各种好处将有助于成员增强自由贸易意识，同时区域内部保护贸易的约束机制对于成员内部贸易保护主张起到一定的遏制作用。区域经济一体化会发挥其经济效应、示范效应、约束效应。

（2）区域经济一体化可以成为多边贸易体制的基础。

（3）区域谈判与多边谈判具有重要的协同作用。

（4）区域经济一体化可以为多边贸易谈判提供经验和技巧。

同时，区域经济一体化也存在其消极影响。比如：

（1）区域经济一体化组织都实行对内自由贸易、对外保护贸易的贸易政策，这种"内外有别"的政策明显背离多边贸易体制的非歧视原则，形成保护主义的贸易壁垒。

（2）区域经济一体化组织都具有不同程度的"贸易转移效应"，背离比较优势原则，对区域外的国家造成损害，往往导致区域内外的贸易摩擦和冲突，使世界贸易组织（WTO）经常处于"救急"状态。

（3）区域经济一体化组织增加了国际市场上的垄断力量，抑制了竞争，削弱了WTO体制的作用。

（4）区域经济一体化组织把各国追求自由贸易的目标由多边贸易协定转向区域性一体化组织安排，不利于WTO体制发挥作用和进一步发展。

二、国际贸易政策

1. 关税

关税是商品通过国境时，海关向进出口商征收的税金，征收关税的目的在于增加政府收入以保护国内民族工业。关税的种类有很多，主要包括：

（1）进口税。进口税是一个国家的海关在国外商品输入时对本国进口商征收的一种正常税，又称进口正税。它通常是在国外商品进入关境或国境时征收，或是在国外商品由自由港、自由贸易区或海关保税仓库提出并运往国内市场时由海关征收。进口税是关税中最重要的税种，也是保护关税政策的主要手段。一国通过征收高额进口税，可以提高进口商品的成本从而削弱其竞争能力，起到保护国内生产和国内市场的作用。它还是在贸易谈判中迫使对方妥协让步的重要手段。我们通常所说的关税壁垒，就是指高额进口税。

进口税通常可分为普通税和最惠国税两种。普通税适用于与该国没有签订最惠国待遇贸易协定的国家和地区所进口的商品，其税率较高。最惠国税则适用于与该国签订有最惠国待遇贸易协定的国家和地区所进口的商品，其税率比普通税低。

进口税税率的确定要视具体情况而定。发达国家并不是对所有商品都一律征收高关税，税率的高低取决于是否符合本国经济的利益。一般来说，对工业制成品征收的进口税税率较高，对半制成品的进口税税率较低，对原料的进口税税率最低甚至免税。进口税税率还往往随着商品加工程度的提高而增加。例如，欧盟市场的对外进口税税率曾规定为：棉花免税；棉纱征税8%；棉织品征税14%。这种税率的差别使进口国的同类加工产品得到更大的保护。

（2）出口税。出口税是指一国海关在本国商品输往国外时对出口商征收的关税。征收出口税必然会抬高本国商品的成本和在国外市场上的销售价格，降低其竞争能力，不利于扩大出口。因此发达国家现在一般不征收出口税，发展中国家也有减少出口税的趋势，只有在为了增加财政收入，或者为了保护本国资源和环境、保证本国生产需要和本国市场供应时，才适当地征收出口税。它常常是发展中国家同跨国公司的掠夺经营进行斗争的一种武器。

（3）过境税。过境税是一国向通过其关境的外国商品所征收的关税，又称通过税。为了鼓励外国商品过境以增加本国有关行业的收益和财政收入，在第二次世界大战后大多数发达国家已不再征收过境税，仅在外国商品通过其领土时征收少量准许费、印花税、签证费和统计费等。

（4）进口附加税。进口附加税是指发达国家对进口的商品除征收正税（进口税）外，还往往根据某种目的再加征一种附加关税，又称特别关税。

进口附加税通常是一种限制进口的临时性措施。征收这种关税的目的主要是：1）应付国际收支危机，维持进出口平衡；2）防止外国商品倾销；3）对某国实行歧视或报复政策等。

进口附加税有两种：一是反补贴税，又称抵消税或补偿税，即对直接或间接接受任何奖金或补贴的国外商品在进口时征收的一种进口附加税，不管这种奖金或补贴来自政府还是同业公会。二是反倾销税。它是对实行倾销的进口商品征收的一种附加税，其目的是抵制进口商品低价倾销，以保护本国产品和本国市场。

（5）差价税。差价税，又称差额税，是当本国生产的某种产品的国内价格高于进口的同类商品的价格时，按国内价格与进口价格间的差额征收的一种关税，其目的是削弱进口商品的竞争能力，保护国内生产和国内市场。差价税是随着商品的国内外价格差额的变动而变动的，因此它是一种滑动关税。

（6）特惠税。特惠税，又称优惠税，是对来自特定国家和地区的全部进口商品或部分进口商品给予特别优惠的低关税或免税待遇。其他国家和地区不得根据最惠国待遇原则要求享受这种优惠待遇。特惠税最初在宗主国与殖民地附属国之间的贸易关系中实行。第二次世界大战后，欧洲共同市场与非洲、加勒比和太平洋地区的一些发展中国家之间也实行特惠税。特惠税分为互惠特惠税和非互惠特惠税两种。例如，英联邦内部实行的特惠税是互惠的，而《洛美协定》规定的是发展中国家单向接受优惠。

（7）普遍优惠制。普遍优惠制，简称普惠制，是发达国家对于从发展中国家或地区进口的商品，尤其是制成品和半制成品，普遍给予优惠关税待遇的一种制度。它是发展中国家在联合国贸易与发展会议上经过长期斗争，于1968年通过建立普惠制决议之后才取得的。根据决议，普惠制有三个原则，即普遍的原则（指发达国家应对所有发展中国家出口的制成品和半制成品给予普遍的优惠待遇）、非歧视的原则（指应使所有发展中国家都不受歧视、无例外地享受普惠制待遇）、非互惠的原则（指发达国家应单方面给予发展中国家关税优惠，而不要求发展中国家或地区提供反向优惠）。按规定目标，实行普惠制是要扩大发展中国家对发达国家制成品和半制成品的出口，增加发展中国家的外汇收入，促进发展中国家的工业化，加速发展中国家的经济增长。目前实施普惠制的国家已近30个、接受普惠制的发展中国家和地区有170多个。

2. 非关税壁垒

非关税壁垒是指除关税以外的一切限制进口的措施，可分为两大类：一类是直接的非关税壁垒措施，指进口国直接对进口商品的数量或金额加以限制，或迫使出口国直接限制商品出口，如进口配额制、“自动”出口配额制等。另一类是间接的非关税壁垒措施，指进口国对进口商品制定严格的条例和标准，间接地限制商品进口，如进口押金制、苛刻的技术标准和卫生检疫规定等。非关税壁垒的主要措施有：

（1）进口配额制。

进口配额制又称进口限额制，是指一国政府在一定时期里，对于某些商品的进口数量或金额加以直接限制的制度。配额以内的货物可以进口，超过规定额度不准进口，会征收高额关税或罚款。它是发达国家对商品进口数量进行限制的重要手段。进口配额有两种形式：绝对配额，即指对某种商品在一定时期内的进口规定一个最高额度的数量或金额，超过后就不准进口；关税配额，即不限制商品进口的绝对数额，而对在一定时期内规定配额的进口商品给予低税、减税或免税待遇，对超过配额的进口商品则征收较高的关税、附加税或罚款，这实际上限制或禁止了超过配额以外的商品进口。

（2）“自动”出口配额制。

“自动”出口配额制又称“自动”限制出口，是指出口国家或地区在进口国的要求或压力下，自动规定一定时期（一般为三年）内某些商品向该进口国的出口量，在限定的配额内自行控制出口，超过配额即禁止出口。“自动”出口配额制有两种形式：一种是由出口国单方面自行规定出口的限额，可以由政府规定配额或者本国厂商按照政策“自动”限制出口；另一种是由出口国与进口国双方通过谈判规定“自动”出口限额。

“自动”出口配额制是第二次世界大战后出现的非关税壁垒的新措施，带有明显的强制性，但表面上是出口方的“自动”行为，因此更难以受到国际监督。

（3）进口许可证制。

进口许可证制是指商品进口必须事先领取许可证，否则一律不准进口。进口许可证必须注明有效期与进口商品名称、来源、数量及金额等。

按进口许可证与进口配额的关系，许可证分为有定额的许可证和无定额的许可证。有定额的许可证是指有关机构预先规定有关商品的进口配额，然后在规定配额的限度内，根据进口商的申请，对于每一笔进口货物发给一定数量的进口许可证。无定额的许可证是指在没有规定配额的情况下，对申请者个别发放某种商品的进口许可证。这种许可证是在个别考虑的基础上进行的，没有公开的标准，因而给正常贸易造成更大困难，具有更强的限制进口的作用。按进口商品的性质，许可证又可分为一般许可证和特种许可证。一般许可证又称公开进口许可证，适用于自由进口的商品，对于进口国别和地区没有限制，易于获准进口。特种许可证须经有关机构逐笔审查批准，而且大多数要指定进口国家或地区。

（4）外汇管制。

外汇管制是指一国政府通过法令对国际结算和外汇买卖进行管制，以实现国际收支平衡和本国货币汇率稳定的一种制度。按外汇管制要求，出口商必须把出口所得的外汇收入按官方汇率卖给外汇管制机构，进口商进口商品需要外汇时也必须在外汇管制机构按官方汇率申请购买外汇。本国货币出入境也要受到严格的限制。实行外汇管制的目的在于通过集中使用外汇和控制供应进口商的外汇数量的办法来控制商品进口的数量、种类和国别。

（5）进口押金制。

进口押金制又称进口存款制，是指进口商在办理进口时，必须预先按进口金额的一定比率和规定的时间，在指定的银行无息存放一笔现金，这样就增加了进口商的资金负担，从而起到限制进口的作用。

（6）海关估价制度。

海关估价制度是指发达国家通过海关高估进口商品的价格，有意提高进口商品的关税负担，阻碍商品的进口。

（7）进口和出口的国家垄断。

进口和出口的国家垄断是指在对外贸易中，对某些商品或全部商品的进出口规定由国家直接经营，或者把商品的进口或出口的垄断权给予某个垄断组织。这种国家垄断主要集中在烟酒、农产品和武器三类商品上。在第二次世界大战后，一些发展中国家为了打破帝国主义在贸易上的控制与垄断，实行了对外贸易“民族化”，成立了国营对外贸易机构，直接控制进出口业务及主要进出口商品的品种和数量。

（8）歧视性的政府采购政策。

歧视性的政府采购政策是指国家通过法令和政策规定政府机构在采购商品时必须优先购买本国商品，从而使进口商受到歧视，限制了进口商品的出售。这种歧视性政策有时还延伸到与对外贸易有关的海运、承包工程等方面。

（9）征收各种国内税。

征收各种国内税是指国家利用国内课税制，对进口商品和国产商品实行不同的征收方法和不同的税率，从而增加进口商品的纳税负担，削弱其竞争能力，达到抵制和限制进口的目的。这是一种比关税更灵活、更易于伪装的贸易政策手段。国内税通常不受贸易条约或多边协定的限制，国内税的制定和执行权属于本国政府机构，有时是地方政权机构的权限。

（10）最低限价和禁止进口。

最低限价是指一国政府规定某种进口商品的最低价格，凡进口商品的价格低于规定的最低价格，则加征进口附加税或禁止进口。当限制进口已不足以解救国内市场所受的冲击时，便直接颁布法令禁止某些商品的进口。

案例 3-3

浙江服装出口公司破解欧盟绿色贸易壁垒

浙江一家专门从事女装出口的制衣公司永通集团将一批成衣按订单要求发往德国时，却被拒之门外。纳闷不已的经营者被告知：不是服装尺寸不对路，而是小小的纽扣出了大问题——不符合环保要求。

纺织品出口在欧盟国家的检验中有几项重要的指标就是染料中的偶氮和 19 种分散染料（染原料的几种有害化学成分）是否超标。入世后，作为纺织大县的绍兴出现了空前的出口好势头，但不少绍兴纺织品在欧洲国家屡屡受挫，多数问题出在染料上。

痛定思痛，永通集团积极寻求破解绿色壁垒之法。当初，国内化工行业还没有环保染料，永通就用国外的，尽管在大力开源节流之后，成本还是高了30%，出口几乎无利可图，但是永通人下定决心，要在世界市场上打响这张“绿色”牌。集团不仅将染料全部改为环保型产品，还斥资200多万元在企业内部建立了检测中心。

破解了绿色壁垒后的永通集团如同掌握了阿里巴巴“芝麻开门”的秘诀一样，顺利打开了欧洲市场，并牢牢占据了世界市场中的份额。这家10多年前还名不见经传的民营企业，近年来在全国印染行业中创下了产量、销售、出口三项全国冠军，外贸出口超过1亿美元，产品行销75个国家，其中，欧美国家占40%，让业内人士连连称奇。

---

3. 鼓励出口措施

（1）出口补贴。

出口补贴指发达国家为了降低出口商品的价格，加强其在国外市场上的竞争能力，由政府通过财政拨出或者同业公会拿出一定资金，对出口商出口某种商品无偿地给予现金补助或财政上的优惠待遇，以弥补其经营亏损或增加其盈利。出口补贴有直接补贴和间接补贴两种形式。直接补贴指出口某种商品时，直接向出口商提供现金补贴。间接补贴指国家给某些出口商品以财政上的各种优惠。

（2）出口信贷。

出口信贷指发达国家政府为了鼓励商品出口，通过银行对本国出口商、外国进口商或进口方银行提供的优惠贷款。这是扩大商品出口，特别是金额较大、期限较长的项目（如成套设备、船舶等）的出口的一种重要手段。

出口信贷主要包括卖方信贷和买方信贷两种。卖方信贷是出口方银行向出口商（卖方）提供的贷款，是银行直接资助出口商向国外进口商提供延期付款，以促进商品出口的一种方式。买方信贷是出口方银行向进口商（买方）或进口方银行提供的贷款。买方信贷不仅使出口商可以较快地得到贷款并减少风险，而且使进口商对货价以外的费用比较清楚，便于与出口商讨价还价。这种方式目前在国际上比较流行。

（3）出口信贷国家担保制。

出口信贷国家担保制指国家为了推动与扩大商品出口，由国家设立的专门机构出面，对本国出口商或商业银行向外国进口商或银行提供的信贷给予担保。当外国债务人拒绝付款时，国家专门机构即按照承保的数额给予补偿。这类担保的项目一般是商业保险公司不愿承保的出口风险（包括政治风险、经济风险）项目；担保对象主要包括对出口商的担保和对银行的直接担保；担保期限通常分为短期信贷担保（6个月左右）和中长期信贷担保（2～15年），承保时间可以从出口合同成立日起直到最后一笔款项付清时为止，也可以从货物装运出口直到最后一次付款为止。

（4）商品倾销。

商品倾销指发达国家的垄断组织在控制国内市场的条件下，用明显低于国内市场的价格，甚至用低于商品生产成本的价格，在国外市场上大量抛售商品，以打击竞争对手，占领或巩固国外市场，是鼓励和扩大出口的一种有力措施。

商品倾销的具体目的在不同情况下有所不同。有的是为了打击竞争对手，扩大和垄断其产品销路；有的是为了在国外建立新的销售市场；有的是为了在当地阻碍同种产品或类似产品的生产与发展，以保持其产品的垄断地位；有的是为了推销“过剩”产品，转嫁经济危机；也有的是为了打击当地民族工业，达到在经济上、政治上实施控制的目的。

（5）外汇倾销。

外汇倾销是利用本国货币对外贬值的机会，向外倾销商品和争夺市场的一种特殊手段。出口国的货币贬值即汇价下跌后，出口商品用外国货币表示的价格降低，这就提高了该国出口商品的竞争能力，有利于扩大出口。同时，货币贬值后，进入该国的外国商品以本币制定的价格会上涨，从而削弱了进口商品的竞争能力，起到限制进口的作用。

（6）促进出口的组织措施。

促进出口的组织措施主要包括：成立专门组织来研究和制定出口战略，扩大出口；建立商业情报网，加强商业情报的服务工作，及时向出口商提供商业信息和资料；组织贸易中心和贸易展览会，推销本国商品；组织贸易代表团；对出口商给予各种精神奖励。

（7）出口管制方面的措施。

一般而言，世界各国都主张努力扩大商品出口，但在特定条件下，发达国家为了达到一定的政治、军事和经济目的，往往对某些重要商品实行出口管制，限制或禁止这些商品出口。出口管制商品主要包括：战略物资及有关的先进技术资料；国内生产所需要的原材料、半制成品及国内市场供应不足的某些紧缺商品；某些文物、艺术品；需要“自动”限制出口的商品。列入出口管制的商品要输往国外，必须办理出口申报手续，获取出口许可证。

（8）经济特区措施。

经济特区措施是指一个国家或地区在其关境外划出一定区域范围，建设或扩建码头、仓库、厂房、道路等基本设施，实行减免关税等优惠待遇和特殊经济政策，以吸引外资和外国企业发展贸易活动，兴办各种出口加工工业，增加外汇收入，促进本地区和邻近地区的经济与对外贸易的发展。发达国家或地区的经济特区有以下几种主要形式：

自由港或自由贸易区。在自由港的港区内输出输入商品可以免征关税，或者只对少数商品征收关税；自由贸易区是一个国家特别划定的准许国外商品自由进出的区域。进入自由贸易区的货物可以自由存储，重新分类、分级、加工、包装和装配、制造，然后免税再出口，但从自由贸易区运入所在国海关管制区时，则需缴纳关税。

保税区。保税区，又称保税仓库区，是海关所设置的或经海关批准注册的特定地区和仓库。国外商品存入这些保税区内，可以暂时不缴纳进口税，如果再出口，不缴纳出口税。保税区可起到类似自由港或自由贸易区的作用。运入区内的商品可进行储存、改装、分类、混合、加工和制造等。

出口加工区。出口加工区是一个国家或地区在其港口或邻近港口与国际机场等地方划出一定的区域范围，新建和扩建各种基础设施以及提供免税等特殊政策与优惠办法，鼓励外国企业在区内进行投资设厂，引进先进技术与管理方法，生产以出口为主的制成品的一种加工区域。

4. 世界贸易组织

世界贸易组织简称世贸组织，截至 2024 年 2 月共有 166 个成员，23 个观察员。它是根据乌拉圭回合多边贸易谈判达成的《马拉喀什建立世界贸易组织协定》于 1995 年 1 月 1 日建立，并以乌拉圭回合多边贸易谈判达成的最后文件所形成的一整套协定和协议的条款作为国际法律规则，对各成员之间经济贸易关系的权利与义务进行监督、管理的正式国际经济组织。

世界贸易组织的前身为《关税及贸易总协定》，于第二次世界大战后的 1948 年开始生效，这是各国和地区缔结的旨在降低关税、减少贸易壁垒的有关贸易和关税的多边国际协定。一方面，它通过建立一套良好行为规范，谋求在成员之间进行合作的基础。《关税及贸易总协定》临时实施以来的 47 年间，其活动涉及的领域不断扩大，由货物贸易扩展到服务贸易以及和贸易有关的投资领域；缔约方不断增多，由最初的 20 多个国家增加到 120 多个国家。世界贸易组织并不是 1947 年《关税及贸易总协定》的简单扩大，相反，它完全代替了《关税及贸易总协定》，具有完全不同的特征。根据《马拉喀什建立世界贸易组织协定》的前言，世界贸易组织的宗旨是：提高生活水平，保证充分就业，大幅度和稳定地增加实际收入和有效需求，扩大货物和服务的生产贸易，按照持续发展的目的，最优运用世界资源，保护和维护环境，并以不同经济、发展水平下各自需要的方式，加强采取各种相应的措施，积极努力确保发展中国家，尤其是最不发达国家在国际贸易增长中的份额，使之与其经济发展需要相称。

根据《马拉喀什建立世界贸易组织协定》的规定，世界贸易组织的机构设置如图 3-2 所示。

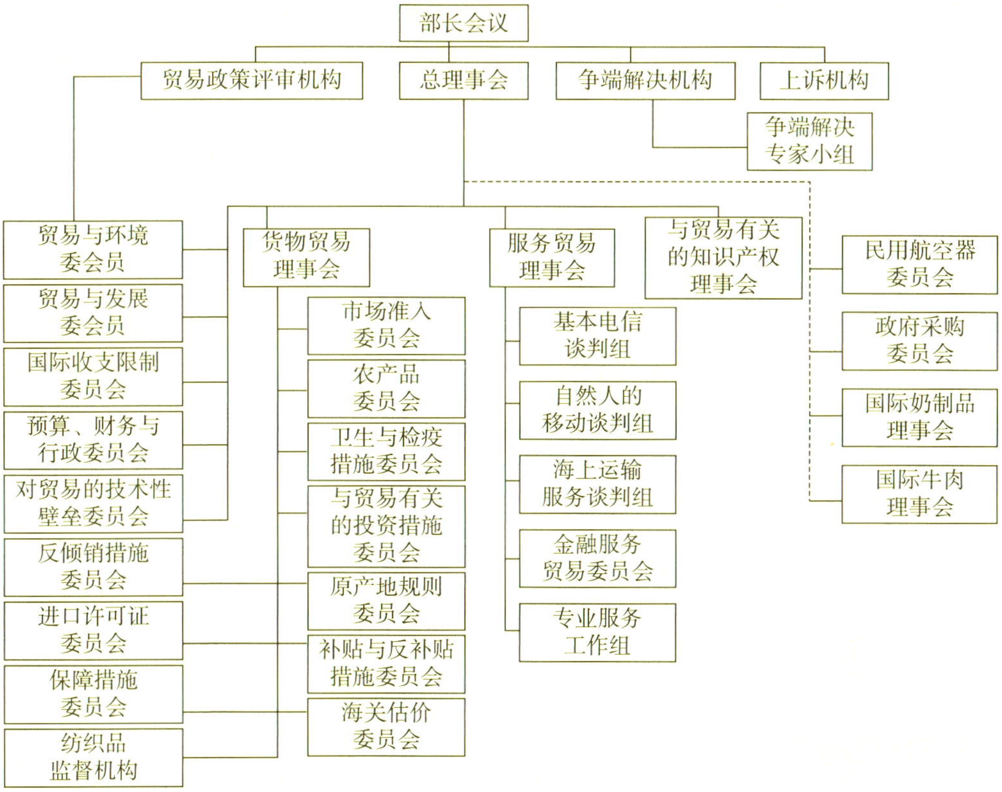

图 3-2　世界贸易组织的机构设置图

案例 3-4

中国在世贸组织起诉欧盟的第一案

中国是世界上最大的螺丝、螺母、螺栓和垫圈等钢铁紧固件的生产商，欧盟是这些产品的最大市场，2007 年欧盟从中国进口的紧固件价值达 5.75 亿欧元。但欧盟以中国紧固件存在倾销为由，从 2008 年 11 月起向中国输欧紧固件加征 26.5%至 85%的反倾销税。2009 年 7 月 31 日，中国将欧盟有关立法及反倾销措施诉诸世贸组织争端解决机制，将欧盟告上世界贸易组织。

双方围绕《欧盟反倾销基本法》第 9.5 条有关单独税率的规定展开了激烈的争论，该条是其针对非市场经济国家进口产品展开反倾销调查的主要规则之一，涉及倾销幅度的计算并进而决定反倾销税税率的方法。

世界贸易组织的《反倾销协议》规定：如果一种产品的出口价格低于生产成本价格，即为倾销。如果倾销给进口国生产同类产品的产业造成产业损害，则倾销要受到谴责，同时允许进口国进行反倾销调查，进而对倾销产品征收一笔额外的反倾销税。欧盟一直把中国视为“非市场经济国家”，不承认中国国内的销售价格或生产成本，认为价格不是由市场机制形成的。因此，欧盟在计算倾销幅度时都用所谓的“替代国价格”，即找一个“市场经济国家”的同类产品的销售价格或生产成本作为中国出口产品的“正常价值”，并依此计算倾销幅度，这往往会人为扩大倾销幅度。

世界贸易组织《反倾销协定》的原则是，进口国在反倾销调查时，给每个出口商计算出单独税率，抽样计算倾销幅度是唯一的例外。《欧盟反倾销基本法》第 9.5 条滥用世界贸易组织在非市场经济问题上的模糊规定，对非市场经济国家出口企业能否获得单独税率进行“有罪推定”(即存在国家控制)，而要求被调查企业反过来证明自己“无罪”。该做法违背了世界贸易组织有关调查机关应对每一企业确定各自单独倾销幅度的基本义务要求，欧盟以中国是“非市场经济”为借口，对中国实施“单一反倾销税率”，所有中国出口商不管出口价格高低都按单一税率被征收反倾销税。即针对所有的企业给予统一的国别税率，即所谓“一国一税”，而不是给与分别税率。

此案成为中国在世贸组织起诉欧盟的第一案。2011 年 7 月 15 日，世界贸易组织上诉机构就“中国诉欧盟紧固件反倾销措施案”发布最终裁决报告，通过澄清倾销幅度与反倾销税的关系问题、抽样是否构成《反倾销协定》第 6.10 条所规定单独税率的唯一例外、能否将国家视为一个“生产者”并统一计算倾销幅度等问题，裁定包括两项内容：一是欧盟的内部立法《欧盟反倾销基本法》中有关“单独税率”的规定不符合世贸组织规则，二是欧盟对中国碳钢紧固件采取的反倾销措施也违反了世贸组织规则。中国在这场贸易纠纷中取得了胜利。

三、国际货币制度

国际市场营销涉及产品或服务的交换，除易货贸易外，交换通常是以货币为媒介的。

世界上有150多种货币，多种货币的存在使得现代国际交换面临许多困难。一个国家必须持有国际上普遍接受的货币，而不能用自己的货币随意购买其他国家的商品。一家企业也不能向没有国际货币的国家出口货物。影响国际货币制度的主要机构有国际货币基金组织和世界银行。

1. 国际货币基金组织

国际货币基金组织是根据1944年7月在布雷顿森林会议签订的《国际货币基金组织协定》，于1945年12月27日在华盛顿成立的。与世界银行同时成立、并列为世界两大金融机构，其职责是监察货币汇率和各国贸易情况，提供技术和资金协助，确保全球金融制度运作正常。其总部设在华盛顿特区。我们常听到的“特别提款权”就是该组织于1969年创设的。

最早的国际货币制度是金本位制，金本位制下的各国纸币发行要受到黄金准备数量的限制，因而金本位制缺乏弹性。20世纪30年代的世界经济危机所诱发的金融动荡，使得一些国家相继放弃金本位制，进而使原有的国际货币流通秩序遭到破坏。为改善战后国际金融和贸易关系，保证世界经济的稳定发展，44个国家的代表在美国新罕布什尔州布雷顿森林镇召开了联合国和联盟国家国际货币金融会议，简称布雷顿森林会议。会议的重要成果是建立了一个永久性的国际货币机构——国际货币基金组织，确立了以美元为中心的国际货币体系——布雷顿森林体系。这一体系确立了各国货币盯紧美元，而美元直接与黄金挂钩的固定汇率制，并通过国际货币基金组织来维持其正常运转。国际货币基金组织的基本任务是稳定汇率，但一些国家出于本国利益的考虑，把固定汇率朝有利于本国的方向浮动，浮动汇率相继普遍实行并逐渐合法化。布雷顿森林体系的崩溃使得浮动汇率的变化更加反复无常，汇率变化所导致的货币价值的变化对企业从事国际营销的市场策略、产品价格决策及货币支付的操作方式均会产生不确定性影响。目前国际货币基金组织主要致力于调整和维持汇率，向有关国家或地区提供短期贷款，以解决国际收支平衡问题。对企业的国际市场营销来讲，这意味着更加广阔的世界市场。

2. 世界银行

世界银行是世界银行集团的简称，国际复兴开发银行的通称，也是联合国的一个专门机构。世界银行成立于1945年，1946年6月开始营业，由国际复兴开发银行、国际开发协会、国际金融公司、多边投资担保机构和国际投资争端解决中心五个成员机构组成。世界银行初期的宗旨在于复兴战后欧洲，后来则主要通过提供和组织长期贷款满足成员的资金需求，恢复并发展战后经济。世界银行组织既可为成员的政府项目贷款，帮助兴建某些生产建设周期长、利润率低，但又为该成员的经济和社会发展所必需的电力、交通和公用事业等工程项目，又可为经政府担保的私营企业提供中长期贷款。这将为企业的国际市场营销活动，特别是不发达国家的企业进入国际市场提供有力的资金支持。不过，虽然全世界许多贫穷的政府依靠世界银行来资助它们的发展计划，世界银行常常受到大公司“新殖民主义”全球化的反对者的批评。这些反全球化人士也是世界银行最主要的批评者，他们批评世界银行使用各种结构性调整措施削弱受贷国家政府的主权、追求经济自由主义和削弱国家的作用。

世界贸易组织、国际货币基金组织和世界银行一起被称为维护国际经济运行的支柱组织。这三大支柱组织对企业开展国际市场营销活动也产生了重要影响。

第二节　国际市场中的政治因素

一、双边关系

国家之间的贸易联系不单纯是两国经济关系的反映，同时也体现着包含政治因素的非经济因素。世界上某一国家和任何其他国家或地区都有一种独特的关系，这种体现政治、经济、文化、法律、军事等内容的双边关系，既可能给该国企业的国际市场营销创造有利的外部条件，也可能形成对这一活动不利的阻力，而且这种双边关系又是不断变化的，会随着时间的推移而演变，有利与不利的局面是可以互相代替的。

二、多边关系

在日益开放的国际环境下，世界上任何一个国家都难以奉行闭关锁国的政策，或者完全按照本国意愿开展对外交往。与此相反，国家间的协调行动常常是必要且有用的，战时的军事联盟就是国家间的一体化组织。和平时期，不少国家出于利益上的考虑，也结成不同形式的国家集团。国际上的多边关系总的来讲可以分为意识形态上的东西方关系和经济发展水平上的南北关系。

1. 东西方关系

人们最为熟悉的两大国际集团是由意识形态差异所引起的东方社会主义阵营和西方资本主义阵营。尽管它们突出体现了政治和军事方面的意义，但也包含着重要的经济内容。因为两大集团间的贸易往来会受到严重限制，不同集团成员国间的政治分歧割裂了它们的经济关系。但近年来东西方关系有很大缓和，主要是因为政治制度不同的国家达成了这样一种共识，即意识形态的差异不应成为两国经济合作的障碍，各国之间的贸易往来可以超越党派信仰。这种东西方国家在经济上相互融合的趋势，为企业的国际市场营销活动提供了有利的外部条件。

2. 南北关系

世界经济的重要划分是将国家划分为富国与穷国、发达国家与发展中国家，这与国家所处地理位置的南北差异基本上是一致的，发展中国家基本上都是热带或亚热带国家，而工业化国家几乎都在北半球。南北关系体现了经济发展水平不同的国家集团间的关系。从政治角度看，南北半球力量的对比是不均衡的，北半球的发达国家在国际政治上处于优势地位，但近年来，发展中国家也在为争取自身的利益而积极斗争。

一方面，当前世界政治风云变幻莫测，政治气候瞬息万变，中美贸易摩擦、俄乌冲突、贸易保护主义抬头，使得企业的国际市场营销面临动荡不定的政治环境，这当然不利于营销活动的顺利进行。但从另一方面来看，国际政治环境的变化也可能给企业带来很好的营销机会。这就要求企业的营销人员对政治环境进行细致考察，以了解可能遇到的政治阻力和风险；同时，由于国际政治环境并不是静止不变的，这也要求企业的营销人员必须以动态和发展的眼光去评价整体政治环境，使企业的营销策略适应不断变化的国际市场营销环境。

新闻专栏 3－1

中美贸易摩擦

中美贸易摩擦，是中美经济关系中的重要问题。贸易争端主要发生在两个方面：一是中国比较具有优势的出口领域；二是中国没有优势的进口和技术知识领域。前者基本上是竞争性的，而后者是市场不完全起作用的，它们对两国经济福利和长期发展的影响是不同的。

2019 年 9 月 11 日，国务院关税税则委员会公布第一批对美加征关税商品第一次排除清单。10 月，美国商务部称将自 10 月 31 日起对中国 3 000 亿美元加征关税清单产品启动排除程序。12 月 13 日，中美第一阶段经贸协议文本达成一致，美方将履行分阶段取消对华产品加征关税的相关承诺，加征关税将由升到降。12 月 19 日，国务院关税税则委员会公布第一批对美加征关税商品第二次排除清单。

近年来，随着中美经贸关系的快速发展，双边贸易摩擦也呈现日益加剧的趋势。贸易不平衡、纺织品特保、对华反倾销等问题构成了中美贸易摩擦的主要内容。中美两国经济利益的争夺、美国国内贸易保护主义的回流以及美国对中国的战略遏制等是双边贸易摩擦日益增多的主要原因。贸易摩擦对中美经贸关系的发展带来了较大的消极影响。

中美贸易摩擦产生的主要原因有：

（1）公平贸易取代自由贸易。美国在战后到 20 世纪 70 年代这段时间的主调是自由贸易。70 年代以后因为巨额贸易赤字等问题开始转向公平贸易政策，其基本观点是认为美国市场开放度远远高于别国。而最终美国从中增强了自己的竞争力，而且常常借此以经济手段来制裁其他国家，这就导致别的国家不服，从而产生了贸易摩擦。

（2）偏重双重标准和单边标准主义。这种双重标准和单边主义行动，很容易招致其他国家的报复行动，贸易摩擦就在所难免了。

（3）利益集团对贸易政策有重要影响。各种利益集团为了实现共同的目标和利益积极影响美国立法和其他政策决策，对直接或间接关系到其成员的公共关系决策施加影响。在美国的特有制度下，我们经常会看到，对于有利于美国的事情，美国政界睁只眼闭只眼，而对于不利于美国的事情，会立刻有反对意见。

（4）国会管理贸易。美国的宪法规定，国会有管理同外国贸易的商务合同，并制定和征收关税的权利。美国的行政部门更具国际视野却不能制定对外贸易政策，更注重本地区利益的议员却可以制定对外贸易政策，因此贸易保护主义经常得到体现。

（5）代言制度。在美国的民主制度下，议员和政府官员往往是某种利益的代言人。

在选举的制度下，个人影响力和知名度对于前途有着至关重要的影响。美国的政界人士要么本人拥有巨额的财产，要么能得到他人的资助。官员当选后，资助的要求就可以得到体现，因此就很容易因为某些官员的利益而导致贸易摩擦。

为此，中国企业应进一步熟悉 WTO 争端解决机制并熟练掌握 WTO 争端解决机制规则，为抑制贸易战、打赢贸易战做好准备。具体而言，发生贸易争端时，解决贸易争端、平息贸易摩擦的办法之一就是拿起 WTO 争端解决机制这个武器，争取以磋商方式解决争端。而大力实施品牌战略，提高企业竞争力，从提高产品档次，形成产品的个性化竞争优势入手，打造产品国际品牌，这是解决贸易摩擦的根本途径。积极实施走出去的战略，不仅可以使东道国对进口的保护措施失去原有的威力，而且还可以打开新的市场，将发生贸易摩擦的风险降至最低。

第三节　国际营销目标国市场的影响因素

一、政治法律环境

政治法律环境是指对组织经营活动具有影响的实际与潜在的政治力量和有关的法律、法规等因素。当政治制度与体制、政府对企业组织所经营业务的态度发生改变时，当目标国颁布各种经济法规法令，如商标法、广告法、投资法、专利法、竞争法、商检法、环保法、海关税法及保护消费者的种种法令时，企业必须随之做出相应的调整。

1. 政治环境

政治环境涉及政治制度、政治稳定性和政治风险等。

（1）政治制度。

政治制度是指一个国家的国家结构、政治体制、政党体系及有关制度。

国家结构。这主要是指一个国家的基本权力结构。一类国家属集权制国家，以中央集权为特征，各地方行政绝对服从中央政府的领导，全国有统一的宪法、法令，目前世界上大多数国家都属于这种类型；另一类国家则以联邦制为特征，各州都有相对独立的行政管辖权和立法权，可以颁布、实施适合本地区需要的特殊法规，美国就是典型的联邦制国家。国家结构决定了某些市场特性，集权制国家中的各项贸易法规、商业政策比较统一，容易把握，国内市场的统一性较强；而联邦制国家中的各种法规、政策差异较大，地方的行政管辖独立性还可能造成市场的某种分割，增加国际市场营销的难度。

政治体制。全球范围内的资本主义国家与社会主义国家、发达国家与发展中国家，其政治体制各不相同。一国的政体按权力的归属可分为君主制与共和制两种。君主制是以国王或皇帝为国家元首的政权组织形式，国家的最高权力名义上或实际上属于君主，目前世界上仅有 20 多个国家的政体属于这种形式，如英国、挪威、沙特阿拉伯等。共和制是指国家元首由选举产生，国家最高权力机关有一定任期的政权组织形式。共和制国家也可分为议会制和总统制两种形式，议会制共和国（如意大利）的最高权力机关是议会，享有立法与监督权；总统制共和国（如美国）的最高行政权掌握在作为国家元首和政府首脑的总统手中。不同的政体组织代表着不同的国家管理经济的形式。熟悉一国的政治体制对企业顺利进入国际市场很有必要。

政党体系。一国的政党体系按行使政权或干预政治的形式可分为一党控制制、一党制、两党制、多党制四种类型。一党控制制（以朝鲜为代表）是指通过非公开选举形式，使占统治地位的某一党派长期处于执政党地位，并对其他政党的活动和发展进行限制。一党制（以墨西哥为代表）是指某一党派的政治力量非常强大，以致在公开选举中其他党派无法与其展开竞争。两党制（以美国为代表）是由两个强大的政党相互交替并轮流执政，由此可导致差异较大的政府经济政策。多党制（以意大利为代表）是由多个政党联合组成政府，由各党的主张和政策不同而引起的党派间的冲突难以避免，联合政府的稳定性取决于各党派间的合作态度。不同的政党有不同的主张，政府政策也深受政党的影响，因此国际市场营销人员应了解一国的政党体系、各主要政党的政策，特别是对外经济政策的倾向性，这对于分析该国的现行政策和预测未来政局的变化是有益的。

（2）政治稳定性。

政治稳定才能保证政策的持续，国际企业最关心目标市场国政府的政策能否得到长期稳定的贯彻，由政策摇摆不定引起的政局动荡会使外商望而却步，投资信心不足。一国政治的稳定与否，可从该国政权更迭的频率予以考察，若政权的更迭过于频繁，便会产生一连串的不确定性，既定政策难以为继；倘若政权变更是通过军事政变的方式进行的，原有政策便会发生急剧变化。政治稳定性还可从文化分裂和宗教冲突方面进行分析，一国文化的分裂和宗教信仰之争都有可能引发政局动荡。目前世界上局部地区的武装冲突都与文化差异和教派论争有密切关系。此外，政治稳定性也可从诸如暴动、罢工、骚乱事件发生的多寡来判断。

（3）政治风险。

目标市场国政局的不稳定预示着欲进入该国市场的国际企业所面临的政治风险。一般来讲，作为主权国家的东道国往往具有绝对的权力来影响和制约外国企业在该国的营销活动，国际企业必须对其可能遇到的政治风险做出分析和判断。这些风险主要来自以下几个方面。

没收、征用和国有化。没收是指东道国政府无条件地把外国企业在该国的投资收归本国所有，由此导致财产所有权从外国企业向东道国的转移。征用是东道国政府将外国企业在该国的投资收归国有的另一种形式，与没收的区别只是在于征用时东道国政府会给予外资企业一定额度的补贴。与没收、征用相比，国有化是一种更微妙的国家管制形式，它不同于带有突然性的没收、征用方式，而是采用渐进的方式，逐步以各种手段和方法将外资企业的所有权全部或部分地转移到东道国手中。

进口限制与外汇管制。这两项带来的风险虽不像上述几种方式那么严重，却可能更为普遍。任何主权国家都设有不同种类的进口障碍，以限制那些与本国利益发生冲突的产品进入该国市场，实现保护本国企业与产品的目的。外汇管制是政府对本国外汇交易和流通实施管制的一种手段，各国政府会依据对本国是否有利，选择松紧程度不一的外汇政策。外汇管制既限制了国际企业在东道国的销售，也影响了所实现利润的顺利返还。

价格管制与劳工问题。价格管制也是国际企业所面临的风险之一。一国政府对那些关系到本国国计民生的重要商品或劳务的价格有时会加以行政干预，尤其是不愿意看到此类价格为外国企业所操纵，以维护公众利益和保障公众的基本生活。如果外国厂商涉足这些领域或部门，就很容易成为价格管制的对象。这种价格管制大大限制了外资企业的营销策略特别是价格策略的运用，使其不能根据市场的变化及时调整经营策略，进而给企业国际市场营销带来不利影响。劳工问题是许多国家政府十分关注的问题，特别是对外国企业来说，这个问题会变得相当敏感和易于触发。例如许多国家政府支持工会对抗外资企业，有的禁止外资企业随意解雇工人，有的甚至要求和投资者分享利润。因此国际企业必须处理好企业内部的劳资关系，否则不仅会使企业的业务受到影响和限制，甚至可能被迫结束在东道国的营销活动。例如，2005 年联想收购 IBM 个人电脑业务，2010 年吉利收购沃尔沃，这两家企业在收购过程中面临的最大问题之一都是海外的劳工问题，都要受到当地严格的劳工法的限制。

税收管制。征税作为政府控制外资企业的一种手段也属于政治风险的范畴。在这种情况下东道国政府往往突然提高税率，或提前结束投资时达成的有关免税、减税的优惠措施，或针对外资企业征收带歧视性的特别税。当外资企业在当地经营达到一定规模后，税率的突然提高会使企业的利润大减，进而扰乱企业的经营策略。

除上述风险外，国际企业在东道国还面临诸如政府的行政效率及廉洁程度问题。此外，还有民族主义与国民感情、企业所在国与东道国的国际关系等问题。企业只有对进入国际市场后可能面对的各种政治风险做出全面的分析和预测，才能在风云变幻的国际政治环境中制定出有效的营销对策。

案例 3-5

吉利收购沃尔沃的政治环境分析

2010 年 3 月 28 日 21:20，当地时间 15:20，在瑞典哥德堡，吉利集团董事长李书福和福特汽车公司首席财务官刘易斯·布斯（Lewis Booth）签署了最终股权收购协议。吉利以 18 亿美元成功收购瑞典沃尔沃轿车公司 100%股权，包括 9 个系列产品、3 个最新平台、2 400 多个全球网络、人才和品牌以及重要的供应商体系。吉利并购沃尔沃这段酝酿已久的“跨国联姻”终于尘埃落定。在这一过程中，吉利收购沃尔沃时所处的政治环境起到了较好的推动作用。

一是在国际关系上，瑞典是最早同中国建交的西方国家。中瑞关系平稳发展，两国在政治、经济、文化等各个领域和各个层次的交流与合作日益增多并取得显著成果，并且瑞典首相表示欢迎吉利与沃尔沃最终结盟，中国政府也对此事持鼓励态度，在经济和政策方面都给予了很多的支持。

二是在政策干预上，我国实行“走出去”战略，国务院推出《关于鼓励支持和引导个体私营等非公有制经济发展的若干意见》等文件，大力鼓励民营企业走出去，鼓励有条件的企业对外投资和跨国经营，加大信贷、保险外汇等支持力度，加强对“走出去”企业的引导和协调。国内政策性银行加大对境外投资支持力度；在防范风险的基础上，简化境外投资的审批程序；在我国外汇储备存量较高和人民币汇率升值后，放宽对外投资，这也为吉利集团收购沃尔沃提供了经济保证。

三是我国加大金融对对外高新技术投资的支持，充分发挥其政策导向功能，对国家重大科技专项、国家重大科技项目产业化项目的规模化融资和科技成果转化、高新技术产业化、引进技术消化吸收、高新技术产品出口等在贷款上给予重点扶持；运用财政贴息方式，引导各类商业金融机构支持高新技术引进和自主创新与产业化。

四是我国实行海外并购都要在发展改革委备案的政策，不允许自相残杀。沃尔沃认识到要走出困境，眼下最大的机遇就是借助中国市场。所以回过头来看，当吉利在发展改革委备案时，沃尔沃如果要选择中国，就只能选择吉利。

五是国家出台的《汽车产业调整和振兴规划》明确指出要“以结构调整为主线，推进汽车企业兼并重组”。兼并重组有多种形式，不仅是国内企业之间的兼并重组，也要利用国际金融危机带来的机遇并购海外的汽车企业。

---

2. 法律环境

国际市场法律环境主要包括各国不同的法律制度，涉及关于国际营销的法律规定，以及具有法律效力的国际公约、协定、国际惯例及仲裁机构。

（1）法律制度。

对世界各国法律制度的划分比较成熟的方式是二分法，即把各国国内法分为两大体系：大陆法系和英美法系。大陆法系以法律条文为依据，以成文法规为基础，由商事法典、民事法典和刑事法典组成，也就是说，专有一部调整商业活动的法律法规。属于大陆法系的国家包括以法国、德国、意大利、奥地利、荷兰、西班牙、葡萄牙等国为代表的一些欧洲国家，还包括受其影响的拉丁美洲国家、非洲部分国家以及亚洲的日本、泰国等。英美法系的基础是传统、惯例以及法院的判例，而不是依赖成文法规与法典。属于英美法系的国家除英国、美国外，还有加拿大、澳大利亚、新西兰及亚洲的一些国家。除这种二分法外，还有人将世界法律制度划分为四大类：民法或成文法系（大陆法系）、普通法系（英美法系）、伊斯兰法系和社会主义法律制度。

（2）关于国际营销的法律规定。

各国法律规定主要围绕以下两方面内容：一是保持和控制竞争；二是保护消费者利益。这些内容大多涵盖了市场营销的四个基本要素，即产品、价格、渠道和促销。

有关产品的法律规定。除产品的包装、标签、品牌、商标、保证和服务以外，许多国家的法律还规定了产品的纯度、安全性和性能等。国际企业必须了解目标市场国的特殊要求，越发达的国家，在产品的生产、经销方面的限制越严格。例如，有些国家规定汽车必须安装污染清除器才能进入市场。又如，在日本，护肤护发用品禁止含有甲醛，所以化妆品公司要想进入日本市场就必须对其产品进行相应的配方调整。企业在哪个国家从事营销活动，就必须遵循哪个国家的法律规定。

有关价格的法律规定。对价格的控制因不同国家而异，实行计划经济体制的国家对价格控制得较为严格，西方市场经济国家则鼓励企业在价格方面展开竞争。然而，即使像美国这样的典型市场经济国家，也颁布了不少干预价格的法规条例。一般而言，生活必需品最容易受到政府价格政策的干预。在干预方式上，既可以直接控制价格本身，也可采用诸如控制利润水平的间接控制手段，如阿根廷政府规定制药公司的标准利润率为11%等。

有关渠道的法律规定。各国法律对渠道决策的影响只有在国际企业与当地经销商或代理商签订或终止某一协议时才会发生，有些国家对本国不同类型的中间商的经销范围可能会做出规定，企业在选择渠道对象时应考虑这一因素。一般情况下，企业可比较自由地选择国际渠道模式。

有关促销的法律规定。各国在促销方面的法律限制都比较多。例如，奥地利的法律规定，企业进行有奖销售时不得对不同的消费群体给予不同的现金折扣；法国禁止企业以低于成本的价格促销或以购买某商品为条件向顾客赠送礼品或奖金；德国禁止企业提供任何类别的刺激以吸引顾客，且企业不能提供超过产品价值3%的价格回扣。在各种促销手段中，受到政府限制较多的是广告促销。大多数国家都有对广告进行管理的法律法规，从广告信息的内容到广告媒体的选择，都有详细的规定。

（3）具有法律效力的国际公约、协定、国际惯例及仲裁机构。

国际企业除遵守本国政府和目标市场国颁布的法律规定外，还要了解国际通行的条约及协定。为调整国际经贸关系，各国签订了大量双边或多边的条约，目前在国际上较具影响的有《联合国海上货物运输公约》《联合国国际货物销售合同公约》《保护工业产权巴黎公约》等。国际惯例则是在国际经济活动中逐渐形成的习惯性规范条例。虽然它不具有普遍的法律约束力，但由于长期在国际经济交往中约定俗成并得到公认，所以在国际商务活动中一经运用，对双方当事人也有法律约束力。同国际商务活动有关的国际惯例主要有《华沙-牛津规则》《国际贸易术语解释通则》《跟单信用证统一惯例》等。尽管存在着这些公约、惯例，但国家间的贸易往来仍没有一部统一的国际商法来调节，那么各国所签订的条约、公约和协定对于缔约国的双方或多方就具有法律约束力，运用哪一国的法律来解决国际商务争端，需在合同中加以明确，一旦纠纷无法通过协商解决，就只有求助于国际仲裁。尽管世界上没有一个凌驾于各国之上的立法机构，却建立了一些为各国所承认的国际仲裁组织。比较著名的国际仲裁机构有伦敦国际仲裁院、美国仲裁协会、国际商会仲裁院等。

案例 3-6

印度申诉土耳其对纺织品与服装的限制违背了非歧视原则

根据土耳其与欧盟成立关税同盟的协议，土耳其在纺织品与服装产品上实行与欧盟“大体上相同”的贸易政策。欧盟根据《纺织品与服装协议》对包括印度在内的部分国家的纺织品及服装产品实施了进口数量限制。作为与欧盟建立关税同盟，在纺织品与服装上实行与欧盟“大体上相同”政策的结果，土耳其对印度的19个种类的纺织品与服装实行了数量限制。印度因此向WTO争端解决机构（DSB）投诉土耳其，请求成立专家小组来调查此案。

1998年3月13日，DSB成立专家小组对此案进行调查。泰国和美国等以第三方身份参加。印度认为，土耳其实施的数量限制违背了 1994 年《关税及贸易总协定》(GATT) 第 11 条“普遍取消数量限制原则”、第 13 条“非歧视数量限制原则”和《纺织品与服装协议》第 2 条第 4 款的规定。土耳其则争辩说，它在成立关税同盟时实施的数量限制符合 1994 年 GATT 第 24 条的规定。

专家小组经过调查后，在 1999 年 5 月 31 日分发的报告中裁定，土耳其对印度纺织品与服装实施的数量限制不符合 1994 年 GATT 第 11 条“普遍取消数量限制原则”、第 13 条“非歧视数量限制原则”和《纺织品与服装协议》第 2 条第 4 款的规定。专家小组否决了土耳其关于 1994 年 GATT 第 24 条授予它在与欧盟成立关税同盟后可以违背 1994 年 GATT 及《纺织品与服装协议》有关规定实行数量限制的辩护。

1999 年 7 月 26 日，土耳其通知 DSB，对专家小组在法律解释上存在的问题提出上诉。土耳其没有上诉专家小组关于其数量限制措施不符合 1994 年 GATT 第 11 条、第 13 条和《纺织品与服装协议》第 2 条第 4 款不一致的裁定，只针对专家小组裁定它不能依据 1994 年 GATT 第 24 条规定实施数量限制措施进行上诉。上诉机构维持专家小组的裁定：在此案中，不能根据 1994 年 GATT 第 24 条来判决土耳其的数量限制措施是合理的。然而，上诉机构推翻了专家小组对 1994 年 GATT 第 24 条做出的解释。上诉机构裁定，根据 1994 年 GATT 第 24 条第 5 款引文，在一定条件下可以根据 1994 年 GATT 第 24 条裁定与 GATT 不一致的措施是合理的。辩护方可以根据 1994 年 GATT 第 24 条认定限制措施是合理的，但必须满足两个条件：

第一，在关税同盟成立时，这样的限制措施必须完全符合 GATT 第 24 条的规定，特别是符合该条第 5 款及第 8 款的规定。

第二，成员必须证明如果成员没有被允许实施这一措施，关税同盟的成立已经受到阻碍。

对于第一个条件，上诉机构认为，在此案中专家小组做出了土耳其及欧盟成立关税同盟的安排完全满足 1994 年 GATT 第 24 条的假定。然而，这个假定没有被土耳其上诉，因而没有在上诉机构按程序讨论。上诉机构对专家小组进行了批评，认为专家小组在审查措施是否应根据 1994 年第 24 条来判决时，需要 WTO 成员证明这个措施在关税同盟成立时完全满足关税同盟的要求。对于第二个条件，上诉机构裁定，土耳其没有证明它与欧盟之间关税同盟的成立在没有采取数量限制措施时会受到阻碍，土耳其还可以利用可替代措施，如运用原产地规则来证明达到限制的目的。上诉机构得出结论，根据 1994 年 GATT 第 24 条，土耳其对印度的纺织品与服装的进口限制措施不合理。专家小组裁定土耳其的行动与它所需承担 1994 年 GATT 第 11 条、第 13 条和《纺织品与服装协议》第 2 条第 4 款规定的义务不一致是正确的。

最后，DSB 通过了上诉机构的报告及上诉机构修改后的专家小组报告。

二、经济与人口环境

考察经济与人口环境的主要目的是估算某一国家或地区的市场规模，即能够形成多大的实际购买能力，这是企业进入国际市场必须考虑的问题。根据某一国家的人口状况、收入水平及经济基础结构等因素，可大致描绘出这一地区的经济与人口环境。

1. 经济环境

经济环境是各种直接或间接影响和制约国际市场营销的经济因素的集合，是国际市场营销环境中的重要环境组成部分。

国际市场营销要受到各国经济环境的影响，各国经济环境十分复杂，涉及的因素很多，主要有各国的经济体制、经济发展阶段、经济基础设施、市场需求规模等，这些因素都会对国际市场营销决策产生影响。

（1）经济体制。

经济体制是指在一定的历史发展阶段，国家采用何种方式来管理经济活动的具体制度，是一国宏观经济环境的最重要特征。世界各国的经济体制按财产所有权，可划分为私有制经济体制和公有制经济体制；按资源配置方法，可划分为计划经济体制和市场经济体制。这些划分方法和内容在一个具体国家中是交叉而不是孤立存在的，一国的经济活动往往是多种经济体制相互交叉、相互制约、相互补充的结果。

从经济体制的角度分析市场营销环境，更主要的是因为经济体制不同的国家和地区其经济政策会存在不容忽视的差异，不同的经济政策对企业营销活动有直接的影响。各国经济体制的差异在于市场因素和计划因素在资源配置过程中产生作用的程度、范围和方式不同。因此企业在了解各国的关税、配额、外汇管制等相关政策时，不能忽略对各国经济体制的了解，以使营销策略具有较强的实用性和适应性。

（2）经济发展阶段。

一个国家的经济发展水平对于欲进入这个国家的某一外国企业来讲具有重要意义。关于各国所处经济发展阶段的问题，沃尔特·罗斯托（Walt Rostow）按照市场的经济发展程度，将所有国家的经济发展阶段分为六类进行讨论。

传统社会阶段。传统社会是以自给自足为主的自然经济社会，生产能力有限的农业居于首位，产品用于商品交换的比例较低，加工制造业、交通运输业、能源供应及其他基础设施状况也较差，在对外经济交往中多以资源型的初级产品出口为主。罗斯托认为，如果一个国家或地区的经济很落后，且处于封闭阶段，不接触外界，那么它是不会想使经济起飞的，只有在它想使经济起飞，由于种种限制又未能实现这一愿望时，暴力革命才会发生。在罗斯托看来，革命无非是换了一种起飞的途径而已。

起飞前的准备阶段。罗斯托把经济起飞的主要条件归结为三点：有较高的积累比例；建立起飞的主导部门；制度上进行改革，即建立一种能保证起飞的制度。处于这一阶段的国家和地区，资金短缺局面有所缓解，投资和储蓄开始增加，现代科技开始应用于农业和工业生产，农业人口的城市化流动开始起步。与这一过程相伴随，产品的商品化水平不断提高，商品市场逐步扩大。

起飞阶段。按照罗斯托的解释，起飞就是突破经济的传统停滞状态，这好比飞机起飞一样，起飞之后，就可以顺利地滑翔飞行了。罗斯托认为未实现起飞的国家最容易走革命的道路，一旦完成了起飞，经济就可以实现自动持续成长，暴力革命就少有发生。罗斯托把起飞阶段概括为一国工业化的初期，尽管时间较短（20～30年），但基本经济结构和生产方式的转变是剧烈的，因而是一个具有决定性意义的转变时期。在这一阶段，需要大量的投资以满足工业的不断扩张，整个经济呈现持续稳定的增长。

成熟阶段。在罗斯托看来，成熟阶段是指起飞之后，经过较长时期的经济持续增长而达到的一个阶段，此时的经济已经吸收了技术的先进成果，并有能力生产自己想要生产的产品。这一时期整个国家的经济结构已经比较健全，国内产品具备了一定的国际竞争力，企业国际化进程迅速加快，出口产品在国际市场上占有越来越多的市场份额。

高额群众消费阶段。据罗斯托论断，高额群众消费阶段是一个高度发达的工业社会，它在技术上的成熟使得社会的主要注意力从供给转向需求，从生产转向消费。在这一阶段，由于大量需求和高额消费，社会生产和主导部门转向耐用消费品制造业和服务业，耐用消费品已普及到一般居民家庭，居民家庭对耐用消费品的购买保证了以大量生产耐用消费品为基础的经济的繁荣。国民生活达到一个较高的富裕程度，现代科技进一步应用于控制环境污染及其他社会福利方面。处于这一时期的国家已具备系统而完备的产业结构以及应有尽有的产品结构。

追求生活质量阶段。罗斯托认为高额群众消费阶段不能永远存在下去，它会转入另一个新的成长阶段，这是一个提高居民生活质量的阶段。追求生活质量阶段的主导部门是以公共服务业和私人服务业为代表的提高居民生活质量的有关部门。这些部门包括公共投资的教育、卫生保健、住宅建筑、城市和郊区的现代化建设、社会福利等部门。此类部门和前述各阶段的主导部门有一个明显的区别：以前各成长阶段的主导部门都是生产有形产品的，产品可以出口，而追求生活质量阶段的主导部门是服务业，提供的是服务，以提供服务为特征的第三产业成为社会经济的主导部门。

在罗斯托的六类经济发展阶段中，最为关键的是起飞阶段和追求生活质量阶段，起飞阶段相当于工业化开始的阶段，追求生活质量阶段则是工业社会中人们生活真正发生突变的一个阶段。对于国际市场营销来讲，一国所处的经济发展阶段不同，居民收入水平不同，消费者需求及购买行为模式也就不同，进而直接或间接地影响企业的国际市场营销组合决策。

（3）经济基础设施。

经济基础设施主要包括一国的能源供给、交通条件、通信保证以及各种商业基础设施。任何一家从事国际市场营销的企业都要依赖当地市场的这些物质设施。一般来说，一个国家的经济实力越强，其基础设施越趋完善，也就越便于外国企业在本国市场的营销活动。作为国际市场营销的约束条件，能源、交通、通信以及具有销售辅助功能的商业基础设施，成为国际市场经济环境的一个重要方面。

能源。能源供给是反映经济基础设施的一个重要方面，丰富的能源资源不仅是吸引外资的优势，而且关系到整个市场的工业化水平，特别是生产钢铁、水泥和耐用消费品的制造商在进入一国市场时对此因素必须予以高度重视。

交通。交通条件是指由公路、铁路、水路及空中航线组成的运输网络。企业的物流依赖于一国的运输基础设施，比如进入东南亚市场的企业往往先进入新加坡，因该国拥有可停靠大型船舶的深水港和效率极高的机场，通过新加坡的海运、空运可向东南亚地区市场渗透。发达国家与发展中国家在运输能力、运输方式方面的差异很大，直接决定了各自不同的产品实体分配效率，这就不能不影响到国际市场营销活动的顺利进行。

通信。通信与交通同等重要，国际市场营销中的营销调研和促销都依赖于一国通信设施的质量，通信设施的装备水平及普及程度直接影响到商品交换的便利、对市场机会的把握以及交易成本。一国通信设施的发展水平要由各种信息传递媒介的发达程度和传递信息的质量来表示，这一瓶颈产业的效率制约着国际市场营销活动的整个过程。

商业基础设施。除了能源、交通、通信这些基础设施之外，企业的国际市场营销还依赖于目标市场国的商业基础设施，诸如金融机构、广告公司、市场调研组织以及包括批发商、零售商在内的分销渠道结构。一家企业的国际市场营销活动开展得越广泛，就越需要依赖现有的银行、广告代理商和由经销商组成的销售网络。这方面的配套设施越完善，企业国际市场营销活动的开展就越便利。

（4）市场需求规模。

企业在进入一国市场之前首先要考虑其市场需求规模，市场需求规模是由有货币购买能力的消费者组成的。因此研究市场需求规模不仅要看人口，还要看总的收入水平。国民生产总值和人均收入就成了决定市场需求规模的重要因素。

国民生产总值。它代表一个国家的总国民收入，是衡量该国经济实力和购买能力的重要指标，反映该国的总体市场规模。

人均收入。该因素可以用来衡量和比较一国的消费者的平均购买力，并根据一般规律推测消费水平和消费结构。除基本生活必需品的需求量可由人口规模做出直接估算外，对大多数消费者而言，人均收入是最能表现非生活必需品市场潜力的因素。消费者对文化娱乐产品、休闲旅游产品以及服务用品需求层次上的差异，主要是由收入层次的差异决定的。因此，不同国家的人均收入的确可能是说明购买者行为的主要因素，人均收入也就成为考察一国市场消费水平的重要依据。

个人消费。以国民生产总值和人均收入为基础，可以判断某国市场是否有足够的容量，如果证明该国市场是有潜力的，还需要进一步分析当地居民的消费结构及消费水平。消费一般来说由收入决定，国际市场营销人员需要了解目标市场消费者对其可支配收入的消费模式。可支配收入是指扣除消费者个人缴纳的各项税款后可用于个人消费和储蓄的那部分收入。个人储蓄增加，意味着现实购买力减少，潜在购买力增加。消费信贷则可刺激现实购买力的增长。

收入是总量问题，支出则是结构问题，收入的变化会引起支出结构的变化。恩格尔定律指出，随着收入水平上升，生活必需品消费所占比重会下降。因此，随着一国整体收入水平的上升，奢侈品或精神消费用品的贸易呈增加趋势，生活必需品的贸易在整个贸易中的比例会下降，该类产品的价格也会降低。目前发达国家的恩格尔系数大多降到20％以下，而贫困国家的恩格尔系数大多在60％以上，吃穿占相当大的比重。

2. 人口环境

（1）人口数量。从某种意义上讲，市场规模是受人口总量制约的，一般来说，在其他条件相同时一个国家的市场规模与其人口总数是成正比的，诸如食品、日用品、药品、文具用品等许多商品，其市场潜力都与人口数量有直接关系。据联合国有关组织统计，全球人口1970年为37亿，1980年为45亿，1990年为52亿，2000年为60亿，2011年即突破70亿，2018年达到76亿。据世界银行预测，全球人口到2030年将达到88亿，到2050年可能突破100亿大关，达到119亿。只有达到110亿人以后才会趋于稳定。由此可见，随着世界人口不断增多，全球市场规模也将不断扩大。在其他条件相同的情况下，一个国家的人口总数越多，则该国的市场规模就越大，越容易发现和找到市场机会，企业进入该国市场也就越有利。

（2）人口增长。从事国际市场营销的企业若从战略角度考虑市场规模问题，就不仅要关心某一地区的当前人口总量，而且要了解该地区的人口发展趋势，即人口增长状况。人口增长速度将影响该地区未来的市场规模。国际市场营销的战略决策受人口增长率的影响较大。世界人口尤其是发展中国家的人口总体上呈现出加速递增的趋势，据估算，欧洲人口翻倍需要178年，北美洲需要95年，亚洲需要40年，非洲需要24年。

（3）人口结构。人口结构对购买行为的影响进而对市场规模的影响，主要体现在年龄结构、家庭结构和性别结构等方面。在不同国家或地区，这些因素往往存在差异，进而产生需求差异。就年龄结构而言，因同一年龄段的消费者群体其购买偏好具有一定的共性，年龄可作为细分市场的依据之一，所以不同年龄段的人口构成不同的子市场，这将会影响企业的市场选择。

家庭结构变化的趋势是家庭规模越来越小。以往几代同堂的大家庭模式逐渐改变。对某些商品而言，作为基本消费群体的家庭结构的变化，可导致人口少的国家比人口多的国家更具有市场潜力。家庭结构变化趋势对国际市场营销的意义不仅在于估计潜在市场规模的大小，还将作用于企业产品的设计、包装、分销和促销等各个方面，企业要制定与目标市场所在国的家庭模式相适应的营销对策。

就性别结构而言，男性和女性的需求不同，这两个消费群体的购买动机和消费模式有很大的差异。按照传统观点，女性主要购买杂货、化妆品及童装等，男性主要购买家电、汽车及保险等。但是，随着许多国家女性就业率的增加，女性参与家庭购买决策的权力和范围越来越大。如在美国，30%的购买保险的决定由女性做出，60%的购买家电的决策则是由男性来完成。另外，男性与女性对广告媒体有不同的偏好，如男性喜欢体育、新闻等电视节目，女性则偏爱言情电视连续剧。所以，企业应针对不同国家的不同性别消费观念，有的放矢地安排国际市场营销活动。

三、科技环境

21世纪以来，科学技术深深影响着人们的日常生活，在经济社会发展中也扮演着重要的角色。对企业来说，科技的进步与技术的提高可以降低产品和服务的成本，科技环境的改变影响着企业产品的促销策略、交易方式和竞争战略。

1. 影响企业市场营销策略发生变化

（1）从产品策略来看，由于科技的发展，新产品开发的周期大大缩短，产品更新换代加速。在科技迅速发展、市场竞争加剧、消费需求不断变化的形势下，开发新产品、改造老产品、延长产品的生命周期是企业生存和发展的关键。因此，企业营销人员要广泛收集市场信息，掌握先进技术，不断开发市场需要的新产品。

（2）从定价策略来看，一方面，科技的发展使产品成本降低从而使价格下降；另一方面，企业可以通过信息技术正确运用价值规律、竞争规律、供求规律来制定和调整定价策略。

（3）从渠道策略来看，由于科技的发展，人们的工作及生活方式发生了重大变化，从而引起了渠道结构的变化。同时，分销的方式也发生了变化，即从传统的人员推销变为自我服务的方式。另外，产品的实体分配如运输、仓储、保管等也发生了较为深刻的变化。知识经济时代的临近推动了营销渠道的变革，起初的影响来自新型的贸易方式——电子数据交换（EDI），即通过电子计算机和通信网络来处理文件。这种贸易方式又被称为无纸贸易。因特网开辟了一个前所未有的网络空间，在这个由数以万计的计算机主机和光纤、电话线连接起来的虚拟空间中，人们可以进行浏览商品、订货、付款、交货、广告、市场调查等一系列商务活动。

（4）从促销策略来看，科技的影响更为显著。科学技术的应用导致促销手段的多样化，尤其是广告媒体的多样化、广告宣传方式的复杂化。信息沟通的效率、促销组合的效果、促销成本的降低、新的广告手段及方式将成为今后促销研究的主要内容。科技发展有利于提高企业的管理水平，引起零售商业机构的变化，对消费者购买行为产生影响。

2. 影响企业经营管理发生变化

技术革命是管理改革或管理革命的动力，它向管理提出了新课题、新要求，又为企业改善经营管理、提高管理效率提供了物质基础。在现代，生产率水平的提高主要依靠设备的技术开发（包括原有设备的革新、改装以及设计、研制效率更高的现代化设备），创造新的生产工艺、新的生产流程。同时，技术开发也扩大和提高了劳动对象的利用广度和深度，不断创造新的原材料和能源。这些不可避免地影响到企业的管理程序和市场营销活动。

3. 影响人们的消费方式发生深刻的变化

科学技术是一种“创造性的毁灭力量”。它本身创造出新的东西，同时又淘汰旧的东西。一种新技术的应用必然导致新的产业部门和新的市场出现，使消费对象的品种不断增加，范围不断扩大，消费结构发生变化。例如，汽车工业的迅速发展使美国成了一个“装在车轮上的国家”，现代美国人的生活方式无时无刻不依赖于汽车。再如，电子计算技术的发展使人们改变了传统的笔算和拨算盘珠的做法，甚至在日常生活中也逐渐离不开电子计算机和微型计算器。

案例 3-7

小米手机的科技营销

2011 年，曾有一款神秘的国产手机强势闯入我们的生活，短短不到两个月内，就成为万众瞩目、引爆舆论的现象级产品。这就是由著名企业家雷军带领的小米科技所推出的小米手机。

小米手机使用了高通 Snapdragon S3 MSM8260 手机处理器，也是世界上首款双核的智能手机。并宣称其搭载的 Scorpion 双核引擎比其他单核 1GHz 处理器手机的性能提升了 200%，和双核智能手机相比也提升了 25%。经过系统优化后还能提高 30%的性能。小米手机配备的 266MHz Adreno220 GPU 图形处理器搭配 1G RAM 的手机内存可以完美运行大型 3D 游戏以及播放 1080P 高清视频。

小米手机的销售记录如下：

在线第一轮预定 30 万部，实际销售 20 万部；

第二轮 10 万部 3 小时售罄；

第三轮 50 万部预定仅用 34 小时；

第四轮 15 万部在线预定，仅用半小时；

第五轮 10 万部全额支付，仅用 20 分钟；

第六轮 10 万部全额支付，仅用 6 分钟 23 秒。

小米手机营销成功的原因：

（1）价格很具优势，在市场上同等配置的旗舰机要 3 000～4 000 元，而小米仅售 1 999 元。

（2）强劲的配置和 MIUI/Android 双系统，最快的双核智能手机。

（3）快捷有效的销售方式。小米手机主要采用线上销售方式。

（4）市场定位明确。当时在中国市场上，恰恰缺少这样一部手机。

四、社会文化环境

社会文化环境对国际市场营销活动有着很重要的影响。社会文化是指给定的社会中人们可识别的行为方式特征整合而成的体系，是一个国家长期发展而形成的特有的文化，它既有继承性、固守性，又有学习性、融合性、变异性，在不同时代、时期，不同的地域，有很大的差异性。一个国家及地区的语言和宗教、文化价值观、风俗习惯、对物质文明和权势的态度影响着这个国家及地区的消费观念和生活方式的选择。

社会文化环境影响着一个地区的消费行为，处于不同社会文化环境的人，在语言、宗教信仰、价值观念、思维方式、风俗习惯等方面都存在着差异，因此，不仅对不同商品和服务的需求不同，而且对同一个动作、同一句话的理解也大不相同。也就是说，在某个特定的社会文化环境中要实施有效的营销活动，就必须清楚地知道这个特定地区的社会文化环境构成。

国际市场社会文化环境代表了国际市场营销中的人文因素，人类虽然具有共同的生物学特征，但人与人之间存在很大的社会文化方面的差异。处在不同阶层或群体的人们具有不同的价值观念，风俗习惯和审美观也各有不同。生活在不同国家的人们在语言文字、宗教观念与信仰上也有极大的区别。这些因素都极大地影响着企业的国际市场营销活动。

1. 社会阶层与相关群体

作为国际市场营销人员，应对目标市场国的社会组织有充分的了解，如家庭、族群、社会阶层等。每个国家的社会组织都有其独特性，必须对其加以研究，才能使营销活动有的放矢。

（1）家庭。家庭是所有社会中的基本单位，但其构成却不相同。家庭的模式和规模直接影响消费者的购买模式，从而影响国际市场营销活动的进行和效果。家庭单位的不同构成会对消费方式产生较大影响。在西方发达国家，家庭往往以核心家庭的形式出现，这种只有父母与孩子的小家庭模式会使购买单位增多，家庭消费品的市场潜力也就随之增大。而在欠发达国家，尤其是比较贫困的国家，家庭往往呈现几代同堂的扩展家庭模式。这种家庭成员较多的家庭模式会构成较大的集合购买力，家庭集合购买力使之成为一个消费品潜在市场。

（2）族群。族群问题在许多国家都存在。每个国家都有某种少数民族，每一民族都有自己特殊的需求和购买习惯。族群关系不仅是经济问题，而且是政治问题，目前世界上许多局部冲突都是由部落间的敌意和民族纠纷引起的。族群关系这一敏感问题如果处理不好，不仅会影响企业的营销绩效，而且会导致更为棘手的事件发生。从营销角度看，既要看到族群间的共性消费行为，也要顾及他们各自不同的消费需求。有必要把每个族群作为特定的目标市场来考虑，并制定相应的营销组合策略。

（3）社会阶层。社会阶层是指把人按照职业、收入、受教育程度等因素划分为不同的非伦理性社会群体。处在不同阶层的人群，其消费倾向是不同的，即使是在一个没有明显阶级差异的国家，人也有社会阶层之分，这种社会阶层可能是松散且有弹性的。美国社会就很重视社会地位及身份象征。美国社会学家劳埃德·沃纳（Lloyd Warner）将美国社会分为六个阶层，即上上层、上下层、中上层、中下层、下上层、下下层。由于各阶层消费者在收入、职业及受教育程度上存在差异，其消费结构也有明显不同，从上上层消费者对珠宝、古玩、豪华住宅的需求直至下下层消费者对一般食品、旧货的购买，呈现出结构上的消费分类倾向，因而企业需要拟定不同的营销对策。

（4）相关群体。相关群体是指能够直接或间接影响消费者态度、价值观和购买行为的所有群体。相关群体分为三种形式：一是非正式的主要群体，如家庭成员、亲朋好友、同事、邻居等，他们之间有较密切的联系，在购买行为、需求偏好等方面容易相互影响。二是正式的次要群体，如工会、职业协会等社会团体和组织，这些群体对消费者购买行为产生间接的影响。三是期望群体，即消费者虽不属于这一群体，但这一群体成员的态度、行为对消费者有很大影响，如各种明星背后有大批的崇拜者和追随者，他们对国际市场营销的影响往往不可低估。总之，企业在进行国际市场营销时一定要密切关注对市场行为有较大影响的相关群体，了解其现状和发展方向，及时推出迎合该群体需要的产品和服务。

2. 文化差异与文化环境

除社会因素之外，国际市场营销环境还涉及文化因素，文化环境是营销环境的重要组成部分。首先有必要从文化环境的角度来理解文化的内涵。文化可以从动态与静态两种意义上概括，从静态上可把文化描述为人类劳动创造的物质财富和精神财富的总和，包括物质文化与精神文化两个方面，而西方学者更倾向于从动态的角度把文化作为环境特征来分析。美国社会学家布鲁姆（Bloom）等认为，文化是指在群体经历中产生的代代相传的共同的思维与信仰方式，它是一个社会的生活方式以及适用于其成员的知识、信仰、习俗和技能。另一位美国学者鲁特（Root）则认为，文化可以定义为某一特定的人类社会的独特的生活方式，即一代又一代延续下来的独特的思维方式、观念、感情、信仰和行为。美国营销学家菲利普·凯特奥拉（Phillip Cateora）则把文化描述为影响、造就和支配着人们的生活方式，它是人们对生活的全面设计。

文化的实质是人类在行为和观念方面的一种生活方式，涉及人类生活的各个方面，包括价值观念、风俗习惯、审美情趣、语言文字、教育水平、宗教信仰、商业惯例等，这些要素共同组成文化环境的整体概念。

（1）价值观念。

价值观念是指人们对于事物的价值判断标准，是不同社会之间、不同群体之间，乃至不同个人之间的根本区别所在，因而是文化的核心内容。文化的差异最终集中反映在社会价值观念的差异上。不同的历史和文化背景形成不同的价值观念，具体包括人们对消费、时间、财富、风险、变革等的观念。因价值观念不同，人们的消费倾向就有所区别，这明显地表现在东西方人对待消费的态度上。西方国家许多人讲求现实消费，注重现实生活的感官享受，而不愿意把钱留待将来去花，不喜欢延期消费；东方人则讲求节俭、朴素，对未来生活的考虑重于对现实生活的安排。

（2）风俗习惯。

风俗习惯是人类社会代代相传的思想和行为规范，表现在社会生活的各个方面。如婚丧礼仪、饮食习惯、节日习俗等，是社会文化的重要组成部分。成功的营销活动总是与对目标市场消费者风俗习惯的了解分不开的。由文化差异导致的不同风俗习惯会对国际市场营销活动起到很大的约束作用。皮尔·卡丹品牌在法国服装界享有很高的声誉，但有些款式在中国服装市场却无人问津，这主要是受中国传统风俗习惯的影响。鸡蛋在尼日利亚是象征绝育的东西，因此妇女一般不吃鸡蛋，而在土耳其则是生育的象征，如果女性立志不结婚，则一辈子不吃鸡蛋。在服装、化妆方面，中国的老年妇女一般不打扮，而西方老年妇女却喜欢浓妆艳抹。此外，不同的国家和民族都有自己的传统节日和庆祝形式。中国有春节，欧美有圣诞节、复活节，伊斯兰国家有古尔邦节，日本有成人节、女儿节等。只有对各个国家的风俗习惯有较深入的了解，才能对消费者的需求有较准确的把握。

（3）审美情趣。

审美情趣也是价值观的一种表现形式，是人们判断事物美丑的标准，人们的审美活动体现在对数字、颜色、图案和音乐的喜好和忌讳之中。在对数字的理解上，各国各民族都有一些认为是吉祥或忌讳的数字，如中国的不少地区认为“8”代表吉祥发财，印度人认为以“0”结尾是不祥之兆。这些都会给营销活动带来便利或障碍。颜色在不同国家可用来表达不同的情感，对颜色的好恶不能主观臆断，要与当地购买者的审美观念联系起来考虑。一般来讲，各国国旗的颜色能被当地消费者较大程度地接受；绿色在美国表示安详，在日本则代表疾病；蓝色在埃及象征恶魔，在荷兰则象征女权，在瑞典象征男权；在泰国黄色代表吉祥，皇室多使用黄色，而在埃塞俄比亚，黄色却与死亡相联系。此外，法国人讨厌墨绿色，土耳其人不喜欢紫色，巴西人厌恶棕色，等等。不同的文化背景使得人们对图案有不同的审美心理，体现在产品、包装、广告的图案设计上，可看作促销的基本手段。图案造型要与当地居民的审美观念相一致。如在罗马尼亚，三角形和环形的图案比较吸引消费者；在德国，方形比圆形更受青睐；伊朗人喜爱狮子；日本人喜好鸭子；中东人喜欢孔雀图案；等等。文化背景的差异使得人们对音乐的理解与感受也不同。如在美国的广告中以西部牛仔音乐作背景会产生很好的效果，而在智利和阿根廷这种方法则行不通，因为在这两个国家，牛仔仅仅是一种职业，不带有任何浪漫色彩。可见，准确理解、把握某一文化的审美观念，对国际市场营销活动中产品款式、规格、色彩、包装及广告促销的选择，都有重要的经济意义。

（4）语言文字。

据统计，世界上大约有 3 000 种语言，即使在一个国家，往往也存在着多种语言。语言的多样与复杂往往成为国际市场交易双方沟通的障碍，从品牌的制定，产品的名称，包装中的文字、商标的设计乃至广告促销中的信息传递，都要求语言表达严谨、准确，一旦造成语言歧义就会产生令人啼笑皆非的误解，甚至造成经济上的严重损失。这方面的事例不胜枚举。百事可乐的著名广告“Come Alive with Pepsi”在美国受到普遍好评，但在中国台湾却被译为“百事使你的祖先复活”，在德国则被译为“百事可乐和你一起从坟墓中出来”。美国的克莱斯勒汽车公司用“Dart is Power”的广告语表示本公司生产的汽车功率大、载重多且速度快，在西班牙却被理解为是对买主精力不足的嘲弄。又比如我国以“金鸡”为品牌名称的产品，出口包装翻译为“Golden Cock”，而“Cock”是现代英语俚语中的下流话，做商品品牌名称极不合适。我国生产的马戏牌扑克外销美国，包装盒上印有汉语拼音“Maxi Puke”，其英文意思是“大呕吐”，致使物美价廉的扑克牌长期无人问津。可见，在国际营销信息沟通过程中，要十分注意语言翻译和文字使用。

（5）教育水平。

教育是通过知识和经验的传递使社会文化得以延续的条件和保障。它在决定人们的价值观念和生活方式的同时，也影响着消费者的行为和习惯。教育对国际市场营销的影响主要表现在：

第一，教育水平影响人们的消费行为。教育作为人口变数，是市场细分的标准之一。不同国家的教育水平决定着其国民的消费模式，发达国家的消费者文化程度普遍较高，消费需求主要集中在享受型、发展型的商品上，对商品的鉴赏能力强，购买过程较具理性；而落后国家消费者的需求层次较低，产品选择和购买决策的理性程度相对较低。

第二，教育会影响到企业的国际市场营销调研。企业的国际市场调查活动会受到被调查国民众的文化水平的制约，如果调查对象受过良好的教育，则较容易与之进行沟通，调查过程顺利、迅速；而在被调查人员文化水平较低的情况下，调查过程将会困难得多。

第三，教育水平会影响企业国际市场营销的产品决策。企业在制定产品决策时一定要使产品的复杂程度、技术性能、使用、维修和维护等适应当地的教育水平，否则就难以打开销路。例如，扎伊尔政府从欧洲进口了一批先进的喷雾器，想借此提高生产效率，但这些机器的使用、保养和维修都很复杂。由于当地农民使用方法不当，这些喷雾器很快就报废了，他们只好重新使用过去的落后机器，政府短期内也不会再购买这些先进设备了。

第四，教育水平对促销活动也有影响。商品品牌及包装的文字说明要考虑到消费者的受教育程度，电视、报纸、杂志广告及各种促销推广方式的选择要根据消费者所受教育程度而定。此外，从拓展国外市场的角度看，如果目标市场国的受教育程度较低，企业便要派较多的经理和营销人员到该国发展业务，而难以倚重该国人才。同时，我们还要注重教育方法的不同，如一般欧洲国家的教育比较重视知识和思想的传授，而美国比较重视启发和务实，这些对于聘用员工和培训营销人员都是有影响的。

（6）宗教信仰。

作为文化的一个重要方面，宗教信仰极大地影响着消费者的行为。据统计，世界上信仰宗教的人数已达总人口的1/3，即有超过20亿的各类教徒。流行于欧洲的基督教，盛行于亚洲的佛教，分布于拉美各国的天主教和在西北非、中东地区有着广泛影响的伊斯兰教，都是影响人们行为方式形成的一个重要因素。生活在这些国家和地区的人由于长期受到某种宗教文化的熏陶，形成了较为一致的消费模式。宗教信仰对国际市场营销的影响表现在以下几个方面。

一是不同宗教的信仰者有着不同的价值观和行为准则，从而导致不同的需求和消费模式。从市场营销的角度来看，宗教信仰主要反映了消费者的某些理想、愿望和追求，市场营销者必须对目标市场的宗教信仰有较深入的了解，从而发现和创造市场机会，减少营销风险。如日本精工公司为伊斯兰教徒推出了功能新颖的“穆斯林”手表，此表能将世界各地140个城市的当地时间转换为麦加时间，每天鸣叫5次，提醒使用者按时祈祷，此表一问世，即受到世界各地伊斯兰教信仰者的普遍欢迎。

二是宗教节日前后需求往往大增大减。许多宗教节日，如圣诞节、开斋节等往往是一年中的消费旺季。例如，美国百货公司每年1/5的销售额来自圣诞节前后。但也有例外，比如每年伊斯兰教历中的9月是伊斯兰教徒的斋月，教民不在白天吃喝及吸烟，所有公司处于半休息状态。全球营销活动必须根据不同节日的具体情况，把握时机，制订不同的销售计划。

三是宗教禁忌影响人们的消费行为。例如穆斯林禁止饮酒，印度教禁忌牛肉等，这些都是进行国际市场营销前必须了解的。如果对宗教方面的禁忌掉以轻心，则会给企业带来不必要的损失。如我国一家公司向科威特出口北京烤鸭，因未按伊斯兰教的屠宰方法处理，违反了该国宗教禁忌，致使全部货物被退回。

四是宗教组织本身既是大型集团购买者，又是教徒购买的重要影响者。宗教的组织和训令在经济活动中起着重要作用，中东的清真寺和西方的天主教堂都是不应忽视的组织。此外在一些市场中，信奉不同教派的人阅读不同的报纸和杂志，企业在选择报刊媒介推销产品时，就要考虑到潜在消费者所处的宗教组织。

（7）商业惯例。

企业如想将产品推广到其他国家，首先要经过各种商业渠道，因此了解中间商的经商方式和经商习惯是极其重要的。各个国家或地区的商业习惯深受其特有的社会文化的影响，由于社会文化的差异，各国的商业习俗与惯例也有很大的区别。如美国人做生意讲究效率；日本人注重个人信用；意大利人讲究节约。在贸易谈判中，各国也有不同的风格和礼节。美国人喜欢边吃边谈；德国商人注意体面，讲究形式，但缺少灵活性；在与法国人洽谈的过程中，至少要有一份法文说明书，因为在法国准确地使用语言是很重要的；在日本和新加坡，商业名片是重要的谈判入场券。只有对不同国家的商业习俗有较深入的了解，才能带来商业交往上的方便。

综上所述，文化之间的差异总是存在的，而且表现在各个方面。在一种特定的文化环境中，一种特定的文化提供了一套能使其成员妥善处理人与人、人与物、人与社会关系的准则。生活在不同文化环境中的人们进行交往时，必然会产生因文化差异造成的文化冲突。这种情况如图 3-3 所示。

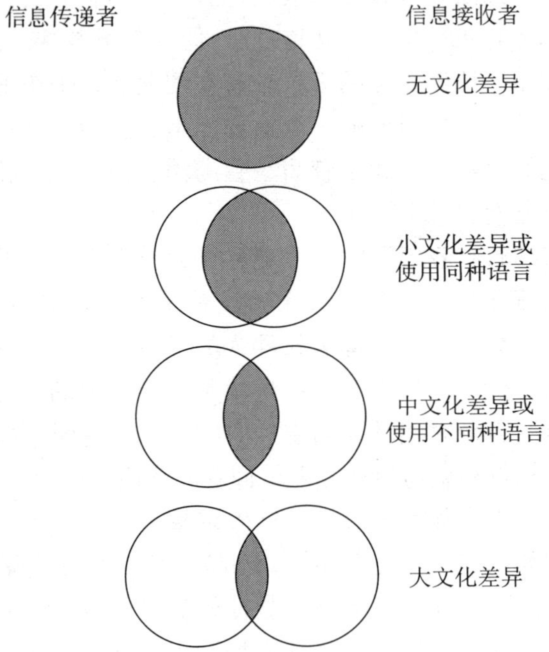

图 3-3　信息传递者和信息接收者双方文化重合的不同情境

国际市场营销者必须对不同国家之间的文化差异、冲突及其对营销活动的影响进行全面、深入、准确的分析，然后采取相应的营销策略和措施，将文化差异的影响降至最低，这就是国际市场营销中的文化适应。要做好文化适应，最重要的一点是克服自我参照准则（即营销者无意识地参照本国文化价值观、市场知识和营销经验，对外国市场或营销问题做出判断，并作为营销决策的依据）。可以参考美国人詹姆斯·李（James Lee）提出的一套方法。该方法有四个步骤：

一是按照本国的文化特征、习惯或行为规范定义营销问题；

二是按照外国的文化特征、习惯或行为规范定义营销问题或确定营销目标；

三是仔细分析自我参照准则如何使问题复杂化，并将其影响分离出来；

四是在没有自我参照准则的影响下，重新定义问题，确定目标。

本章小结

在本章，我们学习到：

(1) 国际市场营销环境是指影响企业国际市场营销活动的各种外部因素。国际市场营销环境主要由两个部分组成：国际市场环境和外国市场的国内环境。国际市场环境和国内环境以及其中的细分环境共同对营销组合产生影响。

（2）区域经济一体化是指同一地区的两个以上国家逐步让渡部分甚至全部经济主权，采取共同的经济政策并形成排他性的经济集团的过程。其组织形式包括优惠贸易安排、自由贸易区、关税同盟、共同市场、经济联盟和完全经济一体化。

（3）国际贸易政策也是影响国际市场营销环境的重要因素，主要有关税、非关税壁垒及各种鼓励出口措施等。

（4）世界贸易组织成立以来，有力地推动了经济的全球化，促进了世界经济贸易的发展，事实上已远远超越了一个“贸易组织”的职能，已在行使着一个“世界经济组织”的职能，它对世界经济贸易的影响也日益突出。

（5）影响国际货币制度的主要机构有国际货币基金组织和世界银行。

（6）国际政治对企业国际市场营销的影响主要取决于国家之间的双边关系以及控制国家集团之间关系的多边协定。

（7）国际市场营销往往会受制于企业所要进入的目标市场所在国国内环境的制约，这些因素包括目标国的政治与法律环境、经济与人口环境、科技环境、社会文化环境等。

关键术语

国际市场营销环境　区域经济一体化　关税　非关税壁垒　世界贸易组织
国际货币基金组织　经济发展阶段　文化差异与文化环境

辅助材料推荐

1. 菲利普·R. 凯特奥拉，玛丽·C. 吉利，约翰·L. 格，等. 国际市场营销学（原书第17版）. 北京：机械工业出版社，2017.
2. 王晓东. 国际市场营销. 6版. 北京：中国人民大学出版社，2022.
3. 辛文琦. 国际贸易环境分析. 北京：对外经济贸易大学出版社，2010.

本章思考题

1. 区域经济一体化组织包括几大类？它们各自的特征是什么？
2. 国际贸易政策如何影响企业的国际市场营销活动？
3. 双边关系如何影响企业的跨国营销活动？
4. 国际政治环境的特点是什么？
5. 企业在进行国际市场营销活动时应当如何看待和面对各种国际政治因素？
6. 国际市场经济环境包括哪些内容？它们如何影响企业的国际市场营销活动？
7. 简述不同国家的家庭构成与家庭模式对该国的消费方式会产生怎样的影响。
8. 国际市场营销中的东道国政治风险主要有哪些？
9. 举例说明不同国家的法律环境对营销组合策略有何影响。
10. 举例说明目标市场所在国国内环境的影响。

拓展阅读

Costco 最核心的秘密

第四章 国际市场营销的客户调研与谈判

学习目标和重点

- 国际市场营销调研的含义
- 国际市场营销客户调研的内容
- 国际客户的分类与管理
- 国际贸易谈判的原则、程序与评估

导入案例

铱星：无可奈何的陨落

提起铱星，现在很多人可能都把它淡忘了。但在20世纪末，它曾是全球通信尖端技术的排头兵，被一些科学家誉为是科技领域的一个奇迹。由于多方面失误，2000年3月18日，铱星最终陨落了。

1987年，铱星公司开始了一项通信史上前所未有的浩大工程——“铱星系统”计划。整个工程预计11年完成，累计耗资50多亿美元。铱星公司的目标是利用66颗卫星，组成一个包围地球的“卫星圈”，从而使无线通信网络覆盖全世界的每个角落，包括两极与各大海域。11年后，它的梦想得以实现，这是世界上第一个大型低轨卫星通信系统，也是全球最大的无线通信网络。

铱星系统的诞生，可以说是移动通信领域的一个里程碑。人类第一次实现了不依赖于地面网而直接通信，对于科技、军事、远洋等方面也有着非凡的意义。当年，它被美国的《大众科学》列为年度百项最佳科技成果之一，某些权威机构甚至将它评为1998年世界十大科技成就之一。在后来的科索沃战争和台湾大地震中，铱星系统都发挥了积极的作用。

然而，由于没有进行深入的市场调研，铱星系统成为一件华而不实的摆设。

首先，铱星定位远离了市场需求。鉴于自己高昂的建设与维护成本，铱星公司将高科技与“贵族科技”画上了等号。铱星手机每部售价高达 3 000 美元，通话费亦高出普通手机数倍。过高的费用吓跑了许多崇尚高科技的手机消费者。按市场经验推算，铱星公司要达到盈利水平，至少要发展 65 万个用户，而实际情况是开业前两个季度，它仅吸引了 1 万个用户，亏损则达到 10 亿美元。尽管铱星后来调低了收费标准，可惜为时已晚。

其次，铱星的决策也存在严重缺陷。铱星系统通过卫星之间星际链路直接传送信息，先进性自不必言，但如此一来，也使系统风险太大、成本过高，最终导致它在与其他通信商竞争时处于劣势。还有，系统投入商用时，技术条件尚不十分完善，糟糕的通话服务让用户怨言四起，潜在客户更是敬而远之。

最后，铱星除了负责整个系统建造及终端产品生产的投资，并不直接参与运营，铱星系统这样一个全球性的个人卫星通信系统基本处于分散经营状态，不能充分发挥其全球优势。结果，系统投入商用时，零售商们居然还未得到铱星手机；另外，一些客户虽然对铱星手机很感兴趣，却不知道到哪里购买。铱星公司的低效率传递了如此的负面信息：铱星手机不是面向普通百姓的东西——这样一来，就失去了很多顾客。

种种问题纠缠在一起，铱星的经营状况每况愈下。而后，各种到期的债务更使它举步维艰，公司股东在多次注资无效的情况下，最终放弃了对铱星的支持。2000 年 3 月，铱星公司向法院申请破产保护。

市场调研是指企业所进行的以有关顾客的信息为中心的调查研究活动。市场调研可以为企业的市场营销提供指导资料，表现在市场、产品与分配三个方面。在市场方面，研究市场的目的是估计产品的潜在销售量，了解市场规模的大小和性质。在产品方面，研究市场的目的是针对新产品继续不断地推荐适当的策略，以适应市场竞争的需要。在分配方面，研究市场的目的是提高分销效率。

营销调研则除研究顾客外，还要研究与营销决策（产品、价格、促销、渠道、营销组织等）直接相关的数据资料。营销信息系统指由人、机器和程序构成的、系统地搜集、整理、贮存、检索、分析和说明市场营销数据资料的一个持续的过程和方法，而营销调研仅针对某一项具体的营销决策问题进行。

国际市场营销调研是指从事国际市场营销的企业（出口企业和跨国公司）所进行的营销调研活动。同国内市场调研程序一样，都要先确定营销活动中存在的问题，制订出调研计划，然后再搜集、整理、分析并说明有关信息，最后撰写出调研报告供营销决策者使用。但是，国际决策比国内决策更需要充分、及时、准确的信息；国际营销决策所需要的信息也不同于国内营销所需要的信息。

第一节　市场调研的方法与步骤

市场调研是指运用科学的方法和合适的手段，系统地收集、整理、分析和报告有关营销信息，以帮助企业、政府和其他机构及时、准确地了解市场机遇，发现营销问题，最终得以正确制订、实施和评估市场营销策略和计划。

一、市场调研的目标和方法

市场调研的任务是为营销决策者提供信息，其目的主要在于系统地收集、记录和分析市场信息，为企业认识市场环境，发现并解决营销问题提供充分依据，任何偏离主题的调研都不可能成为有效的调研。因此，企业要设定调研的目标，通过定性及定量的研究，掌握本领域产品品牌和主要竞争对手的销售形势及市场占有率情况，了解消费者对产品品牌和竞争对手的认知度和评价，以及消费者人群状况、行为特点、媒介接触偏好、对价格的承受能力，从而为确定市场和产品的定位以及进入市场的渠道和手段，制定具有针对性的市场推广策略提供依据，使自身产品成为市场上同类产品的领导品牌。

在市场调研中，定性调研与定量调研是两种主要方法。通常情况下，相较于定量调研，定性调研具有成本低的优势，但对调研人员的素质要求较高，需要他们对消费者心理特征有深层次的了解。但由于定性调研结果在很大程度上依赖于调研者的主观认识和个人解释，所以只可以指明事物发展的方向及其趋势，但不能表明事物发展的广度和深度，只是一种试探性的研究类型。而定量调研则能得到大样本和统计性较强的分析，属于因果性、说明性的研究类型，其量化结果对定性调研可起到支持、验证的作用。

二、市场调研的两个步骤

1. 定性调查分析

市场调研人员首先搜集大量的行业资料，对市场进行定性分析，深入了解产品的市场表现特点，并对现有渠道所占比例、销售情况、促销效果、消费者主要接触媒介、产品情况、竞争者情况等进行定性调研，为下一步进行定量分析打下基础。

2. 定量调查分析

问卷调查是市场调研中最有效也是被经常使用的一种定量调查方法，一直被业内人士看作制胜的法宝。在问卷调查中，问卷设计是非常重要的一个环节，甚至决定着市场调研的成功与否。为了更好地实现调查目标，应先确定要研究的目标和内容，然后对问卷进行缜密设计，内容包括消费者对产品品类的认知程度、对自身品牌及其竞争对手的了解程度，购买产品的动机、考虑因素、使用习惯、价格承受能力、主要接触媒体等，力求客观、真实地反映市场情况。

三、市场调研场所

市场调研场所的选择在很大程度上决定调查结果是否具有代表性，更会影响到营销决策的准确性，必须给予慎重考虑。一般来说，市场调研场所的选定是与企业产品销售市场策略紧密相连的。比如可以选择一些重要的、有代表性的商超展开市场调研。

在访问调研中，访问员作为信息的采集者，直接影响着调研的质量，所以访问员的培训和管理是有效实施调研的关键之一。对此，应对聘请的市场调查人员进行多场专业市场调研培训，并派出专人到现场跟踪检查调研员的工作情况，以保证数据的真实性和调研效果。同时，在现场，调研人员还应通过观察顾客情绪，向售货员了解情况，找店主聊天等方式进一步积累市场信息。在调查结束后，应及时进行讨论，分析顾客消费动向，提出改进工作的新措施。

第二节　客户调研的内容

对国外客户的调研至少应包括以下三方面内容：

（1）对国外客户自身情况的了解；

（2）国外客户与我方开展经贸往来的历史与现状；

（3）国外客户与其他客户交往的情况。

一、对国外客户自身情况的了解

1. 客户的资本状况

客户的资本状况包括客户的资本额、资本负债及资本变化情况等。一般而言，资本额与成交额之间应当有适当的比例关系，贸易成交额若超过资本额是不适宜的，易于造成吃亏上当的结果。客户如果是股份有限公司，则资本额是其偿付债务额的最高界限，所以，资本额往往制约着它与其他客户成交的规模。资本变化情况，如增资（发行股票）、发行债券，反映着一家公司的发展状况。公司发展平稳，增资情况较好，发行债券时购买者踊跃，公司资信评级较高（如 AAA、AA、A 级），则表明与之开展贸易往来业务可以相对放心一些。

2. 客户的派息、偿还债券情况

一般公司在经营一段时间后，应向股东派发股息，派息往往要公开向公众公布派息日，要求股东提前登记以便到时分派股息，从派息情况可在一定程度上了解客户经营的状况。另外，如客户股价稳步上升，则反映客户的业务发展顺利；债券的价格上升、如期偿付，则说明客户的经营地位和状况良好。

3. 客户的历史状况

客户的历史长短一般与其经营经验成正比。经营历史长则积累的经验相对丰富，同时客户能在竞争十分激烈的国际市场上生存较长的时间，也说明该公司的生产竞争能力较强，在某一行业中有着一定的信誉和能力。

4. 客户的经营能力与状况

经营能力主要包括客户的经营技能、经营力量，以及在各主要市场中的地位及影响等。经营技能主要是指推销手段、支付手段、售前售后服务等与销售有关的情况。经营力量除了企业的资历、规模外，还包括其客户网络、外销队伍的状况等。在各主要市场中的地位及影响是指其在世界主要销售市场中所占销售额的百分比、在世界主要市场中的采购比重，以及在某种商品竞争力、商品定价、改变产品形象、升级换代中的影响力。经营状况则要考虑其盈利、竞争、主业和其他重要的经营内容。

5. 客户的信用

所谓信用是指客户的经营品质与经营作风，信用好坏是决定是否与客户建立经贸往来关系的最重要的标准。信用好的客户一般具有以下特点：（1）报价明确合理，很少“戴帽子”（指出口乱提价）。（2）接受价格态度明朗，不附加或提出不合理要求。（3）能够依照合同（信用证）按时、按质、按量履约。（4）很少与我方或其他客户发生纠纷，如果发生争议，处理及时得当。（5）在业务交往中有诚意等。这类客户即可认为信用好，经营作风、品质可取，我方可以与之进行各方面的交往；反之，则为信用不佳，我方宜慎行。

6. 客户的经营范围

经营范围主要是指是专业化经营还是多样化经营。一般认为，实行专业化经营的客户对所经营的商品比较熟悉，对该类产品的市场也较清楚，在国内外亦大多有较为稳定的客户网络；实行多样化经营的客户则可以利用经营品种多的优势，在经营中“以丰补歉”，经营相对平稳，很少会出现业务经营中的大起大落现象。

7. 客户的组织情况

客户的组织情况既包括客户本身的组织结构情况，也包括企业的背景情况。客户的组织结构情况是指客户本身的机构设置，如董事会、事业部、业务机构。除了要了解客户的机构设置情况外，同时也要了解客户的分支和代理情况，客户对其他企业有无参股行为，客户的组织结构是垂直领导型的、网络型的，还是自主权较大的事业部制、板块型的。另外，对于客户的背景情况也应进行了解，如该客户是否有财团背景，与哪些银行有开户、借贷往来关系。客户的背景关系往往决定着它们的经营能力、贸易方向以及对其他客户的态度。

8. 客户负责人的情况

客户领导层个人的情况与该企业的信用、经营风格有很密切的关系。在了解客户领导层个人状况时，应把握以下几方面：个人工作作风、个人品质、宗教信仰、个人爱好、与政府的关系、与财团的关系、政治态度、对我国的态度、历年与我方接触中的表现等。

案例 4-1

新可口可乐跌入调研陷阱

20 世纪 70 年代中期以前，可口可乐一直是美国饮料市场的霸主，市场占有率一度达到 80%。然而，70 年代中后期，它的老对手百事可乐迅速崛起，1975 年，可口可乐的市场份额仅比百事可乐多 7%；9 年后，这个差距缩小到 3%，微乎其微。

对手的步步紧逼让可口可乐感到了极大的威胁，它试图尽快摆脱这种尴尬的境地。1982 年，为找出可口可乐衰退的真正原因，可口可乐决定在全国 10 个主要城市进行一次深入的消费者调查。

可口可乐设计了“你认为可口可乐的口味如何?”“你想试一试新饮料吗?”“可口可乐的口味变得更柔和一些，您是否满意?”等问题，希望了解消费者对可口可乐口味的评价并征询对新可乐口味的意见。调查结果显示，大多数消费者愿意尝试新口味可乐。

可口可乐的决策层以此为依据，决定结束可口可乐传统配方的历史使命，同时开发新口味可乐。没过多久，比老可乐口感更柔和、口味更甜的新可口可乐样品便出现在世人面前。

为确保万无一失，在新可口可乐正式推向市场之前，可口可乐公司又花费数百万美元在 13 个城市中进行了口味测试，邀请了近 20 万人品尝无标签的新/老可口可乐。结果让决策者们更加放心，六成的消费者回答说新可口可乐味道比老可口可乐要好，认为新可口可乐味道胜过百事可乐的也超过半数。至此，推出新可乐似乎是顺理成章的事了。

可口可乐不惜血本协助瓶装商改造了生产线，而且为配合新可乐上市，可口可乐还进行了大量的广告宣传。1985 年 4 月，可口可乐在纽约举办了一次盛大的新闻发布会，邀请 200 多家新闻媒体参加，依靠传媒的巨大影响力，新可乐一举成名。

看起来一切顺利，刚上市一段时间，有一半以上的美国人品尝了新可乐。但让可口可乐的决策者们始料未及的是，噩梦正向他们逼近——很快，越来越多的老可口可乐的忠实消费者开始抵制新可乐。

每天，可口可乐公司都会收到来自愤怒的消费者的成袋信件和上千个批评电话。尽管可口可乐竭尽全力平息消费者的不满，但他们的愤怒情绪犹如火山爆发般难以控制。

迫于巨大的压力，决策者们不得不做出让步，在保留新可乐生产线的同时，再次启用近 100 年历史的传统配方，生产让美国人视为骄傲的“老可口可乐”。

仅仅 3 个月的时间，可口可乐的新可乐计划就以失败告终。尽管公司前期花费了 2 年时间、数百万美元进行市场调研，但可口可乐忽略了最重要的一点——对于可口可乐的消费者而言，口味并不是最主要的购买动机。

可口可乐的市场调查中主要有以下漏洞：

(1) 调查中只调查了可乐的口感和味道，而没有进行相关的全面调查，比如消费者对品牌所代表产品的认可度；

(2) 调查中没有对两种可乐进行全方位的比较；

(3) 调查中没有提及把新可乐完全换掉老可乐的消费者的反应情况。

二、国外客户与我方开展经贸往来的历史与现状

1. 客户与本公司建立业务联系的情况

这方面需要了解的情况有：

（1）国外客户与本公司开始联系的时间。多数客户与我国建立业务联系是在20世纪70年代和80年代，有些西方国家的公司早在20世纪五六十年代我国处于困难、被孤立时就与我方开始往来，对于这些公司和发展中国家的公司，我们应予以格外注意。

（2）国外客户与我国进行联系的次数。联系次数多说明与我方关系较密切，但如联系次数多却无任何交易做成，也应引起我方相应的注意。

（3）联系的商品种类。对方联系商品的种类大抵可以反映出对方与我方开展贸易往来的意图。如果对方联系的多是初级产品，则说明对方或对方背后有较强的加工能力。

（4）对方在联系中提出的要求和问题。这些要求和问题实际上大多表露了对方与我方建立经贸往来的条件和想获得的好处，因此要仔细予以考虑。

（5）对方在联系中对我方的态度。对方的态度是双方能否成交的基础的一个方面。如果对方在联系中对我方态度诚恳，则说明彼此在未来有可能从仅仅进行联系转入实质性的交易。

2. 客户与本公司的成交记录

成交是双方开展业务联系的目的，在一次次成交中可以反映出双方各自的意图、经营作风和彼此的关系，因此成交记录是反映客户情况非常重要的第一手资料。在这方面需要了解的情况有：

（1）客户与我方历次成交的商品品种。是初级产品、半制成品（中间产品）还是制成品，是一般的制成品还是技术含量高的制成品，这对于确定下一步是否与对方打交道是有参考意义的。

（2）客户与我方成交的数量和金额。成交额的多寡说明了与对方经济关系的密切程度，而且从另外的角度看，成交额在一定程度上决定着双方进一步开展经贸关系的潜力。

（3）在成交谈判过程中，客户与我方是否发生过争执或产生过其他问题。谈判反映着双方实力的对比，可以很好地表现双方各自的要求和利益之所在，因此谈判中发生的问题、产生的争执及这些问题和争执的解决，是双方未来发展经贸关系非常有价值的参考。

3. 客户历年来履约的情况

履约是贸易最后的关键，能否完成商品的最后交付，全在此一举。在与客户交往中，对方履约状况很值得注意。我们在这方面应了解的有以下几点：

（1）对方开立信用证是否及时。应核对信用证与合同是否一致，如发现信用证与合同不符，对方能否及时改证，如因我方原因需要求对方展证（展期），对方能否较顺利地同意我方展证。

（2）对方是否能按照合同规定及时地装运货物，所装货物质量、数量如何，对方在进口时，对于我方货物是否过于挑剔。

（3）对方在与我方交往中所使用的支付方式、币种，以及要求我方所使用的支付方式和币种。支付方式和币种直接影响着我方与对方间的交易。

（4）对方是否按照我方的要求提供所需保险。

4. 客户在履约过程中处理争议、索赔、理赔的情况

在国际贸易中，双方发生争议，乃至出现索赔的情况是很常见的，关键在于双方能否本着坦诚的态度去解决。要了解客户向我方提出的索赔是否有道理，提出索赔的数目是否合理，某些争议是否可以通过协商解决而不必通过仲裁或法庭来解决；另外，还要了解对于我方提出的索赔，对方能否慎重对待，及时做出处理，即及时理赔。

三、国外客户与其他客户交往的情况

1. 客户在国外的分支组织、子公司及代理等情况

如果可能，我方应尽量了解对方在国外的组织情况，如客户在外国的子公司、分支机构、代理机构、商务机构、包销机构等。客户交往的广泛一方面说明它的地位，另一方面我们也可以通过客户广泛的联系网从侧面了解客户的情况。

2. 客户与其他厂商的往来关系

这包括客户与其他国家公司、与我国其他厂商之间的关系。例如，要了解客户与其他国家和我国其他公司建立业务联系的次数、成交的商品种类、成交的数量、履约状况、发生争议的情况等。

一般来讲，客户与其他厂商的关系以及其他厂商对客户的看法，都是值得我们重视的背景材料，客户在与其他厂商展开业务联系时所持的态度，很可能就是其将来对待我方的态度。

第三节　客户分类及管理

一、客户的信息资料来源

为了很好地了解客户，需要掌握准确、及时的信息和资料。在日常调研工作中，可以获得的信息资料有第一手和第二手之分。第一手信息资料有业务往来函电、谈判记录、主谈人总结等；第二手信息资料则包括咨询、查阅公司手册和其他刊物等。从目前看，我方了解客户的资料来源主要有以下几个途径。

1. 业务往来函电

业务往来函电可以全面地反映谈判前后双方关注的问题、产生的分歧、分歧的解决和最终成交的情况，如成交的品种、规格、数量、金额，以及合同执行、争议处理、仲裁结案、支付等全过程。在我方为客户建立的客户档案中，主要文件就是对方发给我方的业务函电，对于这些重要的文件资料一定要妥善保存。函电不仅要完整，而且应按照交易的时间先后、交易的批号排序存档以备调阅。重要的关键函电应制作副本，以便正本损毁时可作参考之用。

2. 与客户进行谈判的材料

在谈判中，对方的经营作风、经营能力及对我方的贸易态度都会得到体现，故我方不应放过通过谈判了解对手的机会。通过谈判所获得的客户资料也是很重要的第一手材料，这方面的文字材料包括三方面内容：谈判记录、谈判摘要及主谈人总结。一般来讲，重大谈判的谈判摘要和主谈人的总结报告应归档保存，以备将来调用。在谈判中，如有调研人员参加，他们的总结报告也是了解客户的重要资料。

3. 通过我国驻外经济机构进行了解

我国在世界各国（地区）均有商务参赞处，设在大使馆内，重大项目的客商情况可委托我驻外商务参赞处帮助了解；另外，我国的中国银行、交通银行、其他驻外大公司代表处都可以帮助我们了解客户的情况。

4. 通过国外咨询公司进行调查

利用各种咨询公司来了解客户不失为一种可行的办法。利用这种服务大多需要双方签订相应的协议合同，由我方委托咨询公司在法律许可的范围内对客户进行各方面的调研（所要调研的内容亦由我方提出）。当咨询公司将所调查内容交予我方时，我方应对咨询公司提供的服务付酬。一般来讲，这些公司所提供的客户资料可信程度是很高的。

5. 请国外商会等机构及老客户提供情况

外国各城市大多设有企业协会、行业协会、商会等促进贸易的民间机构，它们的任务是协助本国企业与国外客商进行接触和交易，尤其是协助本国、本地区的中小企业与国外客商进行业务联系。另外，与我方有长期供货关系的老客户也是我们了解国外其他客户情况的资料来源，尤其是与我方有着代理和包销关系的国外客户，出于竞争的目的，国外客户有时愿意提供一定的商情，但对于这种情况下获得的其他客户情况，我们还需通过其他途径予以确认。

6. 从国内外公开出版物及互联网中查找

国内外报纸、杂志、专业刊物总会涉及某些企业的情况，因此调研人员可以从书籍、报纸、杂志，尤其是国外出版的公司手册中获得有益的资料。国外某些大企业每年都出版本公司的概况手册，内容包括下属分支机构、业务范围、各层次领导者的姓名等。国外大企业在互联网上一般都有自己的网站，资料比较齐全，内容更新也快。这类资料对于我们了解对方的情况也很有帮助。

7. 上市公司的公开资料

上市公司因为资本市场的法律法规以及监管部门的要求，会定期（如年报、半年报等）公布相应的公司财务、运营、组织等情况，并且在公司出现较大变动时公开披露相关信息，这类资料容易找寻，是了解上市公司情况的重要资料来源。

案例 4-2

海尔在美国的国际客户市场调研

1999 年 4 月 30 日，在美国南卡罗来纳州中的一个人口为 8 000 人的小镇坎姆登，海尔举行了其投资 3 000 万美元的海尔生产中心的奠基仪式。一年多以后，第一台带有“美国制造”标签的海尔冰箱从漂亮的生产线走下来，海尔从此开始了在美国制造冰箱的历史。海尔成为中国第一家在美国制造和销售产品的公司。

海尔决定用自己的品牌进军欧美市场，其榜样是日本的索尼。20 世纪 60 年代，索尼在国际市场上还默默无闻，他们每一个新生产品上市时，都首先投放到欧美地区，打出影响后再到日本和其他国家销售，索尼由此成为第一世界性名牌。

当时，在美国 200L 以上的大型冰箱被通用电器、惠尔浦等企业所垄断；160L 以下的冰箱销量较少，通用电器厂商认为这是一个需求量不大的产品，没有投入多少精力去开发市场，然而海尔发现美国的家庭人口正在变少，小型冰箱将会越来越受欢迎，单身者和留学生就很喜欢小型冰箱。

根据以上调查分析，海尔决定在美国市场开发从 60L 到 160L 的各种类型的小型冰箱，这些冰箱的需求潜力很大。

短短几年时间里，海尔冰箱已成功在美国市场建立了自己的品牌。2003 年零售巨人沃尔玛连锁店开始销售海尔的两种小型冰箱和两种小型冷柜，并同海尔签订了再购买 100 000 台冰箱的协议。海尔在美国最受欢迎的产品是学生宿舍和办公场所使用的小型冰箱。当时，这类产品的市场占有率是该型号冰箱的 25%，在赢得新的连锁店客户之后可望增至 40%。海尔在卧室冷柜方面也取得了成功，该产品在美国同类型号中的市场占有率为三分之一。海尔的窗式空调机也有广阔的市场前景，该产品已占美国市场的 3%。

根据以上案例可以总结出海尔在美国成功的原因有以下几点：

(1) 海尔公司在调研过程中有明确的目标消费群，充分了解该地区的人口结构和消费习惯，具有较高的针对性。

(2) 有明确的市场定位，充分考虑竞争者的优劣势，不断自我提高，采用以优制胜的方式将产品成功推向市场，在电器行业站稳脚跟。

(3) 通过市场调研发现新的机会和新的需求并开发新的产品去满足这些需求，如小型冰箱的开发。

(4) 最后，海尔不断提高企业的经营能力，增强竞争能力，这是克敌制胜的重要手段。

二、客户资料的整理、分类

1. 客户资料的鉴别

鉴别是对收集到的客户资料进行筛选，以确定其价值的过程。在对客户资料进行鉴别时，要考虑以下几方面的情况：

（1）所获得的资料是否具有代表性，是否能够真正反映客户的情况。如果不能反映或不能很好地反映客户情况，就应该舍弃，免得以假乱真出现误差。

（2）所获得的资料是否具有可靠性，是否准确、可信。如非第一手资料，那么其来源就不具有权威性，可信程度不高的资料不宜使用，免得导致判断出现偏差。

（3）所获得的客户资料与过去获得的且已经过鉴定的资料是否有矛盾，与从其他来源获得的资料是否有矛盾。如出现矛盾应审慎对待，资料不一致时不宜采用。

（4）所获得的资料是否具有时效性。尽管多数资料在整理之后可作为历史资料保存、参考，但亦有不少资料随时间推移会失去价值，因此在鉴定资料时要考虑到这一点，不要使用时过境迁的不反映实际的资料。

2. 客户资料的整理加工

在获得了大量客户资料并对其进行鉴别后，还需对资料进行加工整理，因为鉴别后的资料仍然处于原始状态，故不仅要存留原始资料的副本，还要加工资料才能使之更符合调研的需要。对于客户资料的加工整理要遵循统一、系统、直观、方便的原则。统一是指对来源繁杂的资料，诸如计量单位、所使用币种等经过加工使口径统一便于采用；系统是指资料要全面、系统，年代有序，以便于进行历史的比较和趋势外推；直观是指资料经加工整理后应具有直观性，如以表格、趋势曲线等表示出来；方便是指资料要便于使用，便于查找。

3. 客户资料的分类

对客户资料分类是为了便于查找和使用，分类存档以形成客户档案。由于资料繁杂，故分类可按使用者的习惯自己设计分类的标准。如既可按照谈判交易、背景、厂商自身、对外联系等版块来分类，也可按照宏观、中观、微观分类等。在分类时，大类下可辖小类，各类以字符或字母代码表示。进行分类的原则是前后一致。分类后的资料可按编码归档，用卡片、卷宗存好，如能输入计算机则更加方便。在归档时要做好索引，随着资料不断丰富，不仅卷宗，就是计算机文件也应分类保管。

三、客户档案和卡片的建立

客户资料在鉴别、整理加工并分类之后，应该制作客户档案，客户档案可以用卷宗、卡片箱保存，也可输入计算机，利用数据库制成客户档案，以备决策时参考。但由于客户档案中有大量的数字、业务函电，内容繁复，不易一目了然，因此一般对每个客户还要建立较为简明的客户卡片，也可电子化，根据需要设计，但必须能清楚地体现出客户本身的情况，以及与我方经贸往来的基本内容。

客户卡片包括的内容有：编号、公司标记、国别（地区）、客户名称（中外文）、电话、地址、邮政信箱、电子信箱、微信、公众号、影像视频等；成立时间、资产额及资产状况、客户性质、主要负责人情况；公司组织结构、国外分支机构、经营范围、经营能力及信用程度；与我方建立业务关系的时间、往来银行、与我方历年谈判成交情况（品种、数量、金额、成交时间）、客户与其他厂商交往情况；与我方交往中出现的重大分歧、争议和解决的情况等。

四、客户的分类管理

1. 基本客户

这类客户突出的特点是经营品质、作风好，资金雄厚，在日常与我方的业务交往中显示出较强的推销能力。它们往往与我方成交次数多、数量大，履约较好，有相当强的推销能力和业务能力。我方的多数境外代理商、包销商以及业务量大的客户均属这类客户，它们是我方开展贸易的重点客户。

2. 一般客户

这类客户突出的特点是经营作风较好，但资金较少，公司规模有限，业务能力一般。它们在与我方的业务往来中一般成交次数不多，或虽成交次数多，但成交数量、金额却有限。在与这类客户打交道时大多不会遇到对方违约的情况，多数与我方有很好经贸关系的国外中小客商均属此类。

3. 其他类型客户

在这类客户中，有两种情况：一是虽与我方有函电往来或人员互访，却没有成交记录的客户。我方对于客户只是有初步接触，但对其资信、经营范围和业务活动能力却无详细的了解。二是经营作风较差，信用也不好的客户。这类客户虽然有时资金雄厚、业务能力强，但由于作风恶劣，我方不宜与之进行较大规模的贸易，我们常说的“皮包公司”就属这种情况。当然，我们在确定某一客户信用不好时要格外谨慎，不能由于有某些分歧，或对某一笔具体生意双方产生过争议甚至有索赔发生，便轻易地将客户归于信用差的行列。只有那些错误行为明显，曾使我方吃亏，并且做事不光明正大的客户（即所谓有“前科”的客户）才应该被归入资信不佳的行列。

第四节　国际贸易谈判

国际贸易谈判是贸易双方就有形资产或无形资产的交换或买卖事宜进行协商并取得一致的行为和过程，谈判的目的在于把可能的贸易机会确定下来。谈判沟通的趋势是日益以非面谈形式，通过相应的电子数据交换、视频会议进行初步的协商，最终达成交易。

一、国际贸易谈判的原则

谈判原则是指在谈判中所应遵循的指导思想，是谈判的灵魂。在国际贸易谈判中应遵循以下几方面原则：

1. 互利原则

商务谈判关系到双方利益，虽然它是唇枪舌剑的战场，却从来也不能缺少妥协。妥协即考虑双方利益而自己一方有所让步。在国际贸易中，如果准备与对手建立长期经贸往来关系，谈判时就要以互利或照顾双方利益为出发点，亦即在己方获得优势、得到更多利益的同时，也必须使对方感到通过谈判有所收获。兼顾双方的利益才是长久的为商之道。

2. 耐心原则

在谈判时间允许时，常常是急躁者居于非常不利的地位，而有耐心者居于有利地位。任何商务谈判都有最后期限，双方因其地位不同，给自己设置的最后期限也不同，但在争取最后期限之前达成协议这一点上却是相同的。因此谈判者往往要在最后期限来临、再不让步就将导致谈判失败时才会妥协。保持冷静、等待时机成熟是谈判取胜的重要因素。在国际贸易谈判中除了要有耐心之外，自己在设置最后期限时一定要有耐心，并使最后期限具有弹性。

3. 信息原则

信息原则是指在国际贸易谈判中，要收集对方的真实信息，封锁我方的信息，并在可能的范围内透露给对方假信息。在谈判中我方取胜的一个重要条件是先掌握对方的重要信息，获取的信息越多，越准确、及时，在谈判中越有利。这项工作应在谈判之前便着手进行，因为越临近谈判对手越谨慎，警惕性越高，收集对方信息的难度就越大。相反，在商务谈判中我方不可轻易显露出对对方有价值的信息，但却可以利用有意透露信息的办法使我方处于较为有利的谈判地位。例如，制造某些假象给对方以竞争的压力，以便使谈判对我方有利等。

4. 态势原则

态势是指双方在谈判中的地位，通俗地讲是各自在谈判对手心目中的“分量”。谈判中的态势，归根结底取决于双方力量的对比。如我方处于相对劣势，则应尽力想办法提高在谈判中的态势，否则在谈判中往往会处于被动，使谈判结果难达我方的目的。从实践来看，提高态势的做法有很多。例如，有意制造出对手之间的竞争局面，与我方谈判的客户越多，则交易条件对我方越有利。另外，在谈判中应显示出耐性、韧性和具有充分的专业知识和技能，同时应放松心情，使对方感觉我方胸有成竹、胜券在握，从而在态势上占据有利的地位。当然，如果双方实力相差过于悬殊，或在相互需求中我方明显急需对方的商品，这时提高态势是很困难的，勉强为之往往导致结果难尽如人意。

5. 心理原则

心理原则是指在国际贸易谈判中，我方应善于把握对方的心理活动，因势利导促成交易。当今，研究谈判中的心理活动已逐渐成为一门新的边缘学科——谈判心理学，这足以显示出心理活动在谈判中的重要地位。在运用这一原则时要注意：（1）有很强的针对性，对具体人员和事务具体分析；（2）激发对方的目标价值并提高对方的成交期望值；（3）强化对手的购买欲望等。在具体运用时要根据不同情况进行判断。例如，盛赞我方商品的人绝非买主，这是因为若把我方商品价格抬得很高，对手是无法讨价还价的；又如，对手一再对售后服务提问，则说明对手有可能购买，因为他连购买后万一出现问题该怎么处理都已考虑到了。

二、谈判组的构成及管理

1. 谈判组的构成

商务谈判组从协调一致、灵活应变的角度出发，应坚持少而精的原则。根据国内外的经验，谈判组的人员除大型项目之外，不宜超过 4 人，如谈判不涉及特殊领域且金额并不是很大，一般以 2 人为宜，一人主谈、一人思考对策。根据国内外实践经验，4 个人就足以应付一般的贸易谈判。这是因为 4 个人所掌握的不同知识和所具备的经验（商务、技术、财会、行情）在一般谈判中已绰绰有余，在一次谈判中所需专门知识与技能很少超过 4 种；在谈判的不同阶段，4 个人的人选可以适当变化以适应变化了的论题。谈判组如人数过多，谈判组组长难以进行管理，组员的意见难以统一，每个组员的作用也难以得到充分发挥。

2. 谈判组组长的人选

谈判组组长在谈判中起着关键的作用，组长人选是否适宜关系到谈判是否成功，以及成交后能否顺利履约。谈判组组长的人选可以来自企业的生产、销售、财务或技术部门，但从实际经验看，组长起码应具有商务工作经验和财务知识，并且应由企业关键人物担任，这样不仅便于成交，而且便于履约。另外，企业关键人物能够从企业全局出发考虑问题，把贸易谈判与企业整体工作结合考虑，有利于企业提高效益和进一步发展。

3. 谈判组成员的选择

在选择谈判组成员时应注意以下几方面的标准：

（1）基本品质。因谈判是与外商打交道，客户中也有为一己私利而不光明正大之徒，故我方谈判人员应有基本品质，能以国家为重，不受对方引诱而损害国家利益。

（2）知识经验。谈判中所需知识和日常工作经验对于谈判人员是非常重要的。特别是必要的财务知识与相关的业务素质不可或缺，主要应具备成本、效益核算以及汇兑换算的知识。

（3）主动精神。商务谈判中各种情况都可能发生，谈判人员应该有主动精神，能够在谈判意图的范围内尽力利用自己的知识经验完成上级所交付的任务。

（4）个人气质。主要指谈判人员的谈吐、外表能够适应谈判需要，对各方面知识有较广泛的涉猎，具有文明的举止。

（5）年龄要求。谈判人员应具有一定的经验和较快的反应能力，故年龄不宜太小，但也不宜过大，一般 25～55 岁为宜。

4. 对于谈判人员的管理

对于谈判组的管理应强调权、责、利分明，使他们自觉产生压力感，上级领导应与谈判组经常通气，给他们以外在的满足，如物质奖励，同时更注重给他们以内在的鼓励，如成功感、荣誉感、挑战感。

在谈判组的管理上，组内的互相支持是十分重要的，这种支持可以采取诸如夸大地介绍谈判组成员、肯定同事所提出的论题、对主谈人表示某种尊重以及相互补台等办法实现。应通过组内的相互支持来提高我方在谈判中的地位和态势。

三、国际贸易谈判的基本程序

1. 准备阶段

准备阶段的工作主要指确定谈判方案，进行资料信息和物质方面的准备，以及召开重大谈判的事先分析准备会等。谈判方案包括推销（或购进）的具体设想和安排、货源情况、谈判组的组成、谈判中我方的基本目标、谈判中可能出现的问题和机会以及我方的对策、谈判的进度等；信息资料包括客户的基本状况、市场供求的基本状况、我方及客户在过去的成交状况等；物质准备则包括住宿、休息、旅游、交通等方面的安排及谈判室的准备等。

2. 确立议程阶段

议程往往能够反映出谈判者的意图、目标和在谈判中的地位及态势。故在确立谈判议程时，我方应尽量摸清对方的目标及可能的让步程度。一般在这一阶段应以静制动，我方言辞不宜过多，而应在聆听对方意见时获得有价值的信息。

3. 报价阶段

这一阶段的开端是相互试探，力图摸清对方的意图，继而提出本方对交易的全部要求和条件，包括品种、规格、价格、数量、装运、支付等。应该注意的是，在报价时我方应考虑对方可能接受的范围，不能脱离实际盲目提出过高或过低的条件。在报价阶段一般不宜因对方提出异议而立即对我方条件做重大修正，而是应该使双方立场和要求均有全面的表现，以便双方都能很好地了解对方的全部条件和谈判的可能界限。

4. 调整阶段

当双方条件相差较远、谈判陷入僵局时，需要对本方所提出的要求进行调整，其目的在于打破僵局。一般在谈判中调整是指对目标、条款等做较重大的修正，使对方感到可以接受。这种调整并不是单纯的让步，而是当僵局已出现、“山重水复疑无路”时，使双方都有“柳暗花明又一村”之感。至于具体细节的协商可以放到下一阶段进行。

5. 还价阶段

在进行调整之后，交易的大原则、大框架已基本构建起来，接下来便是具体细节的讨价还价。还价时不能操之过急，而要在对方可能接受的范围内慢慢进行。这一阶段一定要使对方感到我方让步绝非易事，关键是把握好与对方进行条件交换的时机和分寸，力争我方在某一方面的退让以对方在另一方面的让步为先决条件，以求双方的均衡。

6. 收场阶段

当谈判取得了主要方面和条款的基本一致时，就进入了收场阶段。在这一阶段应格外注意时机的把握，既不可操之过急使对方产生疑心，又不可过于拖拉使已经接近尾声的谈判出现变故。

7. 签约阶段

签约是以书面形式将成交的内容固定下来。协议的文字应明确具体，符合双方法律及规定，同时也应符合贸易惯例，以免日后产生纠纷。

关于国际贸易谈判的具体条款和内容，本书在后面的章节中将详细介绍，这里不一一赘述。

四、国际贸易谈判的总结与评估

1. 对谈判的总结与评估

这里包括总结评估经验与失误两方面的内容：

（1）我方谈判方案制订的情况。如谈判对手方的选择，谈判目标的确定，谈判组的构成，对于机会与问题提出的对策等是否符合客观实际，是否符合对方所能接受的范围等。

（2）我方谈判实施的过程。包括准备工作的安排、谈判议程的安排、报价及讨价还价的细节、对谈判时机的把握以及对日程的控制等。

（3）我方谈判组的工作。如谈判组权、责、利的统一，组长、组员的工作，领导、后援部门对谈判提供的支持等内容应是主谈人总结中的重要内容。

2. 对行情的总结评估

谈判之后，谈判组应就谈判过程中获得的有关信息情报、数据资料进行总结。包括商品行情、市场行情、主产国与主销国情况、商品未来走势、世界主要厂商的变化情况等的原始资料应提供给商情部门，请相关人员分类、归档，以利于今后谈判。

3. 对客户情况的总结评估

在整个谈判过程中，谈判组与客户进行了广泛深入的接触，对客户有了较深刻的认识。因此在谈判结束之后，谈判组应会同领导、客户管理人员、商情调研人员对客户做出鉴定，采用集体打分的办法，确定对手方在我方今后开展业务中所处的地位。确定对手方的地位时应考虑的因素主要有：对手方的资信、经营能力、推销技能、经销方式，谈判人员的素质、经验、谈判风格，以及对手方的工作效率等。

国际贸易谈判是一项实践性、技巧性很强的工作，人们只有在大量谈判实践中才可能领略各国、各地区、各种不同商人的谈判风格，也才能逐渐揣摩出双方各自在谈判中的心理活动，并在谈判中运用谈判技巧达到目的。同时，在谈判实践中要善于不断总结自己经历过的事件，分清经验与教训，使之成为未来指导工作的原则。

案例 4-3

派谁去沙特：小王还是小张？

这一阵，A公司高层对应该派谁去沙特商谈价值近万美元的两项电脑安装工程一事存在分歧。A公司拥有出色的产品，并在那个地区有极佳的声誉，经过有效的谈判他们一定能在这笔销售中盈利。现在有两个候选人：小王和小张。

在公司高管会上，副总裁提出：我觉得这一位置必须给小张。尽管小王更加适合跨国营销，但我认为她的性别一定会影响谈判结果。这是我们有史以来洽谈的最大一笔跨国业务。根据我们的发展情况来看，我们是这方面的先驱。我们相信，凭借有竞争实力的专业代表，我们能争取到这份合同。小张，也许他并没有小王的丰富经验，但他一定能成为一名有实力的专业代表，并给我们带回一份签好的合同。我觉得小王在谈判中露面，会给我们的阿拉伯同行们带来不良影响。我们都知道她的工作很出色，但就是因为她是个女人，我们不能确信她是否会被沙特人看作一枚“重磅炸弹”。我建议派小张去沙特，而派小王去那些更能接受职业妇女的国家参加谈判。

人力资源部老总则提出：我相信谁都知道那个职位应该给最能干的人，那就是小王。的确，在沙特，妇女受到不平等对待，但这只与当地妇女有关，而与沙特工作的外国人无关。在外国工作，一名妇女首先被视为商人，然后才是女人。我相信沙特的政府官员是训练有素的，不会在性别上歧视小王。研究表明，女性在以下几个方面是占有优势的：（1）女性总是比男性更具有说服力；（2）女性能够更好地使组员们取得一致；（3）许多人会认为，一个女人被指定代表公司参与跨国业务，她一定是最出色的，否则公司不会冒这个险。

你觉得派谁去沙特更合适呢？

本章小结

在本章，我们学习到：

（1）市场调研是指企业所进行的以有关顾客的信息为中心的调查研究活动。营销调研则除研究顾客外，还要研究与营销决策（产品、价格、促销、渠道、营销组织等）直接相关的数据资料。国际市场营销调研是指从事国际市场营销的企业（出口企业和跨国公司）所进行的营销调研活动。

（2）市场调研的任务是为营销决策者提供信息，其目的主要在于系统地收集、记录和分析市场信息，为企业认识市场环境，发现并解决营销问题提供充分依据。

（3）在市场调研中，定性调研与定量调研是两种主要方法。

（4）对国外客户进行详细调查，把握、建立基本的客户队伍以至客户网，是从事国际贸易的一项基本工作，也是避免草率签约、受骗上当和提高履约率、提高经济效益的关键。

（5）国际贸易谈判是贸易双方就有形资产或无形资产的交换或买卖事宜进行协商并取得一致的行为和过程，谈判的目的在于把可能的贸易机会确定下来。

（6）国际贸易谈判主要包括准备阶段、确立议程阶段、报价阶段、调整阶段、还价阶段、收场阶段、签约阶段等。

关键术语

市场调研　国际市场营销调研　定量调研　客户分类　国际贸易谈判

辅助材料推荐

1. 菲利普·R. 凯特奥拉，玛丽·C. 吉利，约翰·L. 格，等. 国际市场营销学（原书第 17 版). 北京：机械工业出版社，2017.

2. 黄卫平，丁凯，韩玉军，等. 国际贸易教程. 6 版. 北京：中国人民大学出版社，2023.

3. 黄卫平，丁凯，宋洋. 国际商务谈判. 3 版. 北京：中国人民大学出版社，2020.

本章思考题

1. 什么是国际市场营销调研？调研的主要任务是什么？
2. 国际市场营销调研的主要方法是什么？
3. 如何对国际客户进行分类？
4. 国际贸易谈判的主要原则是什么？
5. 国际贸易谈判主要包括哪些阶段？

拓展阅读

惠而浦的中国之路

日本丰田汽车如何逐步占领美国市场

第五章
国际市场与需求分析

学习目标和重点

- 国际市场的分类与特点
- 国际市场营销中的需求分析
- 工业品市场与服务市场的需求特点

导入案例

欠发达国家市场需求

对于在那些不太熟悉某些消费品的欠发达国家进行市场营销所面临的挑战是如何引导消费者去熟悉这些产品，并提供恰当的产品规格。例如，因考虑到拉丁美洲的许多消费者买不起七盎司一瓶的洗发水，吉列公司就以半盎司一小塑料瓶的洗发水出售。在巴西，该公司就出售塑料瓶装的 Right Guard 来代替金属听装的 Right Guard。但是吉列公司面对的最棘手问题是说服欠发达国家的男人剃胡须。该公司近来开始向边远的乡村派遣移动剧院。吉列公司称这种剧院为流动宣传站，其目的是放映电影和商业广告以吸引人们每日剃须。在南非版本和印度尼西亚版本的宣传影片中，一个手足无措蓄着胡须的男人走进一间更衣室。在那儿，一群修过面的朋友向他展示如何剃须。在一部墨西哥影片里，一个英俊的治安官正在跟踪追击一伙绑架了一名女子的匪徒。在追踪途中，这位治安官每天早晨刮脸。每当他“咔嚓”一声把双面刀片塞进剃刀里，脸上涂上肥皂泡，仔细刮脸时，电影就以慢镜头展示。当然最终这位修面的治安官制服了匪徒，营救了这名女子。在其他地方，吉列公司的代理商带着特大的刮胡刀和一杯刮胡须用的肥皂泡液去给村民刮胡须，其他人则在一旁观看。尔后免费分发塑料剃刀，但刀片则必须购买。刀片由当地店铺代销。一旦男人们习惯了刮胡须，吉列公司就向他们介绍剃须膏。该公司发现，仅8%的墨西哥男人使用剃须膏修面，所以公司就推荐一种塑料管装的剃须膏，并以剃须喷剂的半价出售。在泰国销售了五年的剃须产品后，吉列公司又向市场投放了新产品：牙线。大多数泰国人不用牙线洁牙，吉列公司就借助当地政府的健康计划来推销牙线，以提高牙齿卫生状况。在泰国，人均使用洁牙线0.92码，大大低于美国人的使用标准。通过成包地销售刀片，吉列公司就可以一次至少销售一包。让不刮脸的人感受到光滑脸面给人带来的愉悦之情，并且通过宣传使用牙线的好处，吉列公司正在欠发达国家实施一种如何使消费增长的策略。

本章主要介绍国际市场的分类与特点，便于读者理解和掌握关于国际市场的供给与需求；同时从国际市场营销中的需求分析角度，介绍八个种类的需求，并且列举相关案例，以便读者更加直观地理解本部分内容；最后，本章还专门介绍了工业品市场与服务市场的需求特点。

第一节　国际市场的分类与特点

一、国际市场的分类

（一）有形市场和无形市场

国际市场按照交易商品的属性分为有形市场和无形市场。其中，有形市场是指有固定组织的市场，即在固定场所按照特定的原则和规章进行商品交易。这些市场主要包括商品交易所、拍卖会、博览会和展览会等。

无形市场是指商品是无形的，例如金融市场，主要提供资金的融通。

（二）消费品市场、工业品市场和服务市场

国际市场按照交易商品的构成可以分为消费品市场、工业品市场和服务市场。

消费品市场又称最终消费者市场、消费者市场或生活资料市场，是指为满足自身需要而购买的一切个人和家庭构成的市场。工业品市场指进行各类工业生产所需的物质要素交换的市场。服务市场是指提供各种劳务的市场，如信息服务、医疗服务、技术服务、咨询服务、金融服务、教育服务、旅游服务等。

（三）欧洲市场、北美市场、亚洲市场、非洲市场、拉丁美洲市场和大洋洲市场

国际市场按照所在区域划分为欧洲市场、北美市场、亚洲市场、非洲市场、拉丁美洲市场和大洋洲市场。

欧洲市场是指由东欧、西欧、南欧、北欧、中欧等45个国家和地区组成的市场，包

括德国、法国、英国、意大利、西班牙、俄罗斯、希腊、波兰等国家。

北美市场是指由美国和加拿大组成的市场，是世界上的经济发达市场。

亚洲市场是指由亚洲 47 个国家和地区组成的市场，包括中国、日本、韩国、印度、印度尼西亚、马来西亚、泰国、新加坡、越南、巴基斯坦等国家。

非洲市场是指由非洲 54 个国家和地区组成的市场，包括阿尔及利亚、埃及、南非、赞比亚、埃塞俄比亚、喀麦隆、摩洛哥、塞舌尔等国家。

拉丁美洲市场是指由拉丁美洲 33 个国家和地区组成的市场，包括巴西、墨西哥、阿根廷、智利、乌拉圭、巴拉圭、危地马拉、洪都拉斯等国家。

大洋洲市场是指由 16 个国家和地区组成的市场，主要包括澳大利亚、新西兰，以及巴布亚新几内亚、所罗门群岛、帕劳、瑙鲁等。

二、国际市场的特点

（一）全方位的开放性

1. 面向世界所有国家

国际市场的大门对世界上每一个国家都是开放的。随着 20 世纪 80 年代以来经济全球化的深入、跨国公司的蓬勃发展，商品、资金、技术、信息、劳务等在全球范围内流动日益频繁，各国之间经济依赖程度、经济相互影响程度日益加深。世界市场对每一个国家都会提供市场机会，前提是该国需要主动融入世界市场。

2. 面向世界各国厂商

国际市场的大门对于任何从事制造业、服务业或者其他行业的厂商均是开放的。包括中国华为、美国高通、德国西门子、日本京瓷、韩国三星、沙特阿美等在内的众多厂商可以在所处行业领域积极拓展国际市场，或者在国际市场采购原材料、零部件等，满足企业经营需要。与此同时，正是由于国际市场面向厂商是全方位开放的，竞争日益加剧，由此引起贸易摩擦和保护贸易趋势有所抬头。

3. 面向全球范围内的商品和劳务

国际市场对于任何商品和劳务都一视同仁，它们均可以进入市场找到交易机会。人类三次工业革命大大提升了商品制造和劳务供给水平，伴随工业 4.0 革命的孕育，商品、劳务在全球范围内流动更加频繁，国际贸易额稳步增长。

（二）逐渐形成集团化趋势

1. 国家之间形成集团化的趋势

20 世纪 50 年代，法国、联邦德国、意大利、荷兰、比利时、卢森堡等六国签署了建立欧洲经济共同体和欧洲原子能共同体的条约，其后丹麦、英国、爱尔兰、希腊、西班牙、葡萄牙等国陆续加入欧洲共同体，直至 1991 年 12 月 11 日《欧洲联盟条约》宣告欧盟成立，国家之间形成了统一集团和共同市场。此外，诸如东盟（1967 年）、南方共同市场（1991 年）、北美自由贸易区（1994 年）等，均是相邻国家之间加强经济合作，形成统一集团，以协调彼此间的经济关系。

2. 企业跨国结成集团的趋势

基于全球范围内争夺资源、拓展市场的需要，自 20 世纪 80 年代开始，企业在全球范围内开始大规模进行跨国经营。通过建立跨国公司的全球经营体系，可以使交易内部化、要素流动内部化、技术转让内部化，充分利用跨国集团的所有权的优势和资源、市场等区位优势，实现跨国集团的全球经营目标与战略。典型的跨国公司集团如亚马逊、微软、苹果公司等。

(三) 具有盲目性和竞争性

1. 国际市场的盲目性

国际市场的运行基本上是建立在生产资料私人占有的基础上，资本主义经济规律仍然发挥着主导作用，整个国际市场的生产和销售具有很强的无政府主义色彩，私人企业有着充分的决策权，生产什么、生产多少、在哪个市场实现、商品劳务价格收取多少等仍然是个别企业的个别行为。

此外，国家垄断一方面以一体化经济组织、多边或双边协定、国际经济组织（如世界贸易组织、国际货币基金组织）等形式为商品交换、资本和劳动力的流动创造有利的外部条件，同时又运用国家的力量实行各种限入奖出的政策措施，进行各方面的歧视，以便从中寻求自己的利益。

2. 国际市场的竞争性

竞争是国际市场的本质特征之一，各国厂商都为了使自己能够在国际市场中站住脚，产品有销路，获取到更多利润而激烈地竞争着，“优胜劣汰”是国际市场的竞争准则。竞争包括产品质量、价格、服务等多方面的竞争，国际市场的竞争性促使企业不断进行产品创新、技术创新、管理创新，从而降低企业经营成本、提升企业运营效率，从而在激烈的市场竞争中寻求发展空间。

(四) 具有替代性和互补性

1. 替代性

国际市场中制成品交易取代了初级产品而主宰着市场交易方向；在初级产品交易中能源产品、稀有金属的交易取代了其他初级产品交易而居主导地位；无形产品（专利、工艺、技术秘密）异军突起，在国际市场中崭露头角，日益显现出重要性，很可能在 21 世纪主宰国际市场。

2. 互补性

世界各国资源禀赋、产业结构不尽相同，不同国家之间因而形成互补关系。例如美国、日本向其他国家提供资本和高新技术产品，泰国、菲律宾、马来西亚等提供轻纺产品；世界各国的企业处于不同的产业之中，有的生产最终产品，有的生产中间制品，有的提供原料性产品。

（五）具有过剩性和风险性

1. 过剩性

国际市场中大多数商品在多数时间中都处于相对过剩状态，尤其是那些垄断性较低、多数发展中国家都能生产的某些初级产品和劳动密集型产品。例如中国出现的钢铁、平板玻璃、电解铝等产能过剩问题，原因在于供给大于需求。同时，由于购买力水平不足，也会出现商品过剩。

2. 风险性

国际市场中存在着信用风险，各种情况的发生都有可能影响履约，造成交易的损失；国际市场中存在着各方面的商业风险；汇率的波动往往会产生国际市场中的汇兑风险；国际市场在运输中存在着运输风险；国际市场中由于供求等方面的变化，存在着价格风险；国际市场因政治、军事的变动以及政权的更迭，存在着政治风险等。

（六）其他的风险因素很多

国际市场是由世界众多国家组成，经济全球化的不断深入导致各国之间的经济联系日益密切，国家之间相互影响程度日益加深。各国产业链供应链不仅受本国经济政策、市场变化影响，同时各国产业链供应链之间形成传导效应，使得世界产业链供应链变化将对世界市场形成影响，风险因素增加。例如，金融自由化对金融市场的冲击、新冠疫情对各国经济的冲击等。

第二节 国际市场营销中的需求分析

一、负需求

负需求是指某个消费人群对某种产品感到厌恶，甚至愿意出钱或者付出一定代价来回避它的一种需求状况。如近年来许多老年人为预防各种老年疾病不敢吃甜点和肥肉；又如有些顾客害怕冒险而不敢乘飞机，或害怕化纤纺织品有毒物质损害身体而不敢购买化纤服装。

案例 5-1

欧美人对动物内脏很反感，不喜欢吃动物内脏。如何将这种负需求变为正需求呢？专家做了个实验：他们找来了 40 个家庭主妇，将之分为两个小组。专家告诉第一小组的 20 个人，运用传统的方式怎样把动物的内脏做成菜，怎样做才好吃。而他们则和第二小组的20个家庭主妇围坐在一块座谈，在聊天中告诉她们动物内脏富含哪些矿物质，对人体有哪些好处，并赠送了相应的菜谱。一个月后，第一小组只有3%的家庭妇女开始食用动物内脏，第二小组有30%的妇女食用动物内脏。

解决负需求的办法：可以通过产品重新设计、降低价格和促销的市场营销方案，来改变市场的信念和态度，将负需求转变为正需求。

二、无需求

无需求是指市场对某种产品或服务既无负需求亦无正需求，只是漠不关心，没有兴趣。

案例5-2

某岛屿上人人赤脚，不知道鞋子为何物。有两名推销员来到岛上准备推销鞋子。推销员甲看到岛上无人穿鞋子，决定明日就返回。而推销员乙则认为该岛上无人穿鞋，是一个很好的市场，他决定驻在此地，开展促销活动。两位推销员的看法截然相反，推销员乙将人们对鞋子的无需求转变成正需求，从而达到其推销鞋子的目的。

解决无需求的办法：把产品能带来的利益和价值同人们的自然需要和兴趣结合起来，以引起消费者的关注和兴趣，刺激需求，使无需求变为正需求，即实行刺激性营销。

三、潜在需求

潜在需求是指现有的产品或服务不能满足许多消费者的强烈需求。

如老年人需要高植物蛋白、低胆固醇的保健食品，美观大方的服饰，安全、舒适、服务周到的交通工具等。

四、下降需求

下降需求是指某产品或服务市场上顾客对该产品或服务的需求出现下降趋势，处于其生命周期的衰退阶段。下降需求是产品的综合问题，不代表无市场可开发。

案例5-3

案例一：在人们对风扇的需求逐渐下降时，美的换气扇利用其能够洁净室内空气、换气直接、安装清洗方便、价格便宜的优势使得该款产品占据换气市场的很大部分份额，风扇需求上升。

案例二：由于农村具有居民消费水平偏低、生活条件较差的特点，所以风扇可以轻易占领农村市场，而空调等替代品则不行。

解决下降需求的办法：在了解顾客对产品需求下降原因的前提下，可以利用产品战略，也就是改变产品的特色，采用更有效的沟通方法再刺激需求，即创造性再营销的方式扩大需求；还可以利用市场战略扩大需求，即通过寻找新的产品市场，扩大产品的销售量，扭转需求下降的局面。

五、不规则需求

不规则需求是指某些产品或服务的市场需求在一年不同季节，或一周不同日子，甚至一天不同时间上下波动很大的一种需求状况。这种需求会导致企业生产能力的闲置或不足以及企业运营的不稳定。

案例 5-4

案例一：饭店的淡季促销。例如旅游饭店在淡季通过举办会议来利用资源；商务饭店周末推出住二晚收一晚房价的家庭市场计划；城市酒店推出傍晚正餐之前的“幸福时刻”的便宜餐饮项目，吸引年轻的恋人。

案例二：大学生就业问题。政府可以出台到东部就业和到中西部就业的协调政策；改革人才档案管理制度；建立弹性招聘制度。

分类：不规则需求可以分为需求引发的不规则需求和供给引发的不规则需求。气候变化引起的羽绒服、冷饮的需求以及由上下班导致的在不同时段对道路的需求，这些都是需求引发的不规则需求。大量学生的毕业期的相对集中导致的就业需求，这就是由供给引发的不规则需求。

六、充分需求

充分需求是指某种产品或服务目前的需求水平等于期望的需求，但消费者需求会不断变化，竞争日益加剧。

充分需求是一种理想状态，既没有库存，也能够随时供给。例如，饮料产品娃哈哈、加多宝、农夫山泉等，如果厂家能够根据市场需求制订科学的生产计划，保证市场充分供应，同时企业不出现库存过剩，那么，饮料市场就处于充分需求状态。

七、过度需求

过度需求是指市场上顾客对某些产品的需求超过了企业的供应能力，产品供不应求。例如，人口过多或物资短缺引起交通、能源及住房等产品供不应求。

八、有害需求

有害需求是指对消费者身心健康有害的产品或服务。

例如，烟、酒、毒品、黄色书刊等会对人体健康造成伤害。

第三节　工业品市场与服务市场的需求特点

一、工业品市场的特点及需求特点

（一）工业品市场的特点

1. 客户数量相对较少，但比较集中，单次购买量大

工业品的客户主要来自企业、政府、机构、组织等，因此客户数量相对消费品市场的消费大众来说少很多，而目标客户就更少了。但同时，客户数量就显得十分集中，客户市场掌握在少数“巨头”手中，客户的单次购买量大。

2. 专业、理性购买，购买决策复杂

工业品一般都是大宗产品，单次购买费用高，购买次数较少。因此，在购买工业品时，客户显得十分谨慎、小心，担心买错了或者买贵了，在购买过程中会有多个部门、较多的核心人员参与，属于专业、理性购买。

（二）工业品市场的需求特点

1. 通常采取直接买卖方式

由于工业品成交金额大，客户往往会直接与生产企业联系，实地考察，亲自考核，实施直接采购。而生产企业为了将企业形象、产品信息更好地传达、展示给目标客户，会采取直销的模式，组建企业自己的直销队伍，面对面地与客户沟通，通过形象颇佳、产品知识过硬的直销人员树立企业的良好形象，博取客户的信任。

2. 定制采购，注重服务

工业品的技术含量一般比较高，加上客户对产品有特殊要求，因此，许多客户通过招投标的形式，提出自己的技术要求和相关条件；而供应商会根据客户的需求组织技术队伍，定制化设计产品，满足客户需要。

3. 派生需求，缺乏弹性

工业品市场可以说是派生的市场，工业品市场的需求也是派生的需求，是消费者对消费品的需求而派生出来的需求。没有消费者对消费品的需求，就不会有对机械设备的需求，也不会有对原材料的需求。

由于工业品市场的需求是派生的需求，只要消费品的需求存在，工业品的需求就必然存在，消费品市场的波动不会对其有太大的影响。

新闻专栏 5－1

互联网和数字化破除工业品市场困局

数据显示，2021 年我国工业品采购市场规模超过 8 万亿元，预计 2025 年将达到

13.2 万亿元。庞大需求市场的另一端，是无数中小微工业品商家亟须完善渠道和提升交付能力，实现供需对应，满足日益递增的需求市场。

对于工业品行业的传统商家来说，目前的外部环境为其运营服务带来了大量挑战。一方面，传统的线下渠道因疫情等因素容易出现线下断流的情况，难以有效达成销售；另一方面，工业品市场传统模式采购流程复杂、品类繁杂，标准化程度低，影响供需关系成交转化。

而要如何破解这些困局，互联网化和数字化或许是这道考题的“答案”。

根据中国电子产业信息发展研究院数据，2021 年工业品通过电商平台完成互联网化采购的成交规模增速接近 50%。在行业巨变的进程中，产生了巨大的市场机会。据权威平台测算，目前全国数字化采购渗透率约为 7.5%，相当于万亿级的采购市场规模，数字化率每提升一个百分点，就会为线上渠道采购市场带来万亿级的市场空间。

也因此，渠道转向互联网化，寻找线上渠道的市场空间，成为传统工业品商家转型发展的重要切入点。

二、服务市场的特点及需求特点

（一）服务市场的特点

1. 购买的盲目性

如果说消费品市场的购买带有盲目性是消费者的非行家购买所致，那么服务市场购买的盲目性则是由于商品的无形，其在购买前无法得到展示。尽管消费者对成千上万的消费品不可能拥有全面的知识，不可避免地产生购买的盲目性，但消费者毕竟购买的是有形的实物，他（她）可以通过触摸、观察及接受服务人员的商品展示和介绍等途径来进行商品的选择与比较，最后做出购买与否的决策。但服务产品的不可触摸性使得消费者在接受服务之前很难判断服务产品的质量。

2. 购买的习惯性与转移性

服务产品的无形性特点往往会导致消费者购买的盲目性。消费者解决盲目性的常用办法是先寻找几家声誉较高的服务点接受服务，以切身体验（有时是询问和观察其他消费者接受服务后的情况）判断出较高质量的服务商，继而成为该服务商的常客，形成习惯性购买。从某种角度来说，服务产品市场的购买习惯性特征是消费者对无形服务产品购买缺乏自信心的体现。服务产品的差异性特征，决定了不仅不同的服务商的服务质量存在差异，而且同一服务商在不同的时间受心情、设施、环境等的影响也会出现服务差异。然而，消费者对服务的质量要求则是始终如一的，因此矛盾时常可能产生。矛盾的结果往往是顾客购买出现转移。

（二）服务市场的需求特点

1. 服务与消费的同步性

在生活资料市场，生产者与消费者之间无论联系多么紧密，在空间上与时间上都存在一定的距离。商品从生产者转移到消费者手中，需要经过实物运输，或中间商等中间环节。而在服务市场，服务与消费是同步进行的，即人们在完成购买服务产品的同时，就已完成了消费。因而买卖双方的行为对彼此影响较大。购买方行为的细微变化会影响服务方的情绪及服务质量；服务方的语言与动作行为对消费方稍有冒犯，也会影响购买方对服务质量的正确感受，引起购买方的不满情绪，从而导致购买的转移。

2. 需求的不均衡性

受消费者个人生活习惯、时间安排、兴趣爱好等因素的影响，在不同时间、地区，消费者对服务的需求呈现出不均衡性。如在餐馆，中午与晚上就餐的人多，而其他时间就餐的人少；在旅店，节假日人多，平常人少等。由于服务市场中用于生产服务的设备和劳动力等只代表一种生产能力而非服务产品本身，因而如果顾客需求小于服务供给，就意味着生产能力的浪费；反之，当服务需求超过供给能力，又会因服务产品无存货（事实上服务产品无法贮存）而使顾客失望，导致顾客的流失。因此，如何协调不均衡的需求与服务，已成为服务市场营销的一个难题。

新闻专栏 5－2

行业投资新动态

受新一轮新冠疫情、地缘政治及整个宏观环境波动等多重内外部因素的影响，2022 年上半年私募创投市场投资步伐整体放缓。与此同时，TMT（科技、传媒、通信）行业投资总额的变动趋势与投资总量基本一致。

普华永道最新报告显示，2022 年第一季度私募创投市场的投资数量及投资总额环比分别下降 18%及 37%，第二季度维持一季度的下降趋势，投资数量及投资总额环比分别下降 7%及 43%。

普华永道中国内地 TMT 行业主管合伙人高建斌分析道：“疫情的反复对整体经济运行造成了冲击，私募投资市场活跃度受到一定的抑制，同时受投资季节性趋势影响，TMT 行业的投资热度下降，导致投资金额和投资数量下跌。”

尽管投资市场热度有所下降，市场观望态势明显，但 TMT 依然是各个行业中比较活跃、资本比较青睐的行业。

2022 年上半年私募创投在 TMT 行业的投资总量为 1 655 起，环比减少 23%，同比减少 8%，但依旧占总体行业投资总量的 54%。此外，根据已披露投资金额的投资项目，TMT 行业投资金额为 217.47 亿美元，环比减少 49%，但仍然占总体行业投资总额的 45%。

报告指出，受国家对科技创新行业尤其是半导体行业的大力支持的影响，2022 年上半年半导体行业出现了 13 家投资过亿美元的企业。2022 年 8 月，美国《2022 年芯片与科学法案》的签署实施，对我国半导体等高新技术产业及相关私募创投行业的发展产生了影响：一方面增加了相关行业投资价值实现和退出的不确定性；另一方面，正倒逼中国加速建立自主可控的半导体产业生态圈。

本章小结

通过本章的学习，我们了解了国际市场的相关内容，包括其分类与特点，并且学习到了在国际市场营销中的需求分析，以及工业品市场和服务市场的特点与需求特点。

关键术语

国际市场　需求分析　负需求　无需求　正需求　下降需求　不规则需求
工业品市场　服务市场

辅助材料推荐

N. 格里高利・曼昆. 经济学原理（第8版）. 北京：北京大学出版社，2020.

本章思考题

1. 国际市场如何进行分类？不同类型国际市场有何特点？
2. 发达国家市场和发展中国家市场的需求特点有何不同？
3. 举例说明如何将潜在需求转化为实际需求？
4. 企业如何根据工业品市场需求特点进行拓展？
5. 服务市场的需求特点变化新趋势是什么？

拓展阅读

钢铁厂 ERP 产品竞标

TCL 的国际化之路

第六章
国际市场营销过程（上）

学习目标和重点

- 国际市场细分的意义、标准
- 国际目标市场选择的标准以及策略

导入案例

丰田进军美国市场

1958年，丰田车首次进入美国市场，年销量仅为288辆。丰田进入美国的第一种试验型客车，是一场灾难，这种车存在着严重的缺陷：引擎的轰鸣声堪比载重卡车，车内装饰粗糙又不舒服，车灯太暗不符合标准，块状的外形极为难看。并且与其竞争对手“大众牌甲壳虫”车1 600美元的价格相比，该车2 300美元的定价吸引不了顾客。结果，只有5位代理商愿意经销其产品，而且在第一个销售年度只售出288辆。1960年，美国汽车中心底特律推出了新型小车Falcom、Valiant、Corvair与“甲壳虫”竞争，丰田公司并非底特律的竞争对手。另外，美国方面停止进口汽车，迫使丰田公司进行紧缩。

面对困境，丰田公司不得不重新考虑怎样才能成功打进美国市场。他们制定了一系列的营销战略，其中最重要的一步就是进行大规模的市场调研工作，以把握美国的市场机会。

调研工作在两条线上展开：(1) 丰田公司对美国的代理商及顾客需要什么，以及他们无法得到的是什么等问题进行彻底的研究；(2) 研究外国汽车制造商在美国的业务活动，以便找到缺口，从而制定出更好的销售和服务战略。

本章主要介绍国际市场细分的意义、标准和注意事项，国际目标市场选择的标准、步骤和策略。

第一节 国际市场细分

一、国际市场细分的意义

国际市场细分是在市场细分的基础上发展起来的，是市场细分概念在国际营销中的运用。其意义包括三方面：

（1）发现新的市场机会，满足潜在市场需要。一是准确识别消费者需求的差异性和需求被满足的程度，发现和抓住市场机遇，避免风险；二是清楚把握竞争对手实力和市场占有率，更好发挥自身优势，选择最佳市场。

（2）提高企业经济效益，根据细分市场和企业目标，集中资源，优化配置，实现规模经济。

（3）确定正确的目标市场，将庞大的国际市场深度细分和分析，从而做出正确的选择，科学制定营销战略，有效触达市场。

案例 6-1

万宝龙的市场细分

奢侈品制造商万宝龙与 Yieldify 合作，在其网站上展示了一系列优惠。它们试图通过父亲节的交易来提高转化率，该活动向支出超过 200 英镑的人群免费赠送礼物。这一金额符合万宝龙目标受众的支出预期，其结果是目标人群的转化率提高了 118%。另一项活动专门针对企业礼品购买者，使该部分增长了 30%。市场细分不仅使得业务更有效地吸引客户，还在于使那些客户看到与他们更相关的消息。

这种行为就是利用受众特征细分市场，根据他们的收入来定位潜在客户，因为企业不会浪费营销预算，将信息传达给可能买不起企业产品的人。

二、国际市场细分的标准

（一）按地理因素细分

按照地理因素细分市场主要是指根据地理位置、地理环境进行区分。

（二）按人口因素细分

按照人口因素细分市场主要是指根据人口规模、年龄、性别、教育程度进行区分。

人口是最基本的环境因素。对市场产生影响的人口因素有：总人口，它是决定市场规模的主要因素之一；人口增长率，它推动商品需求的增长；人口的年龄结构，不同年龄的消费者有不同的需求、购买动机和习惯；人口的地理分布，它影响着出口企业对销售渠道的选择。

（三）按经济发展水平细分

按照经济发展水平细分市场主要是指根据人均收入、经济发展阶段进行区分。收入水平是衡量一国市场规模、质量的重要指标。对收入因素的分析，一般采用以下指标：（1）国民生产总值，即一国在一定时期生产的最终产品与服务的总和，它是衡量一国经济实力和购买力的重要指标，同工业品销售的关系尤为密切；（2）国民收入，即国民生产总值减去固定资产折旧及税金后的余额；（3）个人收入，即国民收入减去公司所得税、公司盈余及社会保险金后的余额；（4）个人可支配收入，即个人收入减去个人负担的所得税、遗产税、人头税等直接税后的余额；（5）个人自由支配收入，即个人可支配收入减去用于维持个人或家庭的基本生活费用后的余额，它是影响消费结构的重要因素；（6）家庭收入，它同家庭人口、就业人数、就业者收入水平有关。按照家庭收入的分布情况，可以把各国分为四种类型，即家庭收入极低的国家、多数家庭收入极低的国家、家庭收入两极分化的国家和多数家庭收入属于中等水平的国家。家庭收入分布状况对一国的市场规模、购买力和消费结构具有决定性的影响。

（四）按社会文化因素细分

按照社会文化因素细分市场主要是指根据宗教信仰、语言、接受新事物的态度进行区分。

（五）按心理因素细分

按照心理因素细分市场主要是指根据人的生活方式、个性进行区分。

（六）按消费者行为细分

按照消费者行为细分市场主要是指根据消费者追求的利益、产品的使用量、消费者对产品的忠诚度进行区分。

三、国际市场细分的注意事项

在进行国际市场细分时，需要注意市场细分策略的制定要求、群体之间细分的区分度、细分指标、细分方法、细分研究、细分监控等，以达到市场准确细分的目的。

（一）市场细分策略必须具有很强的可行性

每个细分群体的规模要足够大，只有人群规模足够大，后续的市场策略才会产生客观的价值。另外，细分的群体数量不宜太多，细分群体太多，会给策略制定和实施带来不必要的麻烦；细分群体数量太少，则无法提供定位所需的精度。

（二）群体之间必须有足够的区分度

在对群体（或目标客户）进行细分时，要确保每个细分群体具有明显不同的需求。如果一个细分市场与另一个细分市场没有区别，或者它们都以类似的方式做出反应，那么最终会出现同质化策略，导致细分策略无效。

（三）不要将用户行为和细分指标混淆

用户行为仅描述了细分群体当前正在做什么，但不能告诉你为什么他们做这些事情。人们的行为可能经常变动，但他们的某些特征不会频繁变化。因此，市场细分时应该抓住用户相对固定的特征进行。

（四）使用态度变量进行市场细分

人口统计数据作为市场细分的基础变量，可以用于进行简单的评估，但无法提供所需的足够信息。使用态度变量可以深入了解目标群体，了解他们的动机和深层因素，从而能够识别并有效地针对具有共同价值观的群体，通过影响他们的行为提供令人满意的客户体验。

（五）细分结果应该能够匹配差异化的营销策略

有时候人们可能会寻求新奇的生活方式并尝试一些东西，因为它是新的、有趣的或不寻常的。但具体到购买行为，人们受到一些固定的变量支配，因此有效的市场细分结果可以针对不同群体推出不同的产品和服务，如果细分的结果无法导向差异性的行动方案，细分的效果就会大打折扣。

（六）市场细分本身应该指导产品和服务的开发

通过了解细分群体的需求，市场细分将有力引导产品和服务的设计和开发，只有吻合用户需求的产品和服务才会被市场接受，因此市场细分不仅仅作用于营销领域，在产品和服务的设计、开发环节也应该得到充分利用。

（七）优先考虑细分群体中的“领头羊”

由于资源有限，因此直接有效的解决方案是优先考虑群体中那些最活跃和最新潮的人。良好的细分总是会锁定那些“意见领袖”，通过他们来影响和带动群体中的其他人，你不需要瞄准每个人，只需要找到导火索，一切将迎刃而解。

（八）好的细分策略不应该仅仅停留在营销部门

细分策略制定后，通常会由营销部门发送给其他部门，但这些策略不会自然而然地被其他部门所吸收。为了在各部门之间贯彻实施，需要营销人员耐心灌输、不厌其烦地推广，细分策略只有被所有部门的人员彻底接受，才会发挥最大的功效。

（九）将细分策略纳入日常研究中

无论您正在进行哪些研究或正在分析哪些数据，将细分策略构建到您的工作中，这意味着您可以立即对结果进行更微妙和细致的理解。您可以知道哪些细分市场正在展示出某些行为或获得某些意见反馈，这样您就可以进一步了解为什么会出现这种情况，以及如何应对。

（十）持续监控和评估细分策略

细分策略是动态的，是随着市场和人群的演变而适时变化的，这意味着您必须随时调整策略，持续的监控和评估还可以帮助您根据当前满足细分市场需求的程度来确定优先级并规划可变的策略，从而形成良性循环和有序优化。

案例 6-2

麦当劳的市场细分

市场细分是 1956 年由美国市场营销学家温德尔·斯密（Wendell Smith）首先提出来的一个新概念。市场细分主要是按照地理、人口和心理要素来划分目标市场，以达到企业的营销目标。

而麦当劳的成功正是在这三项划分要素上做足了功夫。它根据地理、人口和心理要素准确地进行了市场细分，并分别实施了相应的战略，从而达到了企业的目标。首先是地理因素，麦当劳有美国国内和国际市场，而不管是美国国内还是国外，它们都有各自不同的饮食习惯和文化背景。麦当劳进行地理细分，主要是分析各区域的差异。如美国东西部地区的人喝的咖啡口味是不一样的。麦当劳通过把市场细分为不同的地理单位进行经营活动，从而做到因地制宜。每年，麦当劳都要花费大量的资金进行认真且严格的市场调研，研究各地的人群组合、文化习俗等，再书写详细的细分报告，以便针对每个国家甚至每个地区都有一种适合当地生活方式的市场策略。麦当劳刚进入中国市场时大量传播美国文化和生活理念，并以美国式产品牛肉汉堡来征服中国人。但中国人爱吃鸡肉，与其他洋快餐相比，鸡肉产品也更符合中国人的口味，更加容易被中国人所接受。针对这一情况，麦当劳改变了原来的策略，推出了鸡肉产品。在全世界从来只卖牛肉产品的麦当劳也开始卖鸡肉产品了。这一改变正是针对地理要素所做的，也加快了麦当劳在中国市场的发展步伐。其次是人口因素，麦当劳以孩子为中心，把孩子作为主要消费者，十分注重培养他们的消费忠诚度。在餐厅用餐的小朋友经常会意外获得印有麦当劳标志的气球、折纸等小礼物。在中国，还有麦当劳叔叔俱乐部，参加者为 3～12 岁的小朋友，定期开展活动，让小朋友更加喜爱麦当劳。这便是相当成功的人口细分，麦当劳抓住了该市场的特征与定位。最后是心理因素，针对方便型市场，麦当劳提出“59 秒快速服务”，即从顾客开始点餐到拿着食品离开柜台标准时间为 59 秒，不得超过一分钟。针对休闲型市场，麦当劳对餐厅店堂布置非常讲究，尽量做到让顾客觉得舒适自由。麦当劳努力把麦当劳打造成一个具有独特文化的休闲好去处，以吸引休闲型市场的消费者群。

第二节　国际目标市场的选择

一、国际目标市场选择的标准

（一）可测量性

可测量性是指细分后所形成的子市场，其规模及购买力必须能够被识别和测量。例如，奶粉市场就比较好测量，其中 6～12 个月大的婴儿为主要市场，满周岁至 3 岁的幼儿则是次要市场。

（二）可发展性

可发展性是指细分后的市场形成的市场规模必须足以使企业有利可图，能获得理想的经济效益和社会服务效益。例如，我国放开二胎政策到逐渐放开三胎政策，母婴类产品的需求激增，母婴市场具有很大的潜力，各类婴幼儿的奶粉、尿不湿、婴幼儿玩具及早教用品具有足量的市场。反之，对于那些不具有足量性的市场，这样的细分市场就不会尽如人意。

（三）可进入性

可进入性是指企业能够进入所选定的目标市场，并能进行有效的促销和分销。如果细分市场的消费者不能有效地了解商品的特点，不能在一定的销售渠道买到这些商品，则说明企业没能达到该细分市场的要求，满足不了目标市场消费者的需求，应选择放弃该子市场。

（四）可行性

可行性是指企业能够被有效地吸引并服务于该子市场的可行性程度。例如，某家手机企业根据市场消费者的需求，将顾客分为数个子市场，如果公司资源不足，缺乏相关的技术和市场营销支持，不能为每个子市场制定切实可行的营销战略，那么该公司的市场细分就没有意义。

二、国际目标市场选择的步骤

（一）对所有可能的目标市场进行筛选

选择进入国，首先应分析各个可能的进入国之间有何差异，分析各国在政治、经济、文化等宏观环境上的优劣，选择较少政治风险、较少文化障碍、较好经济政策的国家为备选进入国。其次，对各备选进入国的具体市场特点进行分析，最终确定进入国。筛选的目的是确认选取哪些国家的市场，筛选工作应从总体性国家细分市场开始，应注意以下两方面的问题。

一是应慎重对待市场容量大的国家或地区市场，以避免遗漏那些能为企业产品提供良好前景的国家。

一般来讲，大企业非常重视销售量大的细分市场，常忽视进入销售量小的细分市场；而小企业则不愿进入规模较大的细分市场，因为那需要太多的资源投入。市场容量的大小对企业顺利开展国际市场营销活动有着重要影响，一旦对一个有着较好需求前景的国家或地区做出了错误决策，就等于失去了一个有着很好市场支持能力的国际营销领域。

二是筛选的工作范围虽然要广，但应避免在发展前景不佳的国家上花费大量时间，以尽可能减少评估的资源消耗和筛选成本。

企业可从第二手资料和现存的统计资料入手，通过一些必要的调查研究，快速删除一些劣等的国家市场，缩小选择范围。经过迅速、经济、有效的筛选以后形成的相对集中的细分国家，企业应对其市场潜力进行精确分析。

（二）评估市场潜力

经过筛选后的国家或地区的市场数目较少，对这些国家或地区市场，企业要进一步对其市场潜力做出较深入的评估，即要对某产品在该国和该地区较长时期内的最大销售量做出判断。在评估产品的市场潜力时，要从两方面着手考虑，一方面要考察现实市场，即现有市场的实际规模；另一方面要对市场销量的年增长率做出预测，因为这两方面内容的发展是不一致的，两种因素可以有多种组合，不同形式的组合将影响某产品的总体销售量。

三、国际目标市场选择的策略

（一）无差异性营销策略

无差异性营销策略是指经过市场细分后企业虽然认识到市场有差异，但权衡利弊得失，认为共性胜于个性，决定以统一的产品、同样的销售渠道、统一的促销方式和价格向全球广泛销售。该市场策略把整个市场作为一个整体目标，不进行市场细分，对所选定的任何市场或市场的各个组成部分都采取同一的也是单一的营销组合手段。

思路：重视共性，忽略个性，将整体市场作为目标市场，供应单一的标准化产品，使用单一的营销组合减少营销成本，获得经济效益。

做法：使用单一生产线，大规模生产单一产品；建立广泛的或大众化的销售渠道；开展强有力的促销，投放大量统一的广告。

优点：降低营销成本（生产成本、促销成本）、建立统一的品牌形象。

缺点：不能满足消费者多样化的需求、容易形成激烈竞争。

使用条件：无差异或需求差异较小的市场。

案例 6－3

麦德龙超市的标准化

麦德龙超市是一家零售批发超市集团，在麦德龙和万客隆（仅限欧洲）品牌旗下拥有多家麦德龙现购自运商场，是德国股票指数 DAX 的成分公司，世界 500 强之一，分店遍布 32 个国家。2018 年 7 月 19 日，《财富》世界 500 强排行榜发布，麦德龙位列 269 位。在 2018 年世界品牌 500 强排行榜中，麦德龙排名第 170 位。

目前在中国的零售市场，很多国内零售企业都在不断扩大自己的市场领域，超市、便利店、百货店等多种经营业态同时下手，恨不得一揽全局。然而，世界著名的“商业大鳄”麦德龙超市偏偏不信这个常理。麦德龙就有一个听来似乎是不可思议的规矩：身高 1.2 米以下的儿童一律不准进场。曾经有些朋友本想带着小孩逛逛“洋超市”，让孩子们自己挑选所喜爱的食品，顺便开开眼界，可他们无一例外地被挡在了门外。对商家而言，顾客总是多多益善。反其道而行之，麦德龙的解释令人寻味：作为一家大型仓储式超市，麦德龙经常需要进行叉车作业，补充货品，而 1.2 米以下，恰恰是叉车驾驶员的视觉盲区。因此让儿童进场存在安全隐患。同时，麦德龙面对的消费群不是个人和家庭，而是通过会员制的形式，锁定具有批量购买能力的终端零售商和机关事业单位等，进行批量销售。拒绝儿童消费群体进场，不让孩子们到处乱跑，其实质是为了更好地服务自己的目标消费群。

（二）差异性营销策略

差异性营销策略是指企业针对不同细分市场的需求特点，在产品设计、使用功能、外观、商标、包装或服务和价格等方面，创造产品的独有特性，满足不同细分市场需求，获得市场规模和竞争力的做法。该市场策略把整个市场细分为若干个子市场，企业针对不同的细分市场，采取不同的营销组合手段。

思路：重视个性。

做法：为所选定的细分市场量身裁衣，制定适合每一个细分市场的营销组合策略，满足不同市场的差异化需求。

优点：降低经营风险、满足顾客不同需求、挖掘子市场的销售潜力、扩大市场占有率和销售规模、提高竞争能力。

缺点：营销成本高（生产成本、广告费、调研费、管理费等）。

使用条件：有较为雄厚的财力、较强的技术力量和高水平的营销队伍的企业，销售额的扩大带来的利益超过生产经营费用的增加。

（三）集中性营销策略

集中性营销策略是指企业集中精力专门为某一个或少数几个特殊的细分市场提供服务，从而实现产品的高度差别化，在目标市场上具有特殊的竞争能力，可以赢得较高的利润率。采用集中性营销策略时，企业集中全力向大市场中的一个或少数几个细分市场推销产品。

思路：强调针对性、准确性。

做法：集中力量进入一个细分市场，为该市场开发一种理想而独到的产品，实行高度专业化的生产和销售。

优点：使某些细分市场的特定需求得到较好的满足，有助于提高企业与产品的知名度，节省费用。

缺点：经营风险大（消费者偏好转移、购买力下降、强大竞争对手出现等）。

使用条件：小企业必须特别注意产品的独到性及竞争方面的自我保护，还要密切注意目标市场及竞争对手的动向。

案例 6-4

百威啤酒的新包装

百威是美国本土销量第一的啤酒，也算得上是一种典型的美式啤酒，口味清爽，不浓烈，与欧洲啤酒有很明显的区别，也是百威英博的旗舰产品。很多中国人都是通过百威那些蚂蚁为主角的电视广告认识了百威——据说百威的蚂蚁广告在全世界播出时，只有中国反应最好，所以在中国地区蚂蚁的创意广告就一直延续下来。近日，百威推出了新罐设计，也是1936年至今的第12次包装更换。新包装以一个蝴蝶结作为包装的视觉焦点，据说是为了使人们更注重它的全名，而不是目前美国人通常习惯称之的“Bud”，新包装由英国设计公司JKR设计。

新包装赋予了百威更加现代的形象，突出强调百威的蝴蝶结，使百威的忠实顾客能够将品牌形象与对百威产品的喜爱联系在一起。

使用一些旧包装上的相同元素在新包装上，同时在纸箱包装上的设计同样延续了罐装设计的风格，强调了百威的理念，传达了百威独一无二的酿造技术及135年历史的高品质。

本章小结

通过本章的学习，我们可以形成对国际市场调研的意义、内容、步骤的认识，了解国际市场细分的意义、标准及注意事项，掌握国际目标市场选择的标准、步骤及相关策略，并通过相关案例加深理解。

关键术语

国际市场细分　无差异性营销　差异性营销　集中性营销

辅助材料推荐

欧阳洁. 跨国营销系列（之三）多种定位 灵活选择——跨国营销市场细分. 经贸导

刊，1998（7）：44－45.

本章思考题

1. 举例说明汽车企业进行国际市场调研的意义。
2. 结合华为手机进军海外市场，说明手机企业应如何进行国际目标市场的选择。
3. 举例说明企业应如何制定差异性营销策略。
4. 举例说明企业在执行集中性营销策略时应如何扬长避短。

拓展阅读

屈臣氏——个人护理专家

宝洁与联合利华之战

第七章 国际市场营销过程（下）

学习目标和重点

- 国际市场定位
- 国际市场进入战略
- 国际市场进入方式

导入案例

海底捞美国市场捞宝

在国内火爆异常的火锅连锁品牌海底捞第一家海外分店于2013年秋天在美国南加州阿卡迪亚开张了。张勇，海底捞的创始人，虽然很谨慎地选择了阿卡迪亚这个华人聚集区，但是海底捞的美国梦并没有如想象中那么顺利，《福布斯》杂志的专稿细数了它美国之路困难重重的三大原因。

海底捞创建于1994年，那时的创业资本只有一万元人民币，张勇在四川简阳开了第一家海底捞，而发展至今，海底捞以它独特的品牌形象和周到贴心的服务被称为时尚川味火锅第一家。除去它火锅店的本质，海底捞的一系列“增值服务”可谓是其品牌的象征，客人在门口等位时可免费享受擦皮鞋、美甲、小吃等娱乐项目，入位后的服务更是无微不至，包括提供保护手机的塑料小袋、眼镜布等贴心赠品，更有欢快的甩面舞供用餐客户欣赏。

可是这一系列的“特殊服务”却并不被美国客户所买单，中国的大众点评网对海底捞的评分高达满分5分，而美国的点评网站Yelp.com对海底捞的评分却只有3分（满分

5分），很多评价反映海底捞的价格偏高，而且并没有觉得店里的服务员训练有素，甚至都没有能力应对排队人群。还有评价说海底捞在美国应该定价偏低一些，因为美国的文化是要给小费的。另外，店里的饭后甜点竟然是咸味的也很难被美国人所接受。

海底捞的优质食物、顾客为上、服务周到的经营理念很适合美国的文化理念，其坎坷的美国之路主要还是源于发展战略的错误定位。

首先，中国大城市的消费者愿意多花费一些在健康新鲜的食物上，可是在美国，食品安全健康问题并不存在。外国的中国餐馆给美国人的印象就是便宜，不太讲究，服务态度差，甚至连多要酱料还要收费。所以一下子让美国人花大价钱吃一顿中式火锅且只是为了体验他们的周到服务貌似并不是那么有吸引力。

其次，美国人通常不习惯吃有太多调味料的东西，而川式火锅底料却含有大量的辣椒、花椒等调料，所以一下子让他们改变自己的饮食习惯不是件容易的事。

最后，海底捞的员工福利、薪资和待遇在国内是被人所认可的，丰厚的薪资和免费的食住吸引了很多来海底捞工作的优秀人才，他们在这里不是寻求一份打零工的机会，更多的是希望在餐饮业有一个很好的职业发展。可是在美国，在餐馆打工的人大多是外来移民人员，他们大多没什么文化，只是为了挣一些零用钱而且没有一个稳定的职业规划，自然也不会对企业有什么忠诚度和上进心，所以海底捞在美国的服务质量也就大打折扣了。

虽然海底捞的美国梦并不是一帆风顺，但是张勇及其团队仍在努力地开拓其海外市场，海底捞的故事并不会就此结束，但是若想像它的名字一样在美国的市场海底捞宝，还需要更多更深入地去了解其客户偏好和文化。

本章主要介绍应如何进行国际市场定位，在进入国际目标市场时应如何制定战略，并采取何种进入方式，从而达到企业的经营目标。

第一节 国际市场定位

一、国际市场定位的含义

国际市场定位就是对公司的产品进行设计，从而使其能在目标顾客群体中占有一个独特的、有价值的位置的行动。定位指的是企业产品在顾客头脑中的位置。一个产品在顾客头脑中所占的位置取决于一系列因素，其中很大一部分是由市场营销人员控制的。

新闻专栏7-1

中国衣柜产品出口受阻

近年来，随着欧美国家出台一系列家具贸易限制措施，我国衣柜等家具出口受到严重的阻碍。然而，“走出去”是我国衣柜企业缓解产能过剩，实现更好发展的必经之路，因此，不管外部阻力多大，企业仍需克服出口过程中自身存在的问题，通过增强综合实力来打破贸易壁垒。

产品定位不清晰，加强创新是关键

国内衣柜出口频受阻，业内人士认为“产品定位不清晰”是重要原因之一，这也是“攻坚”国际市场的致命弱点。众所周知，国际市场对产品个性化的要求更高，这要求本土出口衣柜企业必须针对性地适应国际消费者的口味，并针对性地设计个性产品，强有力地塑造出与众不同的产品，并把这一产品形象生动地传递给他们，从而使该产品在市场上确定适当的位置。

其实，归根究底，即要求本土衣柜企业加强产品创新。纵观衣柜市场，销量好的衣柜往往是那些用着方便的产品，而并非那些特立独行、风格迥异却无使用价值的产品。因此，以实用性为基础的创新，才会提高消费者的购买欲。国外市场的个性化需求更加明确，如果衣柜企业想摆脱发展困境，走向国际，加强创新能力是关键。

劳动成本上涨，衣柜企业出现“用工荒”

除产品定位不明确之外，劳动力成本上涨也是本土衣柜企业出口优势锐减的原因之一。我国历来具有劳动力资源丰富、人力成本低廉的优势，与发达国家相比，人力成本优势确实无可比拟。衣柜生产属于劳动密集型产业，形成了我国衣柜行业与生俱来的人力成本优势。

然而，近年来，由于受工资福利、社保缴费、工作环境、劳动强度、权益保障等成本不断上涨的影响，廉价劳动力的“无限量供给”亮起了红灯，以往“廉价无限量供给”的日子一去不复返。劳动力市场出现的严重缺员现象并由此引发的“用工荒”，成为衣柜行业发展的又一“瓶颈”，产品出口的最重要优势渐失。

二、国际市场定位对国际市场营销的意义

（一）加强对目标市场的针对性

企业一旦决定进入某细分市场，就必须及时确定自己的市场定位策略，结合企业产品特点进行目标市场选择，确保本企业的产品适应目标市场消费者需求。

（二）增强产品的区分度

企业对产品的市场定位，常依据以下因素进行：依据产品的成分、材料、质量、价格等产品特点进行定位；依据产品的特殊用途、所适用的特定场合进行定位；依据产品能够提供给消费者的利益进行定位；依据产品的特定消费者进行定位；依据产品与竞争产品相区别的属性进行定位等。

（三）体现产品的差异性

市场定位即企业在所选择的细分市场中，对产品想取得的地位做出决策。产品的地

位是该产品与竞争产品相比，在消费者心目中的地位，即消费者对该产品的感觉和印象。实际上，消费者面对众多的产品和服务信息，根本无法对产品做具体的评估，而是通过对产品的分类，凭借他们心目中对产品、服务、企业的定位做出选择。

（四）为国际市场营销组合策略提供基础指导

市场定位有利于企业和产品建立其市场特色，更有效地参与市场竞争。同时，市场定位是企业制定市场营销组合策略的基础，即企业应围绕自己的市场定位策略，确定自己的产品策略、定价策略、渠道策略和促销策略。

三、国际市场定位过程

（一）通过市场分析，确定潜在的竞争优势

产品定位的第一步是要做到有“自知之明”。企业对自己的产品在成本优势和产品差别化方面的优势程度及范围应当心中有数，例如，企业拥有多少科技人员，投入多少研发资金，获得多少专利，在哪些方面的研究和应用上处于多大程度的领先，规模经济达到什么水平，产品和销售网的多样化程度如何。

（二）选择有价值的竞争优势，进行初步市场定位

产品定位的目的是充分利用自己产品不同于对手产品之处，因而应该在各个细分市场上将自己的产品同各个竞争对手的产品进行比较分析，最终选定特定产品在特定市场上的竞争优势。如，企业可将同一产品在 A 国的细分市场上定位为“技术先进的”，在 B 国的细分市场上定位为“价格便宜的”，在 C 国的细分市场上定位为“服务周到的”等，以此来避开竞争对手的优势，强调自己产品的特长。

（三）显示竞争优势，完成国际市场定位

从某种意义上讲，产品定位并非是对产品本身采取什么行动，而是要针对潜在顾客的心理采取行动，要将产品定位在潜在顾客的心中。为此要强化产品定位的宣传攻势，在消费者心中加强和提高自己的产品现在的定位，进而完成国际市场的定位。

案例 7－1

美国服装店定位营销

美国有一家鲜为人知的服装店，在大多数服装店看好高档服装经营的时候，却反其道而行之。他们专门在大型服装厂生产多余的、不配套的、其他商店不愿意关注的衣服。该店采取了“一口价”的营销策略，即所有的衣服，无论款式、规格、颜色，都以每件 6 美元的价格出售，满足了大多数消费者的需求，生产从此繁荣起来。

四、国际市场定位模式

（一）按产品特色定位

1. 高科技产品定位

高科技产品定位用于个人电脑、音像设备以及汽车等产品已被证明是很有效的。人们在购买这类商品时，通常考虑的是具体的产品特征，尽管形象也很重要。购买者往往已经了解或希望获得大量的科技信息。高科技产品可以分为三大类：技术性产品、特殊利益产品以及可展示性产品。

2. 高感性产品定位

高感性产品在营销中较少强调专门信息，而更多的是强调形象。然而，像高科技产品一样，高感性产品也需要消费者的大量参与。高感性产品的购买者也拥有同财富、拜金主义和浪漫等主题相关的共同语言。高感性产品也可分为三类，即与普通生活问题相关的产品、全球产品以及与某些通行主题联系在一起的产品。

（二）按市场竞争状况定位

1. 领导者定位

市场领导者是指在相关产品的市场上市场占有率最高的企业，它在价格调整、新产品开发、配销覆盖和促销力量方面处于主导地位，为同业者所公认。它是市场竞争的导向者，也是竞争者挑战、效仿或回避的对象。

2. 对峙定位

对峙定位是指企业选择靠近现有竞争者或与现有竞争者重合的市场位置，争夺同样的顾客，彼此在产品、价格、分销及促销等方面差别不大。

3. 依附定位

依附定位是品牌市场发展到一定程度的产物，即通过依附在推广中同时出现的其他高知名度品牌，为主打品牌在消费者心目中找到一个合适的位置，以增加消费者对主打品牌的认知和认可。

4. 高级俱乐部定位

高级俱乐部定位，即强调自己是某个具有良好声誉的小集团的成员之一。当企业不能取得第一位和某种有价值的独特属性时，将自己和某一名牌划归为同一范围不失为一种有效的定位策略。

（三）其他定位模式

其他定位模式主要是指加强定位和重新定位。加强定位是指在消费者心中加强自己现有的地位，这种定位策略适合那些竞争力较强、特性明显的企业和产品。重新定位也称再定位，是指全部或部分调整或改变企业原有市场定位的做法。

第二节 国际市场进入战略

一、影响国际市场进入战略选择的因素

（一）国际营销环境因素

1. 东道国环境因素

东道国环境因素首先需要考虑政治和经济环境。如果目标国家的政局稳定、法制健全、投资政策较为宽松、人均国民收入比较高、汇率稳定，则可以考虑采取投资模式进入，反之则以出口模式或契约模式进入为宜。

其次，东道国地理和社会文化环境也对企业开展国际营销产生重要影响。如果目标国家距离本国较远，为了省去长途运输的费用，则可以考虑契约模式或投资模式。如果目标国家的社会文化和本国文化差异较大，则最好先采取出口模式或契约模式进入，以避免由于文化冲突造成的摩擦成本。

最后，需要考虑材料、劳动力、资本市场、基础设施等的易获得性和价格。如果目标国家的生产要素的价格比较低、基础设施比较完善，则比较适合采取投资模式，否则应采取出口模式。

2. 东道国市场因素

东道国市场规模和竞争结构对企业是否选择进入该市场至关重要。如果目标国家的市场规模较大，或者市场潜力较大，则企业可以考虑以投资模式进入，尽可能地扩大销售额；反之则可以考虑以出口模式和契约模式进入，以保证企业资源的有效使用。如果目标市场的竞争结构是垄断或寡头垄断型，企业应考虑以契约模式或投资模式进入，以使企业有足够的能力在当地与实力雄厚的企业竞争；如果目标国家的市场结构是分散型的，则以出口模式为宜。

3. 东道国生产因素

东道国生产因素主要指东道国生产资料市场容量对企业开展生产造成的影响。对生产资料的需求产生于对消费品的需求，所以被称为引申需求。利用它们之间的联系，可以通过消费品市场容量，推算对有关生产资料的需求量。

4. 国内因素

国内因素主要指母国对企业进入国际市场的相关法律、法规、产业政策、科技政策等形成的影响。例如，国家支持企业进入某国际市场采取的融资支持、专项补贴、通关便利、投资支持等，将有利于企业进入该国际市场开展经营。

（二）企业自身的因素

1. 企业实力

企业实力体现为企业核心竞争力及企业投入资源、获得利润的能力。就核心竞争力

而言，企业可以分为两类：一类企业的核心竞争力是技术诀窍，另一类企业的核心竞争力是管理诀窍。当企业的竞争优势建立在技术诀窍上时，应尽量避免许可协定和合资企业的经营方式，以降低技术失控的可能性。当企业的竞争优势建立在管理诀窍上时，这类企业大多是服务性企业（如麦当劳、希尔顿国际饭店等），它们最宝贵的财富是其品牌，而品牌是受国际标准化法律保护的，因此可以采取特许经营和建立子公司相结合的方法。

2. 企业产品因素

企业产品因素包括生产要素的密集度、价值高低和技术含量。劳动密集型和资源密集型产品主要以具有丰富自然资源的国家为生产基地，如果目标国家具备这些条件，那么可以采取投资模式，就地设厂，以节省出口的中间费用。如果企业生产的产品价值高、技术复杂，考虑到目标国市场的需求量，以及当地技术基础的配套能力，则以出口模式为宜。如果客户对产品的售后服务要求比较高，以及对于那些需要做出大量适应性变化以在国外市场销售的产品，企业最好采取契约模式或投资模式进入。另外，企业的主线产品、核心技术在进入目标国市场时，大多采取投资方式，且以独资为主。

3. 风险因素

企业进入国际市场面临战略风险、财务风险、经营风险、产品风险、管理风险等不利因素影响，一旦风险爆发，就会影响企业原料采购、加工制造、物流仓储、外汇结算等重要环节，从而有可能造成企业经营困难，因而企业需要加强内部管理。

二、国际市场进入方式

（一）出口模式

出口模式包括间接出口和直接出口两种方式。间接出口是指企业通过本国的中间商（即专业性的外贸公司）来从事产品的出口。直接出口是指企业拥有自己的外贸部门，或者使用目标国家的中间商来从事产品的出口。

（二）契约模式

1. 许可证模式

许可证模式指企业在一定时期内向国外法人单位转让其工业产权（如专利、商标、配方等无形资产）的使用权，以获得提成或其他补偿。许可证模式最明显的好处是能绕过进口壁垒的困扰，而且政治风险很小，但是这种方式不利于对目标国市场的营销规划和方案的控制，还可能将被许可方培养成强劲的竞争对手。

2. 特许经营模式

这种模式和许可证模式相似，不同的是，特许方要给予被特许方以生产和管理方面的帮助。在这种模式下，特许方不需要投入太多的资源就能快速地进入国外市场，而且还对被特许方的经营拥有一定的控制权。但是很难保证被特许方按照特许合同的规定来提供产品和服务，不利于特许方在不同市场上保持一致的品质形象。

3. 合同制造模式

合同制造模式是指企业向国外企业提供零部件由其组装，或向外国企业提供详细的规格标准由其仿制，由企业自身负责营销的一种方式。采取这种模式不仅可以输出技术或商标等无形资产，而且还可以输出劳务和管理等生产要素，以及部分资本。但是由于合同制造往往涉及零部件及生产设备的进出口，有可能受到贸易壁垒的影响。

4. 管理合同模式

管理合同模式是指企业以合同形式承担另一企业的一部分或全部管理任务，以提取管理费、一部分利润或以某一特定的价格购买该企业的股票作为报酬。利用这种模式，企业可以利用管理技巧，不发生现金流出而获取收入，还可以通过管理活动与目标市场国的企业和政府接触，为以后的营销活动提供机会。

5. 工程承包模式

工程承包模式指的是企业通过与国外企业签订合同并完成某一工程项目，然后将该项目交付给对方的方式进入外国市场。它是劳动力、技术、管理甚至是资金等生产要素的全面进入和配套进入，这样有利于发挥工程承包者的整体优势。工程承包模式最具吸引力之处在于，它所签订的合同往往是大型的长期项目，利润颇丰。但也正是由于其长期性，这类项目的不确定性因素也因此而增加。

新闻专栏 7-2

21 世纪的丝绸之路：中国投资者在世界范围内的扩张

据俄罗斯媒体报道，安永会计师事务所的专家们在名为《21 世纪的丝绸之路：中国投资者在世界范围内的扩张》的报道中指出，中国对外投资规模的不断扩大。

安永俄罗斯的管理合伙人亚历山大·伊夫列夫（Aleksandr Ivlev）指出："近十年来，越来越多的中国投资者进入国际市场。得益于政府的支持、中产阶级收入的增长和国家内部需求的扩大，中国正在从世界上最大的制造国转型为最大的投资国之一。中国作为俄罗斯的战略伙伴，对我们的国家将越来越重要。"

报道中还提到，中国不仅是重要的资本输出国，还是消费大国。如果说从前的中国是输出海量产品以"淹没"世界市场，那么如今可以说，世界上越来越多的产品是为中国而生产。所以，中国走向国际市场的大量对外投资者，不仅仅是为了获取原料和资源，还是为了满足国家的内部消费需求。安永俄罗斯认为，这为中俄间的合作提供了新的思路。

此外，如果说从前令中国投资者感兴趣的领域主要为采掘业，如今他们感兴趣的投资领域已大大扩张。它们涵盖了包括电子技术通信、媒体技术、不动产、金融、农业和医疗保健等在内的多个领域。

伊夫列夫认为："中国新丝绸之路建设的一步步实现，将为中国与俄罗斯间的投资合作带来新的动力，首先受益的就是基础设施领域。俄罗斯作为希望引入投资的一方，应当努力建设适宜的投资环境，将行政管理制度和官僚风气方面对投资造成的障碍最小化。”

报道中还指出，2014 年俄罗斯被列入了中国投资者的十大优先国家名单，占据第六位。从 2009 年起，中国对俄罗斯的投资额一直在稳步增长。

（三）投资模式

投资模式主要包括合资进入和独资进入两种方式。

1. 合资进入

合资进入指的是与目标国家的企业联合投资，共同经营、共同分享股权及管理权，共担风险。合资企业可以利用合作伙伴的成熟营销网络，而且由于当地企业的参与，企业容易被东道国所接受。但是也应看到由于股权和管理权的分散，企业经营的协调有时候比较困难，而且企业的技术秘密和商业秘密有可能流失到对方手里，将其培养成将来的竞争对手。

2. 独资进入

独资进入指企业直接到目标国家投资建厂或并购目标国家的企业。独资经营的方式可以是单纯的装配，也可以是复杂的制造活动。企业可以完全控制整个管理和销售，独立支配所得利润，技术秘密和商业秘密也不易丢失。但是独资要求的资金投入很大，而且市场规模的扩大容易受到限制，还可能面临比较大的政治和经济风险，如货币贬值、外汇管制、政府没收等。

（四）国际战略联盟

国际战略联盟是指两个或两个以上企业由于相互需要，为了分担风险并实现共同目的而建立的一种合作关系。国际战略联盟是弥补劣势、提升彼此竞争优势的重要方法，可以迅速开拓新市场，获得新技术，提高生产率，降低营销成本，谋求战略性竞争策略，寻求额外的资金来源。

案例 7-2

雷诺-日产和戴姆勒的战略联盟

2010 年 4 月 7 日，雷诺-日产联盟与德国戴姆勒集团官方对外宣布两家正式建立大战略联盟，两大汽车巨头将在一系列实质性的项目上开展广泛的战略合作，将以经验共享的形式寻求合作利益最大化的快速实现，而双方在资本运作上也以交叉持股的形式进行合作。全球汽车业界两大巨头的战略结盟无疑是在尚处于金融危机阵痛中的车市投入了一枚重磅炸弹，强势挤入全球汽车行业前三位的汽车联盟，随着雷诺-日产和戴姆勒联盟的形成，全球汽车行业格局将很可能迎来一次大规模的重新洗牌。

受金融危机波及，无论是戴姆勒集团还是雷诺-日产联盟，近一两年的日子都不太好过，2008 年戴姆勒集团收入 959 亿欧元，同比下降 3.5%，净利润为 14 亿欧元，下降 65%，而到了 2009 年戴姆勒集团更是净亏损 26.64 亿欧元，同时营业收入也下降近

20%，为789亿欧元；反观雷诺-日产联盟，其业绩更是惨不忍睹，2008年净利润直接下降79%，仅为5.71亿欧元，2007年则更是爆亏30亿欧元，营业收入也随之同比下降10.8%。

这次雷诺-日产和戴姆勒的战略联盟合作项目范围广泛并且全面，其最大的特点就是合作互补性诉求十分明显。双方这次合作项目中雷诺和奔驰将在小型车领域进行广泛全面性的合作，而奔驰 Smart 和雷诺 Twingo 两款车型将作为计划的先头兵率先试水。在小型车领域，奔驰的表现一直差强人意，无论是A级、B级还是更小的 Smart 都不算成功，2009年戴姆勒奔驰共售出11.7万辆 Smart 和21.9万辆A、B级车型，每年的亏损至少在4亿欧元以上。雷诺-日产在这次的合作中最大的获益也许就是来自奔驰高端动力总成的共享，的确虽然雷诺在品牌上和奔驰有着不小的定位差距，但日产旗下的英菲尼迪却一直对欧洲豪华车市场虎视眈眈，在北美取得不错的成绩后，欧洲这一主流市场就成为日产英菲尼迪的最大目标，而是否具备丰富并且成熟的高端动力总成就将成为一重要胜负手。显然，通过这次的战略联盟，日产将得到来自奔驰成熟的大排量高端动力技术的强力支持，相信有了奔驰动力技术的加持，英菲尼迪在欧洲市场的前景也将更为看好。

第三节 制定国际市场营销组合策略

一、国际市场营销组合策略的决策

国际市场营销组合策略指企业在选定目标市场后，结合企业面临的外部市场环境、企业内部要素、企业提供的产品及服务，对企业能够控制的因素进行最佳组合和利用，以达成企业经营目标。重点集中在产品策略、定价策略、渠道策略、促销策略等方面。

二、产品策略

产品是国际市场营销的核心问题，产品策略是国际营销中其他策略的基础。出口企业的产品策略即产品经营策略，是指企业应该有计划地根据自身的经营目标和市场需求的变化，制定出口产品的经营范围、产品类别和具体的产品项目，并经常从管理好有发展前途的现有产品、增加新产品、淘汰过时产品等方面加以调整，以适应国外市场的变化，应付竞争对手的挑战。

（一）产品和产品生命周期

1. 整体产品

产品是能够满足购买者需求和欲望的物品及有关的服务。营销学中所说的产品，是有丰富内涵的整体产品概念，通常可以划分为三个层次，即由核心产品、有形产品和附加产品三部分构成。核心产品是顾客购买产品追求的核心利益或效用，是满足顾客需要的核心内容，是产品最基本的组成部分；有形产品是产品的各种具体形式，具有质量、功能、款式、品牌和包装等特征，是核心产品的载体；附加产品指顾客购买产品时得到的附加服务或利益，如提供信贷、送货、售后服务等。

核心产品、有形产品、附加产品共同构成一个完整的产品，其中既包含有形的部分，也包含无形的部分，从多方面满足顾客的需要。所以说，整体产品的概念体现了以顾客为中心的营销观念。

2. 产品生命周期及其划分

产品从进入市场、成长、成熟到最终退出市场的全部时间，被称为产品的生命周期。在生命周期的全过程中，产品在市场上的销售情况和获利能力随着时间的推移发生变化，具有阶段性。研究这一变化规律，对企业制定产品策略有重要意义。

根据产品在市场上的销售情况，产品生命周期一般分为导入期、成长期、成熟期和衰退期四个阶段。这种产品生命周期的发展过程，如图 7-1 所示。

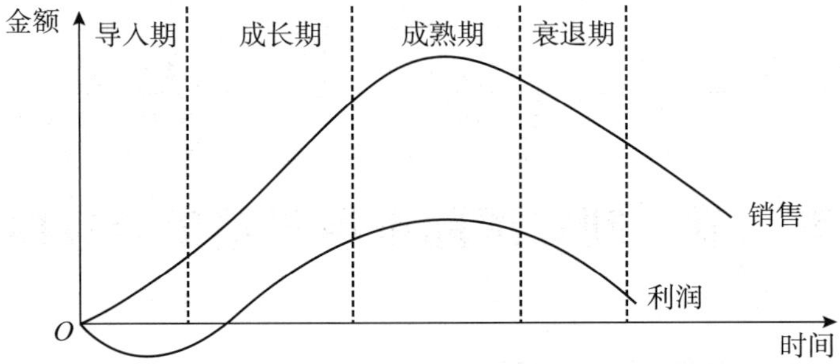

图 7-1 产品的生命周期

对某一产品生命周期的认识和判断，必须在产品投入市场之前或在市场销售过程中进行。一般可以采用以下方法：

(1) 类比法。即同类似产品的发展情况进行对比，参照该产品的销售资料来预测并判断本产品的发展趋势。

(2) 以年销售增长率为标准划分产品生命周期的各个阶段。根据国外资料，一般情况下，销售的年增长率低于 10%时，产品处于导入期；高于 10%时，产品处于成长期；在 0.1%～10.0%之间，属于成熟期；低于零即进入衰退期。

(3) 根据产品的家庭普及率推算产品生命周期。二者之间的关系和规律是，普及率较低时，产品销售量增长较快；随着普及率的提高，销售量的增长逐渐减缓，甚至出现负增长。

3. 产品生命周期各阶段的市场营销策略

对处于生命周期不同阶段的产品，应采取不同的经营策略。

(1) 导入期。

这一阶段产品刚刚问世，尚不成熟，人们对其了解不深，营销工作的主要目标应当是：加强促销宣传，重点是介绍这种新产品，使消费者或用户了解产品，鼓励他们试购；

灵活选择销售渠道，为国外消费者购买产品提供便利条件。

（2）成长期。

这一时期，产品已经被消费者接受，生产工艺基本定型，市场需求急速增加，是产品的黄金时期。销售策略的重点是增加销售量，提高市场占有率，尽量延长这一阶段的持续时间。

（3）成熟期。

国际市场上大部分产品处于这一阶段。此时，产品技术已完全成熟，市场渐趋饱和，替代性需求是生产的主要动力。一般而言，成熟期持续时间较长。企业在成熟期的策略重点是尽量延长其持续时间，充分发挥现有生产能力，保持自己的市场地位，推迟衰退期的到来。

（4）衰退期。

由于消费者需求和爱好发生变化，竞争产品大量涌入，出现了更好的替代产品，现有产品将从成熟期进入衰退期。这时，企业的营销局面比较被动，面临淘汰老化产品或继续留在市场上的困难选择。在这个问题上，既要避免无计划地仓促撤退，又要避免留恋老产品的错误态度。

（二）新产品开发

1. 新产品概念

从市场营销角度出发，只要对产品整体中的某一部分，如产品结构、性能、材料、技术特征等有显著的改进、提高，即为新产品。

2. 新产品开发策略

企业通常采用的新产品开发策略包括：

（1）补缺策略。即努力发现国际市场上产品供给的空缺和不足，通过开发新产品进入这一领域以满足市场需求。

（2）配角策略。即专门为出口产品生产零部件，当大型企业的配角，发挥本企业专业化程度和技术的特殊优势。

（3）创新策略。即利用新技术和新的科研成果研制富有特色的产品。这要求企业具有较强的科研力量。

（4）扩散策略。即利用已经获得成功的产品的技术、销售市场、商标牌名、声誉，扩大经营成果，以该产品为中心，开发各种变形产品、系列产品、配套产品和延伸产品。

（5）组合策略。即对现有技术和产品进行新的组合，开发出别具一格的新产品。

三、定价策略

（一）定价目标

1. 实现预期收益定价目标

预期收益是投资者期望获得的投资报酬。企业在开发产品过程中要预先进行大量投资，承担很大风险，期望能通过产品的定价使投资获得预期收益。在这一目标下，企业往往把它的预期收益规定为占其投资额或销售额的一定百分比，即一定的投资（销售）收益率。企业的预期收益目标分为长期目标与短期目标。用战略眼光看，企业应把追求长期利润目标放在更重要的位置上，并以此确定定价。

2. 实现最大利润定价目标

实现最大利润定价目标是指企业以实现最大限度的销售利润或投资收益为定价目标。以最大利润为定价目标，主要指企业长期收益的最大化，是从长远发展状况而言的长期目标。另外，利润最大化并不意味着实行尽可能高的价格。因为按照供求规律，大多数产品的需求对价格的反应，即需求的价格弹性是反方向变动的，价格上升则需求下降。

3. 实现最大市场占有率定价目标

争取市场份额的目标对企业至关重要，它同最大利润相比，具有易于衡量和测定的优点，比预期收益定价目标更能反映企业的发展方向和经营的好坏。为了实现最大市场占有率，出口产品定价必须有利于增加或保持一定销售额，有时要对产品实施低价策略，以排除新加入的竞争者。

4. 增加销售额定价目标

增加销售额有助于保持或扩大企业的市场占有率，增加企业利润额是重要的定价目标。销售额与销售量有区别，它们对利润的影响方式不尽相同。销售额作为利润的载体，会以自身的增大增加利润总额；而销售量增加时，可能会引起价格的大幅度下降，反而对企业利润产生不利影响。

5. 适应竞争定价目标

适应竞争定价目标是指企业从适应国际竞争需要出发制定产品价格。在这一目标下，企业必须认真分析所有竞争品的特点和价格，研究顾客心理，然后决定自己的价格选择。选择之一是以抑制竞争为定价目标。它主要适用于在本行业中居于主导地位、能够左右市场价格的大企业。实行稳定价格，可创造稳定的经营环境，减少风险，获得稳定的投资收益，防止恶性竞争。一般企业则可以追随大企业的产品价格水平，同该价格保持一定的比例关系。

6. 迅速收回投资定价目标

迅速收回投资定价目标是指从尽快收回投资的目的出发来确定产品价格。企业一般在资金较为紧张的情况下采用这种定价目标。它最适合于那些时效性较强的产品，如流行服装等。在这一定价目标下，一般采用尽可能高的价格，利用部分消费者显示社会地位、赶时髦等心理，高价销售产品。这样做在短期内有利于抓住销售时机，提高产品身价，树立产品形象，但高价所提供的丰厚利润会刺激竞争者大量进入该产品市场，使竞争加剧，不利于企业开拓市场和保持市场份额，只宜于作为当期而非长期定价目标。

（二）定价策略的种类

1. 新产品定价策略

主要包括快速撇脂策略、缓慢撇脂策略、快速渗透策略、缓慢渗透策略。

2. 心理定价策略

主要包括尾数定价策略、整数定价策略、声望定价策略、招徕定价策略和习惯定价策略。

3. 折扣或让价策略

主要包括现金折扣、数量折扣、交易功能折扣、季节折扣、推广让价、以旧换新让价和运费让价。

除以上三种定价策略外，还包括地区定价策略、产品组合定价策略、价格保证策略等。关于定价策略的详细介绍见第十章。

（三）定价方法

国际市场营销的定价方法主要包括成本导向定价法、需求导向定价法、竞争导向定价法，详细介绍见第十章。

四、渠道策略

（一）国际销售渠道的概念和类型

1. 国际销售渠道的概念

销售渠道或分销渠道，是指产品由生产者向消费者或用户移动过程中所经过的各个环节。生产者出售产品是销售渠道的起点，消费者或用户购进产品是销售渠道的终点。同国内销售渠道相比，国际销售渠道环节更多，情况更为复杂，主要表现在以下几个方面：一是在国际营销中，生产者与消费者之间存在国别、民族、文化等方面的差异，相互间的信息沟通存在语言文化障碍；二是从生产到消费的空间距离远，时间间隔长，增加了经营的难度和复杂性，也增大了经营风险；三是具有某些国内销售渠道所没有的国与国之间的销售环节；四是国际营销中面临的各国销售渠道各有不同特点、传统和贸易惯例。

2. 国际销售渠道的类型

在国际营销中，产品不仅要经过本国的销售渠道，还要经过进口国的销售渠道。由于各国销售渠道的特点不同，销售渠道的各个环节和各类中间商的作用也不一样，形成多种类型的销售渠道，企业可以有多种选择，其中最基本的销售渠道有以下几种，其余属于派生渠道。

（1）直接销售给国外最终消费者或用户。

它属于“出口企业—国外最终顾客”类型，是一种最短、最直接的国际销售渠道，在生产资料产品出口中使用比较广泛。它包括出口企业通过人员推销直接把产品销售给国外最终消费者或用户和自设出口机构销售等方式。生产厂家自设出口机构销售，可以排除中间商对利润的分享，有时能够更有效地进行市场竞争。特别是在产品品种多、技术复杂、享有专利权的情况下，需要特殊人员推销，这时企业较多使用自设出口机构销售方式。自设出口机构的形式有兼营式出口部、出口部、出口附属公司、设在国外的出口机构等。生产厂家自设出口机构直接出口可以迅速掌握当地市场信息，及时反馈；价格可以随行就市，比较灵活；产需双方直接见面，便于提供多种服务和开展广告宣传等工作。但是，这种出口方式会增加销售费用，企业需要培养专门的推销人才，并承担出口业务和相应的责任、风险。

（2）通过国外零售商销售。

这一销售渠道属于“出口企业—国外零售商—国外最终顾客”的类型。零售商参加销售，可以简化出口企业的业务手续，节约费用，提高效率，扩大营销范围。零售商不仅可以提供产品销售场所，还通过自己的一系列促销和销售服务活动，为企业把产品迅速送至消费者手中，并通过成批进货进行产品储存，分担了生产企业的库存和风险。

（3）通过国外批发商销售。

这一销售渠道属于“出口企业—国外批发商—国外零售商—国外最终顾客”的传统类型的国际销售渠道，为各国工商企业广泛采用。目前，批发商在西方国家销售渠道中仍然起着重要作用，相当大部分的出口商品要经过国外批发商才能最终送至消费者手中。它们通过自己的大量购买、组织分发，向零售商提供财务、销售服务和销售管理等方面的帮助，对产品迅速由制造企业转移至零售商手中发挥了重要的促进作用。批发商还通过代做广告、代办运输、设立仓库和储存产品等，向制造企业提供直接帮助，分担其风险。

（4）通过国外进口中间商销售。

这一销售渠道的类型为“出口企业—国外进口商—国外批发商—国外零售商—国外最终顾客”。这类销售渠道较长，中间环节较多，但是出口企业可以利用国外进口商所掌握的当地销售渠道，对于缺乏国际销售经验、对国外市场情况不熟悉或推销力量不足的出口企业比较适合。

（5）通过本国出口中间商销售。

这种国际销售渠道类型为“出口企业—本国出口中间商—国外进口商—国外批发商—国外零售商—国外最终顾客”。前面几种销售渠道均属于直接出口的销售渠道，即企业以直接出口的方式将产品送入进口国销售渠道。这种类型则不同，是间接出口的销售渠道，企业通过国内出口商或代理商等国内中间商进行出口，并没有真正进入国际市场营销。

（二）渠道策略的类型

根据不同的划分标准，渠道策略可以分为不同的类型。根据分销渠道的长度，可以分为直接分销渠道策略和间接分销渠道策略，后者又可以进一步分为直接出口策略和间接出口策略。根据分销渠道的宽度，可以分为广泛型分销渠道策略、选择型分销渠道策略、专门型分销渠道策略。根据产品的类型，可以分为消费品分销渠道策略、工业品分销渠道策略。根据在目标市场是否沿用本国分销模式，可以分为标准化分销策略、差异化分销策略。详细介绍见第十一章。

五、促销策略

（一）促销的概念和作用

促销（也称推广）即促进销售，指企业为了使顾客相信并购买其产品所进行的各项活动。促销的基本任务和作用主要有以下几点：

1. 传递信息

生产企业将产品投入市场时，应通过一定的促销活动向消费者介绍产品的用途、功能和质量等，向经销商提供有关销售情报，告知消费者该产品能满足他们的某项需要，以引起消费者和经销商的注意和兴趣，影响他们的购买行为，从而打开销路。

2. 指导消费

促销有助于帮助消费者了解产品的性能，掌握产品的使用和维护、保养的方法，使他们获得消费指导，并进一步激发消费者的不同需求，促使他们不断重复购买，把潜在需求不断转化为现实需求，扩大需求量。

3. 突出特点

要在国际市场上的诸多竞争品中吸引消费者，产品必须在质量、性能、使用和外形等方面具有一定特色，并且让消费者了解它们。促销可以传递有关产品的信息和强调产品特色，从而能够销售产品。

（二）人员推销

1. 人员推销的作用

（1）介绍企业和产品。

推销人员走访顾客，同他们面对面地交谈，以这种方式传递企业和商品信息，同时还可携带产品的有关资料、样品等提供给顾客，使他们对产品的性能、用途、使用方法等有进一步的全面了解。

（2）促进成交。

除了介绍产品外，推销人员走访时还可以同顾客直接洽谈购销业务，签订销售合同，遇到问题时可以排除障碍，运用各种谈判技巧、推销艺术，说服顾客达成交易。

（3）提供服务。

在走访推销过程中，推销人员可以同时进行各种售前、售后服务，例如，进行技术咨询，解决顾客在使用本企业产品过程中出现的问题，协调解决生产企业与客户之间的误会、矛盾等。

（4）反馈信息。

推销人员经常在市场与顾客中活动，可以了解竞争品的质量和价格、各国贸易政策、新产品及其特征、顾客对产品和服务的需要及反应等许多市场信息，并对信息进行初步整理，提出分析意见。这对企业深入了解市场需求、及时掌握市场行情变化、正确制定产品策略和定价策略以及改进服务工作具有重要意义。

2. 推销力量的确定和人员分派

推销力量指推销人员的数量，它与销售额之间存在促进关系。企业确定投入推销力量的一种常用方法是工作量法，即根据销售工作量的大小决定推销人员的数量配备。可用下式计算：

$$S=\frac{1}{T}[(C_1+C_2)\times V\cdot L]$$

式中，S 为需要配备的推销人员数量；C_1 为现有顾客数量；C_2 为需要访问的潜在顾客数量；V 为年均走访次数；L 为以小时计的每次访问的平均时间；T 为以小时计的推销人员一年用于推销活动的有效时间。

在分派推销人员时，通常有以下几种做法：

（1）按销售地区分派。

按销售地区分派即对本企业产品销往国外的各个市场，分别派出一名推销人员。这种工作组织方法，因为工作范围固定，推销人员熟悉当地市场情况，可以同原有顾客建立比较深的联系，也容易发现新顾客，有利于扩大销售量，并可增强推销人员的责任感，减少推销人员的流动，节省交通费用。它对产品单一、市场类似程度高或者多种产品均为同类产品的情况最为适宜。

（2）按产品种类分派。

当企业产品品种较多，各种产品在技术上又不相同，市场差异性较大时，一个推销人员难以胜任全部推销工作，适宜按产品种类分派推销人员。不过，这种方式不利于推销人员掌握区域性市场行情。

（3）按不同用户分派。

如果企业的某类产品是供各种不同用户使用的，由于推销人员难以了解各用户系统的业务，这时应按不同用户分派人员。采用这种组织方法时，可以按产品、企业规模或销售渠道对用户进行划分，以利于加深对用户的了解，满足他们的特殊需要。不过，在用户比较分散时，这种做法可能会使推销路线过长，增加销售费用，并且可能出现工作重叠的现象。

（三）广告

广告是企业为了某种特定需要，支付费用并通过广告媒介公开而广泛地向公众传递商品或服务信息的一种宣传手段。

1. 广告的特性

各种类型的广告一般具有以下基本特性：

一是有偿性。广告必须通过一定媒介才能传播，广告主必须支付一定的传播费用。出口产品的广告可以委托国外的广告公司制作，它们十分熟悉所在国的情况，制作的广告效果比较好。

二是自主性。广告主只要支付广告费，即有权按自己的意愿选择广告媒介，决定广告内容和传播时间。

三是真实性。广告内容虽然由广告人自己编制，但必须真实。失实的广告不仅给顾客造成损失，也会给广告人带来极坏的影响。

四是艺术性。优秀的广告本身是很好的艺术品。广告应充分运用艺术效果，以丰富多彩的形式表现广告主题，增加广告的娱乐性、趣味性和欣赏性。

2. 广告的功能

广告主要有以下几种功能：

（1）介绍和宣传商品。这是广告最基本的功能。广告可以让公众了解商品，增加消费者的商品知识，宣传企业可以为消费者提供的种种便利，沟通产需双方的信息，同人员推销相比，广告的影响面更为广泛。

（2）激发和诱导购买。通过广告宣传，可以使一些未打算购买该产品的顾客也意识到应该购买这种产品，从而扩大销售量。广告通过不断的宣传灌输，引起顾客的注意，进而激发他们的兴趣，诱导人们去购买，这是广告的心理效应。

（3）指导消费。通过广告宣传，可以改变消费者的态度和消费习惯，使之产生或增强对企业产品的好感，更倾向于购买该产品。通过广告介绍商品知识，可以指导消费者做好产品的维修、保养，延长产品的使用时间。

（4）树立企业的形象和声誉。广告不仅可用于介绍产品，还可用于扩大企业的知名度，树立企业的良好形象和声誉，使消费者产生信任感，从而推动产品在国际市场上的销售。

（5）美化生活。广告的艺术性给人以美感，好的广告能够起到丰富、美化人们精神和文化生活的作用。

3. 广告的种类

各种广告可以从不同角度加以分类。

（1）按宣传对象分类。

按宣传对象，广告可分为以下三类：

一是消费者广告，即直接以消费者为对象的广告。

二是贸易商广告或同业广告，即以贸易商为对象的广告。出口企业根据进口商、批发商、经销商、零售商的经营范围和需要，寄送各种商品目录、样本等宣传品，或在专业性贸易杂志上刊登广告，以获取订单、达成交易。

三是制造商广告，即以有关生产厂家为对象的广告。

（2）按宣传目的分类。

按宣传目的，广告可分为以下几类：

一是倡导广告。这类广告的目的只是为了把产品品牌、企业名称传达给可能的顾客，为今后的推销创造条件，而不是直接诱导购买，多用于处于产品生命周期导入阶段的产品和生产资料产品。生产资料产品比较复杂，主要依靠人员推销，广告只起配合作用。

二是竞争广告。这类广告的目的在于改变购买者的态度，使他们更倾向于购买本企业产品，所以其内容是推销某一品牌的产品，诱导消费者进行选择和购买，而不是介绍某一种类的产品。这类广告在处于产品生命周期成长阶段和成熟阶段的产品中广泛使用。

三是提示广告。这类广告适用于已经十分畅销的产品，以使消费者在购买这类产品时能够注意该产品。

四是声誉广告。这类广告除介绍产品外，还集中宣传该产品生产企业的名称和声誉，并附有企业地址、电话号码、联系方式等，以便顾客与之联系。

五是销售广告。这类广告的目的在于直接销售产品，指那些将办理邮购业务的企业与销售直接联系在一起的广告。

4. 广告媒介的选择

（1）商品特性和作用范围。

需求弹性较大的日用消费品，顾客比较分散，宜选择传播面广、能诱导购买的广播和电视广告；一次性消费的商品，宜选择覆面广、费用低廉、便于查找的报纸广告；可重复使用的中高档消费品，宜选择能不断加深消费者印象的户外广告；专业性工业用品的用户相对集中，宜选择针对性较强的杂志广告或邮寄广告。

（2）市场情况和市场位置。

在全国范围推销的产品，不应选择地方性报纸、电台和电视台；市场位置集中于某一特定地区的产品，则可以选择地方性媒介；季节性强的产品，在旺季应选择多种广告媒介，在淡季则应适当减少；进入衰退期的产品，不宜选用收费高昂的广告媒介，以免得不偿失。

（3）企业对广告信息的要求。

企业选择的广告媒介应当是能够充分表达广告信息的载体。企业对广告信息出现次数和保留时间有一定要求，选择的广告媒介应能满足这些要求。

（4）企业的支付能力。

不同广告媒介的费用水平不同，选择时应遵循效果好、费用低的原则。为有效地推销产品而选择费用较高的广告媒介时，要量力而行。

（5）各国政府的有关规定和限制。

各国对商业广告所持的态度不同，很多国家对广告有一定限制，如对做广告的场所、广告内容、广告媒介有限制，有些国家还对广播、电视广告征税，甚至限制企业广告费的支出额。在选择广告媒介时，要注意这些情况，遵守当地政府的规定。

（四）促销方式的选择和综合运用

1. 产品性质和促销对象

产品性质不同，购买者即促销对象及其购买要求也不一样，需要采取不同的促销方法。产品按其性质，大体可分为消费品和工业品，促销对象可分为最终消费者、工业品用户和中间商。一般来说，工业品技术性强，行业差别大，用户数量较少并且比较集中，应多采用人员推销的方法。对于消费品，消费者潜在数量大，又很分散，促销多采用广告宣传等方式，不宜使用人员推销的方式。只有汽车等高价耐用消费品，可以在广告宣传之外，配合运用人员推销的做法，以帮助消费者详细了解商品的特点。

2. 目标市场特点

企业在国际市场上可以采取与国内市场策略相同的统一促销策略，但是在不同市场上运用时，仍应根据当地的文化、经济等方面的特点，对统一策略进行相应的调整。在更多情况下，由于国际市场本身的特点，企业需要在国外市场采取与国内市场不同的促销策略，包括对不同国外市场采取不同的策略。比如，广告是国际上广泛运用的有效的促销手段，但是有些地区电视普及率较低，或者文盲率较高，使广告的作用受到限制，这时就需要更多地采用营业推广。

3. 促销目的和指导思想

促销的一般目的在于影响购买行为，扩大企业销售。但是在不同时期，某一促销活动又有其特定的目标，否则是难以取得明显效果的。不同目的的促销，对促销方法有不同的选择。不仅企业的短期促销目标可能不同，长期的促销指导思想也不尽相同，概括起来，大体上可以分为拉式策略与推式策略两种。在拉式策略下，企业把大量促销费用用于广告和宣传报道，以使消费者对本企业产品产生好感，扩大产品需求，如能奏效可以扩大销售量；在推式策略下，企业运用人员推销和营业推广的手段把产品推向市场，通过层层中间商推销给消费者。

4. 促销预算

企业在选择促销策略时，要考虑促销费用的预算。一般来说，人员推销的费用最高，广告次之，营业推广费用高低相差悬殊，不能一概而论。促销费用预算的确定方式，通常是在预定的销售额中规定一个费用比例，用百分比表示，比例的高低主要根据企业的财务负担能力和竞争者的情况而定，并在实施过程中根据实际效果进行调整。促销费用预算在产品生命周期的不同阶段应当是不同的。在导入期投入较高的促销费用是必要的；在成长期和成熟期较高的促销费用也可以通过扩大销售额得到补偿；在衰退期企业则缺乏承担较高促销费用的财务能力，为了避免损害经济效益，应权衡得失，相应减少促销活动的开支。在一定的预算额下，如果预算比较宽裕，可以较多使用人员推销和广告；在预算较紧时，则应尽可能选择费用较低的促销方法。

本章小结

本章主要介绍如何进行国际市场定位、国际市场进入的多种方式，以及如何制定国际市场营销组合策略。通过本章的学习，我们可以增加对产品、定价、渠道、促销策略等领域相关知识的了解。

关键术语

国际市场进入　　产品生命周期　　许可证模式　　心理定价策略

促销　　人员推销　　广告

辅助材料推荐

田明华. 广告学. 2版. 北京：北京交通大学出版社，2020.

黄卫平，丁凯，韩玉军，等. 国际贸易教程. 6版. 北京：中国人民大学出版社，2023.

本章思考题

1. 举例说明服装企业应如何进行国际市场定位。
2. 举例说明企业应如何选择进入国际市场的方式。
3. 产品生命周期具有何种趋势？企业如何应对产品生命周期趋势？
4. 企业如何发挥人员推销的作用？
5. 企业在目标市场利用广告促销需要注意哪些事项？

拓展阅读

华为的国际化之路

第八章
国际市场营销管理

学习目标和重点

- 企业国际化过程中组织结构的演变
- 国际市场营销的组织结构类型
- 国际市场营销控制的范围和程序

导入案例

索尼如何迈向国际化

最可怕的敌人，不是你的竞争对手，而是你自己的眼前利益。1955 年索尼在美国起步时茫然无措，找不到经销商。盛田昭夫放下所有的事情，自己去美国同一家家经销商接洽谈判。终于找到了一个对半导体收音机感兴趣的、订单为 10 万台的大客户，条件却是能够以经销商布罗瓦的名义销售，亦即索尼为这家美国公司做代工，理由是“没人听说过索尼”。10 万台是一笔大订单，价值超过了公司当时的总资本，日本董事会的一致意见是不能拒绝这笔订单。技术官井深大禁不住这个巨大的诱惑，几次给盛田昭夫打电话，强调应该接受这一条件。对盛田昭夫来说，要紧的是让索尼的名字响彻全世界，公司在美国市场上尚未立足，此时的妥协将会招致索尼最终的失败。但是，盛田昭夫无法说服在日本的井深大和董事会，于是他决定行使自己的权力：拒绝这份订单。甚至威胁，如果董事会再行相逼，他就辞去董事职务。若干年后，盛田昭夫说：“拒绝 10 万台的订单是我在职业生涯中所做的最好的商业决策。”

为了树立索尼品牌，盛田昭夫肩负着很多。经销商折损自己所得，主动降价进一步以大折扣推销索尼收音机的活动，也使盛田昭夫震怒，不惜与他们断绝关系、回购商品甚至给出赔偿。盛田昭夫不会忘记第一次踏上美国时，日本制造相当于便宜货、小东西的代名词。这一点对他的刺激太深刻了。盛田昭夫决定让索尼成为一个优质产品的制造商，以消除与日本制造相联系的耻辱。他自我意识到对实现这一目标有着不可推卸的责任。为此，盛田昭夫早就心中有数，必须建立自己的销售渠道：索尼美国。

美国人与日本人的思维方式和看待世界的方式都存在着很大的差异，盛田昭夫知道日本文化与美国文化的差别。要想使索尼公司融进美国文化，必须启用美国人领导索尼美国，这也就是索尼"全球经营本土化"政策的萌芽。他把美国总裁的位置虚位以待，决心寻找一个美国人担任索尼美国的总裁。终于，盛田昭夫看中了哈维·沙因。

沙因的经商风格是十分美国化的，直率明了，而且硬碰硬。用他自己的话说，是一头犟驴，在关键问题上目光冷峻，脾气火暴，只要感觉受到阻碍或是看不到结果就要发火。沙因挫伤了以自我为中心的美国人的感情，也令日本人感到为难，心生恐惧。盛田昭夫在自传《日本制造》中写道："他的方法不是日本式的，而是以单纯、强硬、直率和明确的逻辑为基础……然而逻辑游戏的问题是，不给人文因素留什么余地。"

当年，公司在美国建立一个分部是十分艰辛的，不仅需要坚韧不拔的意志，还要勇于接纳那些与自己的风格和传统不同的东西。而盛田昭夫则是一个精力充沛、热情洋溢、积极主动、魅力超凡、爱开玩笑的人，最吸引美国人的是，他看来非常像他们自己。盛田昭夫的声望与社交技巧，无疑是索尼的无形资产。从 20 世纪 60 年代开始踏上美国，他就关注着打入社交界。在整个 70、80 年代，盛田昭夫不断地在全球商界扩大着自己的知名度和影响。1984 年盛田昭夫的自传《日本制造》出版，立刻成为索尼品牌的使者，使大众真切地感受到他的内心世界和索尼精神。

企业的国际化需要通过成立专门的营销组织加以实现，以市场需求为中心建立适宜的营销组织架构，制订并落实企业的营销计划，从而达到提升企业国际市场份额、追求企业利润的经营目标。

第一节 国际市场营销组织

一、高效的组织结构对国际市场营销的重要意义

从管理的角度来看，组织是一种管理职能，是指企业为协调内部的各项活动而设置的管理结构体系；从企业营销活动的发展过程来看，组织是一个随着企业战略目标的调整而动态演进的过程。组织结构是组织中的职位安排，各种职位或作用有意识地结合在一起，以利于组织目标的实现。

国际市场营销组织主要包括组织形式和组织内部关系，以及组织的运行机制等内容。企业组织工作的根本目的就是保证战略目标的实现，国际市场营销组织有一个不断发展、不断完善的过程，至今仍在不断优化和发展。

国际企业在设计高效的国际营销组织时，一般要考虑企业的目标、企业参与国际营销的程度、企业的性质、企业的产品等各种因素。由于各个企业的情况不同，每个企业的国际营销组织结构也不尽相同，不同的发展阶段有不同的组织结构。但总体来说，企业通用的国际营销组织类型主要有出口部、国际部、地区型组织结构、产品型组织结构和矩阵型组织结构。

新闻专栏 8－1

国际商会市场营销与广告委员会在线召开 2021 年秋季会议

北京时间 2021 年 12 月 3 日晚，国际商会市场营销与广告委员会（以下简称委员会）在线召开 2021 年秋季会议。会议由委员会主席、微软副总法律顾问布伦特·桑德斯主持，国际商会全球政策部主任、国际商会驻联合国总部常驻观察员安德鲁·威尔森出席并致辞。委员会副主席美国凯赫律师事务所合伙人希拉·米勒、欧洲广告标准联盟总干事卢卡斯·布德、世界广告主联合会政策经理朱迪塔·桑蒂尼等分别作专题发言。

安德鲁·威尔森在致辞中表示，国际商会顺利完成今年的既定目标任务，在加强与政府间国际组织和各国家委员会的沟通协作、深度参与碳定价及可持续贸易等关键政策制定等方面取得积极成果。2022 年，国际商会将继续拓展全球网络布局，促进各政策委员会多元化发展，始终致力于为全球会员提供更高质量的服务。

希拉·米勒介绍了近期发布的《国际商会负责任环境营销传播框架》有关情况，框架新增气候相关、可循环、可回收、可降解、不含有害物质等五类声明，推动广告商、自律组织、政策制定者、政府间国际组织遵守可信环境营销声明原则，避免产品徽章等外观对消费者造成误导。她表示，委员会明年将重点在中国、欧洲、美洲等区域的活动中宣传推广该框架。

卢卡斯·布德介绍了欧盟《数字服务法案》《政治广告法案》《不公平商业行为指令》《儿童更好使用互联网战略》等有关法律法规的生效进展。国际商会贸易与投资中心副主管蕾琳·马丁介绍了经合组织消费者政策委员会关于抵制在线平台黑暗营销模式的政策草案起草情况。

朱迪塔·桑蒂尼介绍了由世界广告主联合会发起的全球多样性、公平性和包容性普查有关情况，该普查围绕全球 27 个国家万余名受访者展开，从年龄、性别、民族等多维度比对分析了营销行业的就业现状和发展前景。下一步，该机构将制定营销从业者最佳实践。

二、企业国际化过程中组织结构的演变

（一）企业国际化初始阶段

企业在国际化初始阶段主要处于间接出口阶段，此阶段企业向国外出售的产品与国内销售的产品相同。如果仅限于等待买主上门，就不需要专门的国际营销组织结构；如

果需要寻找买方，企业可以利用外贸公司之类的服务机构与海外市场建立业务关系。因此，这一阶段的企业组织结构与一般的国内企业并无实质性的差异。

（二）企业国际化第二阶段

随着企业国际化程度的提高，企业融入国际市场的程度加深，此时企业处于直接对外销售阶段。在此阶段，企业倾向于积极主动、直接地寻找海外客户，与他们保持联系，建立销售网络，开拓海外市场。因此，在此阶段企业需要建立相对独立的出口部来处理其国外业务。出口部隶属于营销部，与国内销售部平级。只要企业能基本上在一个国家内实现生产并向若干个国外市场销售，这种结构就能产生良好的效果。

（三）企业国际化第三阶段

企业与国外市场的融合处于更加紧密的第三阶段时，企业以各种投资和非投资形式进入国际市场，将大量的人力和物力投入海外经营，在海外建立若干个生产性和销售性的子公司，并与海外经营单位建立正式的联系，这就更需要紧密地协调研发、财务、生产和国际市场的活动。因此有必要在国内母公司组织框架内设置国际部，代替原来的出口部，以加强与海外子公司的联系和协调。

（四）企业国际化第四阶段

企业国际化的全球战略阶段属于企业国际化程度最高阶段。当国际企业发展到一定程度时，国际部对繁多的业务已不堪重负，也无法协调和处理母公司与子公司之间的矛盾冲突，因此有必要建立新的与公司战略相适应的组织结构，将国内经营和国际经营融为一体。在这种战略思想的指引下，企业可以建立全球地区型组织结构，或全球产品型组织结构，或全球职能型组织结构，或全球混合型组织结构，以追求全球利益的最大化。

案例 8-1

从“耐克学徒”到在更加公平的环境下与国际品牌竞争

20 世纪 90 年代，晋江的“造鞋运动”轰轰烈烈开展。当时，亚洲“四小龙”制造业陆续迁入。依靠独特的地理优势，以及充足、廉价的劳动力资源，晋江成为承接制鞋产业转移的首选地。那时的晋江“几乎家家户户都做鞋”。

2001 年中国成功加入世贸组织，晋江鞋业市场充分享受到市场化、全球化红利，迎来快速发展良机。

入世之后，得以整合全世界优秀创新资源的安踏，招揽了一批具有国际视野和经验的设计师。安踏集团传播部相关负责人表示：“目前，安踏在日本、美国、韩国、意大利等国家设立了研发设计部门，吸引了 200 多名来自 18 个国家的优秀研发设计人才。”

安踏还与 IBM、SAP、陶氏、杜邦等国际合作伙伴达成合作，不断提升产品的功能性和科技性。来自全球各地的原料，组成了一双又一双鞋。

全球化不仅体现在研发设计方面，也体现在安踏公司管理层面。安踏集团副总裁李玲表示，安踏高管会议早已从单一的晋江方言扩展为多国语言。根据2020年的公开数据，安踏集团除了380多名中国港澳台籍员工外，还有16个国家超过100名外籍员工，副总裁以上层级58%有国际化背景。

对海外品牌的收购，也是国际化的一步。2019年3月，由安踏牵头组成的投资者财团完成收购亚玛芬体育公司，亚玛芬体育旗下的国际知名品牌也加入了安踏集团的多品牌阵营，包括萨洛蒙、始祖鸟、颂拓、威尔胜等。这些品牌在户外运动、滑雪、球类及运动器械等各自的运动细分领域位居全球前列，在欧洲、美国和亚太等世界主要市场均有布局。

对于普通用户来说，安踏的国际化带来的最直观感受，是它越发频繁地出现在国际舞台上。无论是奥运会还是NBA，人们都曾惊喜地发现熟悉的中国品牌标志。2017年9月，安踏与北京2022年冬奥会和冬残奥会组织委员会签约，正式成为北京2022年冬奥会和冬残奥会官方体育服装合作伙伴。

三、国际市场营销的组织结构类型

（一）出口部

企业在国际化初期，处于直接对外销售阶段时，建立出口部来统一处理其国外业务，负责与所有海外市场和海外顾客保持联系，解决出口中的问题，履行管理和财务职责，选择并监督代理商。

当一家企业出口业务不多时，国内导向型企业在对外扩张的初期，经常会设立一个小型的出口部，作为一个单独的职能结构，负责处理国际业务。但在实践中随着销售业务的展开，出口部往往缺乏公司总部和其他职能部门强有力的支持，影响其海外业务的扩展。因此，公司的出口部应随着业务量的扩大而扩大。

（二）国际部

随着国际业务的不断发展，企业进入国际市场的方式日趋多样化，因而使得协调国际市场活动的职责超出了出口部的范围。同时，由于出口部在国际业务方面与日俱增的权力会引发与国内营销部之间的摩擦，因此，原有的出口部已不足以解决这些问题，需要建立一个能统一管理和协调生产和财务等职能部门的机构，这个机构在许多公司里被称为国际（业务）部。在这种结构下，公司活动分为两部分：国内部和国际部。国际部的主要职责是分管公司在国外的业务活动。国际部与公司其他职能平级，它由营销、生产、研发、财务、计划以及人力资源等部门组成，由国际部经理负责。

（三）地区型组织结构

这种组织形式是按地域或顾客来设立地区分部，把国内市场也视为一个与其他国外地区并列的区域。地区型组织结构适合于那些有成熟的标准化产品、产品的销售渠道有限、产品需求的地区差异性较大的企业。

（四）产品型组织结构

当一家企业的产品种类或品牌增加到一定程度时，常常会建立一个产品管理组织——形成产品型组织结构。一般来讲，产品管理组织并没有取代职能型管理组织，只是增加了一个管理层次而已。产品管理组织由一名主管经理负责，下设几个产品大类经理，产品大类经理之下设各个具体产品经理负责各具体的产品。这种组织结构比较适合生产的产品种类多、差异性大的企业。

（五）矩阵型组织结构

企业生产多种产品并向多个市场销售产品时，会同时设置产品经理和市场经理，像这种同时按两个或两个以上的因素所设置的组织结构被称为矩阵型组织结构。

四、选择合适的国际市场营销组织结构

（一）影响国际市场营销组织结构的因素

1. 环境因素

环境因素主要指企业的竞争者、消费者、供应商、中间商、公众等。竞争者的情况会影响企业对组织结构的选择与改变，例如，竞争者对产品不断创新与发展，会迫使企业增设新产品开发部门或按产品来构建组织结构。消费者的不同文化水平、宗教习惯、经济状况、购买行为习惯会使企业按地区来构建组织结构。

2. 产品因素

产品因素不但指它的物理性质与化学性质，还包括产品的通用性、普及性等。产品因素会影响企业的组织结构，比如，麦当劳食品通过公司的成功动作已成为全球消费者都喜欢的快餐食品，公司采用连锁店的统一管理模式，这是它的通用性与普及性决定的，又由于该食品在保鲜、运输上的特点，只能在本土加工，公司的组织结构不得不考虑地区的特殊性。

3. 管理质量

管理质量是指企业计划、组织、领导、控制的能力和效果，对企业国际市场的拓展产生重要影响。

4. 公司规模

开展国际业务的企业在刚开始涉足国际市场时，其规模不大，企业的营销重点还在国内市场，它的组织结构应该比较简单，但随着企业规模的扩大，资金实力、管理能力都增强了，这时它的组织结构会变得较为复杂，营销重心会向国际市场偏移。

5. 地理位置

企业设立国外子公司的地理位置影响着它的国际市场营销组织结构。如果企业的子

公司设在文化、经济、政治环境相差很大的不同地区，那么企业应按地区来构建组织结构，充分放权，进行本土化管理；如果某些国家如加拿大、美国在一些产品的需求上有很大的共性，可以向两国市场提供某一同质产品，而向其他的国家提供分类产品时，企业的组织结构可以按产品来建立。

6. 发展战略

企业的高层管理者制定的公司发展战略不同，企业的组织结构也会不同，企业的产品进入国际市场是采用间接出口、直接出口，还是契约模式或投资模式进入，会影响企业的组织结构，企业进入国际市场程度的深浅决定着企业组织结构的复杂程度。

（二）选择合适的组织结构

1. 企业组织结构的演进

组织结构是一个组织能否实现内部高效运转、能否取得良好绩效的先决条件。组织结构通常表现为一个组织的人力资源、职权、职责、工作内容、目标、工作关系等要素的组合形式，是组织在“软层面”的基本形态，其本质是实现某一组织的各种目标的一种手段。企业组织结构需要根据外部环境的变化和内部资源的变化进行结构调整，以适应国际市场营销的目标需要。

2. 海外市场和国内市场

海外市场和国内市场的产品需求、产品特点既有共性，也有区别。企业组织结构需要根据国内外市场的需求特点、国内外市场的文化差异、国内外的法律法规等的不同进行组织结构的设计。

3. 业务属性和相关战略

企业的产品在国际市场进行拓展需要根据业务属性进行企业组织结构的设计安排，同时结合企业不同阶段、不同市场的战略制定，以满足企业开展国际市场营销的需要和实现相应目标。

4. 管理层导向

管理层对企业开展国际市场营销的战略制定及其管理目标、管理风格、管理水平影响企业组织架构的选择。

5. 合格的经理人的可获得性

企业选择国际市场营销组织结构受到合格的经理人可获得性的限制，组织结构的关键岗位需要足够的合格经理人进行匹配，否则，即使组织结构设计很合理，但是缺乏足够的合格经理人进行技术支撑，那么企业就无法开展国际市场营销的相关工作。

6. 决策权的分配

企业对于授权的认识和安排决定企业营销组织结构的设计，通常而言，授权程度充分的企业，扁平化程度较高，开展国际市场营销的效率会提升。

第二节 国际市场营销计划

一、国际市场营销计划的重要性

（一）明确公司目标和资源

所谓国际市场营销计划就是指国际企业对本企业在将来一定时期内所要达到的营销目标，以及实现这些营销目标所采用的方法与手段的决策。现代国际企业，特别是大型国际企业要想正常而高效率地运转是离不开营销计划的，也就是说，国际市场营销计划是保证国际企业的国际市场营销活动正常而高效运转所必不可少的。

企业在制订国际市场营销计划时，需要立足于本企业能够支配的资源，包括企业所拥有的员工、资金、技术、品牌、市场渠道、公共关系等资源，通过资源优化配置完成企业的经营目标。

（二）坚定开展国际市场营销的信心

企业参与国际市场竞争面临文化差异、法律差异、价值观差异等，因而面临比国内市场更为激烈的竞争。同时在国际市场，高水平的企业、高质量的产品和服务更加众多，因此企业显然面临更为艰巨的拓展国际市场的障碍。因此，企业需要对此保持准确的认识，坚定开展国际市场营销的信心。

二、国际市场营销的计划过程

（一）明确企业国际市场营销目标

信息的收集和分析是编制国际市场营销计划的前提条件，只有了解现在，才能预测未来。因此，在编制国际市场营销计划之前，一定要广泛收集各种信息，充分把握各种信息，使之成为有序的可用的信息。要审核企业自身的优势、劣势及未来发展潜力，同时对外部环境可能发生的变化以及会带来的机遇与威胁要进行分析，最后利用优势、把握机会、降低劣势、避免威胁。这个过程就是市场营销战略的选择过程，有总成本领先战略、差别化战略、集中战略三种战略可以选择。

（二）满足东道国需求

在制订营销计划时，需要充分考虑东道国的现实情况，进行分析筛选，使公司需要与东道国需要一致。东道国的需要既有历史传统特点，也有动态演化变化，因此，企业需要进行充分调研，避免产品和服务与东道国的市场需求存在巨大鸿沟，从而难以拓展市场。

（三）明确营销策略

在国际市场营销中，战略制定了，目标有了，如何实施也是非常重要的。如果一家国际企业有一些好的目标，但其运作的方式方法错误，就会离目标越来越远，甚至根本达不到目标。每一个目标都要有至少一个策略或一系列组合策略，因此，各种策略内容是十分丰富的，在此步骤我们要把大的目标细化成具体的行动策略。

企业需要确定具体的营销策略，使其适应目标市场。产品和服务在进入东道国市场的初级阶段缺乏知名度，因此企业需要明确营销策略，扩大消费者对企业及产品的认知度和认可度。

（四）制定国际市场营销计划程序

企业开展国际市场营销是一系列过程，包括售前、售中和售后的各种计划、推广、服务等，需要根据产品属性、特点，结合消费者需求确定开展国际市场营销的程序，以保证经营活动有条不紊地进行。

（五）实施与控制国际市场营销计划

企业制订好国际市场营销计划后，需要分配资源，以推进计划的实施。同时，需要根据推广的效果和市场的变化进行控制，加以调整，从而促进企业国际市场营销目标的实现。

三、国际子公司的营销计划

（一）子公司的短期营销计划

子公司的营销计划一般来说是未来的 12 个月或者 15 个月的短期作业计划，而不涉及长期的战略计划，通常采取自下而上的方法制定，主要是考虑特定产品、特定的市场所面临的环境。

母公司的经营目标在子公司制订营销计划时起着很重要的作用，具体表现在如下几个方面：

（1）帮助子公司建立完善的计划作业系统；

（2）帮助子公司设立营销目标；

（3）为子公司提供有关环境分析的信息；

（4）为子公司提供国际营销战略的战术技巧。

案例 8－2

雀巢的营销推广

雀巢公司的巧克力威化品牌 KitKat 是一款“国民级”的巧克力类零食，一直以“have a break”（休息一下）作为品牌营销的核心。这一品牌理念已经深入传统消费者的内心，但为触达Z世代消费者，KitKat于近日展开了题为“Blink Break”（眨眼休息）的营销活动。

该营销活动以AI+AR的方式，通过摄像头捕捉参与者的眨眼动作，来让参与者与AI生成的小动物（猫、猫头鹰、乌龟等）进行对视不眨眼挑战。同时，随着关卡的层层递进，KitKat还会要求挑战者在社交媒体发布Blink Break同名挑战视频，完成接下来的挑战。

KitKat的全球战略营销和传播主管瓦埃勒·贾比（Wael Jabi）在一份声明中说：“自1957年以来，KitKat一直以鼓励人们休息而著称，该活动向整整一代数字原住民展示了在与他们最相关的环境中休息的好处。”

（二）子公司的经营计划

从经营计划制订的流程来看，销售是经营的核心，经营计划的制订从回顾以往的销售情况开始，再进一步对未来销售做出预测。当然，预测还要考虑到企业内、外部环境的变化，比如说，当地竞争者的情况、企业新产品的开发及技术的改进等等。

企业未来的销售目标的实现要靠具体的行动策略、财务预算来支持。行动策略主要指营销组合策略，即产品策略、定价策略、渠道策略和促销策略。财务预算包括营业收入、毛利、销售和管理费用开支等内容。因此，销售预测应该由企业内部的财务部门、生产部门、营销部门、人事部门、调研部门等共同讨论完成。

经营计划经子公司审查之后正式形成，再交给母公司审查，母公司要将各子公司的情况通盘考虑。通常是海外子公司派代表回国参加总经理所召集的年度计划会议。通过会议讨论后，提出一系列修正意见，经母公司批准后，子公司的经营计划就在下一年度贯彻实施。

四、国际母公司的营销计划

（一）母公司的战略营销计划

母公司在制订战略营销计划时最主要的是将企业任务和企业经营国际化的发展层次相结合。

公司的任务必须通过具体目标的实现才能完成，国际企业的战略目标是一个目标体系，由若干子目标组成。具体而言，应该注意各个子目标的轻重缓急；注意目标的时间先后顺序，在不同的时期应该有不同的目标，不同的目标当中肯定有企业的核心目标；还应该值得注意的是，母公司的目标应该兼顾分公司的目标，两者的目标应该是相辅相成的。

（二）全球战略营销计划的新重点

企业如何提升在国际竞争中的地位和进行业务组合选择已经成为企业全球战略营销计划的新重点，决定了企业是否能够成功开展国际市场营销。

企业业务组合主要是指产品组合。“产品”可以理解为“战略业务单位”。产品组合就是一系列产品，其中每一种产品都对整体销售情况有自己独特的贡献。应通过对企业整个产品组合的分析，判断企业是否有足够的强势产品来支持弱势产品，弱势产品是否有发展潜能，或者是否有合适的发展中的新产品来取代正在衰退的产品。

对产品组合进行评估，常常会用到波士顿咨询集团发明的“市场增长率-相对市场份额模型”。它是以两个标准来评估产品，第一个标准是评估产品市场的一般增长水平，第二个标准则衡量相对于本行业最大的竞争者的产品市场份额。这两个标准就是市场增长率和相对市场份额，每个标准有高、低两个等级，组合起来就构成一个十字矩阵，可将产品分为瘦狗类、问题类、明星类和金牛类。

利用市场增长率-相对市场份额矩阵，可以分析一家企业的产品结构是否合理，与竞争对手相比自身有何优势，以及在竞争中应该采取什么样的策略。一个好的产品组合应该是明星类的产品和金牛类的产品较多，而问题类和瘦狗类的产品较少。

第三节 国际市场营销控制

一、国际市场营销控制的必要性

（一）环境变化的需要

从营销管理者制定目标到实现目标的这段时间里，企业内外部的情况可能会发生变化，尤其是面对复杂而动荡的市场环境，每家企业都面临着严峻的挑战，各种变化都可能会影响到企业已经制定的目标，甚至有可能需要重新修改或变动以符合新情况。高效的营销控制系统能帮助营销管理者根据环境变化情况，及时对自己的目标和计划做出必要的修正。

（二）及时纠正执行过程中偏差的需要

在计划执行过程中，难免会出现一些小偏差，而且随着时间的推移，小错误如果没有得到及时的纠正，就可能逐渐积累成严重的问题。营销控制不仅是对企业营销过程的结果进行控制，还必须对企业营销过程本身进行控制，而对过程本身的控制更是对结果控制的重要保证。因此，营销管理者必须依靠控制系统及时发现并纠正小的偏差，以免给企业造成不可挽回的损失。

二、国际市场营销控制的范围

（一）国际市场营销财务控制

1. 销售额控制

销售是企业经营活动的中心，销售额的大小反映了企业的发展规模，销售额的增长是企业经济效益提高的前提，是企业利润的重要源泉。可见，对销售额的控制十分重要，母公司对销售额的控制要做得细致一点，各子公司对每周、每月或每季度的销售数字进行汇总，并与预期指标进行比较，如果差异太大，就要找出原因，对症下药。

2. 价格控制

价格是一把双刃剑，一方面价格的高低直接影响产品销路及市场的竞争力，另一方面价格又影响企业的收入与利润。因此，价格控制意义重大。为了保持竞争所需要的灵活性，母公司可为国外市场规定一个价格浮动范围，要求子公司在超出规定范围的价格时向母公司报告，确保控制的有效性。为了保证企业利润目标的实现，母公司也要注意各地区差价、各销售环节间差价的灵活变动。

3. 利润控制

企业的主要经营目标是最大限度地增大企业的利润。损益表上的销售收入减去成本得到毛利润，毛利润再减去营销费用得到净利润。可见，要增大利润总额，除了增大销售额之外，还要降低生产、运输、开发、管理、营销等成本，开源节流。另外，就是要考虑资金的流转周期，即使资金周转一次获得的利润大，如果投资时间很长也是不划算的。

4. 投资控制

企业提供产品和服务的能力取决于企业投资的大小，国际市场需求处于不断变化中，企业需要制定长久经营决策，以保证企业投资的合理性，而非根据短期订单、短期市场需求进行盲目投资。

5. 预算控制

企业实现利润目标需要做好成本预算，对采购成本、制造成本、经营成本、行政成本、财务成本等预算需要进行精确控制，以达成企业预期利润目标。

（二）国际市场营销非财务控制

1. 产品控制

国际企业要做好以下几项以保证对产品进行有效的控制：

（1）建立统一的产品质量标准；

（2）在公司总部及地区总部或产品总部设立质检部门；

（3）各特约经销商必须提供完善的售前售后服务；

（4）各控制管理部门建立完善的信息反馈系统。

2. 分销渠道控制

产品的分销渠道不仅影响公司的收益，还会影响企业在海外市场的形象，因此国际市场营销的分销渠道相当重要。

分销渠道控制主要是对中间商的控制，主要有几个方面的内容：

（1）公司订货量大小；

（2）转售价格的合理性；

（3）售前售后服务的质量及履行其他职能的情况；

（4）交货速度；

（5）经营范围。

3. 促销控制

国际企业的促销主要是广告宣传与人员推销。母公司对于各国子公司的广告工作的控制要按照一定的程序进行，子公司的广告目标策略的初步方案要报母公司审查，子公司应该做好广告的投放实验，母公司根据广告效果提出修改意见，子公司再制定详细的广告方案交母公司审查，经母公司批准后，子公司最后做出具体的准备工作，如做好广告片，安排好广告媒体等。人员推销的控制主要采取以下的控制方法：子公司的推销人员要经过母公司的严格训练；将推销人员的收入与本人的业绩挂钩，并下达一定的指标，实现奖惩制度；开展一些人员推销竞赛，将成绩与晋升晋级联系；等等。

4. 人员控制

企业对人员的控制主要体现在人员数量、人员结构、人员工作效率、人员工作效能等方面。企业的国际市场营销活动主要依靠人员来实施，并且涉及营销一线人员与其他部门如生产部门、仓储物流部门、财务部门等的配合。因此需要安排相应的人员从事不同的岗位工作，并且围绕营销目标进行团队合作。

5. 销售能力控制

销售能力的强弱决定企业成败，销售能力主要体现为与客户友好协商、达成谈判一致的能力。销售人员需要具备产品知识、谈判能力、沟通技巧、跨文化交流能力、敬业精神等，因而企业需要对营销人员开展相应的培训，选拔、培养优秀的营销人员组成团队，提升企业营销能力。

三、国际市场营销控制的程序

（一）明确控制目标

控制目标是指被控制对象应该实现的目标，即在一定时期内企业经营应该达到的目标。一般而言，控制目标就是企业计划的目标。控制目标有如下的特征：具体性、可操作性、详细性、明确性。

（二）选择控制方法

控制方法分为直接控制和间接控制，应根据具体情况选择合适的控制方法。直接控制是指通过提高主管人员素质，使他们改善管理工作，从而防止出现因营销管理不善而造成的不良后果的一种控制方式。间接控制是指根据计划和标准考核工作的实际结果，分析出现偏差的原因，并追究责任者的个人责任以使其改进未来工作的一种控制方法，多见于上级管理者对下级人员营销过程的控制。

（三）制定控制标准

控制标准可以是定量的，如销售额、市场增长率、市场占有率、成本等；也可以是定性的，如客户满意程度等。确定国际市场营销控制标准时要注意以下问题：一是要明确金额、数量，确定等级范围；二是要充分考虑国外企业的经营环境，特别是当地政府的政策、币种及汇率等因素；三是要从企业的战略目标通盘考虑，避免顾此失彼，得不偿失。

（四）指定控制人员

无论计划与控制标准制定得多么完善，如果没有人去执行并加以管理，那么一切都是徒劳的。因此，对控制任务进行分解并指定责任人至关重要。责任人分三个层次：公司总经理及各职能部门；国际事业部、地区部或产品部的副总经理及各职能部门；子公司或其他下属机构的经理及职能部门。责任人管理应该遵循责、权、利三者结合的原则。

（五）收集控制信息

责任人凭什么对控制对象进行管理？凭的就是对被控制对象相关情况的掌握，责任人要通过企业设计的常规的信息系统来获取有关资料。常规的信息系统包括：(1) 定时的业务报告；(2) 定时的财务会计报表及其分析报告；(3) 不定时的某项业务发展情况报告。企业内部常规信息系统应讲究实效，不能只求数量而不顾质量。同时，责任人要及时处理资料所反映的问题，责任人还要顾全大局，不能只顾本部门、本地区而忽略其他部门与其他地区，或者只顾企业内部而不大了解竞争对手的情况等等。

（六）评估控制结果

评估就是将被控制对象的经营业绩与公司的有关目标进行比较，明确哪些目标如期完成或超额完成，哪些目标没有完成或完成较差。如果经营业绩与目标之间发生偏差，需要找出具体原因，评估时既要严格依照固定标准来进行，同时又要充分考虑当地的经营环境。例如当地汇率变动、通货膨胀、政府政策变动等不可抗拒的外部因素对经营业绩的重大影响。

（七）根据控制结果进行纠正

纠正偏差是控制的直接目的，是控制的关键环节。由于国际业务单元有不同的文化背景，组织复杂，实际操作难度较大，控制部门只有建立比较完善的纠正机制和充分利用发达的国际通信设备，才能起到良好的纠正偏差的效果。

控制是一个循环往复的过程；纠正既是上一控制周期的终点，又是下一控制周期的起点，经过多次循环过程，偏差才会不断地缩小，达到预期的目标。

本章小结

企业的国际市场营销计划将企业的国际战略、目标、国际环境、内在条件等要素整合成一个统一的体系。跨国公司的国际市场营销计划可分为母公司的战略规划和子公司的经营计划两个层次。子公司的营销计划主要是短期作业计划。母公司负责制定整个公司的战略规划，为子公司营销计划的制订提供信息和帮助并负责审查和批准其营销计划。

组织合适的战略中心或战略业务单元来从事国际市场营销活动是国际市场营销战略的重要模式，它是跨国公司核心竞争能力的集中体现。

关键术语

企业国际化　　营销组织结构　　国际市场营销计划　　业务组合
国际市场营销控制　　财务控制　　非财务控制

辅助材料推荐

闫国庆. 国际市场营销学. 4版. 北京：清华大学出版社，2021.

本章思考题

1. 跨国公司母公司和子公司的国际市场营销计划的制定有何区别和联系？
2. 跨国公司国际营销组织结构的主要形式有哪些？各有哪些优点与缺点？
3. 跨国公司应如何选择适当的国际市场营销组织形式？
4. 国际市场营销控制的主要内容包括哪些方面？

拓展阅读

英荷壳牌石油公司的组织变革

第九章
国际市场营销组合策略——产品策略

学习目标和重点

- 国际市场产品的内涵和层次划分
- 产品生命周期各阶段的划分和特点，以及产品生命周期各阶段的产品策略
- 国际市场产品的标准化策略和差异化策略
- 国际新产品的内涵、开发过程及开发策略
- 国际产品商标策略、包装策略以及产品的保证和售后服务策略

导入案例

苹果公司的产品策略

1997年，在苹果公司亏损达到10亿美元的时候，史蒂夫·乔布斯（Steve Jobs）重返公司，之后他为公司赚取了1.06亿美元的利润——有38%以上的产品销往美国华尔街。面对处于经营困难、业务萎缩中的苹果公司，乔布斯的成功实践来自很简单的创意，如让电脑换一种颜色等。

苹果公司的营销新主张一是源自公司强大的产品功能，二是针对苹果电脑的目标用户。以往，只有专业公司的电脑才会应用功能强大的硬件设备，完成工作台需要。而今天，随着消费者生活的丰富与资讯、娱乐等产业的发达，即使是一台普通的个人电脑，也需要有强大的功能，而苹果电脑的强大功能很容易被个人消费者接受。消费者有需要，企业有什么理由不去满足呢？苹果电脑制定新的营销策略的基础是乔布斯为苹果电脑制定的品牌主张——“去装备那些有创造力的、满是激情的人们，给他们想要的，让他们

去改变世界”。根据这个主张，苹果电脑制定了全新的、张扬个性的品牌主张。那就是如今展现在消费者面前的崭新的、充满活力的统一的新苹果形象——Think Different（不同凡响）。

国际市场营销是以满足消费者的需要为出发点的，而满足消费者的需要是以企业所提供的产品来实现的。从这个意义上说，产品是价值的载体，是企业生命的来源，也是营销组合中最重要、最基本的要素。因此，产品策略是国际市场营销策略的基础，在营销组合策略中，居于核心地位，直接影响和决定其他市场营销组合策略，是企业营销活动成败的关键。在世界市场日益统一的今天，每一家企业都必须认真分析市场状况，了解消费者不断变化的需求特点，提高产品质量，提供符合消费者要求的产品和服务。同时通过制定产品策略，适时地开发新产品，改进和完善产品性能，延长产品的生命周期，获得企业和产品持久的生命力，才能成功地在国际市场的激烈竞争中占据一席之地。

第一节 国际市场产品的内涵

一、国际市场中产品的定义

产品一般是指能够满足购买者需求和欲望的物品及有关的服务。

产品的概念可以从狭义和广义两个层次去理解。狭义的产品是指凝聚在一种可识别形式中的一系列基本属性，而且每种产品都可以通过为人们共同理解的一种描述性名称加以识别。

而广义的产品概念不仅包括能够承载某种需求的有形产品（汽车、电脑和手机等）和无形的服务（如银行业务、酒店服务、航空运输、零售、电子通信和家居维修等），而且包括服务、事件、人员、场所、组织、创意或者上述内容的混合体，甚至是一种体验、一些讯息或一些想法。

案例 9-1

引人入胜的苹果体验店

苹果零售店是格外诱人的所在，在那儿充满了令人愉悦的体验。商店设计呈现干净、简洁和时尚的风格——恰如苹果 iPad 或轻巧的 MacBook Air 电脑。熙熙攘攘的苹果商店让人感觉更像是社区中心，而非零售网点。成群的顾客沉浸其中一边试用产品，一边兴奋地谈论着关于苹果的一切。商店鼓励购买，这点毫无疑问。但是它们还鼓励逗留和闲逛，台子上陈列着各种功能齐全的 Mac、iPod、iPad 和 iPhone 供访客试用，数十位亲切有礼的苹果员工随时回答疑问和迎合每一个奇思妙想。商店在“天才吧”（Genius Bar）提供技术帮助和安排得井然有序的工作坊，不同经验水平的顾客在那里都可以学习到与苹果设备相关的知识和技巧，探索其创造潜能。你不是仅仅到访一家苹果商店——你正在以一种其他任何一家消费者电器公司都无法提供的方式体验。正如一位苹果商店经理所言："我步入一家商店时可不希望被推销。不要推销！不要！因为那会使潜在顾客失去兴趣。只要建立美妙的品牌体验，销售便是水到渠成的事情。"

通过以上分析，我们可以从国际市场营销的角度给产品下一个更加准确的定义。产品是指为留意、获取、使用和消费以满足某种欲望和需要而提供给市场的一切东西，是包括产品质量、产品的物理特征、价格、品牌、包装等在内的一系列有形属性和无形属性的集合。所以，顾客购买的并非只是产品的一系列属性，而是能够满足其需要的一种体验、一种价值和一系列利益的总和。

二、国际市场中产品的分类

1. 按照产品的耐用程度和是否有形划分

产品可以根据其耐用程度和是否有形划分为耐用品、非耐用品和服务三种类型。

（1）耐用品。耐用品是指在正常情况下使用年限较长，可多次反复使用、价值较高的有形产品，如汽车、家用电器、机械设备等。耐用品营销倾向于人员推销。

（2）非耐用品。非耐用品是指在正常情况下使用寿命较短，只能使用一次或少数几次、低值易耗的有形产品。这类产品往往消费较快，购买频率高，如食品、汽车润滑油、牙膏、洗衣粉等。对于非耐用品的营销，往往以广告的形式吸引顾客并帮助顾客形成消费偏好。

（3）服务。服务是指为出售而提供给消费者的活动、利益、享受和满足的无形产品，如理发、咨询服务、旅游服务等。服务具有不可分割、不可储存和易变性的特点。

2. 按照产品的用途分类

（1）消费品。

便利品。便利品是指购买频率高而价格比较低的生活用品，如洗衣粉、报纸、糖果、酱油、卫生纸等。这类产品通常价格低廉，消费者在购买时很少花精力去比较价格，往往关注的是能否及时获得。因此，营销者往往将其摆放在方便消费者获得的地方，以确保顾客在需要的时候总是能买到。

选购品。选购品是指消费者在购买过程中，对商品的质量、价格、款式、适用性等基本性能有要求，因此要进行选购，货比三家才能做出购买决定的产品，如电器、服装、家具、二手车以及酒店和航空服务等。这类产品的购买频率比较低，但消费者在购买时会认真思考比较后再做出最终决定。因此，对于这类产品，市场营销者往往只需要选择较少的商店进行分销，但要注意提供深入的销售支持、信息咨询等服务帮助顾客进行比较。

特殊品。特殊品是指品牌知名度高、有独特使用价值的产品，如特定品牌的汽车、摄影器材、古董字画、金银首饰以及专业的医疗和法律服务等。对于这类产品，消费者愿意多花时间和精力去进行购买。消费者在购买前就对这一产品的特点、品牌等有充分的认识，购买时一般不会和其他商品进行比较，只会选择特定品牌的某种商品，因此，他们一般都是把时间用于找到经营商品的经销商，而非不同品牌间的比较上。

非渴求品。非渴求品是指消费者还不了解或者是即便了解但一般也不考虑购买的消费品，如人寿保险、墓地墓碑、百科全书等。非渴求品的特性决定了它的营销难度是很大的，需要付出大量的广告、人员推销和其他营销努力。一些最复杂的人员推销技巧就是在推销非渴求品的过程中锻炼出来的。

（2）工业品。

原料和零部件。原料和零部件是指完全进入生产过程，完全转化为制造商产成品的一类产品，包括原材料、制成品材料和零部件。其中，原材料包括农产品（如小麦、棉花、家畜、水果和蔬菜）和天然产品（如鱼类、木材、原油和铁矿石）；制成品材料（如铁、纱线、水泥和电线）和零部件（如小型电机、轮胎和铸件）则是经过加工后的产品。对于各种原料和零部件，它们是企业生产的重要资源，价格和服务是主要的营销因素，品牌和广告往往不那么重要。

资产项目。资产项目是指部分进入产品中，帮助购买者生产和运营的生产资料用品，包括装备和附属设备。装备主要是大宗购买商品，包括建筑物（如工厂、办公室）和固定设备（如发电机、钻床、大型计算机系统和电梯）。附属设备包括可移动的轻型制造设备和工具（如手动工具、升降式装卸车）和办公设备（如计算机、传真机、办公桌椅），它们的使用寿命比装备短，在生产流程中起辅助作用。

物料及服务。物料及服务是指不构成最终产品的那类项目。物料相当于工业领域内的方便品，主要包括生产物料（如润滑油、煤、纸张和铅笔）和维修物料（如油漆、钉子和扫帚）。这类产品顾客人数众多、区域分散并且产品单价低，消费者在选购时所花费的精力比较少，价格和服务是影响购买的重要因素。服务包括维修和保养服务（如玻璃清洁、电脑维修、修理机床）和商业咨询服务（如法律咨询、广告策划、营销策划），这些服务通常在合同中还加以明确规定。

三、国际市场产品的层次划分

1. 产品三层次论

（1）核心产品。

核心产品是顾客购买产品追求的核心利益或效用，是满足顾客需要的核心内容，是产品最基本的组成部分。因为消费者购买某种商品，并不是为了占有产品本身，而是为了通过产品获得能满足其某种需要的效用或者利益。如，消费者购买汽车并不是为了汽车这一实体，而是为了汽车所提供的便捷出行；购买化妆品是为了年轻、美丽和彰显气质魅力；购买酒店服务是为了舒适的休息和妥善的服务；购买手机是为了通信和娱乐等。

（2）有形产品。

有形产品是产品的各种具体形式，具有质量、功能、款式、品牌和包装等特征，是核心产品的载体。以冰箱为例，核心产品是它所提供的消费者所需要的制冷功能，那么冰箱具体的品牌、款式、外观、重量、颜色等就构成了冰箱的有形产品部分。由此可见，有形产品是核心产品的物质载体，核心产品的基本效用必须通过这些具体的有形产品的形式加以实现。具有相同效用的产品，其具体的表现形式可能有较大的区别。

(3) 附加产品。

附加产品是指顾客购买产品时得到的附加服务或利益，如提供产品说明书、提供信贷、免费送货、质量保证、安装、售后服务、技术培训等。这些附加产品通常能够更好地匹配消费者的额外需求，也更加符合产品差异化的要求，最终成为产品竞争力中重要的部分。随着消费者需求的多样化以及企业间竞争的加剧，顾客对企业所提供的产品的附加价值有了更多的要求，国际市场营销中，随着技术更新的不断提速，同类产品间核心层次和有形层次的差异越来越小，而附加产品的重要性在不断凸显。

案例 9-2

IBM 的价值营销

IBM 公司认为，用户购买计算机不是在购买一种计算的工具设备，而主要是想解决问题，用户需要使用说明、软件程序、快捷简便的维修等，针对这种深层次的需求，IBM 就向用户提供一整套计算机体系，包括硬件、软件、安装、调试以及传授使用与维修技术等一系列附加服务。IBM 的延伸策略说明了其价值营销的意义，在其盈利模式里，有这样一个等式：产品＋服务＝1＋3＝4。IBM 正是通过向顾客提供最有价值的产品和服务，提升了顾客总价值，从而创造出新的竞争优势。IBM 的战略可表述为：以高水平服务创造高价值，由于高水平的服务允许高价格，从而产生高利润，高利润反过来进一步支持高水平服务。

如图 9-1 所示，核心产品、有形产品、附加产品共同构成一个完整的产品，其中既包含有形的部分，也包含无形的部分，从多方面满足顾客的需要。所以说，整体产品的概念体现了以顾客为中心的营销观念。

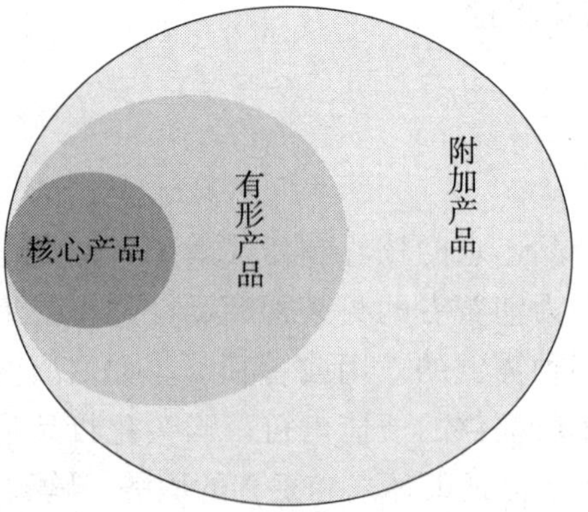

图 9-1 整体产品概念的三个层次

2. 产品五层次论

(1) 核心产品。

核心产品的概念和三层次划分中的核心产品类似，指产品所包含的核心利益，是产品向顾客提供的基本效用和利益，能够解决消费者的问题或者满足购买者的某种需要。

（2）形式产品。

形式产品是核心产品借以实现的形式，一般指反映产品本质的特点和属性，是我们通常能够观察到的、反映产品内外质量的特性，是产品的外在表现形式，主要包括质量、颜色、款式、品牌和包装等。

（3）期望产品。

期望产品是指基于以往的购买经验和常识，消费者在购买商品时默认或期望得到的与产品一起提供的密切相关的一整套基本属性和条件。在实践中，对于顾客而言，产品的期望层次倾向于包含企业所提供的服务、企业人员的素质以及企业整体形象的综合属性。而对于企业来说，消费者的期望是它们在提供产品时要满足的基本条件，否则可能就会失去消费者的青睐。

（4）附加产品。

附加产品的概念同样与三层次划分中的附加产品类似，指顾客购买形式产品和期望产品时获得的一系列附加利益，一般包括产品说明书、送货、安装、维修、技术培训、质量担保等。这些因素并不在顾客购买商品的最初期望中，但它们往往可以提高顾客的整体满意度。

（5）潜在产品。

潜在产品是指现有产品包括所有附加产品在内的，可能发展成为未来最终产品的潜在状态的产品。从这个角度来看，潜在产品一般指示了现有产品可能的发展前景和趋势。

如图 9-2 所示，核心产品、形式产品、期望产品、附加产品和潜在产品共同构成一个完整的产品。

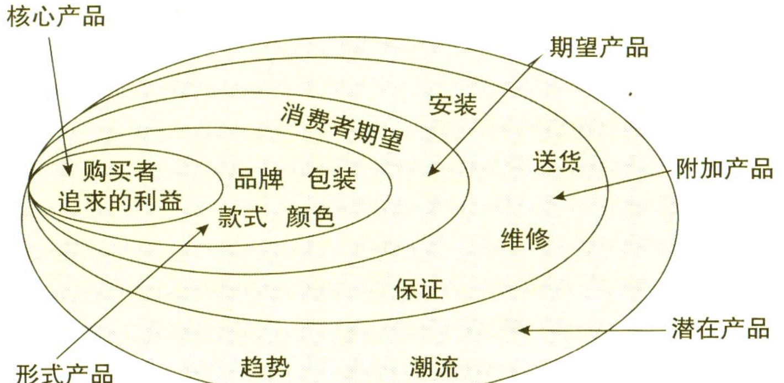

图 9-2 整体产品概念的五个层次

案例 9-3

特殊产品“大学生”的五个层次

在劳动力就业市场中，高校是劳动力市场的供给方，充当“企业”角色，大学生作为高校的产出，可以看作高校“加工”后的特殊产品。用五个层次来分析“大学生”产品可以更好地从供给方的角度出发，找到大学生就业难的根源。

“大学生”产品具体的层次结构：(1) 核心产品：企业雇用大学生的根本目的是吸纳优质人才，为企业创造更多的效益。(2) 形式产品：学生本身就是能给企业带来效益的最基本形式，良好的形象气质和自我表达能力是大学生进入企业的敲门砖。(3) 期望产品：企业期望雇用专业技能过硬、工作态度端正和具有敬业精神的员工。(4) 附加产品：大学生身上附加的能力和特征，如学习能力、环境适应能力和团队协作能力等。(5) 潜在产品：大学生身上还未开发的其他特质，如创新能力和管理型人才特质等。

第二节　产品生命周期与国际市场营销的产品策略

我们每个人都会经历从出生、成长、成熟、老化、死亡的不同的生命阶段。而产品也像生命体一样，要经历从成长到衰退的过程，即也存在着产品的生命周期。产品在不同的生命周期阶段具有不同的特点和营销需求，不同的产品生命周期阶段要求企业采用不同的国际市场营销策略，可以说，产品生命周期是企业制定产品决策的重要依据。因此，企业有必要深入研究产品生命周期理论，认识本企业产品的开发规律，明确产品在不同阶段的营销策略，从而制定长远的产品开发战略，占据有利的市场地位。

产品生命周期是一种理论抽象，对于大多数的产品都是基本成立的，但在现实生活中，也并不是所有产品的生命历程都完全符合这种理论形态。比如有的产品一进入市场就非常受欢迎，直接进入快速成长期而跨过导入期；有的产品则可能越过成长期而直接进入成熟期；还有的产品可能经历成熟期以后，没有进入衰退期，而是由于增加新特性、开发新用途和开拓新市场进入第二个快速成长期，而这也是我们分析产品生命周期理论的价值所在。

一、产品生命周期各阶段的划分方法

1. 销售增长率法

销售增长率法是以产品销售量的年增长率为标准来划分产品生命周期的各阶段。由于产品生命周期的不同阶段，销售曲线表现出截然不同的特点，因此，以销售增长率来划分产品生命周期的各个阶段是具有现实依据的。

具体来说，若以 Δy 表示销售量的增长量，以 Δx 表示时间上的增加量，则销售增长率为 $\eta = \Delta y / \Delta x$。由于产品所处的生命周期的各个阶段与产品销售增长率关系十分密切，通过分析销售增长率的变化情况，就可以判断出产品处于生命周期的哪个阶段。

产品生命周期四个阶段划分的一般标准是：

(1) 若 $\eta < 10\%$，则产品处于导入期；

(2) 若 $\eta > 10\%$，则产品处于成长期；

(3) 若 $0.1\% < \eta < 10\%$，则产品处于成熟期；

(4) 若 $\eta < 0$，亦即销售量逐年下降，则产品处于衰退期。

产品销售增长率的变化特点在产品生命周期的不同阶段有着明显的区别。在导入期，销售增长率很低，但在不断提高；进入成长期后，销售增长率迅速提高，到成长期后期达到最高增速；在成熟期到来的初期，销售增长率还暂时维持在高水平上，但很快达到顶峰并开始下降，下降的速率一般要比成长期增长的速率快一些，最后达到零增长率；再往后，产品的销售进入了衰退期，销售增长率不仅不再提高，而且开始出现负增长，这时，产品就要退出市场了。

2. 家庭普及率法

家庭普及率法，即根据产品在某一地区家庭的平均普及率来判断该产品处于生命周期的哪个阶段。普及率越高，产品的市场潜力越小，产品的市场越趋于饱和。这是根据家庭的平均普及率对某一产品的生命周期阶段进行判断的一种判定方法，此方法主要适用于高档耐用消费品。

家庭普及率一般用历年的销售量来计算。根据历年的生产量或销售量的资料来计算社会平均持有量，就可以求得家庭普及率，计算公式如下：

$$\text{社会持有量} = \text{历年生产累计量} + \text{历年进口累计量} - \text{历年出口累计量} - \text{历年集团购买累计量}$$

$$\text{家庭普及率} = \frac{\text{社会持有量}}{\text{家庭户数}} \times 100\%$$

根据经验数据，按照家庭普及率法计算，产品生命周期四个阶段划分的一般标准是：

（1）家庭普及率小于5%，则产品处于导入期；

（2）家庭普及率在5%～50%之间，则产品处于成长期；

（3）家庭普及率在50%～90%之间，则产品处于成熟期；

（4）家庭普及率在90%以上，则产品处于衰退期。

二、产品生命周期中的产品策略

1. 导入期的特点和产品策略

（1）导入期的特点。

处于导入期时，产品刚刚问世，尚不成熟，人们对其了解不深，大部分消费者仍然保留过去的消费习惯，并不愿意主动接受新产品，因此，除少数追求新奇的顾客外，导入期购买产品的消费者数量很少，因此生产者为了扩大产品的销路，往往需要投放大量的广告和开展大量的促销活动。而同时，企业在产品投入市场之初，还没有建立起理想的营销渠道和高效率的分销模式，定价策略尚不明确，对于生产技术也处于摸索阶段，尚未全部掌握。

（2）导入期的产品策略——突出一个“短”字。

企业在新产品的导入期各项投入巨大，但销售额和利润很低，因此，在产品营销上需要尽力缩短导入期的时间，使产品快速进入成长期。这一阶段营销工作的主要目标应当是：加强促销宣传，重点是介绍这种新产品，使消费者或用户了解产品，鼓励他们试购；灵活选择销售渠道，完善技术，为消费者购买产品提供便利条件，使企业在竞争压力较小的情况下迅速渡过导入期而进入成长期。可见，产品在导入期的营销策略主要是要突出一个“短”字。

根据上述特点和目标，导入期的产品策略主要有四种，即快速撇脂策略、缓慢撇脂策略、快速渗透策略和缓慢渗透策略，如图 9-3 所示。

价格＼促销	高	低
高	快速撇脂策略	缓慢撇脂策略
低	快速渗透策略	缓慢渗透策略

图 9-3 导入期的产品策略

2. 成长期的特点和产品策略

（1）成长期的特点。

当产品在导入期的销售取得成功之后，便进入了成长期。成长期的特点是：消费者对该产品已经熟悉，消费习惯业已形成，销售量迅速增长；产品已经基本定型，产品技术、工艺都日趋成熟、完善，建立了比较理想的营销渠道；随着生产的规模化，生产成本开始降低；竞争者看到有利可图，纷纷进入市场参与竞争，市场竞争加剧，市场价格随之下降；企业为了适应竞争和市场扩展的需要，促销费用会保持稳定或略有提高，但由于销售量大幅增加，平均促销费用显著下降，单位生产成本迅速下降，企业利润迅速增长。

（2）成长期的产品策略——突出一个“快”字。

在产品处于成长期时，企业产品策略的核心是尽快调整营销策略以适应产品生命周期阶段的变化，增加销售量，提高市场占有率，降低产品成本，改进产品功能，并做到居安思危，尽量延长这一阶段的持续时间。因此，这一阶段的产品策略应该突出一个“快”字。

具体来说，企业可以在产品的成长期采用以下产品策略：

1）继续改进产品，保证产品质量、性能、款式、技术服务等，以满足消费者需要，提高产品信誉和竞争力。

2）运用市场细分理论，增加品种、型号、更新款式，以满足各特定消费集团的特殊需要，不断开辟新市场，使销售量向最大高度爬升。

3）增加新的销售渠道和网点，便利购买，将广告的主要目标从导入期的介绍新产品、提高知名度，转向介绍本企业产品的优点和提高顾客的信赖度。

4）在适当的时机可以采取降价策略，以激发那些对价格比较敏感的消费者产生购买动机和采取购买行动。例如，中国市场上的微波炉品牌格兰仕在产品进入成长期后，率先主动大幅度降低产品的价格，使很多达不到规模经济的微波炉企业纷纷退出市场，有效地阻止了新竞争对手的进入，从而在中国市场乃至世界市场为自己打造了一个稳固的

"微波炉王国"。

3. 成熟期的特点和产品策略

（1）成熟期的特点。

成熟期指产品步入大批量生产并稳定地进入市场销售的阶段。国际市场上大部分产品都处于成熟期。这一阶段的特点是：产品普及并日趋标准化，产品技术已完全成熟；随着购买产品的人数增多，市场渐趋饱和，替代性需求是生产的主要动力；产品的销售量增长缓慢，逐步达到最高峰，然后缓慢下降；产品的销售利润也从成长期的最高点开始下降；市场竞争非常激烈，各种品牌、各种款式的同类产品不断出现。

（2）成熟期的产品策略——突出一个"改"字。

1）改变市场策略。这种策略不是要调整产品本身，而是积极寻找产品的新用途、发现新买主、开拓新的目标市场等，以使产品销售量得以扩大。具体来说，有以下几种策略可以选择：①寻找新的使用者。企业可以寻找有潜在需求的新顾客，比如进入新的细分市场，改变产品的市场定位，将产品用于新的领域等，来扩大产品的销售量。②吸引竞争对手的消费者。企业可以尝试争取竞争对手的顾客试用本企业产品，使他们转向购买自己的产品。③鼓励现有使用者增加使用频率或在每次使用时增加该产品的使用量。比如，洗发水厂商可以在包装上标注商品适合每天使用，或给客户暗示，每次洗头时使用两次洗发水比一次更有效。④努力寻找和发现产品的新用途。

案例 9-4

麦当劳品牌的"变脸"

2003 年 9 月 25 日，麦当劳中国全面更新品牌形象，其品牌 LOGO、口号、个性、电视广告及主题歌曲、员工制服等，由原来延续了近 50 年的"常常欢笑，尝尝麦当劳"的温馨感觉，全面更新为"i'm lovin'it"（我就喜欢）嘻哈一派，以时尚现代的价值观来重新阐释麦当劳的品牌理念。这一次品牌大调整并不是简单的"变脸"，而是一次品牌"大换血"，在这次调整中，麦当劳冒险放弃了坚持了近 50 年的"家庭"定位立场，将目标集聚到了家庭母子消费群体和 35 岁以下年轻消费群体，并将策略的中心放在了"年轻人"身上。

麦当劳是以儿童为标杆启动家庭市场的，但儿童并没有直接购买力，麦当劳要借力"非购买力"群体引动"购买力"群体，就必须在"非购买力"群体上投注大量的非营利性成本，这部分成本会随着市场的挑剔而逐步走高。家庭市场已如同鸡肋。而同时以 24 岁到 35 岁为核心的年轻消费群体正在快速崛起。随着社会晚婚晚育和单身独处的现象日益普遍，单身和无子家庭的群体正在迅速壮大，它与麦当劳的家庭市场定位形成了一种此消彼长的替代关系，与传统的利基市场相比，新兴的年轻人市场显得异常优质。

2）改变产品策略。这种策略是通过产品自身的调整来满足顾客的不同需要，比如改进产品的质量、性能、特点、款式，扩大产品的适应性、方便性，为顾客提供新的利益，吸引老顾客增加使用量，争取新顾客。整体产品概念的任何一个层次的调整都可视为产品再推出。具体来说，主要包括以下三个方面的内容：①质量改进。主要指在产品的功能特性上进行改进，例如手机厂商在手机屏幕的清晰度、相机的像素、耳机的效果等方面所做的改善。②特点改进。主要指注重产品的新特点，如尺寸、重量、材料、附件等，扩大产品的多功能性、安全性或便利性。例如在高级轿车中增加泊车辅助系统或自动泊车系统，降低驾驶难度，增加安全性。③式样改进。主要指改进产品的款式，增加产品美观。例如服装企业经常需要按照人们审美的变化推出新的流行款式。

3）改变其他销售因素组合。如扩大销售渠道、增加销售网点、提供新的服务、适当降低价格等，以此刺激销售量的回升，延长产品成熟期。

4. 衰退期的特点和产品策略

（1）衰退期的特点。

由于消费者需求和爱好发生变化，竞争产品大量涌入，出现了更好的替代产品，现有产品将从成熟期进入衰退期。这一阶段的特点主要是：产品销售量急剧下降；企业从这种产品中获得的利润很低甚至为零；消费者的消费习惯已发生改变；市场上已经有其他性能更好、价格更低的新产品问世；大量的竞争者由于无利可图，陆续退出市场；仍然留在市场上的企业也逐渐减少产品附带服务，削减促销预算，以维持最低水平的经营。总之，在产品的衰退期，该类产品的生命周期即将结束，直至最后完全撤出市场。

（2）衰退期的产品策略——突出一个“转”字。

在产品的衰退期，企业的营销局面比较被动，面临淘汰老化产品或继续留在市场上的困难选择。在这个问题上，既要避免无计划地仓促撤退，又要避免留恋老产品的错误态度。企业应该认真分析市场形势，根据产品的不同情况和特点，具体问题具体分析，迅速转变营销策略，让产品以合理的方式退出市场，并将经营重点转向新产品的投入。因此，这一阶段的产品策略应该突出一个“转”字，企业既要转变产品的营销策略，体面地退出市场，也要积蓄力量，转向消费者需要的新产品的研发和投入。

案例 9-5

可口可乐的生命周期

可口可乐是美国佐治亚州约翰·彭伯顿（John Pemberton）医生1885年发明的，他在地窖里把碳酸水和苏打水搅在一起，混合成一深色糖浆。他的合伙人弗兰克·罗宾逊（Frank Robinson）从糖浆的两种成分中激发出命名的灵感，于是有史以来最为成功的软性饮料可口可乐诞生了。

在导入期，可口可乐最初被定位为戒酒饮料，可口可乐本身含有一定量的可卡碱，使得可口可乐在初期上市之后受到了很多医生和报界人士的大肆批评，很多消费者也不断抱怨和抗议可口可乐的药品形象。在这样的环境下，他们对可口可乐开始了新的开发，把可卡碱的数量减少到原有含量的1/10。然后他们又寻找到最佳配方，使得口味更加符合大众的需求。

在成长期，可口可乐公司的利润迅速增长，公司改善产品质量并增加新的产品特色和式样，进入新的细分市场。公司在营销上启用了瓶装革命，把可口可乐装入瓶中，从而打开了遥远的乡村市场。可口可乐的销量直线上升。

可口可乐的巅峰期始于“二战”时期，日军偷袭珍珠港后，美国对日本宣战，被派往前线的美国大兵源源不断。就在这时，可口可乐公司突然意识到想要实现“让全世界喝可口可乐”，参战的美军就是最好的消费者和推销员。可口可乐的大老板当机立断公开发表声明：“为了支持祖国的正义战争，不论我们的将士走到哪里，本公司将不惜成本，保证每位战士只花 5 美分就能喝到一瓶家乡的可口可乐。”可口可乐公司仿照美军使用脱水食物的方式，把可口可乐浓缩液装瓶输出，并设法在驻区设立装瓶厂。可口可乐公司一共派遣了 248 人随军到国外，这些人甚至有军职，被称为“可口可乐上校”，可以和修理飞机坦克的军人相提并论。随后，这批人随军辗转，从新几内亚丛林到法国里维拉那的军官俱乐部，一共卖了 100 亿瓶可口可乐。除了南北极以外，可口可乐在战时总共建立了 64 家装瓶厂。

二战后，可口可乐也进入了成熟期。可口可乐的对手百事可乐也在 20 世纪 50 年代崛起。二强相争，愈演愈烈。可口可乐与麦当劳合作，百事可乐则买下肯德基。可口可乐成为民主党的传统饮料，百事可乐则支持共和党。二者还展开价格战，竞相削价。双方压低成本，提高效率。不过可口可乐还没有进入衰退期，全球化使得它还在大步走向世界。

三、产品生命周期理论对国际市场营销产品策略的实践意义

产品生命周期理论揭示了市场上的产品和我们生物有机体一样，会经历一个从诞生到衰亡的过程。借助产品生命周期理论，我们可以分析判断企业所生产的产品处于产品生命周期的哪一阶段，正确把握产品在这一阶段的特点，并有针对性地采取适合的营销策略，推测产品今后的发展趋势，尽量延长产品生命周期，增强企业竞争力，提高企业的经济效益。

1. 选择目标市场

企业可以通过分析各国同类产品的生命周期阶段，来判断该进入哪国的市场。企业一般应选择处于导入期、成长期、成熟期早期的市场。对于处在成熟期的国际市场要慎重决策、考虑周全，因为处于这一阶段的市场上产品基本饱和，同类企业间竞争激烈，并且消费者的消费习惯和品牌忠诚度基本形成，难以改变，企业进入目标市场将面临进入障碍和激烈的竞争。对于处于衰退期的目标市场则应采取放弃策略，而将资源用在能带来更多利润的地方。

2. 决定营销组合

通过产品生命周期理论，我们可以知道，产品所处的生命周期阶段不同，企业的营销策略就应有所差别，营销组合策略就应相应进行调整。对于一家在不同目标市场销售产品的国际企业而言，企业可以根据各国同类产品的生命周期阶段，分别为各国制定不同的市场营销组合策略。

3. 调整市场的产品销售结构

由于各国产品所处的生命周期阶段不同，各国的产品需求量就有所差异。企业可根据各国市场实际需求量的差异，调整产品的供应结构，避免技术落后，实现利润最大化。如对于产品处于成长期的市场，主要销售技术成熟、性能稳定的常规产品，而对于产品已经处于成熟期的市场，在提供常规产品基础之上，还应该推销在产品性能、功能等方面进行升级的新产品，以保留原有消费者，同时吸引新的消费者入场。

第三节 国际市场营销产品策略

一、国际市场产品的标准化和差异化策略

1. 产品标准化策略

（1）产品标准化策略的含义。

产品标准化策略是指企业向全世界不同国家或地区的所有市场（包括国内市场）都提供同一种产品。实施产品标准化策略的一个重要前提就是全球化。自 20 世纪 60 年代以来，随着全球化的发展，世界各国和地区间在经济、商务、技术等方面的来往日益频繁，联系越来越紧密，消费者的消费习惯和需求特点也趋于一致，世界正在成为一个整体的市场。因此，企业可以将这个日趋一致的全球市场看成一个相同的大市场，不考虑相互之间的差异，只需提供物美价廉的全球标准化产品，获取规模经济效益。

（2）产品标准化策略的意义。

1）产品标准化可以使企业获得规模经济效益。产品标准化策略意味着企业面向全球市场销售相同的产品，产品在全球市场的大范围销售，使得企业在生产、营销、研发等方面均能获得规模经济效益，大幅度降低各个环节的成本，进而提高企业的整体利润水平。

2）产品标准化可以提高企业的知名度。一方面，在全球范围内销售标准化产品，有利于建立产品在世界上的统一形象，强化企业的声誉，有助于消费者对企业产品的识别，从而使得企业产品在全球具有较高的知名度。比如肯德基是一家以产品标准化经营的全球快餐连锁公司，其在世界范围内销售相同的产品，使用相同的标识，提供相同的服务，使肯德基的形象深入人心。另一方面，对不同国家和地区的消费者销售标准化产品，可以满足流动性较强的顾客的需求，让他们买到自己习惯使用的产品，有利于提高顾客对产品的忠诚度和企业的知名度。

3）产品标准化可以延长产品的生命周期。全球各个市场上经济、技术、文化、政治等方面的差异，使得同一产品在不同市场上所处的生命周期阶段可能不同。企业在全球范围内销售同一种产品，就可能出现某种产品在发达地区已经处于衰退期，但在发展中国家或不发达地区可能刚处于成长期或者导入期的情况，这样，企业可以将原有产品直接投入这些尚不发达的市场，从而延长产品的生命周期。

4）产品标准化可以加强企业对全球营销的有效控制。国际市场营销使得产品营销的地理范围大幅扩大，如果经营的产品种类过多，对企业产品进行适应性调整的工作难度就太大。比如，吉列公司在200多个国家或地区销售800多种产品，要做到完全的差异化，难度之大可想而知。因此，吉列公司和其他跨国经营的公司都希望在全球范围内尽量实现产品标准化，加强企业对全球营销的有效控制。

案例9-6

向麦当劳学习标准化

麦当劳在世界各地的任何一个餐厅，柜台都是92cm高（因为最合适人们从口袋里掏出钱来的高度是92cm）；店铺内的布局也基本一致；壁柜全部离地，装有屋顶空调系统；其厨房用具全部是标准化的，如用来袋装的“V”形薯条铲，可以大大加快薯条的装袋速度；用来煎肉的贝壳式双面煎炉可以将煎肉时间减少一半；所有薯条采用“芝加哥式”炸法，即先炸3分钟，临时再炸2分钟，从而令薯条更香更脆；在麦当劳与汉堡包一起卖出的可口可乐，据测在4℃时味道最甜美，于是全世界麦当劳的可口可乐温度统一规定保持在4℃；面包厚度在17cm时，入口味道最美，于是所有的面包做17cm厚；面包中的气孔在5cm时最佳，于是所有面包中的气孔都为5cm。

（3）产品标准化策略的条件。

1）产品的需求特点。全球消费者需求各有特点，但基本上我们可以将需求分为两大类：一类是全球消费者共有的而与所处国别和市场无关的共性需求，另一类则是与各国市场和环境密切相关的各国消费者的个性需求。产品标准化策略是指在全球范围内销售同一种商品，则该标准化产品一定是能够满足全球消费者共性需求的产品。

2）产品的生产特点。企业之所以针对不同的市场销售同一种商品，一个非常重要的原因就是标准化产品可以获得规模效益，降低成本，增加利润。因此，从生产的角度来看，适宜标准化的产品应该是在采购、生产、营销、技术开发等方面能够获得较大规模经济效益的产品。

3）市场竞争环境。市场竞争的激烈程度也会在一定程度上影响国际企业的产品策略。一般来说，若在国际市场上，我们所销售的产品没有竞争对手，或是只有少数的几个竞争对手，彼此之间竞争不激烈，且市场需求足够大，则企业可以采用产品标准化策略。

4）成本-收益分析。确定企业实施产品标准化策略之前必须进行成本收益的预测、调研和分析。因为采用产品标准化策略可以通过技术、生产、营销等方面的一致性获得规模效益，大幅度降低成本，但这需要建立在市场对标准化产品的需求足够大的基础上。

选择产品标准化策略，除了要考虑以上所介绍的几个条件外，还应该考虑到各国的法规要求、技术标准以及各国的营销支持系统等因素。比如有的国家的零售商没有保鲜设施，则新鲜食品就很难在这个国家销售，或者有的国家规定所有啤酒和饮料产品均要实行包装回收，则产品在销往这个目标国时，必须对包装进行改进，否则难以保证标准化产品策略的实施。总之，尽管产品标准化策略对从事国际市场营销的企业有诸多有利的方面，但缺陷也是非常明显的，即标准化的产品难以满足不同市场消费者的不同要求。

2. 产品差异化策略

（1）产品差异化策略的含义。

产品差异化策略是指企业向世界范围内不同国家和地区的市场提供不同的产品，以适应不同国家和地区的特殊需要。如果说产品标准化策略是由于国际消费者存在某些共性的消费需求的话，那么产品差异化策略则是为了满足不同国家或地区的消费者由于所处的地理、经济、社会、文化以及法律环境的不同而形成的对产品不同的个性需求。实施产品差异化策略的一个重要前提就是各国市场环境的差别以及消费者需求的多样化。

（2）产品差异化策略的意义。

产品差异化策略是以消费者需求为中心的现代市场营销理念的集中体现，其最关键也是最重大的意义就是产品可以更好地满足消费者的需求。实施产品差异化策略，即企业根据不同目标市场营销环境的特殊性和需求特点，生产和销售满足当地消费者需求特点的产品。这种产品策略能够更好地满足不同地区消费者的个性需求，有利于企业迅速进入并开拓新的市场，促使消费者产生对本产品的需求偏好，提升消费者对企业的忠诚度，建立企业良好的国际形象。

案例 9-7

坎贝尔公司的产品差异化策略

坎贝尔公司是世界著名的汤制品公司。公司在将产品销往世界各地时，发现各国消费者对汤制品的要求有很大差别。英国人比美国人喜欢苦一点的味道，而且有英国人抱怨坎贝尔公司的汤制品太浓了，因为英国人并不稀释它，他们习惯不加水就喝汤。日本人反对罐装，因为绝大多数日本人是走着去市场，并不喜欢携带沉重的罐子。以色列人和意大利人偏爱奶油西红柿汤，德国人喜欢米汤，哥伦比亚人想要汤中含有香料，而澳大利亚人则喜欢南瓜乳酪汤。于是，坎贝尔公司向不同国家的顾客提供不同的产品。

坎贝尔公司把它的 15 种汤作为真正的汤向阿根廷人做广告，强调汤的一系列新鲜成分。他们了解到平均每个波兰人每周要消费 5 碗汤，这是美国的平均数的 3 倍，而波兰人喝的汤有 98%是在家里制作的，坎贝尔公司就推出 8 种浓缩的 zupa 汤和 flaki 汤，这是辛辣杂碎汤。同时，在向波兰有工作的母亲做广告时强调其产品的方便性。坎贝尔公司在墨西哥销售 Cremade Chile Pablano 汤，因为墨西哥的家庭人数较多，所以坎贝尔公司在墨西哥用大罐子装上足够 4～5 人食用的汤出售。

1991 年坎贝尔公司在中国香港开设分店，因为香港人每天要喝一碗汤，是世界人均喝汤最多的。坎贝尔公司努力为满足 20 亿亚洲消费者的口味而调整汤谱。公司在中国推出的主要是豆瓣汤、鸭胗汤、扇贝肉汤、胡萝卜汤以及时令汤等。坎贝尔公司在东亚地区供应玉米汤和鸡汤等，但不提供狗肉汤和鱼翅汤。

（3）产品差异化策略的条件。

1）目标市场的强制性要求。

各国政府为了保护本国消费者的利益，维护已有的商业习惯，会对国外进口的产品制定一些特殊的法律、规则或要求，这些要求有些是永久性的，有些是临时性的。若企业需要向这些国家销售商品，则必须调整自己的产品以适应目标市场的这些强制性要求，否则产品根本就无法在该国家或地区进行销售。可以说，这时企业调整产品以适应目标市场的产品差异化策略，就是产品进入该国家市场的必然选择。

案例 9-8

《中华人民共和国计量法》中的规定

国家采用国际单位制。国际单位制计量单位和国家选定的其他计量单位，为国家法定计量单位。目前，除个别特殊领域外，一般不许再使用非法定计量单位。我国出口商品，除照顾对方国家贸易习惯约定采用公制、英制或美制计量单位外，应使用我国法定计量单位。我国进口的机器设备和仪器等应使用法定计量单，否则，一般不许进口。如确有特殊需要，也必须经有关标准计量管理部门批准。

目标市场的强制性因素是国际企业实施产品差异化策略的最基本的条件，因为在这些强制性因素作用下，企业不得不对产品进行调整以适应市场。

2）目标市场的市场环境。

企业在进行产品策略选择时，需要考虑的目标市场环境因素主要包括以下几个方面：

①文化环境。

目标市场文化环境的差异是企业改变产品，实施差异化策略的一个重要原因。文化是影响消费者对产品认知以及购买行为的重要因素，处于不同文化环境中的消费者对产品的需求差异主要体现在价值观、道德规范、行为准则、宗教信仰、消费偏好以及使用模式等方面。国际目标市场的消费者是否接受进入本国的产品，很大程度上取决于产品与目标市场文化环境的适应性或者可以直接说与消费者需求的适应性。

案例 9-9

宝洁公司在日本市场的文化适应问题

在 20 世纪 80 年代早期，日本家庭主妇通过电话广告购买尿布。宝洁公司采用的是日语配音的纯正美式商业广告。婴儿尿布本身也是根据美国人的喜好设计的，没有考虑到日本的父母比美国的父母更频繁地更换婴儿的尿布，尿布吸湿性也较差，结果损失了上百万美元。痛定思痛，宝洁公司引入了一种吸水性更强的一次性尿布——Uta 尿布，其设计目的是使婴儿保持干爽的状态。

由于日本家庭的柜架壁橱的空间很小，宝洁还将其尿布改进得更薄，这样就能装在一个更小的盒子里出售，并要求在日本的任何经理必须学习日语、日本文化，与经销商建立较密切的私人关系。

同时，宝洁还确保其公司名称在所有的包装、广告上都用日文标出，因为日本消费者更喜欢那些为其所购买的品牌开展营销活动的公司。所有这些变化的结果是，宝洁公司成为日本一次性尿布市场的领先者，年销售额很快达到10亿美元的高峰。

---

②消费者的收入水平。

各国消费者收入水平的高低在很大程度上影响消费者对产品效用、功能、质量、包装以及品牌等的要求。收入水平低的消费者通常注重对产品最基本的性能的要求，如要求产品价格低廉，经久耐用，而对包装、品牌则不太注重。而收入水平高的消费者则更多地追求产品优质、包装精美、品牌知名度高等。

案例9-10

美国热水器巨头A.O.史密斯的节能技术牌

美国热水器巨头A.O.史密斯刚刚进入中国时，发现当时大部分中国消费者收入水平不高，消费者为了省电以节省开支，会频繁地拔插插头。电是省了，但很不方便，而且无法随时享用热水。结果，热水器只是在洗澡时使用，因为洗澡还值得“兴师动众”一下。而洗碗、洗菜、洗手、洗衣服的时候，热水器就被遗忘了。

针对当时中国消费者的收入水平和生活习惯，A.O.史密斯研制出了AES自适应节能系统。AES自适应节能系统能够按照用户的使用习惯提前预先加热。而在非用水时间AES则启动中温保温方程式，根据设定温度计算出最节能的保温温度，减小热水器内外温差，因而大大减少保温加热次数，真正做到不拔插头更省电，结果受到了中国消费者的欢迎。

---

③消费者的受教育程度。

目标市场上消费者的受教育程度也会在一定程度上影响消费者对产品的偏好。如发达国家的消费者平均受过十年以上的正规教育，并且生长在一个高度商业化、工业化和技术化的社会中，他们文化水平高，能够掌握和使用功能多样、技术复杂的产品。而在一些贫穷落后国家，消费者受教育的程度和范围有限，甚至还有文盲的存在，他们往往难以掌握和使用技术复杂的产品。因此，将产品向这些地方推广的时候，产品和产品的推广宣传手段都需要加以调整。

3）市场竞争激烈程度。

一般来说，如果在国际市场中本企业的产品有多个实力不俗的竞争者，彼此间竞争激烈，那么企业往往会通过产品差异化策略来获取竞争优势，以求在激烈的市场竞争中突出自己产品的优势。这是因为产品差异化策略所提供的产品更加符合目标市场消费者的需求，而在激烈的市场竞争中，谁能获得消费者的青睐，谁就更有可能获得成功。比如，面对富士胶卷的激烈竞争，柯达公司对销往日本市场的胶卷加重鲜艳色调，以适应日本消费者的偏好。

4）成本-收益分析。

和产品标准化策略一样，企业在确定实施产品差异化策略时也必须进行成本-收益分析。若采用产品差异化策略，则由于企业在产品研发、技术投入、产品改造、差异营销等方面的投入，往往需要追加成本，而且同时丧失了产品标准化策略中规模经济所带来的好处。但有针对性地向不同市场提供差异化产品，由于这些产品更加符合消费者的需求特点，因此往往可以提高产品的销售量。这样，就需要综合分析企业在多个市场上的销售额、成本、收益等情况，来确定产品差异化策略的实施是否会使得企业得益，增加利润。同时在进行产品差异化策略的成本-收益分析时，还应该注意考虑长期利益而不是短期利益。

5）企业的综合能力。

产品差异化策略要求企业为不同市场提供差异化的产品，如果企业涉及国际市场范围不断扩大，则经营产品种类数量也会持续增加，那么对企业差异化产品的适应性调整工作的难度就会大幅增加，对企业的技术、生产、营销等的综合能力提出了更高的要求。首先，实行产品差异化策略的企业需要鉴别各个目标市场的环境差异和消费者的需求特征，这对企业的市场调研能力提出了更高的要求；其次，要针对不同的国际市场开发设计不同的产品，要求企业的研究开发和技术创新能力要跟上；最后，企业生产、销售和营销的产品种类增加，其生产成本和营销费用都将高于标准化产品，企业的整体管理统筹能力也将加大。因此，企业在选择产品差异化策略时，应该整体分析自身综合实力，综合判断后再做出选择。可以说，企业的综合能力是企业选择产品差异化策略的现实条件。

3. 产品标准化策略和产品差异化策略的选择

对国际化企业而言，国际市场产品标准化策略和产品差异化策略各有优势和不足，采用何种产品策略，需要综合考虑国际市场的宏观与微观营销环节，关注产品策略实施条件，并根据企业资源情况与国际市场营销目标做出选择。在国际市场的产品策略方面，标准化与差异化的争论始终在进行，而且将继续进行下去。其实从国际市场营销的实践结果来看，产品标准化策略与产品差异化策略都有过很成功的范例：如一般美国、韩国以及西欧等一些国家和地区的大型跨国公司多实行产品标准化策略，而日本由于很好地实行了“灵活生产体系”，能够根据市场需求，在同一生产线上生产出小批量、多品种的“系列产品家族”，所以可视为产品差异化策略的成功范例。

二、国际市场营销产品策略的种类

产品进入国际市场，有产品标准化策略和产品差异化策略可以选择，而产品最终进入国际市场往往还需要与产品的促销策略结合起来，才能达到预期效果。国际市场营销产品策略就是指将国际产品的标准化和差异化策略与国际产品的促销策略相结合而产生的各种产品营销策略组合。美国学者沃伦·基根（Warren Keegan）教授就按照国际市场产品和促销的不同组合，将国际企业进行产品市场地理空间扩张的策略分为五种，具体如表 9-1 所示。

表 9-1 国际市场营销中产品与促销的组合

促销＼产品	不改变	改变	发展新产品
不改变	1. 直接延伸	3. 改变产品	5. 产品创新
改变	2. 改变沟通方式	4. 双重改变	

1. 直接延伸策略

直接延伸策略就是企业对产品不做任何改动，直接将其推入国际市场，并在不同的市场上都使用相同的促销方式。这是一种最为简单、经济的市场拓展策略，也就是我们所说的直接向海外出口商品的产品标准化策略。这种产品策略的好处之前也提到过，即生产和营销具有规模经济效益，可以有效降低成本，统一广告宣传方式，在国际上树立相对统一的形象，提高产品和企业的知名度。

2. 改变沟通方式策略

国际市场上消费者的需求状况各有不同，有时即使是对同一种商品，消费者也会结合自身特点出现多样化的需求。就比如自行车在我国主要是一种基本交通工具，而在美国则主要是满足消费者健身、休闲和娱乐的需要。因此，企业向国际市场推出同一种商品时，可以根据不同的目标市场中消费者的需求特点，采用适宜于当地消费者的促销方式进行宣传、促销，突出不同的文化价值观，改变广告内容和形式，往往能达到好的效果。

3. 改变产品策略

这种策略是指企业根据国际上不同目标市场上顾客的不同需求，对国内现有产品进行部分改动，以适应该市场上消费者对产品的偏好，但保持促销内容和方式不变，向消费者传递的产品信息不变。采用这种策略的原因是：有些产品对各国消费者来说，其产品用途和功效在国内外市场上基本相同，只是由于顾客的消费习惯和产品使用条件略有差异，企业需要对产品做出改动，以适应不同市场消费者的需要，产品的改进只涉及产品的式样、包装、色彩和服务等，而对产品功用的宣传内容和宣传方式保持不变。

4. 双重改变策略

这种对产品和促销进行双重改变的策略是指对进入国际市场的产品和促销方式都根据国际市场的需求特点做出相应的改变，既对产品进行改进，同时也进行促销策略的调整。当产品的用途和使用条件在不同目标市场均不相同时，比较适宜使用此种策略。

5. 产品创新策略

企业在国际化的过程中，有时会出现由于不同国家和地区间市场环境和消费者的需求差异较大，仅仅依靠对现有产品的更改已经无法满足国外市场需要的情况，这时为了更好地开拓国外市场，满足国外用户的需求，就需要专门为国外市场设计和开发新产品，并配合新的促销手段。产品创新策略就是针对这种情况所实行的产品策略，指企业针对目标市场研究和开发新产品，并配以专门的促销策略。

第四节 国际新产品开发策略

一、国际新产品的内涵

1. 国际新产品的概念

新产品一般是指采用新技术原理和新设计构思、研制、生产的全新产品，或在结构、材质、工艺等某一方面比原有产品有明显改进，从而显著提高了产品性能或增加了使用功能的产品。而市场营销学中使用的国际新产品的概念不是从单纯技术角度来理解的。从市场营销角度出发，只要对产品整体中的某一部分，如产品结构、性能、材料、技术特征等有显著的改进、提高，即为新产品。

2. 国际新产品的分类

（1）全新新产品。

全新新产品主要指应用现代科技成果研制的具有新原理、新技术、新结构、新材料的产品。这些产品投放市场后需要一个被消费者或用户接受和普及的过程。例如电视机、收音机、电话、汽车、飞机、火车、计算机等在发明时都属于全新新产品。全新新产品的研究与开发往往伴随着科学技术的重大进步，并对社会生活产生重大的影响。但全新新产品的开发一般需要投入大量的人力、物力、财力和时间，风险大，难度高。

（2）换代新产品。

换代新产品主要指在原有产品基础上，采用新技术，使产品性能显著提高且产生新的用途，为消费者带来新的利益的产品。例如洗衣机从单缸洗衣机发展到双缸洗衣机，再到全自动洗衣机；电视由模拟电视发展为数字电视；又如计算机自从面世以来，已经经历了从电子管、晶体管、集成电路到大规模集成电路的多次换代演变过程。消费者对这类新产品的认识过程较短，影响普及速度的主要因素是价格。

（3）改进新产品。

改进新产品指对原有产品进行改造后形成的产品。例如，通过改造提高产品的质量、增加功能、改进款式、增加花色品种、提高加工精度、使结构更合理等。例如手机增加照相和播放音乐的功能；普通的U盘改成MP3音乐播放器；电视机的画中画功能；电熨斗增加蒸汽喷雾功能等等。这类新产品并没有本质上的革新，受技术限制较小，改进成本较低，在市场上易于被接受和普及。

（4）仿制新产品。

仿制新产品指对市场上已有的产品进行引进或者模仿生产的产品，也就说，这种产品在市场上已经存在，对市场来说不是新产品，但对于这个企业来说属于新产品的范畴。仿制可以是部分仿制、局部仿制，也可以是全部仿制。企业仿制新产品一般投入少，风险小，开发时间短，开发成本低，但由于是仿制已有商品，一般掌握不了核心技术，受制于人，同时也要注意仿制行为是否合法。

二、国际新产品的开发过程

1. 构思

国际新产品开发的成功，首先来自具有创见性的构思，它是开发的起点。企业进行构思或设想的过程，应以满足消费者需求为出发点，即在研究、分析消费者需求的基础上形成研制新产品的概念并付诸实践。构思过程中除需要搜集、分析大量有关国际信息情报外，还要从以下途径启发构思：

（1）消费者或用户的需求点是构思的主要来源，在此基础上发展起来的新产品成功率很高。

（2）科研机构、技术市场中的先进科学技术不仅提供了创新产品的手段，也为构思新产品提供了有益的启示。

（3）分析国外竞争品的优点、畅销原因，可以博采众长。

（4）搜集国外的情报资料，掌握国外已有而我们还没有的产品，根据国外市场需求改进本企业产品是构思的重要方面。

2. 筛选

并不是所有构思都具备成功进入市场的机会和条件，必须对构思进行筛选，即对构思进行分析与评估，剔除与企业发展目标和资源不协调的新产品构思。筛选应主要考虑以下标准：

（1）新产品的潜在需求量；

（2）企业技术、设备、管理能力等的适应性；

（3）企业财力、推销能力的适应性；

（4）同企业竞争优势的结合程度；

（5）同企业发展目标的吻合程度。

3. 市场分析

市场分析要回答以下问题：

（1）该产品出口能够以何种方式、在多大程度上给国外顾客以满足；

（2）它同国外现有同类产品相比，有什么优点；

（3）该产品的消费者是如何分布的，目标市场的容量有多大；

（4）新产品投放市场后，竞争对手会采取什么策略，竞争者进入该市场的可能性及市场占有率有多大；

（5）新产品的售价、利润和资本收益率如何；

（6）该产品近期是否会被取代，市场细分以后是否会失去销路等。

市场分析的目的在于明确产品的目标市场，以审核新产品是否符合企业的发展目标。

4. 产品设计

（1）新产品本身的设计，使之具有新产品概念所规定的所有特性，技术上可行，经济上合理；

（2）设计产品品牌名、商标、包装、装潢，以美化和保护产品。

5. 产品研制

（1）样品试制：要解决试制中遇到的各种技术问题，并检验产品性能是否达到设计要求。

（2）小批量试制：要解决进行批量生产的技术问题，是为正式投产进行生产工艺、生产组织等各项准备工作的阶段。

6. 市场试销

市场试销又称市场检验、市场测试，即把研制成功的新产品投入经过挑选并具有代表性的小范围市场进行销售试验。例如，把产品介绍给具有代表性的消费者和经销商，了解顾客对产品的反应和意见，以便改进产品和预测市场销售量。

7. 正式投入市场

企业在经过市场试销、获得充分信息的基础上，最后做出是否进行大批量生产并投入市场的决策，一旦决定即应抓紧时间尽快投放产品。这一阶段，企业要就投放时间、地点、目标市场进行决策，并制定适当的营销组合策略。

三、国际新产品开发的影响因素、 风险与策略类型

1. 影响国际新产品开发成功的因素

（1）产品因素。

1）产品的相对优点。即新产品同市场上现有产品相比，应在质量、性能、价格等方面具备一定优点，优点越明显，越易于推广。

2）产品的适应性。即产品是否适合国外市场的社会文化环境、消费习惯、价值观念等。当创新产品与目标市场消费习惯、社会心理、产品价值观相适应或较为接近时，则新产品普及率高，成功可能性大；反之，则可能失败。

案例 9-11

遭遇失败的新产品

在 20 世纪 60 年代，意大利奥利维蒂公司的打字机设计在欧洲受到消费者的青睐，但这种打字机在美国并未取得商业上的成功。美国的消费者想要的是一种笨重的打字机，他们以体积和重量作为质量的衡量标准，而这以现代欧洲的标准来看则是丑陋的。因此，奥利维蒂被迫在美国改变了它曾在欧洲获得赞赏的设计。

又如，可口可乐公司在日本推出的“减肥”可乐也没有成功，因为在日本减肥并不是一件好事，日本妇女不愿意让别人看到她们喝标明“减肥”的饮料，公司只好将“减肥”可乐易名为“轻松”可乐。

3）产品的简易性。即产品结构和使用方法的复杂程度。产品使用简便易行，可以缩短消费者的接受过程，有利于新产品的推广和扩散，消费品尤其如此。

4）产品的可分割性。即产品应使用可分割的包装，以适应国外市场不同的购买力和消费习惯。调查表明，新产品的可分性越强，市场接受也越快。

5）产品的易传播性。即指新产品的性质或者优点是否容易被人们观察和描述。新产品的优点和性能越容易被感知和传递，则新产品将越快普及。例如，德芙巧克力在进入中国市场时，在电视广告中强调其特点是“滑得像丝一样”的“丝般感受”，由于其明确、具体、容易感知的特点，该产品得以迅速在中国市场上扩散。

6）产品的可试用性。消费者在购买新产品时，也要承担一定的风险，因此会有所顾虑。如果企业能够采取便于消费者试用的某些方法，如发放赠品、示范、组织参观等，可以推动产品的销售，有利于新产品的扩散和成功。

7）产品的经济性。这主要是从生产企业角度考虑，新产品应具备便于制造和具有良好经济效益的特点。新产品应结构合理，形状和精度便于加工，以利于提高生产率和保证产品质量。工艺应尽可能与本企业生产条件结合，以充分利用现有设备，减少生产准备工作。产品应具有较高的继承性，即标准件和通用件在产品中所占比重应较大，以利于降低成本。

（2）市场因素。

1）顾客的消费观念。

顾客的消费观念主要指目标市场上消费者对待新产品的态度和普遍接受程度。如果目标市场的消费者思想比较开放，具有较强的创新精神，容易和乐于接受新鲜事物，新产品的普及和推广就会比较容易。如果目标市场的消费者观念保守，对新产品普遍持怀疑和拒绝的态度，则新产品往往难以推广和普及。

2）顾客的消费水平。

顾客的消费水平决定了顾客是否有购买新产品的能力和物质条件。一般来说，一个国家或地区的经济收入水平越高，顾客的消费水平和消费能力越强，则他们对新产品的接受能力越强。反之，消费水平较低的顾客，接受新产品的可能性就越小。

3）市场竞争状况。

市场竞争状况主要指目标市场上生产同类产品的企业间竞争的激烈程度。若目标市场上已经存在类似或者相同的产品，并且相互之间竞争激烈，则会影响新产品的进入和推广。而若目标市场上此类产品尚属空白，或市场供应品种少，竞争不激烈，则消费者可选择的商品少，愿意尝试和接受新产品的可能性就大。

（3）组织因素。

1）创新团队。

新产品开发是企业创新团队共同努力的结果，创新团队的组织和运作方式对新产品开发的结果具有重大影响。一般来说，一个有效的创新团队应该满足以下特点：①每一个新产品开发项目都有一个明确的项目团队负责；②项目团队是跨职能的，成员来自研发、销售、营销和运营等多个相关部门；③项目团队全程跟进项目，对新产品项目的最终结果负责；④项目有明确的负责人；⑤项目成员彼此间共享信息。

2）创新环境。

积极的创新环境对新产品开发的最终结果具有重要的影响。积极的创新环境主要具有以下特征：①企业有明确的创新战略规划，明确指导新产品的开发活动；②高层管理者对新产品开发活动高度认可和支持；③企业具有鼓励创新活动的氛围；④企业奖励或认可新产品的成功，而并不对失败的创新活动进行惩罚；⑤企业认可团队而非个人的努力；⑥企业鼓励创新团队间的沟通和交流，并为信息共享创造条件。

3）高层管理者的支持。

高层管理者对新产品开发活动的支持是成功的关键因素。高层管理者可以从以下几方面为新产品开发提供重要支持：①为产品创新制定愿景和目标；②为新产品开发提供必要的资源支持；③参与新产品开发的全过程并及时做出鉴定的决策；④创造有利于创新的组织氛围；⑤向新产品开发项目团队做出资源承诺和后续的奖励承诺。

（4）信息技术因素。

新产品开发是一家企业保持自身竞争力的关键手段，在企业进行新产品开发的过程中，需要有可靠的信息技术作为保障。信息技术是整个企业经营必备的管理技术，用以提供数据分析与决策支持。

首先，企业信息技术是新产品开发的决策基础。在信息时代的背景下，企业信息技术的应用能够为新产品开发搜集市场信息、需求情报以及专利技术等方面的内容，从而为新产品开发的决策提供可靠依据。同时企业信息技术也可以为新产品的设计、试销和投产等每一阶段提供信息反馈，从而及时发现问题并采取针对性措施。

其次，企业信息技术是连接新产品开发各环节的纽带。企业开发新产品需要多个部门的共同参与，而各部门之间的协调工作就需要借助企业信息技术来对各个部门的工作进行调度。如将新产品开发的指令、任务以及要求传递到各个单位；将各个单位在新产品开发过程中出现的问题及时反馈；等等。

2. 国际新产品开发的风险

（1）国际环境变化的风险。

新产品从最初的设想开始，到最后投放市场，中间需要经历相当长的时间，在这段时间，最初企业所识别的适合新产品的环境因素可能发生变化，使得新产品面临和预计情况不同的市场环境，从而影响到新产品的销售和普及。

（2）市场预测不准确带来的风险。

新产品开发的一个重要依据就是产品开发前的市场调查和市场预测。如果在最初的阶段，市场调查不够全面，或者由于市场需求和市场环境的变化而造成最初的市场预测出现误差，就可能出现高估市场规模的情况。过高地估计市场容量，企业就可能做出错误的决策，新产品投入市场就无法获得足够的利润回报，甚至难以收回投资。

（3）资金风险。

新产品开发是一项耗资巨大的工程，从最初的市场调研、构思、研制到最终的投放市场，需要投入大量的资金，成本惊人。而资金风险就是指新产品开发过程中，开发费用过高，企业出现资金供应不足，从而导致新产品开发的风险。企业开发资金供应不足，会导致新产品的开发过程中断，其技术也会随着时间的推移而贬值，或者被其竞争对手所超越。这样，不仅新产品的开发面临夭折，企业的初始投资也白费了，会给企业带来巨大资金损失。

(4) 技术风险。

新产品开发过程中往往会使用新技术、新方法，这对企业的技术水平和运用技术的能力也提出了高要求。如果企业由于获取新技术难度较大、自身技术水平不足或者对技术革新程度的认识不足，而使得企业研究的新产品无法达到预期技术指标或者预期品质要求，无法突出新产品的优势，满足消费者的需要，那么就会造成新产品开发的失败。

(5) 市场竞争风险。

随着经济的全球化，企业面临的市场竞争日益加剧。市场竞争风险指新产品投入市场后，由于市场竞争加剧而无法获得预期收益目标的风险。比如，新产品投放市场后，发现竞争企业也开发了类似的新产品品类，新产品遇到预期外的竞争，造成销售额和利润的下降。再如，新产品投放市场后，获得了预期的收益，但竞争对手迅速模仿本企业的产品，使该产品加速进入成熟期，面临激烈的市场竞争，价格下降，无法获得预期的利润。同时，由于竞争的加剧，企业不得不把新产品对准更小的细分市场，导致市场过度分化，面对的市场规模变小意味着企业的销售额和利润都要下降。

3. 国际新产品开发策略类型

(1) 自主创新策略。

自主创新策略是一种独创性的新产品开发策略，指企业根据国内外市场情况和顾客的需要，或者针对现有产品存在的问题，依靠自己的研发力量，从根本上探讨产品的原理和结构，开展有关新技术、新材料等方面的研究，产生技术突破，攻破技术难关，并在此基础上研制出具有本企业特色的新产品，完成技术的商品化，获取市场的创新收益。自主创新策略的核心就是标新立异，人无我有，人有我新，勇当某个或某些领域的“领头羊”。

(2) 模仿创新策略。

模仿创新策略是指企业通过学习模仿市场上已有的新产品，引进并破译其核心技术，加以消化、吸收和改进，进而推出自己的新产品的过程。注意这里的模仿绝不意味着单独地照搬照抄，其核心在于模仿之后的创新，即企业在模仿的同时，要根据市场需求和自身特点进行改进和创新，形成自己独特的新产品。模仿创新策略的优势在于：可以减少研发阶段所需要的大量早期投入，吸取以往企业的经验教训，有针对性地对已有产品进行改进和创新，利用其他企业已经开辟出的市场和为消费者建立的消费习惯，降低新产品投入市场所面对的风险，花费时间短，成功率高。

案例 9-12

日本松下公司的模仿创新策略

日本松下公司在其早期研究与开发方面大多采用模仿创新策略。当他们发现索尼公司发明了“贝塔马克斯”牌录像机，并在市场上取得成功后，马上组织力量对索尼产品的结构造型、功能原理、工艺材料等进行全面剖析，从中发现了两个缺陷：录像容量小和放映时间短。松下公司通过仿制和改进，不仅克服了这两个缺陷，而且提高了性能，降低了售价，低于索尼公司同类产品10%～15%，获得了成功。

（3）合作创新策略。

所谓合作创新策略，是指企业与企业之间或企业与研究院所或高等院校之间合作开发新产品。双方以开发新产品为最终目标，以合作为基础手段，以资源互补为核心，共享成果，共担风险。合作创新策略的优势在于：不同的合作主体之间实现资源共享、优势互补，集思广益，各自发挥自己的优势特点，缩短新产品开发时间，促进新产品的开发完成；在合作方间分摊成本，分散开发新产品带来的风险；有助于打破技术和市场壁垒，获取合作伙伴的技术和经验，在产品开发过程中，促进企业自身技术能力的提升。不足之处主要在于企业无法完全按照自己的需要全面控制研究开发过程，不能独占研究开发成果，合作伙伴有权共享新产品开发和投入市场带来的收益，难以获得市场上的高额垄断利益。

案例 9-13

日本索尼公司合作创新策略

日本索尼公司和荷兰飞利浦公司通过合作创新策略开发新产品取得了成功。飞利浦公司与日本公司合作的基本动机就是要建立全球统一的产品标准。如 CD 技术要求使用激光在高密度光盘中储存声音，这项技术是由飞利浦公司发明的，而主要的 CD 制造商却是日本公司。虽然索尼公司在 20 世纪 70 年代花费了大量研究开发费用，但却是在 1977 年飞利浦公司为其提供了合作开发的机会以后，才取得了实质性进展，开发了畅销的迷你 CD 机。

（4）购买引进策略。

购买引进策略是指企业在开发新产品时，该产品在国际上已有成熟的开发和制造技术可以借鉴，为了尽快掌握核心技术，完成新产品的开发和市场投放，企业通过购买专利技术、特许经营权等方式，将国外已成熟的先进技术引进用于开发新产品，或直接利用引进的设计资料进行试制。这种购买引进策略的优势在于：为企业节省大量的研发经费，弥补企业在技术方面的不足；加快新产品开发进度，节省时间，尽快缩短与竞争对手之间的距离；以有偿转让的方式引进技术，可最大限度地避免未来的知识产权风险；引进的技术已经过市场检验，降低新产品开发的风险。

案例 9-14

日本企业的购买引进策略

日本企业曾经运用购买引进策略非常成功地从西方获取了大量产业技术，并促进了本国企业技术水平的提升和新产品的开发。日本政府曾制定了“以引进带制造促出口”的政策，日本企业对引进技术“国产化”的意识非常强，“一号机引进，二号机国产，三号机出口”成了他们行动的准则，像佳能、奥林巴斯等照相机，都是以莱卡等名牌产品为解剖对象进行研究模仿，并都在国际市场上超越了这些名牌产品。

第五节　商标、包装、保证和售后服务

一、商标策略

商标是企业使自己生产或销售的产品区别于其他商品的标志，可以由文字、图形或它们的组合构成。商标是品牌的图案化，一种商品的牌子只有图案化为商标后，才能按照商标法进行注册和受到法律保护。消费者和用户一般都倾向于购买具有名牌标记的商品，对商标的选择性比较强。

企业是否在自己的产品上使用商标，要根据产品特点而定。下列情况可以不使用商标：一是无差别产品，它们并不因生产者不同而形成商品特点，如钢材、水泥等；二是消费者习惯上不依据商标进行购买的商品，如食盐、食糖等；三是生产简单、无一定技术标准的商品；四是临时或一次性生产的产品。

在使用商标时，为了充分发挥其促销作用，商标设计应符合以下原则：（1）具有特别的标志力，与其他产品的商标有显著区别。商标的混同会给顾客造成由其他产品带来的错觉。（2）构思新颖、美观大方，这样才能产生吸引力。应当注意的是，在审美判断方面不能以我为主，要注意当地的风土人情，符合当地市场的消费习惯等。（3）具有一定意义，反映企业或产品特色，商标的牌名、图案设计应能促使顾客产生与其消费心理、消费习惯相吻合的联想，形成对商品的良好印象。（4）简洁、鲜明、易于辨认和记忆，以期吸引顾客的注意力，给他们留下深刻印象。

二、包装策略

1. 类似包装策略

类似包装策略又称一致性包装策略，指企业对所生产的各种产品，在包装上都采用相同的图案、色彩、外形或其他共同特征。它具有与使用统一商标相似的优点，使顾客易于认定它们是同一企业的产品，借以树立企业形象，促进新产品的销售，并可节省包装设计等费用。但它只适用于质量水平相同的产品，否则会对优质产品造成不良影响。

2. 配套包装策略

配套包装策略又称一揽子包装策略，指把几种用途相关联的不同类型或规格的产品组合在一起包装、出售，便于消费者购买和使用，如化妆盒、工具箱等。也可以用这种方式将新产品与现有产品放在一起，使消费者在不知不觉中接受并习惯使用新产品，带动产品销售。

3. 复用包装策略

复用包装策略又称双重用途包装策略，即包装本身具有某种使用价值，在商品用完后，包装还可转作他用。这种包装策略能吸引消费者的兴趣。因为包装上有企业的标记，所以它还可以起到广告宣传的作用。

4. 改变包装策略

改变包装策略是指企业在不改变产品质量的情况下，通过改变包装来促进产品销售。有时它可以起到与改进产品质量相同的效果。特别是当企业的产品销售不畅，或原包装使用时间较长已不能适应市场变化而显得陈旧时，可以考虑采取这种促销策略。但对消费者已经习惯并具有声誉的产品，为了便于消费者识别，则不宜改变包装，而应采取固定包装策略。

三、保证和售后服务策略

保证即卖方向买方承诺，如产品质量、性能达不到规定要求，负责修理或退换。售后服务的主要内容是对产品提供维修服务。保证和售后服务的做法对耐用消费品和机械、设备类产品的销售尤为重要。保证期较长的产品更容易推销，价格也可以稍高。企业对产品的保证，采取购物时向购买者发放承担保证责任的保证书的形式。为了提高保证的效果，应在购买者所在地设有代理、代销机构或维修点。售后服务是从属于产品销售的业务，应从促进销售、树立企业形象和长远利益出发，切实承担起对产品缺陷进行维修、退换的责任，对使用不当造成的损坏也应负责修理，并尽可能降低收费。

本章小结

产品是营销组合中最重要也是最基本的因素，国际市场产品策略是国际市场营销组合策略的核心内容。

市场营销的第一条定律是“了解顾客”，第二条定律就是“了解产品”。要对产品进行有效的管理，营销人员首先要对产品的内涵有全面的了解，市场营销中的产品应该是一个整体产品的概念，同时产品按照不同的标准可以划分为不同的类型，企业可以有针对性地为不同种类的产品制定不同的营销策略。在产品管理过程中，营销人员还需要理解产品生命周期的概念，明确产品生命周期的划分，并为处于生命周期不同阶段的产品制定相应的产品营销策略。国际营销企业在面对国际市场时，还要做出产品标准化策略和产品差异化策略的选择，产品标准化策略和产品差异化策略各有其意义和实现的条件，企业应该结合产品、市场和环境等多方面因素做出选择，而且需要注意的是，这两种策略往往是混合使用的。确定了产品进入国际市场的策略，就可以和促销手段相结合，最终选择国际市场营销的产品策略。国际新产品开发策略也是国际市场营销策略的重要内容，开发国际新产品要按照一定的过程和流程进行，综合考虑影响国际新产品开发成功的各种因素，注意规避国际新产品开发过程中的风险，做出新产品开发的策略选择。现代市场营销学认为，商标、包装、保证和售后服务等都是整体产品概念中不可分割的组成部分，所以，企业也应该灵活掌握产品的商标策略、包装策略以及保证和售后服务策略。

关键术语

产品　　产品三层次论　　产品五层次论　　整体产品　　产品生命周期

产品标准化策略　　产品差异化策略　　国际新产品　　商标　　包装
保证和售后服务

辅助材料推荐

菲利浦·科特勒，加里·阿姆斯特朗. 市场营销：原理与实践（第17版）. 北京：中国人民大学出版社，2020.

王晓东. 国际市场营销. 6版. 北京：中国人民大学出版社，2022.

吴健安，钟育赣. 市场营销学. 7版. 北京：高等教育出版社，2022.

逯宇铎. 国际市场营销学. 2版. 上海：格致出版社，2018.

谢琼，吴明杰. 国际市场营销. 2版. 北京：北京理工大学出版社，2015.

吴晓云. 国际市场营销学教程. 天津：天津大学出版社，2004.

张建辉，李海琼. 国际市场营销实务. 3版. 北京：高等教育出版社，2021.

本章思考题

1. 如何理解国际市场营销中产品的概念？

2. 简述产品整体概念的三层次论和五层次论，试说明五层次论对国际市场营销产品策略产生了怎样的理论和实践影响。

3. 简述产品生命周期各阶段特点和产品策略的选择。

4. 谈谈产品生命周期理论对于国际市场营销产品策略有哪些实践意义和启示。

5. 试述国际产品标准化策略的含义、意义以及条件。

6. 试述国际产品差异化策略的含义、意义以及条件。

7. 结合本章内容，试论述国际化企业应该如何进行产品标准化策略和产品差异化策略的选择。

8. 国际市场营销产品策略可以划分为哪五种？请简要介绍。

9. 国际新产品开发的过程包含哪几个阶段？

10. 影响国际新产品开发成功的因素有哪些？

11. 国际新产品开发可能存在的风险有哪些？

12. 国际新产品的开发有哪几种策略可以选择？每种策略都有哪些优点和不足？

拓展阅读

作为整体产品的农夫山泉

“无声小狗”便鞋在生命周期各阶段的营销策略

第十章 国际市场营销组合策略——定价策略

学习目标和重点

- 影响国际市场营销定价的各种因素
- 国际市场营销的定价方法和定价策略
- 国际市场营销中价格升级的原因，以及国际企业应对价格升级的对策
- 企业在国际市场营销中的价格调整策略及消费者和竞争者对价格变动的反应
- 反向贸易、转移定价、管制定价、倾销与反倾销等国际市场营销定价中涉及的问题

导入案例

华为手机：在竞争中提升价值

1987年，华为技术有限公司创立于深圳，成为一家生产交换机的香港公司的销售代理，2003年成立手机业务部，并在同一年生产了第一款手机A616，从此华为公司秉承自己的价值观念，经过不懈努力跻身世界三大手机厂商之位，并保持强劲的发展势头。

纵观华为的发展历程，其手机产品大致经历了两个发展阶段：一是2005—2012年的蓄势阶段；二是2012年至今的创新阶段。在蓄势阶段，中国智能手机市场一直被诺基亚、摩托罗拉、索尼爱立信、三星、LG等国际品牌垄断，虽然也有部分国内厂商，如魅族、联想以及华为，但由于国内厂商在技术储备、创新能力上无法同国外厂商抗衡，所以包括华为在内的很多手机生产商都处于被压制状态，国内厂商只能选择跟随潮流。在创新阶段，华为的一系列创新产品不断推向市场，产品稳定的性能、合理的价格逐渐赢

得国内消费者的认可，也慢慢确立了华为世界第三大手机生产商的地位。

价格是国际市场营销活动中最为敏感的因素。价格的高低不仅会影响市场需求，进而对公司的盈利水平产生作用，而且也会直接影响竞争对手的市场行为。可以说，企业的产品能否为市场所接受，产品能否在市场竞争中占据有利的地位，企业能否从中盈利，很大程度上取决于企业能否以合适的定价策略参与竞争。因此，可以说定价策略在市场营销组合策略中占有极为重要的地位。而与国内市场营销相比，国际市场营销的定价策略更加复杂，受到运费、关税、汇率波动、政治形势等多种国际因素的影响。因此，企业进行国际市场营销，必须重视定价策略，明确国际市场营销定价目标，使其服务于企业的战略目标，综合考虑影响到国际市场营销定价的各种因素和问题，熟练使用各种定价方法和策略，为产品制定合理的销售价格，同时适时地根据市场环境和竞争对手的情况进行价格调整，使企业在国际市场营销中获得竞争优势。

第一节　影响国际市场营销定价的因素

一、定价目标

定价目标即国际市场营销人员希望通过制定一定的价格水平和价格策略所应达到的目标。这些目标通常是与企业组织的整体经营目标一致的，是企业目标体系中重要的组成部分，也是后续企业选择定价方法和定价策略的依据。定价目标取决于企业的总体经营目标和销售目标，不同的企业由于战略规划的不同，往往有不同的定价目标，即使是同一家企业在不同的市场上也有不同的定价目标，甚至是同一家企业在同一目标市场上的不同时期，其定价目标也各不相同。

案例 10-1

丰田汽车的定价目标

日本丰田汽车打入美国市场时，其目标是快速占领市场。为争取潜在顾客群，丰田汽车价格大大低于竞争对手的价格——同类车型和功能的轿车，丰田车比美国车低400～1 000 美元。卡罗拉在进入美国市场时售价不到 2 000 美元，而后推出的卡罗拉售价不到 1 800 美元。低廉的售价，加上质量稳定、性能好和维修费用低，为丰田车树立起物美价廉的良好形象，美国汽车生产商无还手之力，大片的市场份额逐渐被丰田蚕食。

二、成本因素

成本是企业制定价格时的一个主要依据和最低标准。因此，企业在制定价格策略时，必须核算企业的生产和经营成本。

产品在国内市场上的价格与在国际市场上的价格一般会有一定的差别，其中一个很重要的原因就是在国际市场营销中产品成本的核算需要考虑更多更复杂的成本因素。首先，不论是国内市场上的产品，还是出口到国际市场上的产品，它们的生产制造成本的构成基本一致，主要包括原材料及辅料的消耗、劳动用工费用、能源及动力耗费、包装费用、管理费用、产品设计及改进费用等。其次，产品销往的地域不同，虽然在生产制造成本构成上没有本质差别，但在具体的成本核算上也会有差别，比如出口产品为了适应国外的度量衡制度、电力系统等各方面本土化的要求而做出了改动，则产品成本就会增加，如果出口产品被简化或者去掉了某些功能，则生产成本可能降低。最后，虽然产品国际市场营销的成本项目与国内市场营销大致相同，但各项目间的比重可能差异很大，如运费、保险费、包装费等在国际市场营销中占有较大比重，另外有一些项目是企业进行产品国际市场营销时所独有的，如关税、报关费用、汇率波动造成的风险成本等。对国际市场营销有特殊意义的成本项目我们将在本章第三节中进行更加系统的介绍。

三、需求因素

产品在国际市场上的需求状况是国际市场营销中企业定价的一个重要依据。对某一产品感兴趣的消费者的数量、他们对产品偏好的程度和他们的收入水平对确定产品的最终价格具有重要意义。因此，要考察国际市场上的需求因素，主要考察以下三个方面的内容：首先，需要了解目标国的经济发展水平和人民的普遍收入状况，这决定了当地消费者对商品价格的支付能力。其次，需要了解当地消费者的消费偏好和消费习惯，这会影响当地消费者对出口产品的需求程度，进而直接影响产品的价格，对当地消费者迫切需要的产品，可以考虑定高价。最后，对需求因素的分析还要结合微观经济学的内容，考虑产品在不同市场环境中的需求价格弹性。对需求价格弹性比较大的产品，可以适当降低价格，通过提高销售量来提高利润，扩大市场占有率；而对需求价格弹性比较小的产品，则可以适当提高价格以获取更高的利润。

四、竞争因素

竞争是影响国际市场营销定价的又一重要因素，企业在确定产品价格时，需要了解同类产品市场上竞争对手的数量、彼此间竞争的强度、竞争对手的价格策略以及企业在市场中所处地位等竞争因素的具体情况。

具体来说，考虑竞争因素对企业定价的影响，首先需要明确本企业在国际目标市场上竞争对手的定价策略和同类产品的市场价格。因为当前在国际市场上，绝大多数产品都处于买方市场中，生产厂商之间的竞争非常激烈，而价格往往是消费者做出选择的一个重要因素。其次，需要明确目标市场上竞争者的数量以及彼此之间竞争的激烈程度，确定产品在目标国的市场属于完全竞争市场、垄断市场、垄断竞争市场还是寡头市场。当前在国际市场上，一些大宗交易的物品，如谷物、石油、咖啡和矿砂等，属于完全竞争产品，而某些高科技产品和稀缺资源处于垄断状态，除此之外，大部分产品的市场都属于垄断竞争市场和寡头市场。这四种市场中，除在垄断市场上企业对产品具有较大的定价权外，其他市场上，企业在制定价格策略时都需要考虑竞争对手的定价情况。

五、政府干预因素

政府干预因素通常是指单个国家政府颁布价格管制法律法规或以其他形式进行的干预，或多个国家政府通过国际协定或利用国际组织，对某些产品的国际市场价格进行的干预。

政府干预因素对企业定价的影响是多方面的，既可以是宏观的，也可以是微观的，既可以是法律形式，也可以是行政命令形式。具体来说，首先，销售到国际市场上的产品的定价同时受到本国政府和外国政府的双重影响。本国政府多采用价格补贴的形式来降低出口产品的价格，增强产品的国际竞争力。而目标市场政府对价格的管制则主要是通过立法或行政命令形式规定产品价格的上限与下限，如政府直接通过限价来限制进口商品的价格，保护国内市场，或者以反倾销法来反对企业的低价倾销等。其次，目标国家政府干预企业定价还有多种形式，如关税、税收、汇率、利息、竞争政策以及行业发展规划等，如一些国家为保护民族工业而订立的高关税和其他限制政策使得进口商品的成本增加。最后，进入国际市场的企业还要注意应对针对某些产品的国际价格协定。这些国际价格协定是同行业之间为了避免恶性竞争而对产品价格达成的限制性协议，对某一品类产品的价格做出限制，各国政府在这些价格协议的达成中也发挥着重要作用。有关政府干预因素在国际企业定价中的影响作用，我们在后续第五节的内容中还有更加详细的介绍。

六、相关产品的价格

当前的国际市场上，产品种类丰富多样，很多产品彼此间存在着替代关系和互补关系。因此，企业在进行国际市场营销时，不仅要考虑同种产品之间的竞争因素和竞争关系，而且还要考虑国际市场上许多具有消费替代关系和互补关系的产品和服务的价格。如海运与空运、摇摆健身器与太空漫步机、肥皂与洗衣粉等等，这些产品之间存在着隐形的竞争或者互补关系，彼此间关系纵横交错，充分体现了现代国际市场上全方位、立体式的竞争特点，也使得国际市场营销的定价变得更加复杂多变。

七、心理因素

消费者在诸如文化、生活习惯和经历等能够产生心理影响的因素的作用下，会对某些产品或数字符号产生特殊的感情，进而表现出一种非理性的价格购买行为。而参与国际竞争的企业面对不同市场的消费者，需要对不同目标市场的消费者的心理因素进行分析。例如，我们部分中国人偏好以“6”和“8”结尾的数字，因此价格尾数是这两个数的产品会比较畅销。再如对同一种产品定价 299 元和 300 元，消费者的心理价格感知也会产生比较大的差别。

八、货币因素

货币是价格的计量尺度，价格往往要通过货币来进行计量，因此，货币也就成为影响产品定价的一个因素。在现代经济生活中，金银一般已经不再充当货币参加商品流通，而由国家发行纸币作为价值衡量单位在市场上流通。纸币的发行遵循货币流通规律，会出现币值的浮动，如纸币贬值则物价普遍上涨；反之，如纸币升值，则物价下跌。因此，企业产品的价格也要随物价进行调整。进行国际市场营销的企业除需要考虑到不同国家的币值稳定状况外，还面临着不同货币间的兑换，无疑增加了定价的难度。

第二节　国际市场营销定价方法和策略

一、国际市场营销定价方法

1. 成本导向定价法

成本导向定价法是一种主要根据产品的成本决定其销售价格的定价方法。这种方法以产品的成本作为定价的基本依据，其基本模式是在成本的基础上加上适当的期望利润。这种定价方法的优点在于操作简单，企业核算方便，同时可以保证企业收回成本并获得收益。成本导向定价法制定的价格是企业从自身情况出发确定的，其能否被目标市场接受，还要受到国际市场的检验。

（1）成本加成定价法。

成本加成定价法是指以产品成本为依据，将预期利润按一定比例进行加成，以确定产品的价格。成本加成定价法是企业确定价格最基本也是最普遍采用的方法，其基本公式是：

$$P=C(1+R)$$

其中，P 为单位产品的价格，C 为单位产品的成本，R 为成本加成率。

通过公式可以看出，要确定产品销售价格，企业需要确定单位产品的成本 C 和成本加成率 R。其中单位产品的成本 C 除包括产品的生产成本外，还包括国际市场营销所特有的成本项目，如关税、保险费、国际运费、外销中间商的利润、融资和风险成本等，根据这些费用是否由企业负担来决定制定价格时是否将这些成本计算在内。

成本加成定价法的优点是计算简单，资料容易获得，企业仅根据企业内部的成本核算就能定价，但不足之处在于这种定价法没有考虑市场供求状况和竞争因素，对销售量和利润水平的预测也不易准确，有一定的局限性。

（2）目标利润定价法。

目标利润定价法又称投资收益率定价法，是根据企业的总成本、按投资收益制定的目标利润和计划的销售量来确定产品价格的方法。具体做法是：企业按照总投资额确定目标利润率，然后根据目标利润率计算出目标利润额，最后再根据总成本、预测销售量和目标利润额计算得出单位产品的价格。其计算公式为：

$$P=\frac{C+R}{Q}$$

其中，P 为单位产品的价格，C 为总成本，R 为目标利润额，Q 为预测的总销售量。

目标利润定价法的优点是可以保证企业按照既定的目标获得稳定的利润，但其不足之处在于价格是根据预测的销售量计算的，而在实际市场环境中，销售量主要受到价格的影响，而且还要考虑消费者的需求和同行业者间的竞争。因此，销售量的预测难以保证准确，会影响到此种定价方法的使用。

（3）变动成本定价法。

变动成本定价法又称边际贡献定价法或边际成本定价法。这种定价方法是在定价时只计算产品的变动成本而不计算固定成本，产品最低价格不低于变动成本的定价法。这样做的好处是，由于不计固定成本，定价的伸缩性很大，可以大幅度降低产品价格，提高其国际竞争力。

（4）盈亏平衡定价法。

盈亏平衡定价法，又称保本定价法，是以保持投资总成本与市场销售收入的平衡为定价原则，以盈亏平衡点的价格作为产品的销售价格。这是一种理论上最有说服力的定价方法，因为此时的价格可以保证企业的收入与成本持平，其关键就在于确定企业的保本点和保本价格。其计算公式为：

$$P=\frac{\mathrm{FC}}{Q}+\mathrm{AVC}$$

其中，P 为单位产品保本价格，即使用盈亏平衡法对产品的定价，FC 为固定总成本，Q 为总产量，AVC 为单位变动成本。

使用盈亏平衡定价法，只是保证企业收入和成本持平，不赔不赚，因此一般也是企业为了应付市场的特殊变化才采用的定价方法，通常是企业在销售出现某些困难又要避免定价过低造成亏损时使用的一种保本价格。

2. 需求导向定价法

需求导向定价法是指企业根据国外市场上的需求强度和消费者对产品价值的理解、认识及欣赏程度，来灵活制定产品的市场销售价格。这种定价方法主要是从消费者的角度，考虑消费者可以接受的产品价格水平，而不是产品的成本。按照这种定价方法，同一种产品主要需求不一样，即使具有相同的成本，也可以制定不同的价格。

（1）倒推定价法。

倒推定价法是指国际市场营销各环节的定价以现行消费者可接受的市场价格为基础，层层倒推，确定产品的出厂价格。具体做法是：进行国际市场营销的企业通过分析国外目标市场上消费者的需求偏好和供求关系，估计出在该市场上消费者可以接受的企业产品的零售价格，然后层层倒推，扣除中间商的利润、关税、运费等，最后得出产品的出厂价格，然后比对产品制造成本，最终决定出产品的价格。例如某产品市场价格为 100 元，消费者可以接受。当地零售商利润为 15%，批发中间商利润为 5%，则

零售商进价=100/(1+15%)=87(元)

批发商进价=87/(1+5%)=83(元)

如果该产品经过以上两个环节，那么企业的出厂价格应为83元。

以此方法制定价格，关键的问题是确定一个能充分反映消费者需求状况的基本市场价格，而不能从多个高低不等的市场零售价中随意选取一个作为基本价格。这就需要从事国际市场营销的企业对消费者的需求、偏好、价格和需求量之间的关系进行有效预测，比照产品的分销成本和制造成本，最后选定最合适的价格作为基准零售价格。

(2) 认可价值定价法。

认可价值定价法，又称认知价值定价法、感知价值定价法或理解价值定价法，是指从事国际市场营销的企业根据消费者对产品价值的理解和认可程度来制定价格。这里所谓的认可价值是指消费者对产品所认可的价值，而不是产品的实际价值。消费者对产品价值的认可并不是由产品成本决定的，而更多地来自消费者的消费偏好和主观价值感受，受到诸如目标市场经济发展水平、人均收入水平、消费者需求特性、审美观念和风俗习惯等诸多因素的影响。因此，即使是成本相同的同一种产品，也要根据当地需求特点灵活定价，以尽量与当地目标客户的感知价值一致。

案例 10-2

如何运用认可价值定价法

美国一家拖拉机制造公司很好地运用了认可价值定价法。该公司通过对比说明，将其拖拉机的价格定在10万美元，比其他竞争者的同类产品高出1万美元，销量不但没有减少反而大增。该公司是这样说明的：我们的拖拉机与竞争者产品质量相同，应定价为9万美元；因耐用性高于竞争者产品，加价7 000美元；因可靠性高于竞争者产品，加价6 000美元；因维修服务好，加价5 000美元；因保证零部件供应期限，加价2 000美元。我们每台拖拉机总价值为11万美元，优惠1万美元，最终价格为10万美元。

该公司采用积极的创造方法，通过模仿消费者的决策过程，使消费者确信该公司每台拖拉机的真实价值是11万美元，而不是10万美元。因此，该公司将价格定在10万美元，实际上是给购买者1万美元的优惠。这适应了消费者的购买决策心理，使消费者觉得物超所值。

(3) 差别定价法。

①以需求弹性为基础的差别定价，即对同一产品在需求弹性不同的市场上制定不同的价格，在需求弹性大的市场上实行较低的价格，在需求弹性小的市场上则实行较高价格。

②以顾客为基础的差别定价，即在销售同一产品时，对不同顾客采取不同价格。这样做的依据是，不同顾客对同一产品的需求强度和爱好不同。

③以产品式样为基础的差别定价，指同一产品因式样改变而制定不同的售价。实际上，改变式样的成本与定价差别不成比例，这种方法反映的是人们的消费习惯和爱好对

需求的影响。

④以时间为基础的差别定价，即在不同季节、日期甚至一天中的不同时间如白天或夜间，对产品制定不同的售价。时间也是一种需求因素，利用它的差异，可以实行时间差别定价。

⑤以场所为基础的差别定价，即在不同场所，对相同产品实行不同售价。这是利用了消费者在不同场所对商品的需求和商品价值认识的差异性，以及不同场所局部供求关系的差异而采取的定价方法。

3. 竞争导向定价法

（1）随行就市定价法。

随行就市定价法又称现行价格定价法或类似价格定价法，即主要根据同行业竞争对手的价格来确定本企业产品价格的定价方法。随行就市定价法的定价原则是使本企业产品的价格与竞争产品的平均价格基本保持一致，当市场上同类产品的价格变动时，其产品定价也随之改变。对于那些难以测定产品成本、市场上存在领导价格的产品，多采用此定价方法。

（2）主动竞争定价法。

主动竞争定价法同样是根据同类产品的竞争对手的情况为产品定价，但与随行就市定价法追随竞争者价格不同，主动竞争定价法是企业根据自身产品的实际情况，及与竞争对手在产品的性能、质量、成本、式样、规模等方面的差异情况，以高于或低于竞争对手产品的价格来为自己的产品定价，甚至直接利用价格作为本企业主要的竞争手段。这是企业在一定时期、一定市场范围内有针对性地与竞争对手展开竞争时所使用的定价方法。

（3）密封投标定价法。

密封投标定价法也是一种依据竞争情况来定价的方法，主要用于建筑工程承包、产品设计、政府采购等项目的定价中。其具体做法是：当出现多家供应商竞争某一个共同的采购项目时，采购方（买方）可以在报刊上登广告或者发出函件，说明需要采购的商品在品种、数量、规格方面的具体要求，邀请各供应商（即卖方）在规定的时间内进行报价投标。卖方如果对这个采购项目感兴趣，就要在规定期限内填写标单，写明可供应商品的名称、品种、规格、数量、价格和交货日期等，密封投递给采购方。采购方在规定的日期开标，选择其中报价最低的、最有利的卖方成交。成交价格即为卖方在投标中的报价。

（4）拍卖定价法。

拍卖定价法是指在公开的产品或服务的交易中，卖方委托拍卖行，采用拍卖的方式引导买方报价，利用买方竞争求购的心理，从各个买方的出价中择优成交的定价方法。这种方法常被应用于古董、珍品、高级艺术品或者大宗商品的交易中。拍卖定价法主要有两种方式：一是英国式拍卖定价法，即拍卖者报出最低价，由买方加价，价格被连续抬高，直至最后一名报价者给出最高价，即以此最高价格作为成交价格，这种方法多见于稀缺类产品的销售定价；另一种是荷兰式拍卖定价法，即拍卖者出起步高价，然后降低产品价格直到有买家接受当前的价格，以此作为产品的成交价格，这种方法多见于大宗商品交易中。

二、国际市场营销定价策略

1. 新产品定价策略

（1）快速撇脂策略。

快速撇脂策略即以高价格、高促销费用推出新产品。实行高价策略可在每单位销售额中获取最大利润，尽快收回投资；高促销费用能够快速建立知名度，占领市场。实施这一策略须具备以下条件：产品有较大的需求潜力；目标顾客求新心理强，急于购买新产品；企业面临潜在竞争者的威胁，需要及早树立品牌形象。一般而言，在产品导入阶段，只要新产品比被替代产品有明显的优势，市场对其价格就不会那么计较。

（2）缓慢撇脂策略。

缓慢撇脂策略即以高价格、低促销费用推出新产品，目的是以尽可能低的费用开支求得更多的利润。实施这一策略的条件是：市场规模较小；产品已有一定的知名度；目标顾客愿意支付高价；潜在竞争的威胁不大。

（3）快速渗透策略。

快速渗透策略即以低价格、高促销费用推出新产品。目的在于先发制人，以最快的速度打入市场，取得尽可能大的市场占有率。然后随着销量和产量的扩大，单位成本降低，取得规模效益。实施这一策略的条件是：该产品市场容量相当大；潜在消费者对产品不了解，且对价格十分敏感；潜在竞争较为激烈；产品的单位制造成本可随生产规模和销售量的扩大迅速降低。

（4）缓慢渗透策略。

缓慢渗透策略即以低价格、低促销费用推出新产品。低价可扩大销售，低促销费用可降低营销成本，增加利润。这种策略的适用条件是：市场容量很大；市场上该产品的知名度较高；市场对价格十分敏感；存在某些潜在的竞争者，但威胁不大。

案例 10-3

雷诺圆珠笔的撇脂定价

1945 年年底，“二战”刚刚结束，战后第一个圣诞节来临之际，美国消费者都热切盼望买到一种新颖别致的商品，作为战后第一个圣诞节的礼物送给亲朋好友。于是雷诺公司看准了这个时机，从阿根廷引进了美国从未见过的圆珠笔并很快形成了规模生产。

当时每支圆珠笔的生产成本只有 0.5 美元，那么，市场的零售价应该是多少呢？如果按照通常的成本导向型定价，定 1 美元就能赚一倍，1.5 美元就是 200%的利润，似乎应该满足了。但公司的专家们通过对市场的充分研究后认为：圆珠笔在美国属于首次出现，奇货可居，又值圣诞节，应用高价格引导刺激消费，于是公司决定以 10 美元批发给零售商，零售商则以 20 美元卖给消费者。

事情果然如预料的那样，圆珠笔尽管以生产成本的 40 倍的高价上市，仍立刻以其新颖、奇特、高贵的魅力风靡全美国。虽然后来跟风者蜂拥而至，生产成本降到了 0.1 美元，市场价也跌倒了 0.7 美元，但雷诺公司早已狠狠地赚了一笔。

2. 心理定价策略

（1）尾数定价策略。

尾数定价策略又称非整数定价策略，即采用带有尾数的非整数价格，包括奇数定价和偶数定价，也就是价格尾数分别为奇数和偶数的定价。尾数定价给消费者的印象是定价认真、精确，价格比较便宜。心理学家的研究表明，价格尾数的细小差别能够明显影响消费者的购买行为，如将牙膏定价为 9.9 元而不是 10.1 元，虽然前后只相差 0.2 元，但会让消费者产生一种前者很便宜的错觉；将一瓶葡萄酒定价为 68.98 元，会让消费者觉得该价格是经过精确核算得出的，给人以货真价实的感觉。这种尾数定价策略主要适用于消费品，且一般以奇数定价效果较好。

（2）整数定价策略。

整数定价策略与尾数定价策略刚好相反，是指价格不带尾数的定价，即对产品的定价取整不取零的定价策略。在日常生活中，对于消费者难以准确辨别产品质量的商品，消费者往往喜欢以质定价，而将商品的价格定为整数，给人以贵重感，使商品显得高档，可以满足顾客显示身份、地位等心理动机，从而达到扩大销售的目的。如企业会将一条钻石项链定价为 100 000 元而不是 99 999 元，就是出于这样的考虑。整数定价策略主要适用于价格较高的高档名牌商品和消费者不太了解的商品。

（3）声望定价策略。

声望定价策略是指一些有声誉的商店和名牌商品，由于赢得了消费者的信任，可以利用消费者仰慕名牌的心理，制定高于市场中同类产品的价格。在国际市场上，对在消费者中有一定声望的产品定高价，往往能在消费者心目中维持良好的高质量产品形象，减轻购买者对商品质量的顾虑，还能满足消费者彰显其地位、身份、财富和自我形象的心理需要。这样，即使所定价格较高，产品仍能受到消费者的欢迎。

案例 10-4

德国人愿为心仪的自行车排几年队

德国著名运动自行车品牌 Canyon 是顶级产品的代名词。基于先进的碳纤维工艺与空气动力学研究，使用 Canyon 自行车的运动员斩获了包括奥运会在内的多项赛事的奖牌。Canyon 的另一优势是产品外观设计，其产品更是获得了包括欧洲设计奖、汉诺威工业设计论坛设计大奖与红点设计奖等多项顶级设计类奖项。自行车对德国人来说不仅是一个运动或者交通工具，而且是一件需要花费大量的制作时间和创造力的艺术品。获得这样一辆自行车并不是一件简单的事情，很多订单都是在爱好者的口耳相传中产生的。并且消费者需要与设计自行车的艺术家进行长时间的沟通。自行车的整个制作过程通常要 3～5 个月，并且在开始制作之前还需要在等候者名单上排队长达几个月至几年。但德国人认为，为了拿到属于自己的独一无二的爱车，一切等待都是值得的。

（4）招徕定价策略。

招徕定价策略是利用消费者"求廉"的心理，将少数产品的价格定得低于一般市价，甚至低于产品的成本价，以吸引顾客、扩大销售的一种定价策略。采用这种招徕定价策略时，降价的少数几种商品可能并不赚钱，甚至有可能是亏损的，但是明显低于市价的产品可以引起消费者的注意，吸引他们前来购物，而消费者在选购这些低价商品时，往往还会光顾店内其他正常价格销售的产品。这种定价策略就是用少数低价产品招徕顾客，带动其他商品的销售，最终使企业整体获利。

案例 10-5

"创意药房"的"创意"定价

在日本，一家"创意药房"将一瓶 200 元的补药以 80 元的超低价销售，每天都有大批人潮涌进店中抢购补药，按说如此下去药店肯定赔本，但药店的财务账目却显示盈余逐月骤增，其原因就在于没有人来店里只买一种药。人们看到补药便宜，就会联想到"其他药也一定便宜"，促成了盲目的购买行为，最终使药店获利。

（5）习惯定价策略。

习惯定价策略即注意维持在市场上长期形成的固定价格——习惯价格，以使本企业产品易于为消费者接受。许多产品，如啤酒、饮料、香皂、食用盐、牙膏等日常消费品，在市场交换过程中长期按照固定价格出售，就会在消费者心中形成一个普遍接受的习惯价格，而且往往习惯成自然，难以改变。企业在为这类产品定价时就要充分考虑到消费者的这种心理特征和消费习惯，使用习惯定价策略，不轻易改变产品的价格，以免造成消费者的不满。

3. 折扣或让价策略

（1）现金折扣。

现金折扣即对现款交易或提前付款的购买者给予一定的价格折扣。其目的是鼓励买主尽早付款，加速企业的资金周转，降低财务风险。这种做法在西方国家企业中比较流行。现金折扣一般应在合同的付款条件上加以注明，国际上比较常见的现金折扣用语是"2/10，net/30"，其含义是双方约定的付款期为 30 天，若买方在 10 天内付款，则可以获得 2%的现金折扣；超过 10 天，在 30 天内付款则没有折扣；超过 30 天则要加付利息。因此，可以看出，现金折扣一般要明确三个要素，即折扣比率、给予折扣的时间限制和付清全部货款的期限。

（2）数量折扣。

数量折扣是生产企业鼓励顾客集中或大量购买采取的一种策略，按照顾客购买商品的数量或金额确定折扣比率，购买数量越大，折扣比率越高。数量折扣有累计数量折扣和非累计数量折扣两种办法。累计数量折扣即规定在一定时期内，购买总量达到一定数额后，给予一定折扣；非累计数量折扣又称一次性折扣，即以顾客一次购买的数量或金额为标准给予折扣。数量折扣的实质是将销售费用节约额的一部分，以价格折扣方式分配给买方，目的是鼓励和吸引顾客长期、大量、集中地向本企业购买产品。

（3）交易功能折扣。

交易功能折扣又称业务折扣或功能折扣，即对在市场营销中担负不同功能的中间商，如批发商、经销商、零售商等给予不同的折扣，以补偿中间商的相关成本和费用，有效调动其经销该产品的积极性，扩大销售。具体给予中间商折扣的大小，主要考虑以下因素：在分销渠道中的地位、对生产企业产品销售的重要性、购买批量、完成的促销功能、承担的风险、服务水平、履行的商业责任，以及产品在分销中所经历的层次和在市场上的最终售价等。一般给予批发商的折扣较大，给予零售商的折扣较小，以使批发商乐于大批购买并能够进行批转业务。

（4）季节折扣。

季节折扣即生产季节性较强产品的企业，对于买主在淡季购买给予一定折扣。产品的生产一般是连续的，但某些产品的消费却具有明显的季节性，企业采用季节折扣的定价策略，其目的是使企业的生产和销售在一年四季保持稳定，鼓励中间商均衡进货、储备商品，把产品的储存分散到销售渠道或最终用户手中，减少仓储费用和资金负担。例如，商家在夏季对冬季服装进行打折促销；某些旅游景点为了在非旅游季节吸引游客，采用淡季低价门票，并对机票及酒店房价给予优惠。

（5）推广让价。

推广让价即生产企业通过降低产品价格或给予补贴的办法，把自己的部分利益让渡给批发商、零售商等中间商，作为它们为本企业产品提供各种促销活动如刊登广告、设置样品陈列窗等的报酬。这种做法特别适合于新产品的销售。

（6）以旧换新让价。

以旧换新让价是指对已经进入成熟期的产品，企业开展以旧换新业务，将旧货折算成一定的产品价格，在新产品购买价格中进行抵扣，顾客只需支付差额部分的一种定价策略。以旧换新让价可以看作对消费者的一种低价策略，目的是刺激消费者的消费欲望，促进产品的更新换代，扩大新一代产品的销售。例如，一台液晶电视机标价 3 500 元，顾客以旧电视机折价 500 元，则购买时只需支付 3 000 元，就是企业的以旧换新的让价策略。

（7）运费让价。

运费让价即对远地区顾客进行价格减让，以弥补其全部或部分运费，目的是吸引远地区顾客，扩大市场范围，进而扩大产品的影响力和市场占有率，为企业开拓新的远地区目标市场奠定基础。

4. 地区定价策略

（1）原产地定价策略。

原产地定价策略又称离岸价策略，指顾客按照出厂价购买某种产品，企业只负责将产品运到产地某种运输工具上（如卡车、火车、船舶、飞机等）交货。企业交货后，从交货地到目的地的一切费用和风险由买方承担。原产地定价有其合理的一面，即所有顾客都按照统一的原产地某种运输工具上交货定价，各自负担从产地到目的地的运费。但原产地定价也有其不足之处，即采用这种定价方法，与企业相邻国家的顾客负担的费用和风险较小，而与企业相距较远的国家的顾客负担的费用和风险较大，这就有可能导致距离远的市场上的顾客不愿意购买这个企业的产品，而选择购买离他们距离更近的企业的产品，从而导致该企业失去部分顾客和市场。

（2）统一交货定价策略。

统一交货定价策略刚好与原产地定价策略相反，指企业对距离远近不同的市场上的顾客，都按照相同的出厂价加相同的运费统一定价，其运费按照平均运输成本进行核算。简单地说，就是对不同地区的顾客，无论距离远近，价格相同。这种定价策略的优势在于简便易行，方便企业的价格管理，有助于企业在各国市场的广告宣传中保持价格的一致，同时可减轻较远地区顾客的运费负担，有利于巩固和发展距离企业较远的目标市场的市场占有率，但同时由于按照平均运费计算，企业可能损失近距离的某些消费者。统一交货定价策略比较适用于体积小、重量轻、运费低或运费占成本比例较低的产品。

（3）分区定价策略。

分区定价策略也称区域定价策略，是介于前两种地区定价策略之间的一种形式。分区定价策略指国际企业根据市场所在地区距离的远近，将产品销售市场划分为若干区域，各个区域因运输距离的不同，实行不同的价格，距离企业远的区域价格定得较高，而距离企业近的区域价格定得相对较低，同时保证同一区域内实行统一的价格，价格水平保持一致。

（4）基点定价策略。

基点定价策略指企业在产品销售的地理范围内选择某些城市作为基点，各基点按照同样的出厂价格向其他地区供货，各地区的产品价格为基点的出厂价格加上基点城市到该地区的运费。这样，距离基点较近的地区的产品价格就相对较低，而距离基点较远的地区的产品价格就相对较高，因此，企业为了提高灵活性，一般要选定多个基点城市，按照距离顾客最近的基点来计算运费。

（5）津贴运费定价策略。

津贴运费定价策略指为弥补原产地定价策略的不足，考虑到距离较远的顾客的实际情况，为了减轻其负责的运费和保险费等负担，由卖方补贴其部分或全部运费，具体表现形式就是产品价格在一定程度上的优惠。使用津贴运费定价策略，有利于减轻距离较远的市场上的消费者的运费负担，通过低价扩大产品销售量，这样由规模效益带来的平均成本下降，能够弥补企业的运费开支，甚至进一步扩大企业的收益和市场占有率。

5. 产品组合定价策略

（1）产品线定价策略。

企业很少只开发单一产品，通常会打造一条完整的产品线（即产品大类）。当企业生产的系列产品存在需求和成本的内在关联时，企业经常使用产品线定价策略。具体来说，产品线定价策略指企业根据经营的产品线内部的各个产品在质量、性能、档次、款式、成本、顾客认知、需求强度等方面的不同，参考竞争对手的产品和价格，确定本企业各个产品项目之间的价格差距，以使不同的产品项目形成不同的市场形象，吸引不同的顾客群，扩大产品销售，争取实现更多的收益和利润。

（2）选购品定价策略。

企业在经营过程中，有自己的主要产品，还提供各种与主要产品有关的选购品或具有特色的产品。选购品定价策略就专指对这一类企业可提供的各种选购品的定价策略。

一个典型的例子就是餐馆、饭店，它们提供的主要产品是各种饭菜，但是顾客在吃饭的时候也需要酒、饮料等，这些酒水饮料就属于选购品。选购品的定价主要根据企业自身的实际情况进行。

（3）附属品定价策略。

附属品又称附带产品、受制约产品，指的是必须与企业的主产品一起使用的产品。例如，照相机的附属品是胶卷，剃须刀的附属品是刀片，净化器的附属品是过滤网等等。而附属品定价策略就专指对这一类产品的定价，因为在实际定价过程中，不可能将主产品和附属产品完全割裂开来，而应组合考虑它们的定价问题。通常企业采用这种定价策略时，都是将主要产品定相对较低的价格，而将附属品定高价，这样以低价的主要产品吸引顾客购买产品，而以高价的附属品的大量消费来获取高利润，补偿主要产品低价造成的损失。

案例 10-6

吉列按刮脸次数卖剃须刀

在竞争对手们想方设法降低生产成本时，吉列独辟蹊径。吉列的安全剃须刀并不比其他剃须刀好，而且生产成本也更高，但别人的剃须刀卖不出去，吉列的剃须刀却供不应求，原因就在于它实际上贴本把剃须刀的零售价定为 55 美分，批发价 25 美分，这不到其生产成本的 1/5。同时，它以 5 美分/个的价格出售刀片，而每个刀片的制造成本不到 1 美分，这实际上是以刀片的盈利来补贴剃须刀的亏损，当然吉列剃须刀只能使用其专用刀片。由于每个刀片可以使用 6～7 次，每刮一次脸所花的钱不足 1 美分，只相当于去理发店花费的 1/10，因而有越来越多的消费者选择使用吉列剃须刀。

吉列成功的最大原因在于它采取的定价策略使消费者选择购买吉列剃须刀最为合算。其定价策略反映了消费者购买的真正“价值”，而不是生产商的“成本”。吉列的定价策略为许多企业所模仿。日本的佳能、理光、富士通等大牌厂商就把打印机的价格定得很低，以此来吸引消费者购买，同时它们又把墨盒的价格定得很高。打印机是基本不赚钱的甚至是亏本的，而墨盒却有数倍的利润，这样消费者实际付出的是“打印件”的成本，而不是“打印机”的成本。

灵活的定价和销售方法可以使顾客愿意为他们所买的东西付钱，而不是为厂商所生产的东西付钱，不管是吉列的定价策略还是分期付款或租赁，价格的处理安排一定要符合消费者实际购买的事物。

（4）分部定价策略。

分部定价一般针对服务性企业而言，即指服务性企业为其向消费者提供的服务分别收取一笔固定的费用和一笔可变的使用费用。例如，游乐园一般先收取一笔固定的门票费用，进入乐园后，如果游玩的项目超过门票规定的范围，则还要为其他娱乐项目支付额外的费用。

（5）副产品定价策略。

有些企业在生产主要产品的过程中，会产生一些副产品，如在石油、钢铁等的生产过程中，会产生大量的副产品。如果这些副产品中存在一部分是对顾客有消费价值的，则企业也不应该将它们浪费掉，而应该对它们进行合理地定价，销售给特定的消费群体。针对这种副产品定价的策略就是我们这里介绍的副产品定价策略，这一策略应用得当，则副产品也可以为企业带来收入，这将有助于公司为其主要产品定一个相对较低的价格，提高主要产品在市场上的竞争力。

（6）产品捆绑定价策略。

产品捆绑定价策略指同时提供多种产品的企业可以将一些相关的产品或者服务组合在一起进行销售，并为它们制定一个比分别购买更优惠的价格，进行捆绑销售。比如，化妆品公司常常将洗面奶、爽肤水、精华液、防晒霜、面霜等多件产品捆绑在一起销售，虽然有的消费者最初并没有想过购买所有产品，但由于产品捆绑在价格上有明显的优惠，就可能改变自己的想法，做出购买这一系列产品的决定。

6. 价格保证策略

价格保证策略指企业向消费者承诺，如果消费者购买本企业产品后的一段时间内，发现有其他消费者能够以更低的价格购买到该产品，则企业会对消费者进行一定程度的补偿。价格保证策略其实是企业的一种低价宣传策略，当企业做出这样的价格保证后，消费者往往会依据这一信号，认为当前产品的价格是最低的。

第三节　国际市场营销中的价格升级

一、价格升级的含义

国际市场营销中的价格升级在我们平时的生活中非常常见。我们在国内购买某一个外国品牌的商品时可能价格非常昂贵，但是当在该品牌的原产地旅游时，可能发现同样的产品价格只有我们国内的一半。在国际市场营销中，这种本国相当便宜的产品到了其他国家大幅涨价的现象，就是我们在这一节要介绍的价格升级问题。在国内外市场的价格差中，生产企业所获取的利润可能只是其中一小部分，绝大部分价差的产生是由于商品由一国出口至另一国所产生的附加成本，这些附加成本主要包括商品的装运、保险、包装、关税以及较长的销售渠道、中间商毛利、特殊税金、管理成本、汇率波动所产生的成本等，足以把目标市场的价格升级到一个远远高于本国市场价格的水平。下例说明了国际市场营销中各种附加成本对出口产品最终价格的影响。

案例 10-7

出口产品的价格升级

项　　目	国内	国外
出厂价	100.00	100.00
当地市场批发商的运费、保险等费用	6.00	

续表

项　　目	国内	国外
出口商的运费、保险、证明等费用		22.00
进口关税（到岸价格的 15%）		18.30
从进口港至进口商的手续费和运费		1.00
进口商的毛利（成本的 12%）		17.60
批发商的毛利（成本的 10%）	10.60	16.40
零售商的毛利（成本的 35%）	40.80	63.10
增值税（5%）	7.90	11.20
零售价	165.30	253.60

注：表中数据单位为元。

从上例中可以看到，在国内零售价为 165.30 元的产品，加上产品出口到国外的各种附加成本，零售价已经达到 253.60 元，涨幅已经超过了 50%。可见，在企业进行国际市场营销的过程中，产品的最终价格会由于装运费、保险费、包装费、关税、较长的分销渠道、较高的中间商毛利、专门税费、行政管理费、汇率波动的层层作用而上涨到远远高于国内市场价格的水平，我们将这种现象称为价格升级，这是国际市场营销中特有的现象。

价格升级会提高产品在国际市场上的价格，削弱产品的国际竞争力，是国际市场营销企业面临的主要障碍之一。产品价格的提升会让企业丧失部分消费者，如果产品是从生产成本高的国家出口到购买力低的国家，则高昂的价格会使产品很难找到顾客，影响产品的国际市场营销计划。另外，高价的产品销量少，会导致中间商出于自身利益提高毛利水平，这又会进一步导致价格再次升级。

二、国际市场营销中价格升级的原因

1. 税收成本

关税是一种特殊形式的税收，是指对商品从一国进入另一国所征收的费用，其目的是保护本国市场和增加政府收入。关税通过增加产品进入一国市场的附加成本最终影响产品在该市场上的消费价格，从而使产品价格升级。关税水平一般用关税税率表示，可以征收从量税、从价税或按混合方式征收关税。各国的关税水平以及对不同种商品的税率水平的高低各有不同，受到国内具体政策导向的影响。

2. 分销成本

产品从本国生产者转移到目标市场国消费者手中，需要经过相应的中间环节，由此会发生相应的中间商费用，属于企业的分销成本，分销成本构成了产品在目标国市场价格的一部分，是国际产品价格升级的部分因素。分销成本主要受目标市场国的市场分销体系与结构的影响，各个国家的市场分销体系和结构存在着很大的差别。一般来说，国际销售渠道越长，销售环节越多，中间商的费用也就越高，企业的分销成本就越高，产品的价格升级越严重。除了销售渠道的长短之外，许多国家的营销基础设施比较薄弱，也会给企业的海外经营带来各种难题和成本。此外，仓储和小批量发货也会给国际营销企业带来额外的成本开支。最后，如果与资金不足的中间商打交道，国际营销企业还必须承担为中间商筹资的成本。

3. 国际运输成本

企业进行国际市场营销，产品由出口国运送到目标国，往往需要经过长距离的运输、多次的装卸、额外的包装和仓储保管，另外企业为了规避和转嫁长距离运输的风险，还会对产品投保，这些运输费、装卸费、包装费、仓储费以及保险费就构成了产品跨越国界的国际运输成本。国际运输成本是企业进入国际市场的额外费用，这些额外费用抬高了产品在国际市场上的成本，提高了产品在国际市场上的销售价格，造成了产品最终的价格升级。国际运输成本的高低受到运输距离远近、运输方式选择等多种因素的影响，一般会占到货物价值的10%到15%。此外，由于许多国家的关税是按照包括运输、保险和装船费在内的到岸价征收的，这些运输费用会通过提高关税的应税额，进而增加企业需要缴纳的关税，并最终体现为产品价格的进一步提升，给经营者带来进一步的负担，削弱产品的国际竞争力。

4. 风险成本

（1）运输风险。

产品在国际市场上销售，产品实体的运输距离远，运输时间长，经历环节多，因而运输的风险较大，比如，国际产品经常采用的海运方式就存在着风浪、火灾、变质、失窃等多种风险，企业要么自己承担运输风险，要么通过保险转嫁风险，但这都会增加产品的风险成本。

（2）融资风险。

在国际市场上，产品的交易要经历从发盘到订单，从交运到最终付款的过程，这一过程时间较长，而过长的时间可能造成企业的资金融通不畅，增加了企业的融资风险和成本。此外，在涉外贸易中，为了减少买卖双方的风险及交易障碍，往往需要银行信用的介入，这也会给企业带来额外的费用负担，增加了企业应对融资风险的成本。

（3）通货膨胀风险。

大多数国家都面临着通货膨胀风险，只是通货膨胀的程度不同，而国际市场营销从订单到付款之间的长时间间隔放大了通货膨胀对产品价格的影响。在通货膨胀率较高的国家，成本会比产品价格上涨得更快，可能使得产品的销售价格低于企业的重置成本和间接费用之和，有时甚至低于重置成本，在这种情况下，企业不如不销售产品。一国的通货膨胀对企业来说是不可控的因素，因此，企业进行国际市场营销时面临着通货膨胀风险。为了规避风险，企业不得不运用各种技巧在产品上市时提高其销售价格以应对目标国的通货膨胀。

（4）汇率波动风险。

过去国际贸易曾经一度以美元作为标准货币，而现在的情况是，各种主要货币之间都是自由浮动的，没有人能准确预测某种货币在未来的确切价值。国际产品移动涉及的交易时间较长，如果企业对汇价的走势判断不明或未做好预防风险的措施，极有可能遭受巨大的损失，面临汇率波动的风险。因此，很多跨国公司在制定贸易合同时越来越强调以卖方国家的货币计价来规避风险，以保值为目的的外汇期货交易也变得越来越普遍，而这些规避汇率波动的手段也需要企业付出额外的成本，并最终转嫁到产品在国际市场的价格上。

（5）政治风险。

国际市场营销涉及多个国家和中间环节，交易持续时间长，范围广，使企业可能需要面对各种国际政治动荡和地区军事冲突的可能，面临不可抗拒的外部政治风险，这些都构成企业的风险成本。

三、解决价格升级问题的途径

1. 降低生产成本

如果能够通过降低产品生产成本来降低产品出厂价，就可以从根本上降低后续一系列价格加成的基数，有效抑制产品价格上扬的幅度，这是解决国际产品价格升级问题的根本途径。为了降低生产成本，企业主要有以下两种方法可以采用。一是企业可以尝试将生产基地设置在生产成本相对低廉的国家，通过利用国外的廉价资源降低产品生产成本。例如，现在很多跨国企业都把生产基地设置在劳动力相对低廉的发展中国家，通过降低人力成本进而降低产品成本。如下面的案例 10－8 就展示了美国和韩国生产微波炉的成本对比，可以清晰地看到，在韩国生产同样的微波炉，成本降低了约 25%。另一种降低产品成本的方法则是取消产品的某些功能或是降低产品的品质。由于各国市场消费者的收入水平、生活习惯有所差别，某些在本国有用的功能在目标国市场上并没有得到消费者的关注，这时，企业就可以取消这部分功能，这样既没有影响当地消费者对产品的使用和评价，又同时达到了降低产品成本的目的。

案例 10－8

美国、韩国生产微波炉的成本对比

项　　目	美国通用公司	韩国三星公司
每个产品的生产成本	218 美元	155 美元
其中：装配工工资成本	8 美元	63 美分
监督、维护等间接劳工成本	30 美元	73 美分
管理成本	20 美元	2 美分
工人每日生产数	4 个	9 个

2. 降低关税

如前文所述，关税是国际产品价格升级的主要原因之一，如果企业能够降低所缴纳的关税，自然可以降低价格升级的幅度。在国际市场营销中，企业可以通过以下途径降低关税水平。一是将产品重新归类，将其列入关税税率较低的产品类别。不同国家的产品如何归类并不相同，而不同类别的产品往往适用不同的关税税率，因此，若某种产品的产品类别划分模棱两可，则企业就可以通过将产品划归至目标国低税率的产品类别上，以达到降低缴纳关税的目的。二是修改产品，以适应税率较低的关税类别。有的国家除了产品类别外，还会根据产品生产的不同标准来征收不同的进口关税。三是改变产品形式，以零配件或半成品出口替代产品整体出口。一般来说，在许多国家零配件和半成品的进口关税税率都要远远低于进口产成品的关税税率水平。因此，企业可以改变产品形式，由出口产成品改为出口零部件或者半成品，然后在目标国进行组装或者深加工。

案例 10－9

美国有关鞋面关税的要求

为保护国内鞋类工业免受外国便宜胶底帆布鞋的进攻，美国的关税表上列明：任何帆布鞋或塑胶鞋若鞋面 1/4 以上使用鞋面皮，征收 48%关税；鞋面 1/4 以下使用鞋面皮，则以“似鞋面皮”征收 6%的关税。这样，许多出口生产企业在设计鞋面时都以少于 1/4 鞋面皮为标准，争取低关税出口到美国市场。

案例 10－10

中国进口汽车零部件关税调整

2009 年 9 月 1 日起，我国进口汽车零部件关税统一调整为 10%，即价值等于或超过整车价格 60%的进口零部件将不再被按整车征收关税。进口零部件关税调整后，豪华汽车制造商的合资企业为了提高市场的竞争力，把目前整车进口的项目转而实行总成进口，到中国组装，关税从 25%降到 10%，那么以其净车价为基础计算的消费税、购置税等费用都将下降，最终散件组装的大排量乘用车成本将大幅下降。

3. 降低分销成本

如前所述，产品由本国市场进入外国市场，距离的增加也意味着销售环节的增加，而每增加一个分销环节都会增加一定的渠道费用，增加产品的分销成本。因此，国际企业可以通过减少分销环节、缩短分销渠道来降低分销成本，进而使产品的价格升级得到控制。缩短分销渠道，一方面可以减少中间商的加价，另一方面又可以减少整体缴纳的税金。许多国家都会对进入分销渠道的商品征收增值税，而增值税的征收方式有两种，一种是按照总销售价格征收，产品在中间商手中每转手一次就要征一次税，另一种是按照中间商进货成本和销售价格之间的差额来征税。通过对增值税分析我们可以看出，无论目标国家以哪种方式征收增值税，减少中间商的数目，缩短销售渠道，都可以减少中间商的成本加成，降低分销成本，进而降低进口商品价格升级的幅度。但这里有一点要注意，缩短分销渠道并不是在任何情况下都能降低产品成本的，分销渠道也不是越短越好，企业还要考虑到分销商在分销过程中所发挥的促进作用。

4. 借助自由贸易区降低价格

一些国家为了促进国际贸易，建立了自由贸易区或自由港。自由贸易区一般指海关监管的特定区域，产品进入这些区域内部时不必征税，只有当产品离开自由贸易区正式进入目标国市场时才对产品征收所有的关税，即所谓的“境内关外”。这样，国际企业可以将未装配的零部件运至进口国的自由贸易区，在经海关批准未办理纳税手续的情况下进入自由贸易区，在自由贸易区内储存、加工、装配，再进入目标国市场。这样借助自由贸易区，企业可以由以下途径降低成本费用的发生：第一，零部件和半成品税率一般较低，因此可以降低关税成本；第二，自由贸易区内发生的劳务成本和间接费用可以免交关税；第三，若进口国的生产加工成本比较低，产品生产成本也随之降低；第四，未装配的产品的运费成本一般较低，可以降低运输成本；第五，延迟缴纳关税可以减少因先纳税而造成的资金占用和利息支出，降低企业融资风险和成本；第六，如果最终装配过程中使用进口国的组件或者包装物，关税还可以进一步减免。

除以上几种常用的解决价格升级的途径外，企业还可以通过其他手段来降低成本上升的幅度，比如在预期上游货物或者本币对外币贬值的情况下，企业对影响生产的关键原材料或零部件加大采购增加储备，以缓解日后采购成本上升的冲击。企业也可以在期货市场或外汇市场上进行套期保值以规避价格或者汇率波动带来的风险成本。

第四节　国际市场营销调价策略

一、国际市场营销降价策略

国际市场营销降价策略是指在国际市场营销活动中，企业为适应市场环境和自身内部条件的变化而降低产品原有价格的一种策略。企业降价可能是企业出于某种商业目的主动降低价格，也有可能是迫于市场和竞争对手的压力而被动下调价格。国际企业降低价格的原因，概括起来主要包括以下几种。

1. 产能过剩

企业的生产能力过剩，导致企业所生产的产品在国际市场上供过于求，产品积压。企业为了增加产品销售额，可能会采用改进产品、加强促销等多种手段，但若这些方法都不能奏效，企业就会考虑降低产品价格来提高产品销售量。

2. 竞争压力大

国际市场上，企业面临着竞争对手的压力，当竞争对手降低产品价格或者是在行业中强有力的竞争者带来的压力下企业的市场占有率下降时，就会迫使企业以降价的方式来维持和扩大本企业的市场份额，以应对竞争对手带来的强大压力。如美国的汽车、消费类电子产品、照相机、钟表等，曾经由于日本竞争者的产品质量较高、价格较低而丧失了一些市场。面对这种情况，美国企业不得不降价竞销。

3. 成本优势

当企业所生产的产品在国际市场上有比较大的成本优势时，其产品进入国际市场的成本就会低于竞争对手，产品有进一步降价的空间。这时企业可以考虑通过降低价格来提高市场占有率，排挤竞争者，扩大产品的生产和销售量，进一步降低成本，增加利润。尤其是当消费者对产品价格变化比较敏感时，降低价格能起到更加明显的作用。

4. 经济衰退

在目标国市场宏观经济衰退、市场紧缩的情况下，消费者收入减少的同时普遍会减少消费支出，减少对产品的需求和购买。这时，企业可以通过降低产品价格来刺激消费者的需求欲望。同时在经济衰退期间，一般伴随着价格平均水平的下降，企业成本减少，此时降低价格也有助于企业保持自己的市场地位。

5. 企业自身策略需要

有时为了配合企业的组合营销策略，也需要对产品价格进行调整，比如，企业开发出新的产品，为了促进产品的更新换代，会对旧产品降价处理；企业为了配合产品的促销活动，在产品促销期间降低产品价格；企业出于库存压力，为了清减库存而主动降低产品价格促进销售等等。

案例 10－11

宝洁在中国市场全面降价抢回市场份额

2002 年 3 月，宝洁公司在中国范围内悄然推出一种大众化包装的“汰渍”，价格从原来的 5.9 元降到了 3.5 元。其后，在 2003 年 4 月，旗下品牌“汰渍”“碧浪”开始轮番降价，价格一度跌到 3 元以下，直逼国产品牌“雕牌”的市场零售价。

第一轮降价初战告捷，“汰渍”销量明显攀升，在某些中等城市甚至因供不应求而断货。与此同时，宝洁旗下另一战壕的旗帜品牌“飘柔”“潘婷”也含羞遮面开始试探降价水温。

此外，宝洁还在中国 7 个大型城市刮起一股“沐浴劲歌”旋风，“激爽”品牌沐浴液、香皂辅以中低价格意欲杀入年轻人市场。“激爽”从 2003 年 4 月上市以来，销量增长较快。（出于宝洁整体品牌战略规划的原因，“激爽”品牌在 2005 年 8 月基本退市。）

一贯自视高贵的宝洁品牌为何大幅降价？主要是因为产品竞争。联合利华作为全球 500 强公司之一，全球零售额超过 500 亿美元。其在 1993 年进入中国，开始几年走的路并不平坦。1999 年，联合利华第一个在中国启动降价策略，旗下的“奥妙”等家庭洗涤、个人护理产品迅速占领了较大份额。市场反应显示，联合利华的降价不但取代了宝洁在中国市场的行业老大的地位，而且对宝洁的市场根基也产生了巨大的震撼。大批顾客（甚至有的经销商）被分流出去，令宝洁公司的销售急转直下。此时摆在宝洁面前的似乎只有两条路，要么紧守高端品牌形象，要么降价反击，夺回失去的顾客份额。

二、国际市场营销提价策略

国际市场营销提价策略是指在国际市场营销活动中，企业为适应市场环境和自身内部条件的变化而提高产品原有价格的一种策略。企业提高价格，有可能会引起消费者和国外中间商的不满，甚至本企业的销售人员也会表示异议。但是，一个成功的国际市场营销提价策略可以使企业的利润大大增加。除了追求更高利润之外，还有一些其他的因素会导致企业采取提高产品价格的策略。

1. 成本上涨

国际范围内，产品生产成本上涨，使得企业利润减少甚至已经无利可图，这是企业实施提价策略的最主要原因。主要原材料或资源供应紧张、世界范围内原材料价格上涨、主要供应商提高价格或政府管制等因素都可能导致企业生产成本的上涨，最终促使企业提高价格以保证所获利润。此外，通货膨胀或货币贬值等宏观经济因素也会使产品生产成本上升，迫使企业通过提高产品价格的形式转嫁成本上升的压力，以维持正常盈利水平。

2. 产品供不应求

当市场对本企业的产品需求旺盛而企业在短期内生产规模又不能及时扩大时，市场上的产品供不应求，不能满足所有消费者的需要。这时，企业可以通过提高价格抑制消费者的需求，并同时获取高额利润。但要注意，为了企业的长期发展，要注意在提价时减少顾客的不满，如企业在提高价格时应当向顾客说明产品提价的原因，获得顾客的理解，同时努力帮助顾客寻找节约开支的途径。

3. 市场竞争

在国际市场营销中，企业产品的定价还会受到竞争对手价格策略和本企业在市场竞争中地位的影响。若同行业其他产品提高价格时，本企业会在分析其提价目的的基础上，为了避免与其直接抵触所造成的损失或是为了增加利润而采取随之提价的策略。若产品在与同行业产品竞争过程中，已经在顾客心中确立了本产品的某些差别优势，则企业也可以考虑凭借此种竞争优势调高价格，提高利润，尤其是所销售的产品的需求弹性较低时，提价策略的效果更好。但要注意，这种提价幅度应该是顾客可以认可和承受的，否则顾客可能转向选择竞争品牌。

4. 提高产品质量

企业为了提高产品的市场竞争力，获得消费者的青睐，满足消费者的需要，会致力于通过改进和创新提高产品质量、改进产品性能或者丰富产品功能来为顾客创造更多的消费者感知价值。而产品质量的提升、产品功能的丰富可能会增加企业的成本开支，此时，企业可以提高产品销售价格以补偿其因实现价值提高或价值增值而产生的额外成本投入，而且，这种由于产品质量提升、性能完善的提价策略往往更容易获得消费者的理解和支持。

5. 提升产品声望

“一分价钱一分货”是消费者在购买产品时的一种习惯性心态，利用消费者这种价高质优的消费心理，很多高端产品的生产企业会倾向于提高产品在市场上的售价来显示其产品的高品位和高定位，提高企业产品声望，继而增强消费者“物有所值”的感觉。

在实践中，企业提价策略不一定直接表现为产品总价的提升，还可以有多种不同的提价形式来帮助企业达到目的，比如，减少产品的折扣、压缩产品分量、使用便宜的原材料、减少或改变产品特点、使用廉价包装材料等等。国际企业的提价策略可能使企业增加收益，达到预期目的，但在现实中，提升产品价格往往会引起消费者的不满，甚至引起消费者对产品的强烈抵制。因此，企业的提价策略应该谨慎做出，同时还应该在提价的同时采取一些措施，尽量减少消费者的不满情绪。

三、消费者对企业价格调整的反应

1. 消费者对企业降低价格的反应

一般而言，企业降低产品价格，会让消费者觉得企业让利于顾客，消费者的购买量会增加，但消费者也可能会对企业降价有其他的解读，影响消费者的购买量和企业提价目标的达成。比如：（1）认为企业要推出新产品，所以对老产品进行降价清货处理；（2）认为产品有某些缺点以致滞销，所以才会选择降价处理；（3）认为企业出现了经营困难，难以继续经营下去，急需资金回笼；（4）认为产品的价格还会进一步下跌，从而出现持币观望的态度；（5）认为产品价格下调的原因是产品的质量下降了；等等。消费者对企业降低价格的这些解读和想法可能会使得消费者在企业降价时反而持观望态度，并可能影响企业和产品的声誉，需要引起企业的关注。

2. 消费者对企业提高价格的反应

企业提高产品价格一般会抑制部分消费者的购买欲望，使产品销售量减少，同时提高价格还可能招致消费者的不满，认为企业想要从消费者这里获取更多的利润，而对企业形成不好的印象。但消费者在部分情况下也有可能因产品提价而增加购买。比如：（1）认为产品提价是由于产品的品质优良，对产品价值有更高的认识；（2）认为企业提高价格是由于该种产品目前很畅销，如果现在不赶快购买，未来价格还可能进一步上升；等等。消费者对企业提高价格的这些理解可能使得企业在提高价格的同时，为产品形成新的市场定位，企业需要解释并引导消费者正确理解产品提价。

四、竞争者对企业价格调整的反应

1. 竞争者对企业价格调整的两种可能反应方式

（1）竞争者本身有一套应对同行业企业价格调整的措施和处理原则。若企业调整价格，则竞争者可能采取老一套的方法来应对本企业的价格变动。在这种情况下，竞争者的反应是我们能够提前预知并做出充分准备的，但这需要建立在了解竞争者以往反应方式的基础上。

（2）竞争者没有针对同行业价格变动的专门处理原则，而往往是随机应变，将同行业企业每一次的价格变动都看作新情况、新挑战，并根据当时的具体情况具体分析。在这种情况下，企业若想提前预知竞争者可能的反应，就需要了解本企业调整价格时，竞争者的核心利益是什么。以产品提价为例，如果竞争者的目标是市场占有率，那么为了保持并扩大自己的市场份额，其很有可能跟随本企业的价格调整而同方向变动价格；而如果竞争者的目标是利润最大化，那么它可能就不会在价格上跟进，而考虑其他的促销方式。但判断竞争者的核心利益关注点并不容易，往往需要了解竞争者的财务状况、近期的销售和产能情况、顾客忠诚度、市场占有率甚至是企业目标等内部信息。

2. 了解竞争者反应的主要途径

企业想要提前预知竞争者对本企业价格调整的反应，需要获取有关竞争者的充分信息，而这些信息的获取主要通过两种方法：获得竞争者的内部资料或者根据以往的统计资料来进行判断。以往的统计资料相对来说比较容易获得，我们可以根据竞争者一贯的反应方式做出判断。但企业若想要获取竞争者的内部信息，则不是一件容易的事情。取得内部情报的方法有些是可取的，有些则近乎刺探。比如，从竞争者那里挖来员工，以获得竞争者的有关决策程序，即对价格变化反应模式的情报信息；有意雇佣以往在竞争者公司工作过的员工，甚至专门为他们建立一个部门，主要工作就是模仿竞争者的立场、观点、方法思考问题。类似的情报还可以由其他渠道获得，如顾客、金融机构、供应商、代理商等。

3. 竞争者反应的主要类型

（1）相向式反应。

相向式反应是指紧盯本企业价格变化的策略，即竞争者的价格与本企业的价格浮动保持一致的比例。简单地说，就是我们提价，竞争者就提价；我们降价，竞争者也降价。同行业竞争者采用此种反应类型时，对我们本企业的影响不太大，一般不会导致严重后果。可以说，只要企业坚持合理的营销策略，就不会减少相应的市场份额，能够达到预期价格调整的目的。

（2）逆向式反应。

逆向式反应是竞争者所采用的一种对抗式的反应形式，即企业提价，竞争者反而降价或维持原价不变；企业降价，竞争者提价或维持原价不变。如果竞争者选择此种方式应对本企业的价格调整，则相对来说比较危险，因为竞争者的目的非常明确，即通过这种有意对抗的行为乘机与企业争夺市场份额。对此，企业需要做好充分的调查分析和准备工作，摸清竞争者的具体目的，估计竞争者的实力以及可能对本企业预期目标带来的影响。

（3）交叉式反应。

交叉式反应是针对企业存在众多竞争者的情况，而这些竞争者对企业调整价格的反应并不一致，有采取相向式反应的，也有采取逆向式反应的，可能还有暂时按兵不动的。众多竞争者的不同反应使得企业可能面对的情况错综复杂。此时，若企业不得不进行价格调整，它们必须结合自己的目标综合分析，并且在调整价格的同时，也要注意提高产品质量、加强广告宣传等。

五、企业对竞争者价格调整的反应

1. 不同市场环境下的企业反应

当竞争者做出价格调整的决策时，企业的反应首先需要考虑到市场环境的不同。在同质产品市场上，产品间没有或只有很少的差别，此时若竞争者降价，则企业必须随之降价，否则大部分消费者都会转向购买价格较低的竞争者的产品；但若竞争者提高产品价格，则企业可以跟进提高利润，也可以暂时观望。

2. 企业面对竞争者价格调整需要考虑的因素

在国际市场上，面对竞争者的价格调整策略，企业除了需要考虑市场环境的不同外，在做出具体的应对和反应前，还需要重点考虑以下因素。

（1）本企业的产品在其产品生命周期中所处的阶段以及该产品在企业系列产品中的重要程度。

（2）竞争者调整价格的目的和意图，这样的价格调整是暂时的还是永久的。

（3）消费者对本企业产品价格变化的敏感程度。

（4）企业成本费用随销量和产量变化的规律，是否存在规模经济效应。

（5）若企业对竞争者的价格调整置之不理，可能会对企业的产品销售量和市场份额造成什么样的影响。

（6）面对竞争者的价格调整策略，行业中其他企业是否会做出反应，是如何反应的，以及可能对企业造成哪些影响。

（7）企业可能的反应和应对措施有哪些，分别可能产生什么后果。

（8）竞争者和其他企业面对本企业的反应，又会有什么样的反应，会做出哪些调整。

3. 企业面对竞争者价格调整的反应类型

如前所述，面对竞争者的价格调整策略，企业可以选择相向式反应跟随竞争者的价格变动幅度，也可以选择逆向式反应有意与竞争者形成对抗局面，还可以选择按兵不动，静观其变，或者选择维持价格不变，但就营销组合中的其他非价格因素如产品、分销渠道、促销手段等进行调整。但具体采用哪种反应类型，则要结合企业的定价目标，充分考虑前面所介绍的各种因素，才能做出正确的判断。

案例 10 - 12

休布兰公司的对策

休布兰公司的斯米诺伏特加酒，是一种占美国伏特加酒市场约三成的品牌，它受到另一种品牌华尔夫施密特的攻击：华尔夫施密特以低于斯米诺的价格出售伏特加酒。在这种情况下，休布兰公司不仅没有降低斯米诺的价格，反而把价格提高了，并把增加的收入投入广告宣传。同时休布兰公司建立了另外一种与之同价的品牌雷尔斯卡同华尔夫施密特竞争，并且还生产了第三种品牌波波夫，以低于华尔夫施密特的售价出售。

第五节 国际市场营销定价中涉及的其他问题

一、反向贸易

反向贸易即对销贸易，又称互抵贸易、对等贸易，是指以货物或劳务、工业产权和专有技术等无形财产的进口和出口相结合并互为条件的一种贸易方式。反向贸易的特点是交易双方各有进出，并在交易中各自求得收支平衡或基本平衡。反向贸易主要包括以下三种不同的类型。

1. 易货贸易

传统的易货贸易一般是买卖双方各以等值的货物进行交换，不涉及货币的支付，也没有第三者介入，易货双方签订一份包括相互交换抵偿货物的合同，以确定有关事项。例如，西方石油公司与苏联达成的一项为期两年、金额达到200亿美元的协议是迄今为止规模最大的易货贸易之一。根据当时双方的协议，西方石油公司用过磷酸向苏联换取氨尿素和钾碱，在这笔交易中，没有现金转手，也不涉及任何第三方。易货贸易所涉及的商品种类繁多，各种可能的货物都有可能成为交易对象，因此，当企业在寻找潜在交易对手时，定价和营销都要困难和复杂得多。

2. 补偿贸易

补偿贸易是指在信贷基础上进口设备，然后以回销产品或劳务所得价款，分期偿还进口设备的贷款及利息。它既是一种贸易方式，也是一种利用外资的形式。交易方式是企业先以赊购的形式，从国外进口设备和技术等，待投产后，用所生产的产品和劳务偿还贷款的本金和利息。

补偿贸易按照用来偿付的标的的不同，大体上可分为三类：（1）直接产品补偿。即双方在协议中约定，由设备供应方向设备进口方承诺购买一定数量或金额的由该设备直接生产出来的产品。例如，美国一家农业机械制造商将一个拖拉机工厂出售给波兰，一部分货款用现金支付，其余则用该厂制造的拖拉机抵偿。这是补偿贸易最基本的做法。这种做法的局限性在于，它要求生产出来的直接产品及其质量必须是对方所需要的，或者在国际市场上是可销的，否则不易为对方所接受。（2）其他产品补偿。当所交易的设备本身并不生产物质产品，或设备所生产的直接产品非对方所需或在国际市场上不好销时，可由双方根据需要和可能进行协商，用回购其他产品来代替。如麦道公司与泰国曾经达成了8架F/A－18飞机的补偿贸易，泰国同意支付5.78亿美元现金，其余9 300万美元则用泰国橡胶、谷物、冻鸡、水果罐头支付。（3）劳务补偿。这种做法常见于同来料加工或来件装配相结合的中小型补偿贸易中。具体做法是：双方根据协议，往往由对方代为购进所需的技术、设备，货款由对方垫付。企业按对方要求加工生产后，从应收的工缴费中分期扣还所欠款项。上述三种做法还可结合使用，即进行综合补偿。有时，根据实际情况的需要，还可以部分用直接产品或其他产品或劳务补偿，部分用现汇支付等等，如前面所述的麦道公司与泰国的交易就是一部分用实物，一部分用现金支付。

3. 平行贸易

平行贸易又称互购、回购或反向购买，是指交易双方互相购买对方的产品，即一方向另一方出口商品，同时又承担向另一方回购一定数量或金额的商品的义务。平行贸易是最简单、最常用的反向贸易形式，它往往涉及使用两个独立而又相互联系的合同。交易双方先签订一个合同，约定由先进口方用现汇购买对方的货物，并由先出口方在此合同中承诺在一定时期内购买先进口方的货物；之后，双方还需再签订一个合同，具体约定由先出口国在一定期限内用所得货款的一部分或全部从先进口国购买商定的货物。

二、转移定价

1. 转移定价的含义

转移定价是指跨国公司的母公司与海外子公司之间或各子公司之间提供产品、劳务或技术等交易行为时所采用的定价方法，是跨国公司经常使用的国际资金调度管理的手段。由于当前的跨国公司多采用分权式管理，其母公司和子公司往往独立核算，成为不同的利润中心，因此，跨国公司的内部交易也需要制定价格。但在这里，我们必须明确，评估各利润中心经营状况并非是跨国公司制定转移价格的唯一目的，否则，跨国公司的转移定价就与正常交易价格保持一致，我们也就没有研究的必要了。事实上，跨国公司在交易中都会使转移价格偏离企业正常定价时的市场价格，即转移定价并不是由交易双方按照市场供求关系和独立竞争原则确定的，而是根据跨国公司的战略目标和整体利益最大化的原则，由母公司上层决策者确定的。

2. 转移定价的目标

（1）转移资金。

当跨国公司需要将资金从某一个目标国转移回母公司时，它可以用高于市场的高价把母公司生产的产品卖给目标国的子公司，这样子公司的资金就通过转移价格间接地从目标国转回到母公司了。同样，跨国公司各子公司间也可以使用转移定价的方式完成资金转移。

（2）调节利润。

跨国公司基于全球战略的考虑，往往通过转移定价对集团内各子公司的利润进行统一调节和分配。当在海外新建的子公司对跨国公司的整体利益极为重要时，为了使其具有较高的市场地位和市场形象，跨国公司可以通过转移定价，即降低对其出口价或提高从其进口价，使这家子公司呈现出较高的利润率水平。反之，如果跨国公司的一家海外子公司在国外获得利润较高，并引起当地政府和工会的关注，要求重新谈判或提高工资，此时，跨国公司同样可以通过转移定价的方式，即提高对其出口价或降低从其进口价，将这家子公司的利润转移到国外，使其在财务报表上呈现较低利润。

（3）减少税负。

跨国公司在多国设立子公司，而世界各国的税收规则和税率各不相同，跨国公司就可以通过子公司间的转移定价来减少企业的税收负担，具体来说就是降低企业在高税率国家的纳税基数，提高企业在低税率国家的纳税基数，从而减少整个跨国公司的纳税总额。运用转移定价避税主要体现在所得税和关税两个方面。

从减少所得税的角度分析，世界各国各地区的所得税征收办法不同，税率也相差较大。如果某国征收的所得税税率较高，则该国的子公司可以高价从所得税税率较低的国家的子公司购买生产资料和产品，或低价向所得税税率较低的子公司出售其生产的产品，即可以将利润由这个位于高税负国家的子公司尽可能转移到位于低税负国家的子公司，从而从总体上降低跨国公司的所得税负担。

从减少关税税负的角度分析，各国进口关税的类别和税率差别也很大，跨国公司同样可以利用转移定价来减少关税负担。在将产品卖给高关税国家的子公司时，如果海关征收的是从价税或者是混合税，就可以降低转移价格，从而减少纳税基数和纳税额，降低企业的关税负担。

案例 10－13

转移定价是跨国公司避税的重要手段

2012 年，全球最大的咖啡连锁巨头美国星巴克公司就因税务问题在英国犯了众怒。星巴克在英国 14 年的营业额达 30 亿英镑，但累计缴纳公司所得税仅为 860 万英镑，纳税额低于营业额的 1%。2011 年，公司甚至以“亏损”为由，未向英国政府缴纳一分钱税款。

星巴克绝不是跨国公司通过转移利润避税的个案。包括谷歌、微软在内的互联网巨头都是避税黑名单上的常客。美国财政部的经济学家们甚至估计，如不使用避税手段，苹果公司仅在 2011 年一年中，就需在美国多缴纳 24 亿美元的税款。

一些跨国公司的避税行为在 2012 年被集中曝光，跨国公司的行为引发政府和民众的广泛不满。在 2013 年的二十国集团（G20）财长与央行行长会议上，G20 承诺将在未来通过国际合作处理避税问题，限制跨国公司向海外低税率区域转移利润从而少缴税的做法。

（4）规避风险。

跨国公司在进行国际市场营销时，会面临诸多的政治风险和经济风险，如战争、政局动荡、政府征用、没收、外汇管制、通货膨胀、银根紧缩等，跨国公司也可以通过转移定价的方式来转移公司利润，规避风险。

当某国政局不稳定或有发生军事冲突的可能性，或者跨国公司预见到其在该国的资产面临着被东道国国有化等政治风险时，跨国公司可以利用转移定价抽走在该国子公司的资金。其具体可以是母公司以高转移定价向该子公司出售产品，或者以低转移定价从该子公司购买商品和服务，还可以对该子公司收取高额专利使用费、技术指导费、劳务费等。这样，子公司的利润就从该东道国大量转移出去，从而规避了相关政治风险。

再比如，对于规避外汇风险，跨国公司的转移定价也有其独特的优势。除了可以应用提前和延迟应收应付款的方法之外，还可以运用转移定价改变经营项目转账，避免东道国对资本项目的限制。如果东道国实行严格的外汇管制，对外国子公司的利润汇出进行严格限制和征税，跨国公司就可以以高转移定价向该子公司出售产品，而以低转移定价从该子公司购买商品和服务，这样，利润就从子公司转移出去，从而突破了东道国政府外汇管制的限制。

（5）增强竞争力。

跨国公司为了提高其海外子公司在国际市场或在东道国市场上的竞争力，可以利用低转移定价使其从母公司获得廉价的原材料、各种零部件和服务等，使得子公司能在东道国市场上以低价击败竞争对手，显示出较高的利润率和国际竞争力。在某些特定的行业，控制原材料供应的跨国公司还可以利用转移定价削弱子公司竞争对手的竞争力，间接地帮助子公司提高其市场地位。

跨国公司在利用转移定价提高企业竞争力时，有一点要注意：出于竞争考虑的转移定价带来的好处有时可能会被一些不利因素所抵消。从外部来看，转移定价可能引起东道国政府采取反托拉斯行动，也可能引起其他竞争对手的报复行为。从内部来看，这种转移定价带来的好处可能会给子公司以错觉，使其丧失进一步发展的动力，从而使临时性价格变成了长期的管理支持，则最终反而会损害跨国公司的整体利益。因此，跨国公司在进行竞争性转移定价时，必须多方面考虑，从长期角度权衡得失。

3. 转移定价的方法

跨国公司在进行转移定价时，首先需要确定一个跨国公司内部产品或服务转移的基础价格，然后再在基础价格上按照企业的整体需要调高或调低。按照基础价格确定原则的不同，转移定价的方法可以划分为以下三种：（1）基于成本的转移定价：指跨国公司的转移定价以所转让的货物和劳务的内在成本为依据，在此基础上按一定比例加成，以确定企业内部的交易价格。（2）基于市场的转移定价：指在按市场价格进行交易的原则基础上，以外部公开市场的竞争性价格水平为准，根据公司定价目标进行相应调整来确定企业内部的交易价格。（3）协商转移定价：指由公司内部交易双方或者由公司高层管理人员根据交易双方的利益和公司的定价目标权衡决定企业内部的交易价格。

4. 转移定价的具体做法

跨国公司在转移定价的实践中，采取的手段和具体的做法是多种多样的，其中既有有形货物的转移，也有无形资产的转让；既包括贸易性的支付，也包括非贸易性的支付。综合来说，跨国公司转移定价的具体做法包括以下几种。

（1）通过关联企业之间的购销业务转移定价。

货物购销时“高进低出”或“低进高出”，是跨国公司转移定价最经常使用的做法。若跨国公司子公司从境外关联企业购进原材料、零部件、机器设备时，其定价高于市场价格，向国外关联企业出口产品时，其定价低于市场价格，这样的情况被称为“高进低出”，资金和利润由该子公司转出。反之，若跨国公司子公司从境外关联企业购进原材料、零部件、机器设备时，其定价低于市场价格，向国外关联企业出口产品时，其定价高于市场价格，这样的情况被称为“低进高出”，资金和利润由境外流入该子公司。到底是“高进低出”还是“低进高出”，主要还是取决于跨国公司的整体利益和战略安排。

（2）通过关联企业之间的劳务提供转移定价。

跨国公司的关联企业之间除了常规的购销业务外，还可以相互之间提供管理、广告、咨询等劳务服务，并可以根据跨国公司总的战略目标，有针对性地对这些劳务费用收取高于或低于市场价格的转移高价或转移低价来进行关联企业间的转移定价。

（3）通过关联企业之间的无形资产转让转移定价。

跨国公司的关联企业之间还可以通过对专利、专有技术、商标、商誉等无形资产转让时收取费用的高低，来对跨国公司的各关联企业的成本、利润和资金转移施加影响，进行转移定价。无形资产转让的定价本身就比较复杂，其所涉及的相关费用的收付具有一定的灵活性。据此，关联企业很容易操控内部的成本和利润。

（4）通过关联企业之间的资金往来转移定价。

跨国公司内部贷款有较大的灵活性，跨国公司可以通过调节关联企业之间贷款利息的高低来进行转移定价。比如，为了达到在一国避税的目的，跨国公司母公司可按较高的利率将款项贷给该国子公司并收取利息，这样子公司偿还给母公司的贷款利息就可作为子公司的费用而在税金中扣除。如果该母公司是处于低税率国家的话，那么它所收到的利息收入就只要缴纳少部分的税金，这样一来就实现了跨国公司整体利润的最大化。

（5）通过关联企业之间的设备租赁转移定价。

企业购置固定资产或者支付租赁费用的高低也会对企业利润产生影响。关联企业之间购置或租赁固定资产的费用高低，会直接影响到企业折旧费用提取的多少，最终也会影响到企业利润的分配。因此，跨国公司也可以通过关联企业之间的设备租赁进行转移定价。比如，跨国公司可以利用关联企业间的设备租赁来减轻税负：位于高所得税国的子公司借入资金购买一项设备，并以较低的价格租赁给低所得税国的一个子公司，后者又将此设备以尽可能高的价格再租给另一个子公司，从而达到跨国公司整体减少纳税的目的。

三、管制定价

1. 规定产品价格的上下限

许多国家对某些产品实行最低限价和最高限价，通过规定某些特定产品的价格上下限来保护国内相关产业和防止暴利行为。

政府规定商品的最低销售价格，通常是为了保护本国同行业企业，使其免受外国商品的低价冲击，这是很多国家的常规做法。例如，一些国家对农产品制定最低进口价格的限制，就是为了保护国内市场上本国农产品的生产和销售。美国还曾实行过一种最低限价措施，叫启动价格制。这种措施主要是为了限制欧洲和日本的低价钢材和钢材制品的进口。而最低限价是以当时世界上效率最高的钢材生产者的生产成本为基点计算的最低价格，如果进口的该类商品价格低于这个启动价格，则要求出口商必须调高价格，否则征收高额的反倾销税。

政府还会规定某些产品的最高售价，这通常是为了稳定物价，抑制通货膨胀，保持本国经济正常运转。政府限制高价所涉及的商品类别数目十分有限，一般是粮食、汽油、医药产品等关系国计民生的产品。例如，中东国家的政府对药品价格严格控制，同时它们还参照了英国医药月刊上所载的各种药品价格，因为英国对药品定价的严格控制在国际上都是知名的。

2. 限制价格浮动

为了稳定市场，一些国家还会出台限制产品价格波动幅度的政策。这些政策一般是东道国政府为了保护本国消费者的利益，对本国市场上销售的产品的价格上涨进行严格的控制。主要包括以下两方面内容：（1）严格的审批制度。在某些国家，部分商品的价格不能随意变动，若企业想要变动价格，必须经过政府有关部门的审批和同意。当外国制造商有价格上涨需求时，若该商品属于东道国政府规定的限制商品，则东道国政府会要求企业提供各种资料用以说明提价的理由（如工资、原材料成本上涨等），等待东道国政府批准，就算得到批准，从提交申请到企业真正提高价格之间也还需要一段等候批准的时间。这个等候时间各个国家可能各不相同，在瑞典是一个月，在比利时则是三个月。（2）有限的价格上涨幅度。这是指东道国政府对商品涨价的幅度进行限制，即政府允许价格上涨的幅度通常是一个固定的百分比，或者是企业成本增加额的一定百分比，而不能由企业随意设定。

3. 政府直接干预市场

在许多国家，政府有时会通过直接参与市场竞争的方式干预和影响产品的价格。政府直接干预市场，利用的不是政府的行政指令，而是凭借政府雄厚的资金实力和物质基础，是一种符合市场经济规范的方式。具体来说，就是政府或其代理公司直接参与产品市场上的买卖活动，以政府雄厚的资金实力，在市场上大量购进或抛售某种产品，以达到控制和影响该产品的市场价格的目的。当政府认为市场价格偏高时，就会抛售商品以增加供给，降低价格；当政府认为市场价格偏低时，就会大量购进商品以增加需求，提高价格。政府一般会对食品、粮食、棉花等民生必需品的价格进行这种类型的价格管控。比如，美国政府曾动用国家战略库存储备参与市场竞争来控制金属铝的价格；中国政府也曾直接参与市场竞争来稳定粮食价格。

4. 国际价格协定

跨国公司进行国际市场营销时，对产品的定价还受到国际价格协定的限制。国际价格协定是同行业间为了避免恶性竞争，特别是防止彼此间竞相降价而达成的价格协议。国际价格协定往往对同行业产品的定价具有限制作用。这种国际价格协定有时是在政府支持下由同一行业中的企业共同达成，有时则是由政府直接出面达成，如中东主要产油国组成石油输出国组织（OPEC），在成员国之间分配石油产量和出口限额，进而控制国际市场石油价格的走势。这种国际价格协定主要发生在农副产品或工业原料市场上，如可可、咖啡、小麦、糖、铜、锡等市场上都存在这样的国际价格协定。

四、倾销与反倾销

1. 倾销

（1）倾销的含义。

倾销是一个重要的全球定价策略问题。倾销的本意是抛弃掉不需要的东西，20 世纪初在国际贸易中首次使用倾销这一概念。对倾销的解释多种多样，并没有完全统一的定义，根据 1994 年《关税及贸易总协定》中第 6 条的规定，如产品自一国出口至另一国的出口价格低于在正常贸易过程中出口国供国内消费者消费的同类产品的可比价格，即以低于正常价值的价格进入另一国，则被视为倾销。通俗地说，就是如果一种产品在外国卖得比在本国还便宜，通常就会被认为是一种倾销产品。在国际市场上，倾销被认为是一种价格歧视，不利于产品间的正常竞争，它常常导致东道国市场上生产和销售同类产品的企业受到一定程度的价格威胁，而进行倾销的企业则希望达到打垮竞争对手，垄断整个市场的目的。

（2）倾销的特征。

第一，倾销是一种企业有意为之的低价销售措施。倾销是跨国经营的企业在东道国市场上以低于产品在国内市场销售的价格，甚至低于产品生产成本的价格，对同一产品进行差价销售。

第二，企业进行产品倾销的动机和目的是多种多样的，有的是为了销售企业积压的过剩产品，有的是为了扩大出口，争夺国外市场的份额，打压竞争对手。但只要产品倾销对进口国某一行业的发展产生实质性影响，就可能招致反倾销措施的惩罚。

第三，倾销是一种不公平竞争行为。首先，在出口国政府奖励出口的政策下，出口企业可获得政府的出口补贴，因此可以以低于国内的低廉价格在进口国市场上销售产品。其次，当产品以倾销低价在进口国市场上销售时，出口企业可以获得价格竞争优势进而打垮竞争对手，待竞争对手退出市场后，再提高价格以获取高额的垄断利润。

第四，倾销的结果往往对进口国市场的经济和相关行业生产者的利益产生不利影响，特别是掠夺性的倾销会扰乱进口国的市场经济秩序，给同行业企业带来致命打击。

（3）倾销的类型。

①零星倾销。

零星倾销也称短期倾销，指企业为了抛售库存，处理过剩产品而采取的向国外市场倾销的方式。倾销的产品往往是过时产品或在本国市场已经没有销路的产品。零星倾销对进口国的同类生产企业在短时间内会有不利影响，但会给进口国的消费者带来物美价廉的产品，所以进口国政府对此类倾销一般不予干预。

②掠夺倾销。

掠夺倾销是国际企业一种竞争的战略手段，即企业以低于国内产品价格甚至低于成本的价格向国外大量抛售商品，其目的是击垮国外市场上的竞争对手，扩大市场份额，进而垄断市场，一旦企业在市场上的垄断地位确定，企业便会依据其垄断地位提价，以获得丰厚的垄断利润。这种掠夺性的倾销持续时间长且危害大，会阻碍进口国同行业企业的生存和发展，并最终损害进口国消费者的利益。因此，许多国家的政府都会对此类倾销行为进行抵制和干预。

③持久倾销。

持久倾销也称长期倾销，指企业在某个国际市场持续地以比在其他市场低的价格销售。这种倾销最主要的特征就是其长期性。对于企业来说，持久倾销为避免企业亏损，其产品的出口价格至少要高于产品的边际成本，这是企业进行持久倾销的必要条件。持久倾销是持续时间最长的一类倾销，当然，和掠夺性倾销一样，当打垮竞争对手，完全占领市场以后，倾销企业会再次提高价格，赚取超额垄断利润。

④逆向倾销。

逆向倾销一般是针对跨国公司而言的，即跨国公司的母公司从海外子公司购入廉价产品，然后在本国市场上以低于国内市场的价格销售其廉价的海外产品。跨国公司的逆向倾销在国际市场营销的实践中时有发生，其特点是在本国国内市场上进行倾销，这也是逆向倾销名称的来源。当然，跨国公司在国内市场上进行逆向倾销的目的，仍然是通过低价获得产品竞争优势，进而打击竞争者。

2. 反倾销

（1）反倾销的含义。

所谓反倾销是指进口国政府为了维护正常的国内市场秩序，通过立法以及对倾销产品征收高额反倾销税等措施来遏制倾销的一种手段，以此保护本国工业的正常发展。在世界贸易组织框架下，只有政府才是采取反倾销措施的主体，因此，一国的贸易商或产业界必须通过政府来启动反倾销程序。政府启动反倾销程序后，一般是对认定倾销的外国商品征收反倾销税，使其不能继续廉价出售，征收反倾销税的额度可以等于倾销幅度，也可以低于倾销幅度。另外，若出口企业自愿做出了令人满意的承诺，修改价格或停止以倾销价格出口，则调查程序也可能被暂停或终止，有关部门也不再征收反倾销税了。

（2）反倾销的条件。

近年来，随着国际市场上企业间竞争日益激烈，反倾销已经不仅仅是一国政府保护本国工业的手段，也被一些企业和国家用来作为将外国竞争者排挤出本国市场的撒手锏，滥用反倾销政策的贸易保护主义倾向也日益明显。因此，反倾销的认定就成为进口国政府实施反倾销的主要依据，也是各国企业进行国际贸易时需要关注的重点因素。

世界贸易组织规定：如果因倾销而给进口国领土内已建立的某项工业造成实质性损害或产生实质性阻碍，这种倾销应该受到谴责，对倾销产品征收的税额不超过这一产品的倾销差额；若不能断定倾销的后果对国内某项已建立的工业造成实质性损害或产生实质性威胁，或者实质性阻碍国内某一工业的新建，不得征收反倾销税。由此可见，要认定企业的反倾销，必须符合以下三个条件：第一，确定存在倾销的事实，即产品出口价格低于在本国市场销售的价格；第二，确定对进口国产业造成了实质损害或实质损害的威胁，或对建立国内产业造成实质阻碍；第三，确定产品的倾销和对进口国的损害之间存在因果关系。

确定存在倾销的事实，即价格低于正常价格，是三个条件中的关键。若产品的出口价格低于正常价格，就会被认为存在倾销，而出口价格低于正常价格的幅度被称为倾销幅度。一般地，正常价格是指出口国国内同类产品的可比销售价格。但如果该出口国的价格受到控制，则往往以第三国同类产品出口价格来确认正常价格。这种以第三国同类产品来确认正常价格的方法有一定的弊端，比如我国企业所遭受的反倾销案，很多就是由于以美国和欧盟为代表的一些国家不认定中国市场经济国家的地位，在计算正常价格时使用第三国的数据，使我国企业受到不公平的对待。

3. 倾销与反倾销中企业的定价

事实上，很多从事国际营销的跨国公司都在某种程度上有过倾销行为。从企业自身的角度来看，进行跨国经营的企业出于保持本国市场上价格的稳定、击败进口国的主要竞争对手、扩大目标国的市场份额、维持本国生产规模等动机，运用价格手段增强产品的国际竞争力，本无可厚非。但是，世界贸易组织的反倾销规则以及各国政府所指定的反倾销法案并不关心跨国公司的动机是什么，而只关注最后在本国市场上的倾销事实和造成的事实后果。因此，跨国公司在进行国际市场营销时，就不能仅仅从自身的需要出发制定价格，需要考虑到可能受到的限制和制裁。

本章小结

定价策略是企业在国际市场营销中面对的最复杂的一个决策领域。企业需要考虑的不仅仅是本国市场上消费者、竞争者和政府法规的具体内容，还需要综合考虑到产品销往的每一个东道国的现实状况。

在国际市场营销中，产品定价是企业制定国际市场营销组合的重要内容。在国际市场营销活动中，国际市场营销定价受到企业定价目标、成本、需求、竞争、政府干预、相关产品价格、心理和货币等多种复杂因素的影响。企业需要充分重视这些因素，结合企业的实际情况选择适当的定价方法，并根据目标市场的不同情况采用灵活的定价策略和技巧。具体来说，企业定价方法主要有成本导向定价法、需求导向定价法和竞争导向定价法三种，而具体的定价策略则更加灵活多样，主要包括新产品定价策略、心理定价策略、折扣或让价策略、地区定价策略、产品组合定价策略、价格保证策略等多种不同类型。企业为国际产品定价时，都会面临国际市场营销中的价格升级问题，造成价格升级的原因在于商品由本国出口至国际市场时，产生了一系列的附加成本，主要包括税收成本、分销成本、运输成本和风险成本等，企业需要积极应对价格升级问题，采取适当的措施和手段，尽量降低价格升级的幅度，从而提高对国外市场最终价格的控制力。企业对国际产品的定价并不是一劳永逸的，需要根据市场环境对产品价格进行适当的调整，即选择国际市场营销的降价或提价策略，同时需要关注消费者、主要竞争对手对本企业调价策略可能的反应，并做出应对预案。最后，进入国际市场的企业，在产品的定价策略上，会面临许多在国内销售产品时所没有遇到过的其他问题，主要包括反向贸易、转移定价、管制定价、倾销与反倾销等内容，需要引起企业的关注。

关键术语

成本导向定价法	需求导向定价法	竞争导向定价法	新产品定价策略
撇脂策略	渗透策略	心理定价策略	折扣或让价策略
地区定价策略	产品组合定价策略	价格保证策略	价格升级
反向贸易	易货贸易	补偿贸易	平行贸易
转移定价	管制定价	国际价格协定	倾销　反倾销

辅助材料推荐

加里·阿姆斯特朗，菲利浦·科特勒．市场营销学（第14版）．北京：中国人民大学出版社，2023.

张颖，金龙布．国际市场营销．北京：中国人民大学出版社，2021.

李爽．国际市场营销．2版．北京：人民邮电出版社，2021.

朱金生，张梅霞．国际市场营销学．2版．南京：南京大学出版社，2019.

田盈，徐亮．国际市场营销学．双语版．北京：人民邮电出版社，2013.

谢琼，吴明杰．国际市场营销．2版．北京：北京理工大学出版社，2015.

王晓东．国际市场营销．6版．北京：中国人民大学出版社，2022.

闫国庆．国际市场营销学．4版．北京：清华大学出版社，2021.

顾春梅，李颖灏．国际市场营销学．北京：人民邮电出版社，2013.

方明．100个成功的营销管理．北京：机械工业出版社，2004.

张建辉，李海琼．国际市场营销实务．3版．北京：高等教育出版社，2021.

本章思考题

1. 企业国际市场营销定价的目标一般有哪些？
2. 试分析影响国际市场营销定价的主要因素。
3. 国际市场营销中有哪些常用的定价方法？它们有什么不同？各有什么优缺点？
4. 国际市场营销中有哪些定价策略可以采用？
5. 企业对新产品定价一般有哪几种策略？它们分别适用于何种情况？
6. 试说明什么是国际市场营销中的价格升级，企业应该如何有效地控制价格升级问题。
7. 国际市场营销的企业在什么情况下会考虑降低价格？又是在什么情况下会考虑提高价格？
8. 当企业需要对产品进行调价时，消费者及竞争者会有哪些反应？
9. 什么是转移定价？跨国公司实行转移定价有何目标和动机？

拓展阅读

一杯“令人喘不过气”的咖啡

微软价格策略的转变

特斯拉的定价策略与影响因素

第十一章
国际市场营销组合策略——渠道策略

学习目标和重点

- 国际分销渠道的含义和结构
- 国际分销渠道策略
- 国际市场中间商的类型及选择
- 影响国际分销渠道决策的各种因素

导入案例

华为技术有限公司成立于1987年，总部位于广东省深圳市龙岗区。2021年，华为公司的总收入为6 368亿元，净利润达到1 137亿元。华为是全球领先的信息与通信技术（ICT）解决方案供应商，专注于ICT领域，坚持稳健经营、持续创新、开放合作，在电信运营商、企业、终端和云计算等领域构筑了端到端的解决方案优势，为运营商客户、企业客户和消费者提供有竞争力的ICT解决方案、产品和服务，并致力于实现未来信息社会、构建更美好的全联结世界。那华为是如何构建国际分销渠道的呢？华为采取了直接渠道和间接渠道相结合的方式，在南美之外的发展中国家自建营销网络，直接与电信运营商洽谈。而在欧美发达国家一是加大投入，采取类似海尔开拓北美市场的方式，设立办事处和研发中心，实现制造与研发的本地化；二是积极寻找合作伙伴、建立合资公司，利用它们的营销网络，在国际市场上打开一条通路。

企业把自己的产品或服务通过某种途径或方式转移到国际市场消费者手中的过程及

因素构成国际分销系统，其中转移的途径或方式被称为国际分销渠道。国际分销系统一般具有三个基本因素：制造商、中间商和消费者。制造商和消费者分别是分销渠道的起点和终点。当企业采取不同的渠道策略进入国际市场时，产品或服务从生产者向消费者的转移就会经过不同的营销中介机构，从而形成不同类型的国际分销渠道结构。出口企业管理分销渠道主要有两个目标：一是将产品有效地从生产国转移到产品销售国市场；二是参加销售国的市场竞争，实现产品的销售和获取利润。为实现这两个目标，一次分销过程要经过三个环节：第一个环节是本国的分销渠道，第二个环节是由本国进入进口国的分销渠道，第三个环节是进口国的分销渠道。

第一节 国际分销渠道结构

一、市场开拓的方式

1. 美国方式

美国对外开拓市场注重价值链活动的全球性资源整合，使跨国公司的经营成本大幅下降。资源和信息的全球性流动，使跨国公司在网络信息平台上实现了采购、研发、生产、物流等企业价值链的全球优化与整合，跨国公司分销渠道出现扁平化倾向。在传统营销条件下，跨国公司在建立海外分销渠道方面必须支付大量的开支和等候过长的时间，并且传统渠道具有较多环节和层次，这就难以避免渠道末端与跨国公司总部对设计渠道的初衷出现某些偏差或难以控制的问题。在网络信息技术应用到渠道设计以后，上述问题得到了较大程度的改善。跨国公司通过建立互联网渠道，以过去难以想象的低廉成本、几乎在瞬间可以实现的速度，解决了传统渠道中的不足和局限。特别是在一些高新技术产业，互联网渠道在某种意义上已经成为该产业的主流渠道。互联网渠道不仅具有快捷、低成本的优势，并且具有放大和延伸传统渠道的功能。

2. 日本方式

日本跨国公司拓展国际营销市场一般须经历下列两个阶段：首先是市场调查阶段。市场调查主要包括产品需求和市场占有率、销售额及投资回收率、国家风险和业务风险的预测等等，以此捕捉新市场的机遇。其次是市场进入阶段。同美国企业相比，在进入市场的营销策略中，日本企业重视的是销售量（短期收益），它们一般通过低价扩大销售量来弥补收益的低下。在进入国外市场过程中，日本企业采用了灵活的方式，主要有：瞄准不太激烈的市场；努力使每个市场各具特色，针对市场特色制订商品计划；低价销售；提供高质量商品和完善的服务；开发强有力的销售渠道；积极开展广告与促销活动等。

3. “滚雪球”方式

目标市场的“滚雪球”战略是企业最常用的一种策略，即企业在现有市场的同一地理区域内，采取区域内拓展的方式，在穷尽了一个地区后再向另一个新的区域进军的拓展战略。采用这种“滚雪球”式的循序渐进市场开拓战略，可在一定程度上降低市场开拓经营风险，使企业稳扎稳打，循序渐进，不断扩大目标市场范围，对企业及品牌根基的牢固大有裨益。这种战略选择也存在时间稍长、企业发展速度缓慢等不足。但这种选择对于中小企业逐步“滚大”企业、“滚强”品牌却是最佳选择之一。

4. “采蘑菇”方式

“采蘑菇”市场开拓战略是一种跳跃性的拓展战略，企业开拓目标市场时，通常遵循目标市场“先优后劣”的顺序原则，而不管选择的市场是否邻近。也就是首先选择和占领最有吸引力的目标区域市场，采摘最大的“蘑菇”；其次再选择和占领较有吸引力的区域市场，即采摘第二大的“蘑菇”，不管这个市场和最有吸引力的市场是否邻近；以此类推。“采蘑菇”的目标市场开拓战略虽然给人挑肥拣瘦的感觉，存在缺乏地理区域上的连续性的缺点，却是一种普遍适用的选择。

二、国际分销渠道的长度结构、宽度结构和广度结构

1. 分销渠道的长度结构

分销渠道的长度结构，又被称为层级结构，是指照其包含的渠道中间商（购销环节），即渠道层级数量的多少来定义的一种渠道结构。通常情况下，根据包含渠道层级的多少，可以将一条分销渠道分为零层、一层、二层和三层以及多层分销渠道。

（1）零层分销渠道。零层分销渠道是指企业直接把产品或服务销售给消费者或用户的分销渠道模式。这种直接销售有直接上门推销、邮购、电话推销、电视直销和企业自办专卖店销售五种形式。零层分销渠道是大型或贵重产品以及技术复杂、需要提供专门服务的产品销售采取的主要方式。

（2）一层分销渠道。一层分销渠道是指仅仅经过一个中间环节的分销渠道模式。通常在消费品的营销中，这个中间环节就是零售商；而在生产资料的营销中，则可能是批发商或代理商。

（3）二层分销渠道。二层分销渠道是指经过两个中间环节的分销渠道模式。在消费品的营销中，通常由批发商和零售商组成，也可以由代理商和零售商组成；在生产资料的营销中，则由代理商和批发商组成。

（4）三层分销渠道。三层分销渠道是指经过三个中间环节的分销渠道模式。这种渠道模式是进出口商品常采用的分销渠道。另外，在一些顾客较为分散的消费品零售市场中，也会适当采用此种渠道模式。如一级批发商、二级批发商和零售商，或代理商、批发商和零售商。

（5）多层分销渠道。多层分销渠道包括多层代理和多层批发的渠道形式，在日化产品、饮料、电子产品等行业尤为多见。

短渠道的优势：渠道越短，成本越低，越能控制最终零售价格，越容易给顾客提供全面的服务，可以及时获取消费信息，有利于提高企业的服务质量。

短渠道的劣势：网络分散，市场覆盖面较小。通常来说，短渠道要求企业要有雄厚的资金实力、经营管理能力和资源实力。要能够大量存货；要具备相应的物流能力；要能够高效率地承担起批发和零售的职能；要对产品的销售、流通具有很强的控制与管理

能力等。此外，要有具备相应专业知识的人员来有效地执行上述活动。

长渠道的优势：渠道越长，产品覆盖面越大，越有利于生产企业通过控制中间商来增强自己的竞争优势。比如减轻仓储运输费用、销售人员费用和管理费用压力等。

长渠道的劣势：渠道越长，渠道成本越高，速度越慢，生产企业对产品最终零售价格的控制能力就越小，对产品流程和运输的控制能力也就越小。另外，渠道越长，就越容易出现服务水平参差不齐的现象，就越需要渠道成员之间的相互协调和合作，对生产企业管理水平的要求也就越高。

2. 分销渠道的宽度结构

分销渠道的宽度结构，是根据每一层级渠道中间商的数量的多少来定义的一种渠道结构。渠道的宽度结构受产品的性质、市场特征、用户分布以及企业分销战略等因素的影响。渠道的宽度结构可以分为如下三种类型：宽渠道、窄渠道、折中宽度渠道。

（1）宽渠道。宽渠道指生产者在特定市场里直接利用两个或相对较多的中间商来经销其产品。宽渠道的优点主要是能使产品迅速进入流通和消费领域，有利于中间商展开竞争，不断提高产品销售效率，迅速实现产品价值及满足消费需求；缺点主要是中间商多，使产销之间关系松散，不容易取得所有中间商的合作，生产者要花较多的精力、时间处理与中间商的关系。

宽渠道经常使用广泛型分销渠道策略，制造商在一个地区动员尽可能多的中间商销售产品以迅速占领市场。这种方法主要适用于消费品中的日用品、小百货等量大价低的商品，以及产业用品中的原料等。这些商品由于选择性不高，往往需要满足就近购买的需求。

（2）窄渠道。窄渠道指生产者在特定市场里只直接利用一个中间商销售其产品。窄渠道的优点是生产者与中间商关系非常密切，相互依附关系强。生产者主要依靠所选择的中间商推销自己的产品，中间商也依赖生产者而存在发展。由于利益关系密切，双方可通力合作提高销售竞争能力。如生产者可以向中间商传授产品技术，给予资金、人力等支持，全力指导和支持中间商开展销售业务；中间商会随时将市场信息传达给生产者。但是，窄渠道风险较大，双方都将自身命运与对方连在一起，万一对方发生变化就会使自己陷于被动。

独家分销渠道是最窄的渠道，制造商在一个地区只选择一家中间商，便于控制价格和促销活动，并监督市场。该中间商不得经销其他厂商产品。这种策略适用于购买者十分重视品牌和技术性强、服务要求高的产品销售，如轿车、电脑等。

（3）折中宽度渠道。除了宽渠道和窄渠道以外，某些情况下还会出现介于宽渠道、窄渠道之间的折中宽度渠道，也被称为选择型分销渠道，即制造商在一个地区选择少数几个中间商推销其产品，以适合销售需求弹性大的消费品。由于这类商品有很多替代品，需要中间商有效合作和忠诚，因此适当数量的中间商有利于制造商的可靠有效控制，同时实现产品较快打入市场。

3. 分销渠道的广度结构

分销渠道的广度结构，实际上是渠道的一种多元化选择。也就是说许多公司实际上使用了多种渠道的组合，即采用了混合渠道模式进行销售。概括地说，渠道结构可以笼统地分为直销和分销两个大类。其中直销又可以细分为几种，比如制造商直接设立的大客户部、行业客户部或制造商直接成立的销售公司及其分支机构等。此外，还包括直接邮购、网上销售等等。分销则可以进一步细分为代理和经销两类。代理和经销均可能选择广泛型分销渠道、选择型分销渠道和独家分销渠道等方式。企业可根据自身相关情况来选择金字塔结构还是扁平化结构。

第二节　国际分销渠道策略

一、根据分销渠道的长度划分

1. 直接分销渠道策略和间接分销渠道策略

直接分销渠道策略，即企业不通过任何中间商，而是通过在国外市场设立营销机构或派出推销人员，直接向国外最终顾客销售产品；间接分销渠道策略与此相反，是通过中间商进行销售。间接分销渠道策略可以利用中间商具有的集中、平衡、扩散三种功能，减少交易次数，提高销售效率，节约流通费用。直接分销渠道策略的优点是，可以不必向中间商支付佣金，而把相应部分的利润留给自己；营销力量集中，因为该企业的销售机构只经营本企业产品，而中间商往往要同时经销很多企业的产品，不能集中全部力量推销该企业产品；企业对国际营销业务有更大的控制权；可以更多地积累国际市场营销经验；由于没有中间环节，企业同消费者直接接触，市场信息反馈迅速，有利于企业针对市场变化及时做出反应。但是，直接分销渠道策略不能利用代理商、经销商的销售知识和经验，企业要在没有当地中间商帮助的情况下自己来应付当地市场问题，因此可能由于对当地市场不够了解而遇到许多困难；企业自设销售机构还会增加基建、库存、信贷等销售成本，使整体费用水平提高。

2. 直接出口策略和间接出口策略

在选择间接分销渠道策略、利用中间商进行国际市场营销的情况下，面临着采用长分销渠道还是短分销渠道的选择。其中一个基本问题是，选择直接出口还是间接出口。

直接出口策略即企业将产品直接出售给国外市场上独立的经销商或进口商。其优点是：企业可以对外国市场进行选择，企业直接承担市场选择、市场调查、产品定价、准备出口文件、货物运输和运输保险等工作，对国际营销业务的控制权较大；可以同国际市场建立直接联系，市场信息反馈及时；直接进行国际营销业务，有利于企业学习、积累营销经验，发展业务专长；中间环节较少，可以相应减少向中间商让利的幅度和支付的佣金。其缺点是：企业参与国际市场营销活动多，业务量增大，需要有具备国际市场营销经验和能力的专业人员，建立企业自己的出口销售机构，企业承担的责任、风险和营销费用高于间接出口策略。

间接出口策略即企业把产品出售给国内出口贸易商或国外伙伴，由它们负责向国际市场销售。其优点是：企业可以利用出口商的销售力量、渠道、经验，把产品迅速销往国际市场；企业不需要增加外销人员和设立出口营销机构，可以节约销售成本：企业不必亲自处理外国当地市场的问题，减少了所承担的国际市场营销风险和责任；可以从出口商那里了解市场情况，无须亲自进行市场调查，搜集市场信息资料；出口商一般同时承接若干生产企业的业务，效率高，费用可由这些生产企业分摊，使每家企业承担的费用降低。其缺点是：企业并没有真正从事国际市场营销，不利于学习国际市场营销知识和积累经验，也难以控制有关活动；销售实绩在很大程度上取决于出口商的努力程度，企业比较被动，有时出口商不能提供令人满意的服务，这将使上述间接出口模式的优点不能充分发挥；市场信息较少，反馈不够及时。

二、根据分销渠道的宽度划分

1. 广泛型分销渠道策略

广泛型分销渠道策略即企业广泛利用各种分销渠道，尽可能多地使用中间商。采取这一分销渠道策略的目的在于使商品得到更加广泛的推销，消费者可以随时随地购买到商品，从而增加消费者包括潜在消费者的购买机会；使产品更快进入流通领域，加速商品的周转速度，通过让出部分利润给中间商实现薄利多销，同时也有利于排挤竞争产品。这种策略适用于消费品中的日用品和工业品中经常需要补充供应和标准化的产品。但是，由于中间商不愿意负担广告、宣传等促销费用，企业采用这一策略时，需自己负担全部广告宣传费用，并应注意维护自己产品的形象，使中间商乐于经销其产品。

2. 选择型分销渠道策略

选择型分销渠道策略即生产企业针对本企业产品的特点，在特定市场上选择少数几家符合企业要求的中间商经营其产品。这种分销渠道策略比专门型分销渠道策略适用的范围更广泛，但专一性稍差，生产者与销售者之间各自承担的义务不能严格界定。这一策略几乎适用于所有商品。特别是消费品中的选购品、特殊品和工业品中的零件等，由于消费者和用户对某种品牌有所偏爱，更适宜采用这种做法。其优点是：在保证企业产品有足够的销售面的同时，可以提高对销售活动的控制力量；销售费用比广泛型分销渠道策略低，可以降低成本，并能保证一定的销售量；在分销渠道的选择上，具有较大的灵活性，便于根据各渠道的销售情况，进行淘汰或予以保留；由于经营比较集中，中间商愿意在广告宣传方面进行合作；经销商彼此间削价竞销该企业产品的情况也可以得到改善。

3. 专门型分销渠道策略

专门型分销渠道策略即单一渠道策略，也被称为独家分销渠道策略，指企业在特定市场上只选择一家中间商专门销售其产品。进行独家经销的中间商在一定区域和时间内，享有该产品的专营权和出口企业提供的优惠，同时承担不得经营其他同类产品的义务。其优点是：便于出口企业控制销售，并可决定产品的零售价格；能利用中间商的分销渠道，通过专营权调动中间商的积极性，争取中间商共同对付竞争者；在广告和其他推广宣传方面，能获得独家经销的中间商的合作与协助；可以提高销售效率，加强对顾客的服务；有助于提高新产品形象，特别适合名牌产品和某些高档消费品的销售。其缺点是：

在一定地区内只有一家中间商经销该企业产品，联系面窄，可能失去某些潜在顾客；顾客可能不愿舍近求远去寻找这家中间商，从而使广告的效用受到限制；独家经销的中间商选择不当、经营不善，会给企业带来损失，更换中间商又可能在一段时间内失去市场；在独家经销的地区范围能否同时经销其他企业同类产品、商品作价、销售方法、对待竞争品的态度等问题上，企业同独家经销商时常发生意见分歧，容易产生纠纷。

三、根据产品的类型划分

1. 消费品分销渠道策略

(1) 消费品零级渠道策略，指采用从制造商直接到消费者的渠道，即“制造商—消费者”；(2) 消费品一级渠道策略，指采用从制造商到零售商再到消费者的渠道，即“制造商—零售商—消费者”；(3) 消费品二级渠道策略，指采用由两个中间商组成的网络渠道，即“制造商—批发商—零售商—消费者”；(4) 消费品三级渠道策略，指产品经由三个中间商传送到消费者，即“制造商—批发商—中转商—零售商—消费者”。

2. 工业品分销渠道策略

(1) 工业品零级渠道策略，指采用从制造商直接到产业消费者的渠道，即“制造商—产业消费者”；(2) 工业品一级渠道策略，指采用从制造商到产业分销商或代理人或销售分支再到产业消费者的渠道，即“制造商—产业分销商或代理人或销售分支—产业消费者”；(3) 工业品二级渠道策略，指产品经由两个中间商传送到产业消费者，即“制造商—代理人或销售分支—产业分销商—产业消费者”。

案例 11-1

苹果公司的“全球代工”

苹果系列产品是“全球代工”的经典产品。苹果公司只负责设计、技术监控和市场销售，而所有的生产加工环节都以“委托生产”方式，外包给遍布世界各地的下游制造商。“我们动脑，他们流汗；我们出思想，他们卖体力”。这些年来，越来越多的以高技术专利和创意能力见长的跨国公司，都把廉价的加工环节和生产基地像包袱一样甩给“打工国家”。1997 年乔布斯“归来”之后，苹果公司成为其中的佼佼者。

苹果手机（iPhone）的产业链价值分布最说明问题。据调查，早期从美国进口一部在中国组装的 iPhone 手机是 178.96 美元（实际零售价格要在两倍以上），其中闪存（24 美元）和屏幕（35 美元）是在日本生产的；信息处理器和相关零部件（23 美元）是韩国制造的；全球定位系统、微电脑、摄像机 WIFI 无线产品等（30 美元）是德国制造的；蓝牙、录音零件和 3G 技术产品（12 美元）是美国制造的。除此之外，材料费用、各种软件许可证和专利费用合起来近 48 美元。最后算下来，在中国组装环节的费用不过只有可怜的 6.5 美元！这意味着富士康一类的公司以及成千上万的中国劳工，从那部时尚而尖端的手机里只能分享 3.6%的价值，按零售价计算不足 2%！

四、根据在目标市场是否沿用本国分销模式划分

1. 标准化分销策略

标准化分销策略是指企业产品进入不同目标市场时采用相同的渠道，如使用相同长度和宽度的渠道销售本企业产品。标准化分销策略可以产生规模效益，有利于营销人员利用自己的经验提高营销效率，便于企业对分销渠道进行管理和控制。这种策略适合于市场需求大体相同的产品。由于不同目标市场的情况可能存在较大差异，所以企业常常会采取差异化分销策略。

2. 差异化分销策略

差异化分销策略是指企业产品进入不同的目标市场，根据具体情况有针对性地采取不同的分销渠道，如通过不同长度和不同宽度的渠道推销企业产品。企业采取差异化分销策略，有如下原因：（1）不同的竞争对手采取的渠道策略各不相同，要求企业有针对性地采取相应的分销渠道；（2）不同目标市场的消费者特点各不相同，使得企业必须采取不同的分销渠道；（3）不同目标市场的分销渠道结构不同，要求企业必须采取不同的分销渠道，如有些目标市场上习惯采用短渠道，也有些目标市场习惯采用长渠道。

第三节　中间商的选择

一、可供选择的中间商的类型

1. 出口中间商

国内中间商与企业同处在一个国家，由于社会文化背景相同，彼此容易沟通和信任。特别是企业规模较小或者进入国际市场的初期，企业国际市场营销经验不足或者没有实力直接进入国际市场时，通过本国中间商进入国际市场是一条费用低、风险小、操作简便的有效途径。选择国内中间商进入国际市场的缺点是远离目标市场，与目标顾客的联系接触是间接的；企业对市场的控制程度很低，或根本无法控制；不利于企业在市场建立起自己的声誉，并以此作为扩大市场的基础；不利于出口规模的扩大和长远的发展；中间商为尽快获得利润，不会花很大力气去挖掘市场潜力等。但直至目前，通过本国中间商进入国际市场仍然是一条主要的国际市场分销渠道。

根据国内中间商是否拥有商品所有权可将它分为两类：出口商和出口代理商。凡对出口商品拥有所有权的，被称为出口商；凡接受委托，以委托人身份买卖货物而非拥有商品所有权的，被称为出口代理商。

（1）出口商。

出口商是以自己的名义在本国市场上购买商品，再以自己的名义组织出口，将产品卖给国外买主的贸易企业。它自己决定买卖商品的花色品种和价格，自己筹集经营的资金，自己备有仓库，从而自己承担经营的风险。出口商经营出口业务有两种形式。一种

是“先买后卖”，即先在国内市场采购商品，再转售给国外买主。另一种出口形式是“先卖后买”，即先接受外国买主的订货，再根据订货向国内企业购买。常见的出口商主要有三种类型。

①出口行。有的国家称之为国际贸易公司，有的国家称之为综合商社（如日本、韩国），我国则一般称之为对外贸易公司或进出口公司。出口行实质是在国外市场上从事经济活动的国内批发商。它们在国外有自己的销售人员、代理商，并往往设有分公司。由于出口行熟悉出口业务，与国外的客户联系广泛，拥有较多的国际市场信息，一般在国际市场上享有较高的声誉，而且拥有大批精通国际商务、外语和法律的专业人才，因此对一些初次进入国际市场的企业来说，使用出口行往往是比较理想的选择。对国外买主来说，由于出口行提供花色品种齐全的商品，他们也愿意与出口行打交道。日本的综合商社是出口行的典型形式，是日本在世界各地经营进出口业务的主要企业，业务活动涉及面广，包括工业、商业、进出口贸易、进出口融资、技术服务、咨询服务等。

②采购（订货）行。采购（订货）行主要依据从国外收到的订单向国内生产企业进行采购，或者向国外买主指定的生产企业进行订货。它们拥有货物的所有权，但并不大量、长期地持有存货，在收购数量达到订单数量时，就直接运交国外买主。因采购（订货）行是先找到买主，而后才向生产企业进行采购，而且也不大量储备货物，所以其风险较低，资金周转快，成本较低。

③互补出口商。互补出口又称猪驮式出口，它指的是这样一种出口情况：一个生产企业叫“负重者”，另一个生产企业叫“乘坐者”。“负重者”利用自己已经建立起来的海外分销渠道，将“乘坐者”和自己的产品一起进行销售。该“负重者”即互补出口商。在进行这种经营时，通常有两种做法：一是“负重者”将“乘坐者”的产品全部买下，再以较好的价格转卖出去，因此起到出口商的作用；二是“负重者”在佣金基础上为“乘坐者”销售产品而起到代理人的作用。互补出口对于那些没力量进行直接出口的小企业来说，是一种简单易行、风险小的出口经营方式。而对于“负重者”来说，由于增加了产品的范围，填补了季节性短缺，从而增加了利润。

案例 11-2

日本丰田汽车进入美国

1958 年，丰田公司在美国只卖出了 288 辆汽车。1978 年，在庆祝丰田汽车进入美国市场 20 周年时，它在美国的年销量已经达到 50 万辆。1975 年，丰田公司成为美国市场最大的进口汽车品牌，超过了它的最大劲敌德国大众汽车公司。20 世纪 80 年代初，丰田成为仅次于美国通用汽车公司的世界第二大汽车制造商，年产量超过 300 万辆。

“可乐娜”于 1965 年在美国市场正式推出之时，丰田在美国已经拥有了 384 家经销商以及价值 3 000 万美元的零件库存，它的准备工作非常充分。在进行任何营销攻势之前，丰田公司一定会在营业地区建立服务中心，以保障给营销以强有力的支援。丰田公司最初在美国选定的突破口是靠近太平洋的洛杉矶、旧金山、西雅图和波特兰四个城市。一旦在美国建立起桥头堡，它就立刻以此展开辐射式的扩散。这种做法能够集中销售火力，对营销活动予以充分的监督；同时，这种稳扎稳打的做法能够在进军下一地点之前对本地区进行彻底的扫荡，从而收到先声夺人之效；此外，对销售场所的精心选择也有利于迅速找到自己的缺点，并立刻予以更正。丰田公司招募经销商的做法也同样具有自己的特色。它所选择的对象一般都是历史悠久、声誉卓著而且兼卖其他进口车的老经销商，这些经销商对进口汽车有丰富的经验，与偏爱进口车的消费者关系也比较密切。然而，到了1967年，还是有43.9%的经销商放弃了其他品牌，专门经销丰田公司的产品；在这一点上，也只有大众公司可堪比美。同时，为了加强销售的针对性，丰田公司同时聘请了许多美国的营销专家帮助它设计销售策略，这一策略使他们大获裨益。

（2）出口代理商。

出口代理商是接受出口企业的委托，代理出口业务的中间商。出口代理商并不拥有货物所有权，不以自己的名义向国外买主出口商品，而是接受国内卖主的委托，按照委托协议向国外客商销售商品，收取佣金，风险由委托人承担。在国际市场上，出口代理商常见的类型有：

①综合出口经理商。如果企业海外销售额占企业总销售额的比重不大，或者企业不愿设立外销部门处理国外市场业务时，选择综合出口经理商是一种理想的渠道。综合出口经理商为出口企业提供全面的出口管理服务，如投放海外广告、接洽客户、拟定销售计划、提供商业情报等。它以生产企业的名义从事业务活动，甚至使用生产企业的信笺，实际上起到生产企业出口部的作用。它一般负责资金融通和单证的处理，有时还要承担信用风险。综合出口经理商一般同时接受几个委托人的委托业务，其获得的报酬形式一般是收取销售佣金，此外每年还收取一定的服务费用。

②制造商出口代理商。这是一种专业化程度较高的出口代理商，又被称为制造商出口代表。它也相当于执行着生产企业出口部的职能。它接受生产企业的委托，为其代理出口业务，以佣金形式获得报酬。制造商出口代理商是以自己的名义而非生产企业的名义经营，它所提供的服务一般要少于综合出口经理商，通常不负责出口资金、信贷风险、运输、出口单证等方面的业务。而且由于制造商出口代理商同时接受许多生产企业的委托，其销售费用可以在不同厂家的产品上分摊，因此收取的佣金率也较低，生产企业对其有较大的控制权。如在美国，凡数量大、已打开销路的产品，制造商出口代理商只收取销售额的2%作为佣金。

③出口经营公司。出口经营公司行使类似生产企业出口部的功能，它提供服务的范围很广，包括寻找客户、促销、市场调研、货物运输等。不过，其最主要的职能是和国外的客户保持接触，并进行信贷磋商。选择出口经营公司渠道的优点是生产企业可以以最小的投资将产品投放到国际市场，并可借此检验产品在国外市场的可接受程度，而生产企业本身却无须介入。其缺点是这种分销渠道极不稳固，出口经营公司为了自己的利益不会为销售产品做长期努力，一旦产品在短期内难以盈利或是销量下降，将很可能被出口经营公司所抛弃。

④出口经纪人。这种代理商只负责给买卖双方牵线搭桥，既不拥有商品所有权，也不实际持有商品和代办货物运输工作，在双方达成交易后收取佣金。佣金率一般不超过

2%。出口经纪人与买卖双方一般没有长期、固定的关系，出口经纪人一般专营一种或几种产品，多数经纪人经营的对象是笨重货物或季节性产品，如机械、矿山、大宗农产品等。

2. 进口中间商

同理，进口中间商可以分为进口商和进口代理商。

（1）进口商。进口商又称进口行。它是以自己的名义从国外进口货物向国内市场销售，获取商业利润的贸易企业。它拥有货物所有权，因而须承担买卖风险。进口商既可以“先买后卖”（先从国外买进商品，然后卖给国内工业用户、批发商、零售商或其他用户），也可以“先卖后买”（先根据样品与买主成交，然后再从国外买进商品）。按其业务范围，一般可区分为三种：专业进口商、特定地区进口商、从国际市场广泛选购商品的进口商。进口商熟悉所经营的产品和目标国际市场，并掌握商品的挑选、分级、包装等处理技术和销售技巧，因此国内中间商很难取代进口商的作用。

（2）进口代理商。进口代理商是接受出口国卖主的委托，代办进口，收取佣金的贸易服务企业。它们一般不承担信用、汇兑和市场风险，不拥有进口商品的所有权。进口代理商主要有以下几种类型：①经纪人。经纪人是对提供低价代理服务的各种中间商的统称。他们主要经营大宗商品和粮食制品的交易。在大多数国家，经纪人为数不多，但由于其主要经营大宗商品，再加上在某些国家经纪人组建了联营公司，他们熟悉当地市场，往往与客户建立了良好持久的关系，因而常常是初级产品市场上最重要的中间商。②融资经纪商。这是近年来迅速发展的一种代理中间商，其除具有一般经纪商的全部职能外，还可以为销售、制造商生产的各个阶段提供融资，为买主或卖主分担风险。③制造商代理人。这是指凡接受出口国制造商的委托，签订代理合同，为制造商推销产品收取佣金的进口国的中间商。制造商代理人有很多不同的名称，如销售代理人、国外常驻销售代理人、独家代理人、佣金代理人、订购代理人等。制造商代理人可以对一个城市、一个地区、一个国家或是相邻几个国家出口企业的产品负责。他们不承担信用、汇兑和市场风险，也不负责安排运输、装卸，不实际占有货物。他们忠实履行销售代理人的责任，为委托人提供市场信息并为其开拓市场提供良好的服务。当出口企业无力向进口国派驻自己的销售机构，但希望对出口业务予以控制时，利用适当的制造商代理人是一种明智的选择。④经营代理商。经营代理商在亚洲及非洲国家较为普遍，在某些地区也称作买办。它们根据同产品制造国的供应商签订的独家代理合同，在某一国境内开展业务。有时也对业务进行投资，其报酬通常是所用成本加母公司利润的一定百分比。

3. 进（出）口国国内中间商

（1）分销商。分销商是指接受生产企业的委托，双方签订分销合同，在当地为委托人推销商品，收取佣金的贸易机构。其主要职能是从事销售，因其身居当地市场，能利用各种机会，针对不同对象进行销售，同时向生产企业提供商业情报、市场信息等。分销商可以以生产企业的名义与当地买主签订合同，自己只收取佣金，也可以向委托人购进商品，以自己的名义与买主成交，但在交易条件与作价上应按与委托人达成的协议办理。有的分销合同规定，在一定地区内，生产企业只能通过其分销商销售商品，如果委托人（即生产企业）通过其他渠道在分销地区内出售商品，则仍然要给予分销商一定的佣金，并且价格也要按协议规定，不能低价出售，这样的分销商称作独家分销商。

（2）经销商。经销商是以自己的名义从国内生产企业购进货物，然后在当地按自己的条件出售货物，并获取买进卖出差额收益的贸易企业。大多数经销商都具有进口批发商的性质，它们大量采购，然后批发给自己的买主。所以，经销商大多是资金实力比较雄厚的公司，有自己的推销人员，有仓库和运输设备，可以为买方提供更多的服务，如延期付款、存货、送货等。生产企业可以通过与经销商签订合同，建立长期的买卖关系，并在价格上给予优惠，货源上给予保证，以调动其经销自己产品的积极性。同时，由于经销商的货源是根据经销合同期限由出口企业保证供应，因此，生产企业能够通过经销合同对经销商在购货数量、价格、服务、分支机构、广告推广等方面加以控制。经销商只能在一定限度内自行定价，定价过高，销售量下降，会引起生产企业不满，定价太低，也会影响自身利益。对需要看货成交、售后服务和广告宣传的商品，如耐用消费品、汽车、小型机械等，以及顾客较分散且每个顾客订货数量又不多时均以使用经销商这种分销渠道为宜。

（3）批发商。批发商是经营国内贸易的中间商，是销售进口商品的重要渠道。批发商销售的对象一般不是最终消费者，而是其他中间商、工业用户、金融机构或旅馆饭店之类的商业性用户。批发商经营的商品品种繁多，而且保持多方面的货源供应关系，进口商品主要由本国的进口商和经销商供应，但很多大的批发商也往往直接从国外购进商品，有时甚至向国外生产企业直接订货，以获取更多的贸易利润。批发商有大有小，类型多种。

（4）零售商。零售商是向最终消费者出售商品的中间商。由于它是分销渠道中的最后一环，能够非常迅速、灵敏地反映消费者的需求变化，满足消费者的需求和欲望，所以历来受到各地出口企业的普遍重视。近年来，出口企业为了减少出口中间商从中赚取差价利益，趋向于把货物直接卖给零售商。此外，零售业也趋向集中，大的零售企业经营品种多，数量大，也愿意从国外直接进货，以获取更多的商业利润。零售业是一种十分庞杂的行业，每个地区都分布着大大小小的零售商，它们各具特色。它们销售的产品数量、质量、价格、提供的服务等都可能有所区别。

案例 11-3

史密斯菲尔德进军中国的差异化分销模式

史密斯菲尔德食品公司（Smithfield Foods，以下简称 SF 公司）是全球最大的猪肉制造企业，SF 公司在刚进入中国市场时，对中国市场的状况并不了解，把自己产品的定位放在大中型城市，所以当时 SF 公司冷鲜肉的主要渠道以高档酒店为主。随着中国经济的发展，冷鲜肉行业的竞争日趋激烈，SF 公司开始致力于研究中国的营销环境，并考虑如何适应中国市场的特点，组建适合中国本土特点的营销渠道。

在这种情况下，SF 公司开始关注二三级市场的建设，并将目标顾客群体的范围逐步扩大，相关广告的推出标志着 SF 公司开始改变自己的目标市场和渠道定位，并在二三级市场采取区域精耕的渠道策略，如每个配送商和业务员负责的区域越来越小，坚持现代渠道和传统渠道的双轮驱动。鉴于中国市场的特点，80%的消费者还位于小城镇和农村，而在这些二、三级市场，传统营销渠道还占据着相当重要的位置，SF公司不仅注重对现代营销渠道建设的加强，而且开始对传统渠道进行重新认识和思考，加强对传统渠道的开发。除了现代渠道及传统渠道外，SF公司还针对中国的环境采用合作伙伴渠道，形成了多渠道结构，不仅在分销过程中满足了不同地区消费者的购买习惯，而且也起到了渠道制衡的作用，便于公司对渠道的有效管理。

二、选择中间商的条件

1. 经济实力

中间商的经济实力在很大程度上决定了它的经营实力。没有足够的财务实力，中间商很难守信、履约，特别是那些自负盈亏的经销商，一旦发生资金短缺，往往会弃信毁约。因此，选择中间商时应审查它的经济实力、财务状况。这可通过审查其资产负债表、注册资本情况、不动产情况、公司性质等情况得到。但是，考察中间商的经济实力不可一概而论，比如对经销商，应重视其经济实力，成交额一般不宜超过其资产额，以免发生不测后货款两空；而对一般的国外经纪人，因他只起一个联络人的作用，并不涉及货物的所有权，所以，对经纪人的经济实力不必过分关心。

案例 11-4

爱普生公司如何选择中间商

日本的爱普生公司是生产电脑打印机的一家大型企业。在公司准备扩大其产品线时，公司总经理杰克·沃伦对现有的中间商有些不满意，也对他们向零售商店销售其新型产品的能力有一些怀疑，他准备秘密招聘新的中间商以取代现有的中间商。为了找到更适合的中间商，沃伦雇用了一家招募公司，并给他们这样的指示：

(1) 寻找在经营褐色商品（如电视机等）和白色商品（如冰箱等）方面有两层次（从工厂到分销商，再到零售商）分销经验的申请者；

(2) 申请者必须具有领袖风格，他们愿意并有能力建立自己的分销系统；

(3) 他们每年的薪水是8万美元底薪加奖金，公司提供375万美元帮助其拓展业务，他们每人再出资25万美元，并获得相应的股份；

(4) 他们将只经营爱普生公司的产品，但是可以经销其他公司的软件；

(5) 同时，每个中间商都配备一名培训经理并经营一个维修中心。

招募公司在寻找候选人时遇到了很大的困难。虽然他们在《华尔街日报》上刊登广告（没有提及爱普生公司）后，收到了近1 700封申请书，但大多数不符合爱普生公司的要求。于是，招募公司通过黄页，得到了一份中间商的名单，再通过电话联系，安排与有关人员见面。在做了大量的工作之后，招募公司列出了一份最具资格的人员名单，沃伦与这些人员一一见面，并为其12个配销区域选择了12名最合格的候选者，替换了现有的中间商，并支付了招募公司25万美元的酬金。由于招募是暗中进行的，因此原有中间商对此事一无所知。当杰克·沃伦通知他们须在90天内完成交接工作时，中间商感到非常震惊。他们与爱普生公司共事多年，只是没有订立合同。但是，沃伦必须更换中间商，因为他认为现在的中间商虽然干了很多年，但是缺少经营爱普生新产品和拓展新渠道的能力。

---

2. 经营能力

由于各种中间商的社会地位、所起的作用、经济实力等均不相同，经营能力也各有差异。经营能力的高低关系到产品销售量的大小。考虑中间商的经营能力对正确选择中间商是有益的，这可通过调查中间商历年的经营实绩来了解。

3. 专业条件

中间商对自己经营范围内的产品、市场、分销渠道等有关情况有深入的了解并具备相应的专业知识，将有助于产品的销售。在科学技术飞速发展，新产品层出不穷的时代，考察中间商的专业知识更为重要。特别是机电产品、耐用消费品的销售对服务要求较高，就需要中间商具备相应的专业知识。

4. 商业信誉

商业信誉是产品营销的灵魂。如果中间商的信誉不好，出口企业的利益就难免受损，所以了解中间商的资信十分重要。对于那些资信状况不清楚的新客户，应慎重对待，不可急于求成。

5. 合作意愿和态度

买卖双方之间的友好合作是巩固业务关系和扩大销售市场的基础，所以考察中间商的合作意愿和态度也是很重要的。例如，在一般代理关系中，如果代理商积极配合，努力经营，出口企业的收效可能很大；反之，如果代理商态度消极，则出口企业就要蒙受损失。

三、选择中间商的步骤

（1）收集有关国外中间商的信息，列出可供选择的中间商名单。

（2）依据公司的需要确定选择标准。对中间商的销售、市场调查、信息反馈、库存控制、资金融通、售后服务、促销配合、分担风险、运输等方面提出要求。

（3）向名单上的每个中间商发出一封信件，内容包括产品介绍和对中间商的要求等。

（4）从复信中挑选一批较合适的候选者，公司再具体询问，如经营商品种类、销售覆盖区域、公司规模、销售人员数量及其他有关情况。

（5）派人访问候选者中排名靠前的中间商进行更深入的了解，或向候选者的客户调查其信誉、经营、财务状况等情况。

（6）按照选择标准，结合其他有关情况，确定中间商入选者名单。

（7）双方签订合同，正式确定分销过程中一些具体问题的条款，如分销形式、内容、原则、权利和义务等。合同的签订既要留有余地，又不可有漏洞，或出现模棱两可、含糊不清的问题。

（8）对中间商进行业绩评估。对分销渠道模式和分销渠道结构进行评估，标准主要是经济效益；对中间商本身进行评估，主要是对履约率、资信状况、销售能力、合作态度、经营效率等做出鉴定。

（9）适当鼓励方法：①提供适销对路的优质产品；②给予其尽可能丰厚的利益，以提高其积极性，尤其是针对初次进入国际市场的产品和知名度不高的产品；③给予其独家经销的权力，公司必须要有周密的研究和慎重的考虑；④双方共同开展广告宣传；⑤给成绩突出的中间商一定的奖励，如见面时赠送礼品或纪念品，实行特别折扣，在重要节日、厂庆、开业典礼时致电祝贺等。

（10）根据评估结果，及时调整中间商。

第四节　影响国际市场营销渠道决策的因素

一、成本

渠道成本包括开发渠道的投资成本和维持渠道的持续成本。在这两种成本中，维持成本是主要的、经常的。它包括维持企业自身销售队伍的直接开支，支付给中间商的佣金，物流中发生的运输、仓储、装卸费用，各种单据和文书的费用，提供给中间商的信用、广告、促销等方面的维持费用，以及业务洽谈、通信等费用。支付渠道成本是任何企业都不可避免的，营销决策者必须在成本与效益之间做出权衡和选择。如果增加的效益能够补偿增加的成本，渠道策略的选择在经济上就是合理的。顾客总是希望从分销渠道上得到更多的服务：及时的交货，大量可供选择的商品类别，周到的售后服务等。当经济萧条时，顾客对服务的要求就会下降。

二、资金

这是指建立分销渠道的资金要求，如果制造商要建立自己的国际市场分销渠道，使用自己的销售队伍，通常需要大量的投资。如果使用独家中间商，虽可减少现金投资，但有时却需要向中间商提供财务上的支持。这些都对国际市场营销者选择渠道类型产生影响。

三、控制

企业自己投资建立国际分销渠道，将最有利于渠道的控制，但相应增加了分销渠道成本。如果使用中间商，企业对渠道的控制将会相对减弱，而且会受各中间商愿意接受控制的程度的影响。一般来说，渠道越长、越宽，企业对价格、促销、顾客服务等的控制就越弱。渠道控制与产品性质有一定的关系。对于工业品来说，由于使用它的客户相对比较少，分销渠道较短，中间商较依赖制造商对产品的服务，所以制造商对分销渠道进行控制的能力较强。而就消费品来说，由于消费者人数多，市场分散，分销渠道也较长、较宽，制造商对分销渠道的控制能力较弱。

四、市场覆盖面

渠道的市场覆盖面，是指企业通过一定的分销渠道所能达到或影响的市场。营销者在考虑市场覆盖面时要注意三个要素：一是渠道所覆盖的每个市场能否获取最大可能的销售额；二是这一市场覆盖面能否确保合理的市场占有率；三是这一市场覆盖面能否取得满意的市场渗透率。市场覆盖面并非越广越好，主要看其是否合理、有效，能否给企业带来好的效益。国外不少大企业在选择分销渠道时，并不是以尽可能地拓展市场的地理区域为目标，而是集中力量在核心市场中进行尽可能的渗透。

五、特点

营销者在进行国际市场分销渠道设计时，必须考虑自身的企业特性、产品特性以及东道国的市场特性、环境特性等因素。

1. 企业自身因素

（1）企业的资信。

企业进入国际市场的方式越直接，所需投资额越大。如果企业规模较大、资金雄厚、信誉较高，就更有条件自由选择国际分销渠道，更愿意选择直接销售方式，也有力量直接承担对用户的全面服务，不必利用中间商，否则就需要依赖中间商提供各种销售服务。

（2）企业的经营管理能力。

企业的经营管理能力特别是销售管理能力，对分销渠道的选择有重要影响。拥有充足的业务熟练的销售人员、掌握推销经验和技巧、建立了专门销售机构的企业，采取直接销售方式比较有把握，可以不用或少用中间商。销售力量不足或缺乏销售经验的企业则需依靠中间商推销商品。

（3）企业提供服务的意愿和能力。

如果企业愿意并且有能力为顾客提供较多服务，可以采用直接销售方式。如果企业的服务能力较弱，就要适当控制分销路线。否则，售后服务跟不上，会影响企业信誉，造成不利后果。

（4）企业控制分销渠道的愿望。

企业对拥有国际市场经营控制权的要求不尽相同。由于分销渠道的畅通对市场营销有重要意义，实力雄厚的企业力图控制产品的分销渠道，不惜大量投资并采取直接销售方式，这样做可以有效地开展广告宣传，掌握产品策略和促销策略，控制产品的零售价格，保证产品的新鲜程度，不受中间商的牵制。

2. 产品因素

不同产品所适用的分销渠道不太一样，影响分销渠道选择的产品因素主要有以下几种。

（1）产品的性质。

消费品的顾客比较分散，每次购买量不多，宜选用批发商、零售商的分销渠道。生产资料类商品销售频率低，如果品种规格又比较复杂，销售面较窄，可以采取向用户直接推销的方式，一般不使用零售商。

（2）产品的单价。

一般来说，产品的单价越低，分销渠道越长。如果是贵重商品，因为需求相对较少，购买批量不大，便于企业进行人员推销，分销渠道应尽可能短些。

（3）产品的技术性。

用户对于技术较为复杂的商品，往往需要较全面的服务，如咨询、指导、安装、维修、保养及培训等，企业应尽量采取直接向用户出售的方式，以利于推销和加强联系；反之，对技术性服务要求不高的产品，则可以通过中间商销售。

（4）产品的耐久性。

容易腐烂、毁坏的产品，以及产品式样、规格、型号等更新较快、容易过时的商品，应该尽量缩短分销渠道，减少流通环节，尽快送至消费者手中，以避免损失；反之，则分销渠道可以长一些。

（5）产品的标准化程度。

标准化产品有固定的规格和质量要求，通用性强，需求量大，应通过中间商销售。产品标准化程度越高，销售面越广，应经手的中间商越多。专用产品则相反，它们大多有特殊的规格和性能要求，可由产需双方直接洽商，按合同供货，无须中间商介入。

（6）产品的体积与重量。

产品的体积与重量对商品的运输和储存费用有重要影响。体积小、重量轻的产品便于储运，费用较低，可以选择较长的分销渠道；反之，则分销渠道应尽可能短些，最好直接销售给最终用户，以节省运费、仓储费等。

（7）新产品。

利用原渠道销售新产品，可以带动销售，但是中间商一般不愿接受，也不会为它花费精力、资金去推销。而新产品刚刚投入市场，需要做大量的广告宣传，组织推销，所以多由生产企业自己直接销售，选择分销渠道的余地不大。

3. 市场因素

各国市场既有共性也有差异，选择分销渠道时，要考虑各市场的不同条件。影响分销渠道选择的市场因素主要包括以下几个方面：

（1）市场容量。

容量较大的市场销售规模大，需要更多中间商介入和提供服务；如果市场容量较小，客户不多，则可以使用推销员直接推销。

（2）市场的集中程度。

市场的集中程度指顾客是集中的还是分散的。在工业区内，工业用户比较集中，工业原料的销售就可以不通过中间商，而是采取人员推销等直接销售方式；反之，如销售市场分散，则宜选择中间商分销渠道。

（3）消费者购买习惯。

对于消费者随时随地购买的商品和一次购买量较少而重复购买的商品，如日用品，应使用广泛型分销渠道；对于耐用品等购买次数较少的商品、大批购买的商品和特种制品，宜采用直接销售方式，或者有选择地少设一些销售网点。

（4）市场的季节性。

季节性商品在不同的销售季节应有不同的分销渠道。旺销季节可以广泛利用多种分销渠道，以尽可能扩大销售；淡季则应适当收缩，以降低销售费用。

（5）市场竞争。

一般应尽可能选用竞争产品采用的分销渠道，这样做比较容易进入市场和提高市场占有率。

4. 环境因素

（1）政府政策和法规。

出口业务在国际市场上受到各国政策、法规的限制，制约着出口企业对国际分销渠道的选择。有些国家规定，某些进口业务必须实行统一收购政策，并规定必须由国有企业经办，使出口企业失去选择余地。

（2）流通体制。

各国流通体制不同，对企业选择分销渠道产生影响。有的国家销售体系复杂、层次多、环节多，必须经过较长的渠道，才能把商品送到零售商手中；在有些国家，则可以选择比较短的分销渠道。

（3）销售特点。

有些商品在各国市场上具有不同的销售特点，企业应考虑这一因素来选择分销渠道。如食品，在美国由大型超级市场、连锁店经营；在法国，则是小型商店的销售额占主要部分。

六、连续性

保持渠道的连续性是营销者一项重要的任务。中间商是谋求自身利益最大化的组织，在确保产品能在市场站稳脚之前，一般不会介入。它们从生产厂商那里挑选市场需要的品牌，而不会为推销产品作任何努力，并且一旦无利可图，即使是一时出现短期困难，制造商也可能被它们放弃。分销渠道的连续性会受到三个方面力量的冲击：第一是中间商的终止，中间商可能会由于其领导者及业务人员的更迭而变更经营范围，甚至由于企业经营不善而倒闭等。第二是激烈的市场竞争。当竞争激烈及商品销路不佳，或者利润较低时，原来的渠道成员可能会退出。第三是随着现代技术尤其是信息技术的不断变革，以及营销上的不断创新，一些新的分销渠道模式可能会出现，而传统的模式因此会失去其竞争力。

本章小结

通过对国际分销渠道的含义和结构、渠道策略等内容的分析，我们可以对有关国际分销渠道策略有一个整体的认识；中间商的选择对国际分销渠道起着至关重要的作用；通过对国际分销渠道决策的影响因素分析，我们可以加强对分销渠道策略的深入认识。

关键术语

国际分销渠道	“滚雪球”方式	“采蘑菇”方式	分销渠道的长度结构
分销渠道的宽度结构	短分销渠道	长分销渠道	广泛型分销渠道
选择型分销渠道	专门型分销渠道	市场覆盖面	

辅助材料推荐

1. 郑锐洪. 营销渠道管理. 3 版. 北京：机械工业出版社，2020.
2. 王俊杰，吕一林. 营销渠道决策与管理. 4 版. 北京：中国人民大学出版社，2022.
3. 伯特·罗森布罗姆. 营销渠道管理. 北京：机械工业出版社，2003.

本章思考题

1. 国际分销渠道的结构分类有哪些？
2. 如何合理选择分销渠道策略？
3. 广泛型分销渠道和选择型分销渠道各适用于哪些产品？
4. 工业品和消费品分销渠道的异同是什么？
5. 国际市场上常见的中间商有哪些？
6. 企业如何选择理想的国际中间商？

拓展阅读

华润雪花啤酒
高端化品牌
呈现“百花齐放”

国际营销渠道
选择的主要
影响因素研究
——以海尔的国际
营销选择为例

第十二章 国际市场营销组合策略——促销策略

学习目标和重点

- 国际市场促销的含义和影响因素
- 整合营销传播的内涵、四个阶段和四个层次
- 国际广告、人员推销、营业推广及国际公共关系等主要促销策略的基本原理及应用

导入案例

日本大阪新电机日本桥分店有个独特的广告妙术——每逢暴雨骤至之时，店员们马上把雨伞架放置在商店门口，每个伞架有三十把雨伞，伞架上写着："亲爱的顾客，请自由取用，并请下次来店时带来，以利其他顾客。"未带雨伞的顾客顿时愁眉舒展，欣然取伞而去。当有人问及，如顾客不将雨伞送回怎么办？经理回答说："这些雨伞都很便宜，而且伞上都印有新电机的商标。因此，即使顾客不送回也没关系，就是当作广告也是值得的。这对商店来说，是惠而不费的美事。"

现代国际市场营销要求企业不仅要开发适合国际市场消费者需求的优良产品，制定适当的价格，以适宜的分销渠道向消费者提供产品，还要通过传媒让消费者及时、充分地了解本企业及其产品的情况，从而对本企业产品产生购买动机和购买行为，这种营销活动就是国际市场销售促进活动。国际市场促销策略主要有四种形式，即国际广告、人员推销、营业推广和国际公共关系。在此基础上，整合营销传播成为国际市场营销策略的新趋势，它是为了与利害关系者进行有效的沟通，以营销传播管理者为主体所展开的传播战略。

第一节 国际市场促销概述

一、国际市场促销的含义

促销，顾名思义是促进销售，是指企业为了打开市场、扩大产品销售，把有关本企业产品和服务的信息，通过相适应的方式和手段向目标顾客传递，促使其了解、熟悉、信任企业的产品和服务，从而达到激发顾客购买欲望、促成顾客购买行为的一系列活动。由此可见，促销活动实质上是一种信息沟通活动。

国际市场促销是企业国际市场营销的重要组成部分，是企业（卖主）在国际市场上以人员或非人员的方式，向潜在买主传递商品和服务的信息，树立品牌和企业形象，并说服和引导买主采取购买行为的一种营销活动。

二、国际市场促销组合

国际市场促销组合是对各种促销手段有打算、有目的地综合运用，以便各种促销手段相辅相成，取长补短，实现整体最佳效能。促销组合由四种差不多的促销手段构成，即国际广告、人员推销、营业推广和国际公共关系，每一种促销手段都包括若干特定的内容。上述所讲的促销组合是从狭义角度来理解的。从广义的角度来看，市场营销组合的其他因素也可归入促销组合，例如产品的式样、品牌、包装、色泽、价格、安装、修理等。促销组合要有利于传递信息、沟通情形，有利于突出产品特点，诱导需求和扩大销售。

三、影响国际市场营销中促销组合策略的因素

1. 产品因素

不同性质的产品（如消费品或工业品），消费者购买要求不同，需采取不同的促销组合。通常，对于消费品，最重要的促销方式一般是广告，其次是营业推广，最后才是人员推销；而对于工业品，企业分配促销预算的次序，首先是人员推销，其次是营业推广，最后才是广告。换言之，广告比较适用于价格较低、技术不那么复杂、买主多而分散的消费品；人员推销比较适用于价格较高、技术性强、买主少的工业品；营业推广和公共关系是相对次要的促销方式，在两类产品的适用性方面差异不大。不过，各种沟通方式相互具有补充作用。如对较复杂的产品，人员推销通常比广告对促成实际销售的效果更佳，但广告传播信息的范围广，在扩大知名度和树立企业形象方面作用很大，因此也是一种不容忽视的促销方式。同样，在消费品的营销过程中，有效的人员推销也能够增强说服力，劝说消费者最终做出购买行为。

2. 推式策略和拉式策略

（1）推式策略。所谓推式策略，是指企业以中间商为促销对象，通过推销人员的工

作，把产品推进分销渠道，最终推上目标市场，推向消费者。推式策略运用的条件，是企业与中间商对商品的市场前景一致看好，双方愿意合作。运用推式策略对企业来讲风险较小，销售周期短，资金回收快，但同时需要中间商的配合。一般来讲，推式策略多用于：①传播对象比较集中，目标市场的区域范畴较小的产品；②处于平销状态，市场趋于饱和的产品；③品牌知名度较低的产品；④投放市场已有较长时间的品牌的产品；⑤需求有较强选择性的产品，如化妆品；⑥顾客购买容易疲软的产品；⑦购买动机偏于理性的产品；⑧需要较多介绍消费、使用知识的产品。

（2）拉式策略。拉式策略是指企业以最终消费者为促销对象，通过运用广告、营业推广、公共关系等促销手段，向消费者展开强大的促销攻势，使之产生强烈的爱好和购买欲望，纷纷向经销商询购这种商品，而中间商看到这种商品需求量大，就会向制造商进货。一些新产品上市时中间商往往因过高估量市场风险而不愿经销，这时，企业只能先向消费者直截了当推销，然后拉引中间商经销。拉式策略多用于：①目标市场范畴较大，销售区域广泛的产品；②销量正在迅速上升和初步打开销路的品牌；③有较高知名度的品牌，感情色彩较浓的产品；④容易把握使用方法的产品；⑤经常需要的产品。

3. 产品生命周期

在产品生命周期的不同时期，促销的目标不同，要相应地选择不同的促销组合。导入期的重点是要促使消费者了解企业产品，查找乐意早期试用产品的消费者。在这一阶段，广告和营业推广最为有效，人员推销针对经销商展开工作，促使其经销本企业产品。成长期可连续使用广告和公共关系，也可通过加大人员推销来扩大企业利润。处于成熟期时，营业推广的作用不能忽视，由于购买者已经对产品有了解，可使用提醒性广告。处于衰退期时，广告仍起提醒作用，人员推销可减至最小规模，但营业推广要连续加大。

4. 经济前景

企业应随着经济前景的变化，及时改变促销组合。例如，在通货膨胀时期购买者对价格反应十分敏感，这时企业至少可采取如下对策：

（1）提高销售促进相对于广告的分量。

（2）在促销中特别强调产品价值与价格。

（3）提供信息咨询，帮助顾客知道如何明智地购买。

第二节 国际市场营销策略的新趋势——整合营销传播

一、整合营销传播的内涵

整合营销传播的相关概念是由美国学者舒尔茨（Schultz）等人于 20 世纪 90 年代提出来的，经过长时间的演变，最终被定义为企业在经营过程中，以由外而内的战略观点为基础，为了与利害关系者进行有效的沟通，以营销传播管理者为主体所展开的传播战略，包括广告、促销、直销、包装、公共关系等一系列措施。简单来说，它主要包括以下内涵：（1）整合营销传播是一个对现有顾客和潜在顾客发展和实施各种形式的说服性沟通计划的长期过程；（2）顾客决定沟通方式；（3）技术进步使得与顾客的相互作用越来越成为可能；（4）需要测试营销沟通结果的新办法。

二、整合营销传播的四个阶段

1. 战术性协调

在这一阶段，企业开始协调其营销传播活动。通常，企业会制订品牌计划或者品牌管理计划，也就是决定如何管理其品牌以及确定它发布的与品牌有关的信息。这是通常的“一种形象和一个声音”的概念或定义。这意味着企业在各方面整合广告信息。同时，企业希望在多媒介、多维度的传播过程中形成协同效应。

2. 重新界定营销传播范围

在这一阶段，企业开始定义新的或者广义的传播概念。企业试图考虑得更加广泛而不是局限于传统的功能性广告活动，如销售促进、直接营销等等。通常，企业首先通过品牌接触和品牌传播评估来决定在哪里和在哪种情况下品牌或公司与其顾客和潜在顾客建立联系。这意味着企业要在进行传统的外部传播方法之前就采取行动。一般这些行动包括内部营销或与公司雇员和销售队伍有关的活动。在某些情况下，企业开始尝试在营销渠道和业务伙伴中制订整合营销传播计划，希望能有一个清晰、简明的信息流和企业对顾客的激励及顾客反馈的信息，通常企业的这些行为包括建立多功能小组，这些小组关注的是顾客和最终使用者而不是企业的产品和服务。

3. 信息技术的应用

在这一阶段，企业开始利用信息技术来整合过去使用过的各种营销传播形式。例如，通过使用包括数据库技术在内的各种研究方法，企业开始研究顾客态度和行为数据上的差异以及如何使这两者一致。利用更多的外部顾客信息，传播计划小组开始区分顾客的个人标准。也就是说，从大量营销方法转换到通过辨别顾客的独特需要和欲望来确认顾客。通过这种方法，企业可以进行定制化传播。通过定制化传播，企业通常开始在其传播计划中使用不同的评估工具和技巧。换句话说，企业开始关注顾客群及他们的需求和潜在需求，而不是简单地关注市场份额。这也包括根据经济状况来区分顾客和潜在顾客。

4. 财务和战略的整合

在这一阶段，企业开始制定计划说明书，该说明书是基于对顾客和他们的市场或财务价值及潜在价值的评估，而不是简单地基于企业想要达到的目标。通过关注顾客，企业通常能够制定出能使用更好的计划和测量方法的营销传播“封闭回路系统”。

三、整合营销传播的四个层次

科罗拉多大学整合营销传播研究生项目主任汤姆·邓肯（Tom Duncan）以传播涉及的领域为出发点给出了四个层次（见表12-1），这些层次揭示了整合营销传播活动的领域：从狭隘封闭的企业独白到开放互动的对话，最后从内到外产生了一种渗透到整个组织并驱动一切的组织文化。

表 12－1　整合营销传播的四个层次

层次	名称	描述重点	实例
1	统一形象	一个面孔、一种声音、打造强烈的品牌形象	3M 公司
2	一致声音	前后一致的声音和面孔，对不同受众（顾客、同行、供应商等）发布相应信息	贺曼公司、可口可乐
3	好听众	采取双向传播；通过免费电话号码、调查、商展等获取反馈，注重长期联系	安德森门窗公司
4	世界级公民	关注社会、环保，有健全的企业文化，注重广阔的社会	本 & 杰里、苹果、本田

第三节　国际广告策略

一、国际广告概述

1. 国际广告的作用

（1）国际广告是塑造企业形象的手段。要让国外消费者了解本企业，一是靠新闻宣传，二是靠广告宣传，在这方面，新闻宣传有其局限性，而广告宣传的随意性、重复性可以全方位地强化消费者对企业的认知，从而使其逐步走近企业产品和服务，而当消费者认可了企业的产品和服务时，企业的形象也就真正地、实实在在地树立起来了。

（2）国际广告具有促进商品销售的作用。①企业产品要出口，营销的第一步棋就是策划和实施广告战略。②国际广告具有提高商品附加值、实现销售利润最大值的作用。在当代的国际市场上，消费者追求名牌的趋势愈来愈强烈，这是因为商品本身既具有实际的使用价值，又具有相当的社会价值，即消费者通过使用某种品牌的商品来展示自己的社会地位和经济地位，从而获得尊重和自我实现需要的满足。而具有这两种功能的商品除必须具有上乘的质量外，广告恐怕是其不可缺少的重要因素，商品从一般的品牌一步步成为名牌，广告就是其阶梯。③国际广告是企业开拓国际市场的良方。国际广告与国内广告有一点是基本相同的，那就是，广告要达到有效，必须经历市场调查、品牌定位、广告策略的制定、广告创意和制作、广告的具体实施直到效果测定选择几个基本的环节，因此，广告活动是一个系统工程。

（3）国际广告具有促进国际商品信息交流的作用。国际广告活动从开始到最后实施、评估，实际上始终是一个信息沟通过程。生产厂家和经营厂家通过广告活动不断地掌握国际市场的最新动态，掌握有关商品的新工艺、新功能，这样才能在国际广告策略制定中做到知己知彼，选择最适合的策略，同时，也可以使自己的国际广告站在更高起点，对未来的潜在目标市场进行有效的、渐进的影响。从宏观角度讲，国际广告活动又是国际的文化交流活动，可以增进各国人民之间的了解与友谊。

案例 12-1

法国人头马广告的文化思考

人头马是一个白兰地品牌，创建于 1724 年，人头马酒庄是世界公认的特优香槟干邑专家。经过近三个世纪的探索，成就了人头马特优干邑芬芳浓郁、口感醇厚、回味悠长的独特品质。2018 年 12 月，世界品牌实验室发布《2018 年世界品牌 500 强》榜单，人头马排名第 451 位。在欧美国家，法国人头马的广告语是“干邑艺术，似火浓情”，这句广告语把白兰地比作艺术般精美诱人，把酒的醇香比作情火般浓烈，符合欧美风情与文化。但是这句广告语却不切合东方人特别是华人的情感。中国的酒文化中浸透着吉庆。“人生得意须尽欢，莫使金樽空对月”这句古诗词恰如其分地点明了中国酒文化的内涵。人头马白兰地恰恰抓住了华人期望吉祥如意的心理和华人喜欢在喜庆日子喝酒的现实，用一句“人头马一开，好事自然来”的吉祥广告语打动了华人的心，也打开了华人的市场。

2. 国际广告的形式策略和内容策略

（1）国际广告的形式策略。

①标准化策略和差异化策略。从事国际化经营的企业都面临着国际广告标准化或差异化的选择。所谓标准化，是指企业在不同国家的目标市场上，使用主题相同的广告宣传。而国际广告的差异化则是指企业针对各国市场的特性，向其传送不同的广告主题和广告信息。如美国万宝路香烟和麦当劳快餐店的广告宣传基本上采用标准化策略，而雀巢公司在世界各地雇用了 150 家广告代理商，为其在 40 多个国家的市场上做各种主题的咖啡广告宣传，运用的则是国际广告差异化策略。

②形象广告策略与产品广告策略。不管是标准化广告还是差异化广告都要根据具体广告目标去进一步制定更加具体的广告策略，以使它更加具有可行性。采用形象广告策略的目标是塑造企业及其产品、商标的形象，并巩固和发展这一形象，使消费者对企业及其产品产生信赖和感情，而不是单纯地为了销售产品。采用产品广告策略的目标在于推销产品，其核心是要采用各种方式介绍、宣传产品的特点和优点，利用各种劝说内容和形式，诱导人们购买。如各种削价销售广告、抽奖广告等。形象广告与产品广告并不是截然分开的。形象广告的最终目标也是为了推销企业的产品，获得更大的利润，而产品广告也必须考虑产品形象，企业形象的树立绝不能与产品、企业的形象背道而驰。

（2）国际广告的内容策略。

广告内容的设计是一项较为复杂的工作，既要有科学性，又要有艺术性，而且必须与广告目标紧密相连，为实现广告目标服务。设计一则成功的广告，要求广告设计者具有较高的创造力和想象力。广告设计者还必须将广告人的广告目标融于广告内容之中。广告目标是广告设计的指导思想，广告创意是广告目标的信息传递和体现形式。广告内容设计包括以下几项决策：①以强调情感为主，还是以强调理性为主。②以对比为主，还是以陈述为主。③以正面叙述为主，还是以全面叙述为主。④广告主题是长期不变还是经常改变。

3. 国际市场营销中广告策略使用中的限制因素

（1）政治法律因素。

政治法律因素主要是指各个国家对外贸易政策和其他相关的政策法令以及国家政局变化等。这类因素对国际广告造成的影响包括：

①对广告内容的限制。如在德国，与竞争者产品比较的广告是被禁止的；在美国和英国，不能在电视上做香烟广告；在泰国，则禁止做药品广告。广告内容不能损害当地的民族尊严和违反当地的民族习惯。

②对广告媒介的限制。例如，在北欧的丹麦和挪威等国，没有商业性广播和电视；在荷兰，每周只许可有127分钟的广告节目；在法国，每天只允许有几分钟的广告时间。户外广告的设置、张贴要遵守当地城市管理机构的规定，不能妨碍交通或影响观瞻。霓虹灯广告的大小和设置地点，要按当地的有关规定进行。

③对广告费支出的限制。例如，印度政府规定企业的广告费用不得超过销售额的4%。

④对广告支出的课税。意大利政府规定对报纸广告征4%的税，对广播和电视广告则要征15%的税；在奥地利，对电视和印刷广告征10%的税，对广播及影院广告则征10%～30%不等的税。

（2）社会环境因素。

社会环境因素包括进口国的风俗习惯、宗教信仰、价值观、审美观及心理因素等。广告界要重视对社会环境的研究，认识和适应目标市场的社会环境是广告宣传成败的重要环节。不同的国家与地区有不同的风俗习惯，形成对广告表现的不同心理要求。如法国人喜欢素洁的白色，认为白色象征纯洁；中国人喜爱红色，认为红色是吉祥之兆；有的国家则禁止红色，如统一前的联邦德国不喜欢红色；非洲有些国家忌讳黄色；而东南亚国家喜爱明快的浅色。因而，广告在运用色彩时，要特别注意当地人的好恶。不同的国家和地区，消费者有不同的消费观念。而且随着时代潮流的变化，旧的消费观念被淘汰，新的消费观念形成。

（3）文化环境因素。

在文化教育程度不同的国家，消费者对广告的欣赏与理解水平也不同。如果不按照广告地区的实际情况设计广告，广告制作再好，也不能引起共鸣。例如，在文化教育程度高的国家可以多用报纸、杂志做广告，而在文化水平低的国家则不行。在文化教育程度较高的国家，其消费者对广告的创意要求也高，是不会重视不够水准的广告的，当然也会影响其购买行为。广告语言的翻译要得当，要了解双方的习惯语言和方言。否则，不但不能有效地表达原意，甚至还可能会闹出笑话。在某个国家是赞扬的语言，在另一个国家则可能是一种讽刺。尤其是习惯语、成语、暗示语、俚语、笑话、双关语，在翻译时更应特别注意，要尽可能符合当地的民情风俗。

（4）自然环境因素。

应注意了解出口国经济地理情况、自然资源分布情况以及气候和季节变化情况等等。

譬如向北极地带推销冷气机，向非洲推销毛皮是不适宜的。对这些情况都应有足够的了解。

案例 12-2

农夫山泉“天然”营销脉络

农夫山泉一直围绕“天然”来开展一系列营销事件，20 多年只做一件事，就是把“农夫山泉＝天然”的心智认知不断强化，不断加深。

1996 年，农夫山泉公司成立，并提出“天然水”概念。而竞争对手则是以纯净水、矿泉水的产品定位去销售。

2007 年，农夫山泉又提出了一个新的品牌主张“天然的弱碱性水”。其在每瓶水的瓶颈处套一个小拉环，上面注明农夫山泉的 PH 值是 7.3±0.5，并且附上一张 PH 试纸，供消费者通过实验测试农夫山泉的酸碱度，证明其水质是弱碱性的，是天然的。“天然的弱碱性水”是从理性层面表达了“天然”，代表了农夫山泉“天然”的认知价值、功能价值。

2008 年，农夫山泉换上广为传颂的“我们不生产水，我们只是大自然的搬运工”这句广告语，这句话则是从品牌理念的层面上表达了“天然”。在这之后，农夫山泉开始启动大型品牌公关活动“见证寻源之旅”，邀请媒体和消费者前往农夫山泉的水源地如浙江千岛湖、广东万绿湖，亲尝天然湖水，亲身体验农夫山泉工厂和生产全过程，亲自见证农夫山泉的天然品质。

2014 年伊始，农夫山泉推出了一部长达三分钟的微纪录片《一个你从来不知道的故事》，讲述农夫山泉的水源勘探师方强在长白山麓原始森林里寻找优质水源的故事。以此回应恒大冰泉攻击自己是天然地表水，而不是天然地下矿泉水。天然水与天然矿泉水的区别，一在于水源地，矿泉水来自天然地下矿泉，天然水则主要取自地表水，如农夫山泉主要水源地千岛湖、万绿湖和丹江口水库。二是矿泉水比天然水有更严格的矿物元素指标，包括锂、锶、锌、硒、偏硅酸等。正因为农夫山泉的主打产品是天然水，所以才招致恒大冰泉的攻击。

2015 年农夫山泉又推出了“美丽的中国，美丽的水”主题营销，以微纪录片《每一滴水都有它的源头》讲述品牌从 2000 年开始如何在峨眉山寻找水源、建设工厂的故事。2016 年广告片《最后一公里》则讲述农夫山泉业务代表尼玛多吉，在过去 12 年来如何给布达拉宫、大昭寺等网点配送的故事。

2016 年，农夫山泉在广告中诉求“含有天然矿物元素，健康饮水的倡导者”，开始在品牌层面捍卫自己的领导地位和市场份额。

2018 年，农夫山泉再一次升级品牌，开始诉求“什么样的水源，孕育什么样的生命”，这次是站在了更高的人文价值观层面去表达“天然”，巩固了农夫山泉在天然水领域的领导地位，代表了农夫山泉“天然”的品牌理念和品牌地位。

二、国际广告媒体的选择

1. 选择国际广告媒体时的影响因素

（1）商品的性质与生命周期。

商品本身的性质、特点是选择广告媒体的重要依据。商品按其用途能够分为工业品和消费品，这些产品又有高、中、低档之分。一般而言，工业品技术性强、结构用途复杂，因此宜用文字图形印刷广告，如报纸、杂志、产品说明书等，这些广告媒体能够具体地讲明产品的结构、性能、保养、维修方法。而消费品最好用形、声、色兼备的电视媒体或网络媒体，因为这种媒体具有形象感，能诱发消费者的购买欲望。如在电视上做服装、鞋帽广告，感兴趣的人就会多，广告效果就比较好。

从产品生命周期看，导入期要利用覆盖面广的广告媒体；成长期要界定目标受众，增加广告频次；成熟期时需针对使用者实施媒体的重点覆盖；衰退期的广告媒体要分配在销售好的地区，主要针对品牌忠诚者，或分配在新地区。

（2）目标受众的接受习惯与接受能力。

做广告一定要考虑到不同广告对象对媒体的偏好。如妇女对电影、电视、流行杂志等感兴趣，在这些媒体上宣传装饰品、流行服装，就容易引起妇女注意。而如农药、农机等农业生产资料的采办对象是农民，他们有听广播或看电视的习惯，因此利用广播来介绍这些商品就比用报纸杂志更容易被农民接受。

此外，还必须依据消费者的接受能力来选择广告媒体，才能保证广告信息被正确传达。如在文盲率较高的地区，报纸、电视机普及率不高，在电视上尤其报刊上做广告就是不适宜的；在交通条件不便的地区，可能只有广播是比较好的传播媒体；而在偏僻荒凉的农村，广告牌的作用也不可能充分发挥。因人因地、有的放矢地选择媒体，才能使广告产生最大效应。

（3）广告信息的时效性。

广告信息有不同的时效要求。有些广告信息要求及时、迅速地传递，以便捷足先登，取得先入为主的市场竞争优势。从商品类型看，凡鲜活易腐、轻易变质的商品，或一些时令、时髦商品以及演出、竞赛等文体活动，必须尽快公布广告信息，这一类的广告能够借助报纸、广播或海报等媒体。反之，若广告信息传播的时间要求不是太迫切，就能够考虑制作时间或发行间隔较长的电视、杂志等广告媒体。

（4）媒体的覆盖范围与特点。

从地域上来讲，媒体有全国媒体和地区性媒体之分，由于广告的最终目的是销售，因此广告的传播范围应该与商品的销售范围一致。要是地区性销售的产品，就不必到全国性的广告媒体上做广告。反之，要是面向全国市场的产品，本企业又有巨大的资本能力及扩产潜力，就能够选择在全国性的电视、广播、报刊等媒体做广告。

（5）广告费用。

广告费用是选择广告媒体的制约因素之一。不同的广告媒体的广告费用不一样。一般而言，电视、电影媒体的广告费用最高，广播、报刊次之，路牌、橱窗、招贴的广告费用较低。

对企业来讲，广告费用对其的制约主要体现在两方面：一是经济承受力。要是使用某种媒体时一次性支付的广告费用特别高，而企业经济实力又不是特别雄厚，企业就难以选择这种广告媒体。二是广告的经济效果，即广告费用的投入和产出之比。如尽管利用某种媒体的一次性广告费用较高，但其所带来的经济效益远远超出广告费用的投入，那么企业也愿意利用该广告媒体。反之要是效益低于广告费用的支出，那么即使该媒体的广告费用特别低，企业也不会采用这种媒体。

2. 可以选择的国际广告媒体

（1）报纸。

报纸在许多国家都是首选的广告媒介。报纸广告传播面广、编排方式多种多样、传递迅速及时、没有阅读时间的限制，而且制作简单、费用低廉，但也存在不够吸引人等局限。

（2）杂志。

杂志保存时间长，而且杂志读者不像大部分报纸读者那样只是简单浏览，而更可能仔细阅读。专业杂志给人以信任感，可信度高。但杂志的出版周期长，发行范围窄，缺乏灵活性与时效性，见效较慢，而且费用比报纸广告高。工业品或者某些特定的消费品多利用专业杂志作为广告媒介。

（3）广播。

广播具有听众遍及各地、各阶层，传播范围很广，信息传递迅速、及时，方式灵活多样，声情并茂，吸引力强，且费用相对低廉等特点。在文盲率较高的国家或者是在电视机尚未普及的国家或地区，广播是不可替代的广告媒介。即使是在发达国家或地区，广播也仍拥有许多的听众，特别是人们往往利用驾车时间收听广播。因而，一些汽车公司和一些食品饮料等生产厂家就大量利用广播媒介播放商业广告。广播广告的不足之处在于，听众在收听时不够专注，很容易遗忘广告内容，而且缺乏对产品形象的认识，不易留下深刻印象。

（4）电视。

电视广告视听结合，传播范围广，表现手法灵活多样，在目前各种广告媒介中促销效果最好。近几年，视听技术的发展、生产销售的国际化以及电视普及率的提高，为电视作为国际性的广告媒介提供了有利条件。但是，电视作为广告媒介也有其自身的局限性，比如广告时间短，易受其他节目的干扰，费用昂贵，观众统计资料难以获得等。许多国家对电视商业广告或多或少有所限制，有时甚至很严格，不仅限制商业广告播出时间，而且还限制广告的内容及目标对象。

（5）互联网。

互联网高速发展到今天，世界上超过200个国家、超过50亿的人口得以通过互联网彼此紧密地联系在一起。互联网具有其他媒介所不具备的优势。首先是速度快，时效性强。它不受印刷、运输、发行等因素的限制，信息上网的瞬间便可发送到所有用户手上。其次是容量无限和全球连通的传播范围。电脑网络可以把世界上所有的信息“一网打尽”，使人们“足不出户便知天下事”。此外，超文本的检索方式使信息变得生动活泼，易于接受。信息传递的交互性使用，使用户不再只是被动的接受者，从而适应现代人崇尚自主、渴望参与的心理要求。优势就是吸引力，有了吸引力就有市场。随着互联网用户呈几何级数增长，网上广告越来越为商家看好。

案例 12-3

可口可乐“歌词瓶”

可口可乐的“昵称瓶”大获成功，据说成功拉动销量提升20%。而后可口可乐乘胜出击继续发力，推出“歌词瓶”。从周杰伦到五月天，“歌词瓶”上的歌词大多出自人们耳熟能详的歌曲。此外，消费者扫描瓶上的二维码，便可观看小段音乐动画，并可在社交平台上分享，年轻人可以通过瓶上的歌词或音乐来表达自己的心情。经过“昵称瓶”后，可口可乐对“歌词瓶”的推广更显轻车熟路。先是在潘石屹、任志强等名人微博进行定制化产品投放，利用其名人效应让更多消费者熟知。而后，在自身的微博上发布与歌词相关的内容，与产品配合。于是，很快，我们便看到不少朋友在自身的社交平台上也“晒”起了有意思的“歌词瓶”。

（6）其他广告媒介。

企业在国际市场上还可以使用直接邮寄广告、户外广告，或者利用交通工具做广告等多种方式。在商业或工业杂志很少的国家或地区，直接邮寄广告是工业品推销的有效媒介。利用户外广告牌、霓虹灯等所做的广告也早已是屡见不鲜了。不少企业还利用交通工具进行移动的广告宣传，比如我国北京的双层公共汽车大部分车身广告宣传的都是跨国公司产品。美国一家公司还专门设计了一种车辆外观影响下的统计系统，专门对车辆外观对人们的影响力进行测试，并将测试结果提供给广告公司。

此外，一些新的广告形式也正在出现。比如销售地点广告、在电影放映前播放的“贴片广告”、由宇航员在太空里做的太空广告等。

三、成功的国际广告应具备的因素

1. 寻找一个好的切入点

好的切入点源于罗瑟·瑞夫斯（Rosser Reeves）在20世纪50年代首创的独特的销售主张理论。一个独特的销售主张可能成为短时期内指导消费者购买的重要驱动。而随着市场的发展，这一销售主张可能被其他的主张所替代，也可能演变成为独立的细分市场（细分品类）。农夫果园的“喝前摇一摇”、农夫山泉的“天然的弱碱性水”、九芝堂六味地黄丸的“不含糖”都是典型的独特的销售主张，通过消费者容易记忆又愿意尝试的卖点来区别于竞争品牌，寻找销售的增长点。

2. 广告要有创意

广告要有创意是一个普遍意义上的概念，目的是更好地完成消费者对产品定位、卖点及形象的认知。广告创意本质上是一种辅助工具。单纯依靠创意建立品牌的知名度

（消费者因为新鲜感愿意尝试）短期内虽然能带来较好的消费者接触和销售提升，但由于缺乏内在支撑（消费者心目中的独特位置）很可能使得该品牌在市场中只是昙花一现。

3. 制定正确的媒体策略

作为品牌战略及诉求的终端体现，媒体策略所起到的作用同样不容小视。当然，成功的媒体策略需要与准确的品牌诉求相辅相成。此外，媒体行程的确定、广告版本的配合、栏目的使用、软硬广告的配合等，都需要参照行业发展阶段、竞争程度、消费特性等多个因素综合确定。

案例 12-4

中国移动的消费者广告定位

2002 年中国移动在遭遇中国联通 CDMA 的进攻时，召开 24 小时会议讨论怎样应对联通的低价策略，但是没有找到一个更高明的办法，直到中国移动把它的聚焦点从联通身上移到顾客身上，去发现公司是否能比联通提供更高的消费者价值时，才找到了更好的策略。中国移动用写真的手法做广告，说一条海船出事了，幸好有一名乘客带着全球通，使全船的人得救了。“打通一个电话，能挽回的最高价值是拯救生命”，“关键时刻，信赖全球通”，“网络好，其实很重要”，成为电信行业做得最好的广告之一。

4. 正确应用名人效应

名人效应是日益看重的效应之一，从各种大大小小的产品代言人就可以看出来。小品牌使用名气较小的代言人，大品牌使用名气较大的代言人，基本上从代言人的名气大小就可以判断企业的实力如何。有一些企业为了提升自己的企业形象，让自己的名气看上去很大，就会费力请来一些和自己企业形象不大符合的大名人。但名人效应绝不是一个放诸四海而皆准的真理，名人效应有的时候会逐渐减弱，也有的时候在某些方面甚至会完全没有效果。

5. 确保广告的真实性

广告是一种劝服消费者的宣传活动，更是一种责任承诺行为，因此真实是广告的生命，也是广告的首要原则。对于广告真实性的要求主要体现在：广告宣传的内容要真实，必须实事求是，不能随意夸大商品的优点或特点；广告表现不能给人造成错觉或误解，要坚持艺术性和真实性的统一，要正确处理好真实性和艺术性的关系，同时艺术形式的选择不得违背真实性原则；广告中广告主的承诺必须有根据，是能够实现的，而不是虚假不能实现的；有关商品知识的宣传是正确的，否则也会误导消费者；广告不能利用给消费者设圈套的办法来达到销售目的。

6. 成功的消费者定位

广告的消费者定位，是指企业从消费者需求出发，把整个市场按照不同的标准分为不同的部分或购买群，并选择其中一个或几个市场部分进行广告调查、确立广告主题、选择广告媒体、编写广告文案、实施广告行为的系统广告营销策略。消费者定位的正确与否直接影响整个策划的最终成败，是最能体现策划者的策划水平和策划能力的关键环节，谁能挖掘到消费者的潜在需求，确定恰当的定位，谁就能在激烈的竞争中取胜。

第四节 国际市场营销的人员推销策略

一、人员推销策略在国际市场营销中的优势

1. 策略灵活，有针对性

销售人员与顾客面对面交谈，能随时观察顾客的反应，及时调整对策，通过自己的言辞、声音、形象、动作或样品、图片等，当场解答顾客提出的问题和提供多种服务，达到说服成交的目的。另外，采用广告等非人员促销方式，面对的是范围较广泛的公众，他们可能是也可能不是该产品的潜在顾客。人员推销多数是个别进行，作业之前往往要调查研究，选择和了解潜在顾客，以便有的放矢，减少浪费，提高绩效。

2. 信息反馈及时有效

人员推销是一种双向信息交流过程，销售人员在与顾客交往中，能够收集到所需的各种市场信息，并将推销过程中所了解的有关信息及时传递给企业，以利于企业改进产品和市场营销战略、战术。

3. 说服力强，成功率高

由于人员推销事先拟定了推销方案，研究了商品的市场动态，确定了推销的对象，因此可以把精力有选择地集中在那些真正可能成为买主的顾客身上，使可能的失败降到最低限度，从而提高推销的成功率。

4. 有助于建立良好的关系

在销售人员与顾客反复交往的过程中，买卖双方往往会培养出亲切友好的关系。一方面，销售人员帮助顾客选择称心如意的产品，解决使用过程中的种种问题，会使顾客对销售人员、产品和企业产品产生亲切感、责任感；另一方面，顾客对销售人员的良好行为予以肯定和信任，会积极地宣传企业的产品，帮助扩展业务。

二、国际市场营销的人员推销管理过程

1. 设计销售队伍

（1）设计销售人员结构。

销售人员结构是指销售人员的分配方式及其分布。企业一般会参考市场分布、客户类型、业务特点来建立。①市场分布：如果业务分布在全国各地，那么企业可以按照地域将市场划分成不同的大区，再进一步根据小区、省、城市等不同维度来组织团队；②客户类型：如果客户比较复杂，可以分成专门针对大客户的团队、针对中小客户的团队、负责经销商的团队等；③业务特点：有的产品复购很关键，可以分成新客团队、复

购团队等。当然，很多公司的业务没有这么复杂，可能是单一的产品，或者单一的客户，或者单一的销售模式，那么销售团队的组织会简单很多。

（2）设计销售人员规模。

销售人员规模是指为了达到一定的销售目的所需要的销售和管理人员的数量。销售人员规模的计算，常见的有三种方法：分解法、工作量法、销售百分比法。一是分解法：首先决定预测的销售额，其次估计每位销售人员每年的销售额，将预测的销售额除以每位销售人员的销售额可得销售人员规模。二是工作量法，分为五个步骤：①按年销售量的大小将顾客分类；②确定每类顾客所需要的访问次数；③每类顾客的数量乘以各自所需的访问次数就是整个地区的访问工作量；④确定一位销售人员每年可进行的平均访问数；⑤将总的年访问次数除以每位销售人员的平均年访问数即得出销售人员规模。三是销售百分比法：企业根据历史资料计算出销售队伍的各种耗费占销售额的百分比以及销售人员的平均成本，然后对未来销售额进行预测，从而确定销售人员的数量。

2. 招聘销售人员

国际市场销售人员的招聘多数是在目标市场所在国进行。这是因为当地人对本国的风俗习惯、消费行为和商业惯例更加了解，并与当地政府及工商界人士，或者与消费者或潜在客户有着各种各样的联系。但是，在海外市场招聘当地销售人员会受到当地市场人才结构和销售人员的社会地位的限制，在某些国家或地区要寻找合格的销售人员并非易事。企业也可以从国内选派人员出国担任推销工作。企业选派的外销人员，最主要的是要能适应海外目标市场的社会文化环境。

3. 选拔销售人员

销售人员的选拔一定要遵循四个“切合”原则：

（1）经历切合。也就是应聘者的工作经历一定要和相应的岗位要求吻合。尤其是以效能为导向的销售模式下，如从事大型的系统、设备、工业品以及解决方案的销售工作，对经历方面的要求更加严格。如果招来的人没有相应的工作经历，那么就很难掌握一个系统或一个设备的整个销售过程。

（2）发展阶段切合。常规来讲，企业的成长一般有三个阶段，每个阶段对人才的要求都不一样。第一个阶段是婴儿期。这时候企业的成长还处在求生存的状态。这个阶段，销售队伍的任务非常重，而且采取的策略一般都是闪电战的策略。这个阶段不要求销售人员必须具备太多的系统知识，但是必须有足够的冲劲和热情。第二个阶段是青年期。就像人一样，青年期是企业成长最快的时期，这时候要求销售人员有很强的上进心，那么在招人时就应该选择那些不过分注重现实收益、愿意伴随企业共同成长的年轻人。第三个阶段是成熟期。这时候企业已经解决了生存和成长的问题，现在需要的是稳步发展。这一时期就可能要求销售队伍的年龄层次稍微高一些。

（3）期望切合。销售人员一是希望收入能达到期望水平，二是希望有学习的机会，有成长的空间。同时，企业对销售人员也有一定的期望，如具有较强的专业能力、沟通能力，能够不断学习和提升自己的销售技巧和知识等。二者的期望应该切合。

（4）个性切合。这一点也很重要。比如一个以效率为导向的销售队伍，销售的产品是笔记本电脑，那么就要求业务代表必须有足够的冲劲，要真有那种“双脚踏出亿万金”的劲头，也就是说销售人员的个性要适合效率型这种销售模式。反之，如果是销售系统解决方案的团队，那就要求销售代表比较沉稳、平和，并且思路应该比较缜密。

4. 培训销售人员

（1）培训地点与培训内容。销售人员的培训既可在目标市场国进行，也可安排在企业所在地或者企业地区培训中心进行。跨国公司的销售人员培训多数是安排在目标市场所在国，培训内容主要包括产品知识、企业情况、市场知识和推销技巧等方面。若在当地招聘销售人员，培训重点应是产品知识、企业概况与推销技巧。若从企业现有职员中选派销售人员，培训重点应为派驻国市场营销环境和当地商业习惯等。

（2）对推销高科技产品销售人员的培训。对于高科技产品，可以把销售人员集中起来，在企业培训中心或者地区培训中心进行培训。因为高科技产品市场在各国具有更高的相似性，培训的任务与技术要求也更加复杂，需要聘请有关专家或富有经验的业务人员任教。

（3）对销售人员的短期培训。对于这类性质的培训，企业既可采取组织巡回培训组到各地现场培训的方法，也可将销售人员集中到地区培训中心进行短期集训。

（4）对海外经销商销售人员的培训。为海外经销商培训销售人员，也是工业品生产厂家常常要承担的任务。对海外经销商销售人员的培训通常是免费的，因为经销商销售人员素质与技能的提高必然会带来海外市场销量的增加，生产厂家与经销商均可从中受益。

5. 激励销售人员

对海外销售人员的激励，可分为物质奖励与精神鼓励两个方面。物质奖励通常指薪金、佣金或者奖金等直接报酬形式，精神鼓励可有进修培训、晋级提升或特权授予等多种方式。

对海外销售人员的激励，更要考虑到不同社会文化因素的影响。海外销售人员可能来自不同国家或地区，有着不同的社会文化背景、行为准则与价值观念，因而对同样的激励措施可能会做出不同的反应。

6. 销售人员业绩评估与控制

对海外销售人员的激励，建立在对他们推销成绩进行考核与评估的基础上。但是企业对海外销售人员的考核与评估，不仅是为了表彰先进，而且还要发现推销效果不佳的市场与人员，分析原因，找出问题，加以改进。人员推销效果的考核评估指标可分为两个方面：一是直接的推销效果，比如所推销的产品数量与价值、推销的成本费用、新客户销量比率，等等；另一种是间接的推销效果，如访问的顾客人数与频率、产品与企业知名度的增加程度、顾客服务与市场调研任务的完成情况，等等。

企业在对人员推销效果进行考核与评估时，还应考虑到当地市场的特点以及不同社会文化因素的影响。比如，产品在某些地区可能难以销售，则要相应地降低推销限额或者提高佣金。若企业同时在多个海外市场上进行推销，可按市场特征进行分组，规定小组考核指标，从而更好地分析比较不同市场条件下销售人员的推销成绩。

第五节　国际市场营销的营业推广策略

一、营业推广概述

1. 营业推广的含义

营业推广是企业为了刺激消费需求、鼓励消费者和中间商购买、经销或代理其产品或服务而采取的一系列短期激励措施。在国际市场上，进入一个新市场时如能把营业推广和广告手段结合起来运用，往往更容易获得成功。近年来，营业推广使用范围和程度都有加速发展的趋势。导致营业推广迅速增长的因素在于：品牌大量增加；竞争者更富有促销头脑；通货膨胀和经济衰退使消费者更容易接受促销的影响；广告的有效性由于成本增加、媒介杂乱和法律的限制而降低。营业推广的特点在于其非规律性、非周期性和灵活多样性以及短期效益明显。

2. 营业推广在国际市场营销中的作用

（1）企业可利用各种营业推广手段来吸引新顾客。营业推广对消费者的刺激较为强烈，容易吸引新客户的注意，使他们因追求某些利益方面的优惠而转向购买和使用本企业的产品。

（2）企业可利用各种营业推广手段来报答那些忠诚于本企业品牌产品的顾客。如赠券、奖售等手段所显示的利益让渡，其受惠者大多是企业的品牌忠诚者，这就有可能增加这些顾客的“回头率”，稳定企业的市场份额。

（3）企业可利用各种营业推广手段来补充和配合广告等其他促销策略，实现企业的营销目标。广告等手段的促销效应是长期的，从消费者接收广告信息到做出购买行为往往有一段时间。在这期间，广告的促销效果可能减弱也可能增强，而营业推广的促销效果因此是即时的，相对较快，营业推广和广告同时使用，就有可能强化广告的促销效果，促使消费者尽早做出购买行为。

二、国际市场营销的营业推广管理过程

1. 确定营业推广目标

营业推广目标是受总体营销策略指导和制约的。如果总体采用市场渗透策略，目标就应该包括：鼓励消费者更多地使用商品和促进大批量购买，争取未使用者试用，以及吸引竞争者品牌的使用者；吸引中间商维持较高水平的存货，鼓励它们购买落令商品，储存相关品目，抵消各种竞争性的促销影响，建立零售商的品牌忠诚和获得进入新的零售网点的机会；激励销售队伍寻找更多的潜在顾客和刺激他们推销落令商品。如果总体采用市场开发策略，目标就应该包括：在新市场以进入为目的，而暂时不以营利为目的，大力开展展示、展销、客户会议、优惠酬宾等活动，鼓励消费者积极购买，传播品牌，形成良好的品牌定位；加大渠道的投入，鼓励新的中间商进货、销售；鼓励销售队伍走

出去，寻找新的客户、新的市场等。如果总体采用产品开发策略，目标就应该包括：通过大量的新品发布会、展销会、说明会等，鼓励消费者大胆积极地尝试，采用新产品；鼓励中间商和自己的销售队伍支持一种新产品或新型号，培育新品种或新品牌。

2. 选择合适的营业推广工具

根据不同总体营销策略的要求，可以在上述分别针对最终消费者、中间商、销售队伍的各种方式中，灵活有效地选择和创造性地使用各种营业推广工具。

3. 制订营业推广方案

制订营业推广方案时，要根据不同总体营销策略的要求，主要确定这样几个因素：费用、参加者的条件、营业推广措施的分配途径、营业推广时间、营业推广的总预算等。

4. 方案试验

对面向消费者市场和销售队伍的营业推广方案进行测试时，可邀请消费者或推销人员对几种不同的、可能的优惠办法、奖励办法做出评价，也可以在有限的地区进行适用性测试。

5. 实施和控制营业推广方案

实施的期限包括前置时间和销售延续时间。前置时间是指实施方案前所必需的准备时间。准备工作包括：最初的计划工作、设计工作以及包装修改的批准、材料的邮寄或分送到家；配合广告的准备工作和销售点材料的准备；通知现场推销人员，为个别的分店建立地区配额，购买或印刷特别赠品或包装材料；生产预期存货，并将其存放到分配中心以备在特定的日期发放。销售延续时间是指从开始实施方案到大约95%的采取此销售促进办法的商品已经在消费者手中所经历的时间。

6. 评价营业推广结果

最普通的一种方法是把推广前、推广中、推广后的销售情况进行比较。应均衡各类营业推广对象、推广手段的力度和时机，不断优化推广策略。

第六节　国际公共关系策略

一、国际公共关系策略概述

1. 国际公共关系的含义

公共关系是一个企业或组织为了搞好与公众的关系，增进公众对企业的信任和支持，树立企业良好的声誉和形象而采取的各种活动和策略。公共关系也被称为“塑造企业形象的艺术”。其实质是一种促销手段，其最终目的是促进和提高企业的产品销售。良好的公共关系可以保证企业经营的稳定性和较强的凝聚力，同时也会使企业产品受到消费者的青睐，提高企业的销售业绩。

企业在跨国经营中，随时可能出现一些例外情况，和企业的目标或利益产生冲突，这时企业就要善用公共关系，加强与东道国政府官员的联系，了解他们的意图，懂得他们的法律，处理好突发的事件，协调好和东道国以及目标市场消费者的关系，以求得企业经营活动的长期发展。

2. 国际公共关系在国际市场营销中的重要作用

（1）可以帮助企业树立正确的营销战略。运用国际公共关系策略帮助企业确立营销目标时，既要考虑企业利益又要顾及消费者需求，既要着眼企业利益，也要注重社会效益，还要兼顾企业的暂时利益与长远利益的平衡等。如果企业牺牲消费者利益，出售假冒伪劣产品，则不会得到消费者认可；相反，为了维护产品的质量和企业良好信誉，有些企业不惜以高昂代价，或通过投资社区、造福社区、关心社会发展等形式来增进企业自身的利益等，却能更好地实现企业的营销目标。

（2）可以帮助企业明确科学的营销谋略。运用国际公共关系策略主要是通过收集信息，分析市场行情帮助企业在市场竞争中更科学地利用"天时""地利""人和"等因素，扬长避短，出其不意，尤其是全面准确地了解把握消费者的心理、需求及其变化趋势，使企业有的放矢地进行经营谋划。

（3）可以帮助企业运用科学可行的方式促进营销目标的实现。这包括两个方面：一方面是为实现营销目标，在运用国际公共关系策略营造企业形象、沟通信息、协调关系、提供服务等方面所做的种种具体努力和贡献；另一方面是指具体营销活动中国际公共关系策略手段、技巧等。

二、国际公共关系策略的主要类型

1. 宣传型公共关系策略

宣传型公共关系策略，就是广泛利用各种传播媒介直接向公众传递有关企业及其产品的各种信息，促成企业与社会的沟通和理解，以形成有利于企业发展的社会舆论以及内外部环境的策略。从事国际化经营的企业实施宣传型公共关系策略往往最能体现本企业的个性和特色。企业采用这种策略，其公共关系部门必须主动向媒介提供各种宣传材料，通过各种方式宣传企业的目标、实力和对社会的责任感。

2. 交际型公共关系策略

交际型公共关系策略，就是通过直接的人际关系进行情感上的联络，为企业广交朋友，建立广泛的社会关系网络，以形成有利于企业发展的人际环境和外部社会环境。国际市场营销活动中的交际型公共关系，实际上是一种直接的情感投资，可以通过和目标市场国或地区公众的直接接触，随时捕捉各种有价值的信息，了解特定公众的态度和反应，以期灵活有效地及时调整和完善各种公共关系行为和策略。

3. 服务型公共关系策略

服务型公共关系策略不是张扬，而是通过提供实惠的和优质的服务来博取公众的好感，进而树立或塑造企业及产品的良好形象。在国际市场营销活动中，服务型公共关系策略并不是只针对服务性行业的。任何企业在进军国际市场的过程中，都要树立以优质完善的服务为基础的观念。有人称这种由消费者亲身体验而自觉传播的良好声誉为“口传广告”，这种良好的口碑具有传播广泛、说服力强的特点。在国际市场营销活动中运用服务型公共关系，可以将公关活动由抽象变为具体的、实在的行动。

4. 社会型公共关系策略

社会型公共关系策略是以举办各种有组织的社会性、公益性、赞助性的活动，如庆祝会、纪念会、运动会、赞助公益事业等来扩大企业的社会影响，提高其社会声誉，赢得公众的信任和支持。企业参与国际化经营不仅要考虑到自身的经济效益，更要考虑社会效益和企业国际形象。而社会型公共关系策略的最大特点就是公益性。它不以短期利益为出发点，不以获取直接经济利益为目的，而是通过一系列活动，创造出一种对企业具有长期利益的社会环境。

社会型公共关系策略通常有以下几种方式：

(1) 借企业本身的重要活动开展各类社会活动。例如，利用类似开业周年或正式进入国际市场等机会，邀请社会人士参加庆祝活动，借此烘托企业形象，渲染气氛，联络关系，为以后的合作奠定基础。

(2) 响应东道国政府号召，资助社会福利事业、教育事业等活动。例如一些企业经常采用的将企业庆典的经费用于捐助社会慈善事业或捐资办学等，以此在国际公众中树立企业乐善好施、注重社会责任的形象，提高企业的美誉度。

(3) 出资赞助大众传播媒介，举办各种有益于社会文明和进步的活动。例如，赞助大众传播媒介制作公益广告，赞助有益公众的节目的播出，举办冠以企业或产品名称的体育比赛等活动。

案例 12-5

《感恩父母，经常陪伴》公益广告

2014 年春节以来，一支主题为《感恩父母，经常陪伴》的公益广告在安徽、天津、河南、湖北和四川等各大卫视联播，引发了广大观众的共鸣。该公益广告由“中国贴膏剂药业第一品牌”河南羚锐制药股份有限公司制作，在各大卫视以每天 30 次的频率播出，倡导子女多花时间陪伴父母，以尽孝心。

据了解，在中国每年有 2.3 亿人背井离乡，为了更好的生活，常年在外打拼，与亲人相隔千里，无法陪在父母身边尽孝。在本地工作的人也因为工作忙，认为有更重要的事，常常忽略对父母的陪伴。因此，父母对儿女的牵挂，变成了一种说不出的痛，深埋心底。父母对儿女的要求其实不多，只要儿女能多花一点时间陪伴其左右，就是他们最大的幸福与满足，所以陪伴就是治愈的良方。

为此，该药企倾情赞助和拍摄了《感恩父母，经常陪伴》的公益广告，希望能够通过自己的行动和努力，让子女对父母的关心和陪伴形成一种常态，让“有关爱·没疼痛”的愿望成为现实，通过公益营销撬起消费者的情感支点。

5. 征询型公共关系策略

征询型公共关系策略以广泛采集社会信息、深入了解公众意见为主要手段，以求得全面了解社会需求和及时适应市场变化，并希望在顾客中树立脚踏实地、以顾客为中心的公众形象。企业依据所搜集的有关国际市场的第一手资料，准确地掌握所在国家和地区特定公众的心理状况和社会舆论，及时发现企业存在的问题，为企业顺利地进入和占领国际市场提供有效的咨询指导，从而促进企业经营的国际化进程。征询型公共关系策略的主要内容有：目标市场国或地区的发展环境的综合调查，面向特定公众的民意测验和市场预测，建立信访制度，设立监督、举报和投诉机构以及热线电话等。

6. 维系型公共关系策略

维系型公共关系策略多用于企业处在发展比较顺利、内外部环境较好、其公共关系状态处于良性循环的时期。在这一时期，企业特别应该注意不断地加强与公众的沟通和联系，使公众对企业的认同感和依赖感得以增强，将公众始终维系在企业的周围。

7. 矫正型公共关系策略

矫正型公共关系策略，也称危机公关，这种策略多用于企业的发展遇到风险，内、外部环境发生严重的不协调，其公共关系状态濒临危机的境地时。此时，企业应该采取措施，迅速地纠正并消除损害企业形象的不利因素，恢复公众的信任和谅解，重新树立良好的企业形象。

三、国际公共关系策略的几点注意事项

1. 国际公共关系与企业发展的关系

公共关系在现代企业的发展中起着越来越重要的作用。公共关系诞生后，首先就是在企业管理和运筹中得到了广泛的运用和推广，后来它的影响波及了各行各业，但实质上仍以企业运用为主。这是由于公共关系本身就是商品经济发展的产物，因为在商品经济条件下，任何企业都不过是社会化大生产流水作业线上的一个环节，相互之间密切联系，离开谁都不行；特别是商品经济还是一种遵循竞争法则的经济，在公平竞争的同时，争取理解、支持尤其是争取服务对象和消费者的理解、支持就显得万分重要。这就促使企业运用公共关系来塑造良好的形象，搞好与外界的关系。

企业的市场竞争力在很大程度上取决于企业在市场上的形象，而企业的形象又在很大程度上取决于企业的公共关系的运作。我们希望所有企业的公关部门或者公关公司的公关人员，一定要把调查研究作为制订公关计划的一个前提。公关人员应通过一系列调查研究，分析未来社会及行业发展的趋势及其后果。应通过不同的调查研究、多层次的调查研究，了解社会的舆论、公众的态度和期望值。比如中国和欧洲发生贸易冲突的时候，作为企业的公关人员，就要有非常强的灵敏度，然后及时地把想法、意见传递给管理层，让他们作决策时作为参考。所以说企业的公关人员必须要以市场调查为基础。

此外，企业还应该注意公共关系的策划以及实施过程中的战略问题，这就需要企业的决策者对市场有敏锐的洞察力和判断力，能够根据不断变化的市场调整公关策略和应

对措施。

2. 国际公共关系与广告间的区别

人们普遍认为，在信息传递方面，广告是一种偏向专业化的沟通形式。然而，公共关系在范畴上则比广告更为广泛，除对外沟通外，还制定并宣传整个企业的规划和绩效表现，协助处理危机信息等。此外，公共关系还经常以广告为载体传递双向信息，公关活动也包含广告宣传的功能。

在功能方面，广告的主要功能是传递产品或服务的有效信息和对口销售，而公关的功能则是为企业经营良好的形象，及时进行危机信息处理来为企业创造一个有利的运营环境。

在受众方面，广告主要针对产品消费群体提出具有真实说服性的信息，公共关系面对的公众则较为多样化，包括企业内部和外部不同类型的公众。

在传播方式方面，广告几乎都是将大众传播媒体作为信息的传播渠道，公共关系除了大众媒体之外，经常使用其他更加正式化、规格化的传播工具如召开记者会、发送新闻稿、编辑专栏故事等将企业的信息通过多元管道传递出去。

商业广告与公共关系广告的区别如下：

（1）性质不同。商业广告是以营利为直接目的，以推销自己的产品附带宣传品牌形象和企业为目的的活动。公共关系广告不以营利为直接目的，而是通过宣传企业信息，树立企业形象，协调企业与环境的关系，对企业的运营起到促进的作用。

（2）内容不同。商业广告主要使消费者了解、认识、喜爱产品，以至于购买该产品。而公共关系广告则主要是介绍企业的总体特征，如企业的理念、宗旨、追求等，使公众从总体上了解企业，从而最终促进企业目标的实现。

（3）表达方式不同。商业广告的表达大多直截了当，具有浓厚的商业气息。而公共关系广告较为含蓄，不具有明显的商业气息。

（4）效果不同。商业广告的宣传效果主要体现为短期内经济效益最大化，而公共关系广告的效果主要体现在社会效益上。虽然社会效益在短期内难以测量，但从长远来看，良好的社会形象必然会带动经济效益的提升。

（5）责任不同。商业广告具有浓厚的商业性，而公共关系广告由于一般不具有商业性，形式灵活，内容广泛，表达随和，一般不直接承担经济责任，而是承担较大的社会责任。

3. 注意国际公关过程中的道德问题

公共关系行业并不要求从业人员要像律师和心理咨询师等考取从业资格证和严格遵守职业道德准则才能上岗，从公关诞生时这个行业就饱受争议，人们认为它是新闻代理人，为维护客户利益而不择手段，或是认为公关操控他们的思想，是不可见光的勾当。迄今为止，公关之父爱德华·伯尼斯（Edward Bernays）著名的公关活动“香烟点燃一根火炬”仍受到业内学者的批判，甚至于美国部分学者否认他作为公关之父的存在。没有从业资格证和公认的道德操守，让这个行业产生明显乱象。公共关系行业从业人员应遵守以下道德标准。

（1）公共利益大于客户利益。需要明确任何公关活动都是建立在不损害公共利益的基础上的，公共利益是指绝大多数人的利益。例如，当企业出现公关危机时，公关人员要做的是向公众澄清公共问题，而不是转移、歪曲或困惑公共问题。

（2）建立公关行事原则。这是指公关的基本道德原则，当客户的行为违背自己的原则时，要果断采取结束合作的措施，或是辞掉委托业务。行事原则包括不损害公众利益、不违背自己的三观等。

（3）客户利益大于自身利益。要保护客户免受自由竞争市场的影响，要让他们相信自己会把客户利益置于自身利益之上。在基于前面两点的基础上，全心全意为客户服务，而不是光说不做，行动比言辞更雄辩。

（4）要有完整的公关知识体系。公关人员必须要有完整的知识体系做支撑。公关人员不仅要掌握公共关系学知识，还要有丰富的社会科学和商业管理知识，例如社会学、传播学、人类学、心理学、政治学等，也要有市场营销学、广告学、品牌学、法律学等知识，多学科的知识视角才能有更清晰的世界观，才能更好地维系社会的各种关系和管理客户的传播过程。

（5）有义务改善客户的管理制度。为了实现客户以及公关的社会责任，公关人员有义务主动要求改善客户不太道德的管理制度，比如歧视女性的企业制度。

（6）抵制业内不道德的公关行为。公关业在没有资格证要求和没有被公众完全认可的情况下，行业内部要抵制不道德的公关行为和人士，以促进行业规范化发展。

（7）推行职业道德行为和准则。公关人员不仅要自己做到职业道德行为和遵守准则，还要向外推行行为准则。

本章小结

通过对国际市场促销的含义、国际市场促销组合及其影响因素等内容的分析，我们可以对有关国际市场促销策略有一个整体的认识；整合营销传播是国际市场促销策略发展的新趋势，对企业国际市场营销产生重要影响；通过对国际广告、人员推销、营业推广和国际公共关系的系统介绍和分析，我们可以加强对国际市场促销的深入认识。

关键术语

国际市场促销　推式策略　拉式策略　整合营销传播　国际广告策略
人员推销策略　营业推广策略　国际公共关系策略

辅助材料推荐

1. 菲利普·科特勒. 水平营销. 北京：中信出版社，2005.
2. 蒋旭峰，邓天颖. 整合营销传播. 杭州：浙江大学出版社，2009.

本章思考题

1. 影响国际市场营销中促销组合策略的因素有哪些？

2. 整合营销传播的四个阶段是什么?
3. 如何理解整合营销传播的四个层次?
4. 简述国际市场营销中广告策略使用中的限制因素。
5. 成功的国际广告应具备的因素有哪些?
6. 简述国际市场营销的人员推销管理过程。
7. 简述国际市场营销的营业推广管理过程。
8. 简述国际公共关系策略的主要类型。

拓展阅读

脑白金广告的媒体策略

耐克与飞人刘翔

日本宝洁虚假广告代言

三人行:致力于成为国内领先的整合营销传播专家

云南文化旅游宣传推广及品牌营销培训开班

“自残式公关”酿造了海天味业的品牌血案

李宁又出圈了,以一种看似不太光彩的方式

公关人员也需要宏观视野、长远眼光、政策水平和大局意识

整合营销传播目标的演进与发展趋势

第十三章 主要国际营销市场介绍

学习目标和重点

- 国际区域市场的发展历程与现状
- 区域经济一体化组织的形式以及特点
- 北美自由贸易区、欧盟等主要区域经济一体化组织的发展变化
- 世界上主要区域营销市场及其特点
- 不同国际营销市场的特殊性及其挑战

导入案例

历经8年时间谈判，《区域全面经济伙伴关系（Regional Comprehensive Economic Partnership，RCEP）协定》在2020年11月15日正式签署。这被视作区域经济一体化的重要里程碑，也是深化东亚区域经济合作的新起点。RCEP成员国包括东盟十国与中国、日本、韩国、澳大利亚、新西兰。15个成员国的总人口、经济体量、贸易总额均占全球总量的30%左右，形成世界上参与人口最多、成员结构最多元、发展潜力最大的自贸区。RCEP将会提振区域经济发展信心，增强区域产业链供应链，提升合作抗疫的能力，亚洲经济可谓是疫情背景下全球难得的亮色。

RCEP协定是亚太地区规模最大、最重要的自由贸易协定，随着它逐渐生效，它涵盖的人口将超过35亿，占全球47.4%，将进一步促进本地区产业和价值链的融合，为区域经济一体化注入强劲动力，将会覆盖国际上近三分之一贸易量，成为世界上涵盖人口最多、成员构成最多元、发展最具活力的自由贸易区。

RCEP 协定的签署是多边主义的成功。中国坚持践行全球多边合作、维护自由贸易，形成良性互动，共同开创东亚乃至全球经济更加美好的未来。

《中共中央关于制定国民经济和社会发展第十四个五年规划和二〇三五年远景目标的建议》中提出，要加快构建以国内大循环为主体、国内国际双循环相互促进的新发展格局。所谓“双循环”，是国内经济循环与国际经济循环之间有机联系的交互与沟通，是两个市场、两种资源利用关系平衡的新意境，充分了解目前的国际市场环境是更好推动国际大循环的必要条件。

在国际大循环方面，区域经济一体化是经济全球化大背景下不可忽视的大趋势，也是中国企业在开展国际市场营销活动时面临的重要环境因素。首先，各种不同层次的区域经济一体化组织数量大量增加。由于区域经济一体化的效果明显，许多国家为了谋求自身利益发展，积极参与了许多不同领域的区域经济一体化组织。其次，一些区域经济一体化组织的范围和规模不断扩大。区域经济一体化组织的成员结构发生较大的变化，范围和规模不断扩大，世界经济已经形成了以欧盟、北美自由贸易区等超大区域经济一体化组织为中心的格局。最后，区域经济一体化组织之间经济合作日益频繁，出现了一些跨洲的双边、多边自由贸易区。各区域经济一体化组织采取了开放政策，一方面扩大自身的势力范围，加强与非成员国的合作，另一方面与其他区域经济一体化组织加强合作。例如，北美自由贸易区带动了拉美地区经济发展，与欧盟形成了跨大西洋的泛自由贸易区。亚太经合组织更是地跨亚洲、北美洲、南美洲和大洋洲。跨洲的双边、多边自由贸易区正在成为全球经济贸易发展的主流。

对国际营销市场进行解读与认识，将有助于读者进一步了解当前世界的营销环境，对于将理论知识应用于现实问题的实践具有重要意义。

第一节 国际区域市场的形成

国际区域市场，又称多国集团市场，是由若干个国家或地区，出于一定的目的，通过协议的形式，结成一定紧密程度的，以一定形式存在的国际区域经济联合体而形成的国际市场。国际区域市场于二战结束以后日益流行，早先以欧洲经济共同体为代表，后来一系列国际区域市场先后产生。

一、国际区域市场形成的原因

1. 经济因素

世界经济发展中，国家间市场不断扩大和贸易保护主义之间的矛盾运动，是国际市场区域化的内在原因。当今世界，社会经济高速发展，科技水平突飞猛进，经济全球化成为必然的趋势。但世界各国都有着自身的利益，都希望其他国家向其开放市场，而自己的市场尽可能不向其他国家开放，导致贸易保护主义盛行。这一对矛盾运动的结果，使得一些国家组成了不同程度的联合体，形成介于全球市场和国别市场之间的国际区域市场。

各类经济一体化组织都是基于发展和扩大市场而建立的，其手段一般是给予成员国优惠关税待遇或对非成员国设置共同的关税壁垒。通过为一体化组织内部成员的产品提供固定的销路或给予优惠待遇来扩大受保护的市场，从而刺激内部经济的发展，同时，成员国的消费者也能从较低的内部关税中得到实惠，赋予同盟内生产者更大的安全感。

从已经形成的国际区域市场看，相关国家之间的共同经济利益成为国际区域市场形成的动因。其一是经济互补性，成员国之间一般均存在着一定程度的互补性，联合在一起可以取长补短，有利于促进本国经济发展，形成双赢效应；其二是区域市场内互相开放，市场规模扩大，具有一定的经济规模，有利于形成规模效应；其三是成员国之间通过签订条约的形式，形成利益共同体，有利于保护各自的利益，增强竞争力。

2. 政治因素

各国政治间的和谐是国际区域市场得以形成和发展的另一个基本要求。在让渡部分的国家主权之前，成员国之间必须存在相同的诉求并相处融洽。国家主权对任何一个国家来说都是最值得珍惜的，只有当通过合作使国家地位得到提高时，政府才会在主权方面做出让步。政府是国际区域市场形成的强大推动力。从几十年来国际市场区域化的进程看，主要启动者是政府。市场的主体是企业，市场活动的主要承担者也是企业，但是国际市场区域化的推动者和实现者主要是政府。多国集团是由不同国家或地区之间通过协议成立的国家集团，其决策者只能是政府。但这并不否定企业在国际市场区域化中所起的作用，特别是跨国公司在促进国际市场区域化中具有很大的影响力。

政治和法律因素在国际市场营销活动中扮演着举足轻重的角色，对法规的解释和应用不当有时会导致纠纷的产生。即使是最好的商业计划也会因为始料未及的政治或法律因素的影响而改变，对这些因素的预测失误会导致一项本应成功的商业计划毁于一旦。图 13－1 显示了影响一国投资环境的因素的排名，其中，政府部门的工作效率低下是影响公司决策的首要因素。

3. 地缘因素

如果国家间相互毗邻，那么作为市场体制基础的运输网络就有可能相互联通并得到有效发展。地理位置上的邻近有利于经济交往中物质、能量和信息的沟通，并形成效率和成本优势。运输网络是欧共体（欧盟的前身）形成的主要促进因素之一，英国和法国之间海底隧道的开通更是进一步加强了共同市场成员国之间的联系。不过，随着通信和运输效率的不断提高，地理邻近因素的重要性日益下降。

4. 文化因素

社会文化上的联系与亲和是经济联系的润滑剂与纽带，文化的相似性会缓和一国与他国结成经济联盟所带来的冲击。如果彼此的社会文化相似，那么各成员国之间能够比较容易理解彼此的立场和观点，建立的共同市场就更有可能取得成功。所以某种相近的文化背景、文化模式，或在文化上比较容易融合和交流，是不同国家或地区能够联合并正常运行的重要条件。

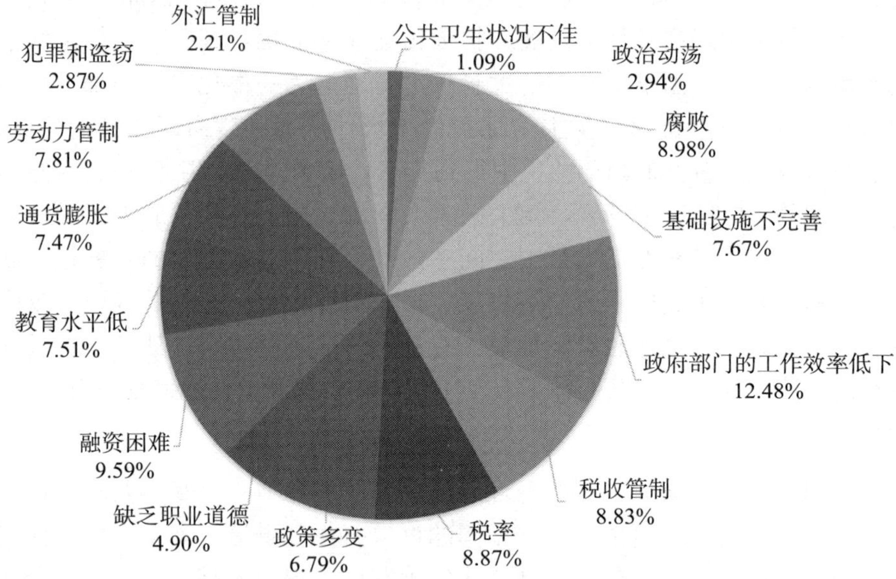

图 13-1　影响一国投资环境的因素

二、国际区域合作的模式

国际区域合作模式有多种，这些模式因合作程度、合作基础以及成员国间内部关系的不同而呈现明显的差异性。目前国际区域合作的基本模式从理论上概括为优惠贸易安排、自由贸易区、关税同盟、共同市场、经济联盟、完全经济一体化六种类型，详细介绍见第三章。图 13-2 展示了常见的国际区域合作模式。

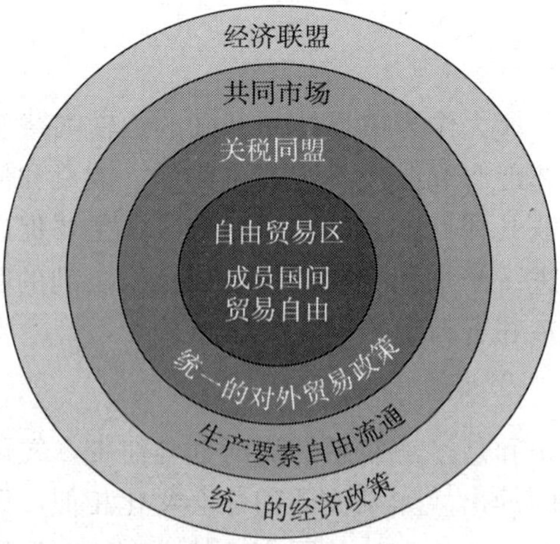

图 13-2　常见的国际区域合作模式

表 13-1 列举了全球主要的区域经济一体化组织。

表 13-1 主要的区域经济一体化组织

组织	成员
全面与进步跨太平洋伙伴关系（CPTPP）	澳大利亚、文莱、加拿大、智利、日本、马来西亚、墨西哥、新西兰、秘鲁、新加坡、越南、英国
区域全面经济伙伴关系（RCEP）	中国、日本、韩国、澳大利亚、新西兰和东盟十国（文莱、柬埔寨、印度尼西亚、老挝、马来西亚、菲律宾、新加坡、泰国、缅甸、越南）
东盟自由贸易区（AFTA）	文莱、柬埔寨、印度尼西亚、老挝、马来西亚、菲律宾、新加坡、泰国、缅甸、越南
安第斯共同体	玻利维亚、哥伦比亚、厄瓜多尔、秘鲁
亚太经济合作组织（APEC）	澳大利亚、文莱、加拿大、印度尼西亚、日本、韩国、马来西亚、新西兰、菲律宾、新加坡、泰国、美国、中国台北、中国香港、中国、墨西哥、巴布亚新几内亚、智利、秘鲁、俄罗斯、越南
中美洲一体化体系（SICA）	伯利兹、哥斯达黎加、多米尼加、萨瓦尔多、危地马拉、洪都拉斯、尼加拉瓜、巴拿马
加勒比共同体（CARICOM）	安提瓜和巴布达、巴哈马、巴巴多斯、伯利兹、多米尼克、格林纳达、圭亚那、海地、牙买加、蒙特塞拉特（英属）、圣基茨和尼维斯、圣卢西亚、圣文森特和格林纳丁斯、苏里南、特立尼达和多巴哥
东非共同体（EAC）	肯尼亚、乌干达、坦桑尼亚、布隆迪、卢旺达、南苏丹、刚果（金）、索马里
西非国家经济共同体（ECOWAS）	贝宁、布基纳法索、佛得角、冈比亚、几内亚、几内亚比绍、加纳、科特迪瓦、利比里亚、马里、尼日尔、尼日利亚、塞拉利昂、塞内加尔
欧洲自由贸易联盟（EFTA）	冰岛、列支敦士登、挪威、瑞士
欧盟（EU）	奥地利、比利时、保加利亚、塞浦路斯、捷克、克罗地亚、丹麦、爱沙尼亚、芬兰、法国、德国、希腊、匈牙利、爱尔兰、意大利、拉脱维亚、罗马尼亚、立陶宛、卢森堡、马耳他、荷兰、波兰、葡萄牙、斯洛伐克、斯洛文尼亚、西班牙、瑞典
海湾阿拉伯国家合作委员会	阿拉伯联合酋长国、阿曼、巴林、卡塔尔、科威特和沙特阿拉伯
拉丁美洲一体化协会（ALADI）	阿根廷、玻利维亚、巴西、哥伦比亚、智利、厄瓜多尔、墨西哥、巴拉圭、秘鲁、乌拉圭、委内瑞拉、古巴、巴拿马
南方共同市场（MERCOSUR）	阿根廷、巴西、巴拉圭、乌拉圭、玻利维亚、委内瑞拉（因国内局势自 2017 年 8 月起被无限期暂停成员国资格）
北美自由贸易区（NAFTA）	美国、加拿大、墨西哥
南亚区域合作联盟（SAARC）	不丹、孟加拉国、印度、马尔代夫、斯里兰卡、尼泊尔、巴基斯坦、阿富汗
南部非洲发展共同体（SADC）	南非、安哥拉、博茨瓦纳、津巴布韦、莱索托、马拉维、莫桑比克、纳米比亚、斯威士兰、坦桑尼亚、赞比亚、毛里求斯、刚果（金）、塞舌尔、马达加斯加、科摩罗

此外，还可以基于国际区域市场最初的成因按照地理和地缘关系习惯上将国际区域市场划分为北美市场、欧洲市场、亚太市场、拉美市场、非洲市场等。

第二节 北美市场

一、北美自由贸易区的建立及其特点

1. 北美自由贸易区的发展历程

北美自由贸易区是指包括美国、加拿大和墨西哥在内的自由贸易区域。20 世纪 80 年代中期以后，美国在国际经济中的优势地位逐渐丧失，而日本的实力急剧增强，欧洲统一大市场也迅速发展。美国和加拿大为了加强北美地区的竞争力和满足各自经济发展的需要，从 1986 年开始谈判签订自由贸易协定，作为建立北美自由贸易区的第一步。经过漫长的谈判历程，美国、加拿大两国于 1988 年正式签订了《美加自由贸易协定》，建立美加自由贸易区，1989 年 1 月 1 日正式生效。按照这个协定，两国将在 10 年内分 3 次取消一切关税，大幅度降低非关税壁垒。美国还同墨西哥签署了《自由贸易协议大纲》，并就两国贸易自由化的细节问题进行谈判。此外，美国还以加勒比海诸国不采取损害美国利益的措施为条件单方面对它们提供地区性特惠待遇。美国在签订了《美加自由贸易协定》后，立即着手与墨西哥签订自由贸易协定，双方在磋商中感到加拿大有必要加入谈判。20 世纪 90 年代初，在乌拉圭回合多边贸易谈判进展缓慢的欧洲统一大市场的冲击下，北美三国加快了一体化的步伐。1992 年 8 月，美国、加拿大和墨西哥签订了《北美自由贸易协定》。1994 年 1 月 1 日，该协定正式生效，全球第一个由南北国家共同组成的经济一体化组织——北美自由贸易区宣告诞生。

2018 年 11 月 30 日，美国、加拿大和墨西哥三国签署了该新协定，协定名为《美国-墨西哥-加拿大协定》，亦被称为“北美自由贸易协定 2.0”，将代替施行了 24 年的《北美自由贸易协定》。新版协定增添数字经济内容，反映了这一新兴经济业态的发展趋势，给予美国农产品更多的加拿大市场准入，同时鼓励汽车制造商在美国或加拿大扩大投资等，为北美洲贸易发展带来了新的变化。

2.《北美自由贸易协定》的主要内容

《北美自由贸易协定》是北美自由贸易区建立的蓝本，其宗旨是：取消贸易壁垒，创造公平竞争的条件，增加投资机会，保护知识产权，建立执行协定和解决争端的有效机制，促进三边和多边合作。其主要内容包括：消除关税和削减非关税壁垒、实行原产地原则、创造更多的公平竞争环境、增加投资机会、为知识产权提供适当的和有效的保护、为共同解决争端和实施协定提供有效的程序，以及开放服务贸易等。

《北美自由贸易协定》主要就关税相互减免、取消进口限制、坚持产地规定、政府采购协定、鼓励投资、扩大相互金融服务、发展相互自由运输、鼓励保护知识产权、协商争端解决机制等方面进行了详细的规定。《北美自由贸易协定》的主要内容有以下几个方面：

（1）市场准入。

《北美自由贸易协定》的核心原则之一是国民待遇原则，保证了来自另一成员国的服务提供者将与所在成员国的服务提供者享受同等待遇。这一规定使服务提供者在进入另一国服务市场时，有了更广泛的服务提供方式选择。第十二章“跨境服务贸易”规定了“非歧视性数量限制”，要求每一成员国把在某一行业限制服务提供者数量或活动的非歧视性措施列明，任何其他成员国均可要求对这些措施进行咨询以及就这些限制性措施的自由化及取消进行谈判。

（2）原产地规则。

为了实现北美自由贸易区货物的贸易自由化，协定规定了严格的原产地规则。《北美自由贸易协定》规定，只对“北美”产品降低或取消关税。所谓“北美”产品，包括三个方面的内容：一是产品加工、制作的原料全部来源于美国、加拿大或墨西哥；二是用于制造产品的原料来源于三国之外，但经过加工改变了关税分类；三是从三国之外进口的产品不仅改变了关税分类，而且满足区域成分标准。

（3）服务贸易和投资。

在贸易运输方面，《北美自由贸易协定》确定了取消在墨西哥、加拿大、美国间提供陆路运输服务的壁垒和制定陆路运输统一技术和安全标准的时间表。在金融服务方面，协定确定了建立在政府调节提供金融服务规定的原则基础上的整体格局。凡涉及银行、保险公司、证券公司提供的服务和其他金融服务的措施均执行其规定。协定规定将取消重要的投资壁垒，给予三国的投资者以基本保障，并建立一种解决投资者和协定成员国间可能发生的争端的机制。在投资方面，确定了非歧视待遇的最低水平，各国将给予协定国家投资者的投资以公正的待遇，并符合国际法相关规定。

（4）政府采购。

《北美自由贸易协定》保持《美加自由贸易协定》对美国和加拿大间针对采购制定的规定，墨西哥对该规定的实施将在过渡期内逐步进行。《北美自由贸易协定》规定，各成员国在非歧视的基础上，在商品、劳务和公共工程方面，应对其他国家的供应商开放公共部门的大部分采购市场。美国和加拿大的供应商可以直接进入墨西哥政府采购市场，包括参与国家石油公司和国家电力公司等墨西哥国有公司的产品和服务招标。三国将交流其采购制度的信息，以支持各国的供应商利用协定产生的采购机会。三国还将设立一个委员会，以支持中、小、微型企业在自由贸易协定的成员国具有同等的采购机会。

（5）知识产权。

《北美自由贸易协定》在《关税及贸易总协定》进行的工作和相关的重要国际性协议的基础上，确定了成员国对知识产权的主要义务。各国将在国民待遇原则的基础上适当有效地保护知识产权，并保证在国内和北美地区有效地落实这些权利。协定确定了专门的承诺保护下列权利：著作权（包括音像制品的版权）、专利权、商标权、从植物中的提炼权、工业设计、工业秘密、集成电路半导体电路，以及（特产的）产地专利权。但在制药和出版、电影等文化产业方面，美国和加拿大之间未取得一致意见。

（6）农业。

《北美自由贸易协定》对农业采取了分别谈判的方式，产生了墨西哥与加拿大农业协定、墨西哥与美国农业协定、美国与加拿大农业协定。墨西哥和美国将通过转换成关税配额制或关税立即取消非关税壁垒。除奶制品、家禽、鸡蛋和糖外，加拿大和墨西哥将取消其农牧业贸易的关税和非关税壁垒。三国承认在各自农牧业部门实行扶持计划的重要性，以及扶持措施对贸易所在地的潜在影响。各国将对其农牧业部门制定不会使贸易扭曲的扶持政策。

（7）争端解决。

《北美自由贸易协定》规定首先以协商作为解决争端的方式，三边贸易委员会为协定的执行、仲裁机构。第三国有权参加两国间的磋商，或两国自己进行磋商。磋商在30～45天内仍不能解决问题的，任何一国都可召集各方召开全体会议。三边贸易委员会将力求通过调停、斡旋、协商或其他调解争执的手段迅速找到解决办法。在投资和商业方面，涉及货币性损失的投资争议必须交由仲裁机构处理，而仲裁机构在处理时，也应遵循《北美自由贸易协定》中对投资方面所做出的规定。在诉诸三边贸易委员会仍不能解决的情况下，不满方可要求成立5位成员组成的仲裁小组，小组在4个月内提交报告。

3. 北美自由贸易区的特点

（1）市场容量大。

北美自由贸易区是以一个超强经济大国——美国为核心的区域经济集团，它是一个容纳了多民族、多肤色和多样化需求的庞大市场。目前，整个北美自由贸易区的国民生产总值巨大。美国和加拿大的人均GDP均居世界前列，高收入带来的是强大的购买力。

（2）区域性合作呈现逐步加强趋势。

自由贸易区内经济一体化加快了发达国家与发展中国家间的贸易交往和产业合作。虽然各成员的经济实力存在较大差异，也存在利益上的冲突与矛盾，但经济上的互补性以及由此产生的互利互惠性最终使区域性的合作得以加强。墨西哥和加拿大拥有丰富的能源资源，而美国是世界上的能源消费大国，每年需要进口大量石油，三国在能源领域有很强的互补关系。美国和加拿大利用其发达的技术和知识密集型产业，通过商品和资本的流动来进一步加强它们在墨西哥的优势地位，扩大墨西哥的市场；而墨西哥则利用本国廉价的劳动力来降低成本，大力发展劳动密集型产品，并将商品出口到美国，同时还可以从美国获得巨额投资和技术转让以促进本国产业结构的调整，加快本国产品的更新换代，三者的合作从总体上提高了北美地区的制造业竞争力。

（3）减免关税存在不同步性。

由于墨西哥与美国、加拿大的经济发展水平差距较大，而且在经济体制、经济结构和国家竞争力等方面存在较大的差别，因此，自《北美自由贸易协定》生效以来，美国对墨西哥的产品进口关税平均下降84％，而墨西哥对美国的产品进口关税只下降43％；墨西哥在肉、奶制品、玉米等竞争力较弱的产品方面有较长的过渡期，同时，一些缺乏竞争力的产业部门有10～15年的缓冲期。

（4）区内贸易促进了三国经济的发展和市场结构的调整。

区内贸易对美国、加拿大、墨西哥三国经济的发展和市场结构的调整都带来了巨大好处。自由贸易区还强化了各国的产业分工和合作，使资源配置更加合理，成员国之间的经济互补性提高了各国产业的竞争力。如墨西哥、加拿大的能源资源与美国互补，加强了墨西哥、加拿大能源生产能力。在制造业领域，墨西哥的人力资源与美国的技术资本互补，大大提高了美国制造业的竞争力，使美国将一些缺乏竞争性部门的工作转移到更有竞争性的部门，把低技术和低工资的工作转变为高技术和高工资的工作。在美国的汽车、电信设备等许多工业部门都可以看到这种就业转移的影响。

（5）区内一国主导，“南”“北”共存。

北美自由贸易区既有世界第一经济大国美国、发达工业国家加拿大，又有仍属于发展中国家的墨西哥，这两种不同类型的国家处在一个区域经济集团中，具有明显的“南”“北”经济特征。不同发展水平的经济合作与竞争相互交织在一起，形成了一种有别于欧盟或其他区域经济集团的特征。而在处理区内事务以及国际经济事务方面存在着利益取向上的错位，不易形成共同声音。美国既是建立北美自由贸易区的积极倡导者，也是北美自由贸易区得以正常运行的主要支撑力量，在北美自由贸易区中发挥着毋庸置疑的主导作用，居于支配地位。南北共存的特点决定了美国、加拿大、墨西哥之间既有加强经济合作的愿望和基础，又客观存在着利益上的矛盾与冲突。

新闻专栏 13-1

特朗普宣布美墨加达成新贸易协定《美国-墨西哥-加拿大协定》

美国当地时间 2018 年 10 月 1 日宣布，美国与墨西哥、加拿大已达成新的贸易协定，取代《北美自由贸易协定》。新的贸易协定名为《美国-墨西哥-加拿大协定》。根据新协定，墨西哥与加拿大同意加大在劳工权益、环境、知识产权等方面的保护力度，放宽农产品的市场准入。2018 年 11 月 30 日三国领导人签署新协定。新协定文本送交各国立法机构审议通过后正式生效。但受新冠疫情继续蔓延、全球经济衰退、协定部分新规复杂等因素影响，北美企业如何落实该协定仍面临艰巨挑战。

与 20 多年前生效的《北美自由贸易协定》相比，《美国-墨西哥-加拿大协定》在数字贸易、知识产权、金融服务、投资、劳工和环境保护等章节方面吸纳了《跨太平洋伙伴关系协定》中的大部分规定，以更好适应 21 世纪全球经济形势变化的需要，是对《北美自由贸易协定》的更新与升级。

但在制定更严格的汽车原产地规则、设定自贸协定有效期等方面，《美国-墨西哥-加拿大协定》更多体现了特朗普政府“美国优先”的政策理念，以促进制造业回流北美地区和美国，更大程度维护美国商业利益，则是北美区域经济一体化的倒退。

值得指出的是，《美国-墨西哥-加拿大协定》生效并不意味着三国贸易争端的结束。据美国媒体透露，特朗普政府曾于 6 月底威胁对从加拿大进口的铝产品重新加征关税，除非加拿大同意限制对美铝产品出口。三国如何真正落实《美国-墨西哥-加拿大协定》、通过磋商解决贸易争端而不诉诸关税措施也是考验《美国-墨西哥-加拿大协定》能否成功的关键。此外，《美国-墨西哥-加拿大协定》会否成为特朗普政府未来自贸谈判的标准样板也有待观察。

二、北美市场的特点

北美主要三国基本市场指标如表 13-2 所示。综合来看，北美市场呈现出以下特点：

（1）市场容量大，消费力强，需求范围广，潜力巨大。美国是世界上头号经济大国，加拿大则是全球七大工业国之一，墨西哥也是未来世界十大潜在消费市场，蕴藏着巨大的消费能力。

（2）市场需求呈现多样化特征。北美地区普遍拥有较强的制造能力和消费能力，有利于多样化商品在北美地区找到相应的市场。同时因为资本主义的充分发展，美国的贫富差别较大，存在高、中、低不同的消费群体和不同层面的消费市场，而且有相当可观的消费群，对不同档次的产品均有极大的需求。

（3）市场规则成熟，且竞争激烈。北美地区的市场经济发展较早，成熟度高。在政府方面，从决定中央银行的利率到保护知识产权的法律，联邦政府都通过制定有关详细的经济法规政策对整个社会的经济活动进行宏观规范和管理调控。在企业层面，同业间信息沟通交流普遍较为充分，使得企业的经营管理活动更规范，更透明。在消费者层面，选择的多样化以及公开发达的媒体信息有助于其做出比较客观的消费抉择。

（4）客户关系管理水平和商业信用程度高。成熟的市场和激烈的竞争，要求企业有较高的商业信用和比较完善的售后服务水平，完善高效的客户及售后服务成为北美地区企业提升竞争水平的重要手段之一。

表 13-2　北美主要三国基本市场指标（2020 年）

国家	人口（万人）	GDP（亿美元）	商品出口（亿美元）	商品进口（亿美元）	经商便利指数	人均 GDP（万美元）	互联网用户比例（%）
美国	33 150	192 471	21 054	28 397	84	5.81	90.9
加拿大	3 803	16 074	4 890	5 169	79.6	4.23	96.97
墨西哥	12 893	11 504	4 353	4 272	72.4	0.89	71.97

三、美国市场的特点

美国是世界上最大的发达经济体，政治社会稳定，法律制度健全，市场体系完善，营商环境良好，基础设施发达，在市场容量、科技实力、教育创新、劳动生产率等方面稳居全球领先地位，已连续多年成为吸引外商直接投资最多的国家。联合国贸发会议《2021 年世界投资报告》数据显示，美国 2020 年吸收外资 1 563.2 亿美元，对外投资 928.1 亿美元；截至 2020 年底，美国吸收外资存量 10.8 万亿美元，对外投资存量 8.1 万亿美元。在美投资存量较多的国家是日本、英国、加拿大、荷兰和德国等。

在对外贸易方面，2020 年，美国货物和服务贸易总额为 4.94 万亿美元，其中出口额为 21 272 亿美元，进口额为 28 090 亿美元，逆差为 6 818 亿美元。2021 年第一季度，美国经常账户赤字达到 1 957 亿美元，同比增长 11.8%，前五大货物出口目的地分别为加拿大、墨西哥、中国、日本和英国，前五大货物进口来源地分别为中国、墨西哥、加拿大、日本和德国。在经贸合作上，美国与世界各地区签署多样化的经贸合作协议。主要有以下几类：第一类是自由贸易协定；第二类是双边投资协定；第三类是贸易投资框架协议；第四类是其他协议，如《服务贸易协定》(TISA)。其中最主要的是自由贸易协定，截至2020年，美国共与20个国家签署了自由贸易协定，详见表13-3。

表13-3　与美国签署自由贸易协定的国家

国家名称	签署时间	生效时间
以色列	1985年	1985年
加拿大、墨西哥	1992年	1994年
约旦	2000年	2001年
新加坡	2003年	2004年
智利	2003年	2004年
摩洛哥	2004年	2006年
澳大利亚	2004年	2005年
中美洲五国及多米尼加	2005年	2006年
巴林	2004年	2006年
阿曼	2006年	2009年
秘鲁	2006年	2009年
哥伦比亚	2006年	2012年
巴拿马	2007年	2012年
韩国	2007年	2012年

注：中美洲五国为哥斯达黎加、萨尔瓦多、危地马拉、洪都拉斯、尼加拉瓜。
资料来源：美国贸易代表办公室。

综合来看，美国市场具有以下特征：

1. 消费市场容量巨大

美国是世界上最大的消费品市场。首先是因为美国人均年收入高，美国人消费能力强。其次是美国人消费意识强，美国人不但较少储蓄，而且超前消费，许多人都拥有信用卡，甚至有好几张。再次是美国人对消费品的更新快，很多日用品使用都不超过一年，他们往往不是因为坏了而买新的，而是因为“喜新厌旧”，遇到新鲜时髦的产品或节假日商品打折都会激发他们的购买意愿。最后是因为美国劳动力成本高。因此，美国劳动密集型的消费品生产多已转移到其他国家和地区，所以美国国内市场上所需要的日用消费品主要靠进口，而且进口需求量相当大。如市场上的服装、鞋类、箱包、礼品、小家电以及家具、灯具、文具、工具、玩具、厨具、餐具等，很多都是进口的，且这一趋势还在上升。美国经济的景气指标可能会影响高档商品的销售，但不会减少普通消费者对价廉实用的日用消费品的购买。

2. 市场接纳性强，消费多元化

首先，美国是一个移民国家，美国3.3亿人口中大多是来自不同国家与地区、不同民族的移民，或是他们的后裔，他们有着不同的文化传统和风俗习惯。美国人口结构的多元化决定了美国消费品市场的多样化。在美国的移民既习惯于使用本民族及传统的商品，也对世界上其他民族的商品具有好奇心与新鲜感，因此美国大众消费者对市场上各种商品的接纳性很强，极少排斥。其次，由于美国贫富差距较大，高、中、低收入阶层构成了不同层次的消费群体和不同层面的特定市场，而且规模都相当可观，因此，来自世界各地的高、中、低档次产品在美国均有很大的需求。最后，美国人较现实，购物消费只重视个人喜欢或方便，不太考虑别人的看法，社会上也很少有人对他人消费做评论。因此，一些较高收入的人也常到折扣商店买便宜货，甚至逛逛跳蚤市场。现在值得一提的是，随着美国中等收入人数的增加，美国中等收入阶层已成为消费品市场的主体，是商界追逐的主要对象。

3. 美国市场法规健全，行业协会左右市场

美国的市场经济比较成熟，政府对企业的经营范围与经营方式很少限制，但对各行各业产品进出口以及批发、零售均有极为详尽的法规与执照要求，而且执法十分严厉，尤其在商标、环保、安全、税务、劳工方面。因此，在美国从事商务不但必须要学习相关法规，依法办事，而且最好请专业人士来处理相关事务，千万不可自以为是，套用自己国家的习惯。企业在美国从事贸易要聘请律师作为法律顾问，也要有会计师帮助处理公司税务，以免误触法规底线。在市场准入方面，联邦层面针对航空、通信、水电、核电、沿海和内河航运、基础设施等行业对外国投资者设有一定的限制，如表 13-4 所示。

表 13-4 美国部分行业对外资限制的规定

行业	主要规定
航空	限制外国投资者在美国境内开展航空运营领域的直接投资。所有美国航空运营商必须处于美国公民的实际控制之下，非美国公民不得在美国航空运营商中拥有超过 25%的投票权，且该运营商董事长、三分之二的董事会成员以及其他管理人员必须为美国公民。
通信	禁止外国经营或控制的公司获得从事通信传输的许可，同时严格限制外资企业在通信领域（电话、电报、电台、电视）投资。
水电	只有美国公司或其合伙公司才能在可通航的河流从事水电开发，但不禁止外国控制的美国国内公司从事此类开发。
核电	不允许外国公司或外国控制的公司拥有使用或生产原子能的设施。
沿海和内河航运	只限美国公司从事沿海和内河航运。在美国境内的航运船只必须是美国制造的、在美国注册并由美国公司所有。
基础设施	对外国投资者进入美国各具体的基础设施领域实行对等原则。

此外，美国各行各业都有协会，美国的行业协会作用很大，可以左右政府决策与市场。它们为保护本行业利益，游说政府制定有利的政策，为行业发展举办各类研讨会，为开拓市场组织展览，出版杂志，向会员提供市场资讯。美国一些行业性法规也往往都是由这些协会提出与起草的，比如很多产品的反倾销法案。因此，中国企业与产品要进入美国，不但要研究对应的行业协会，还应该加入这些行业协会。参加美国

行业协会很容易，交纳会费就能享受相应权益。美国行业协会对会员的服务意识很强。对一些企业而言，参加行业协会尤其是一些历史比较悠久的著名协会，更容易获得客户的认可。

4. 美国市场重质量、讲品牌，尤其重视产品安全

美国市场对产品质量的含义已扩展为广义的范畴，并不局限于一般的产品用途、技术指标与规格，他们认为这些是产品进入市场本来就应该具备的。他们还将产品的包装质量、产品使用说明质量，尤其是售后服务质量，纳入质量含意之中。此外，按美国市场的惯例，美国大零售商都接受顾客退货，只要有发票，即使包装已拆开、商品已被使用，也可退换，而且不用做什么说明。因为退货的损失并不是由零售商承担，是进口批发商更要对产品质量严格把关。当然，这样做可以保证假冒伪劣产品进不了这种大商场，商场的信誉也自然可以提高。

美国消费者对产品品牌的认可度极高，因为品牌中包含了他们对质量概念的理解，而且也比较准确地展示了自己的消费层次，所以他们较多购买有品牌的产品，也愿意付更多的钱。但是，有品牌的产品并非一定高价，美国产品的品牌往往针对不同的消费群体，一般由品牌就可知道其价位，如美国梅西百货定位于中档；而美国最大的零售电商亚马逊采取“压低利润率，看重现金流”的定价方式，尤其压低在服装时尚行业的价格；而沃尔玛则更为便宜、大众化。

美国对产品的质量要求非常严格，各种产品的标签、包装、说明都要符合美国市场要求，以分清责任。其中，最为突出的是安全标准，如电子产品要符合保险商试验所（UL）标准，打火机要防止儿童开启以免发生火灾，玩具零件不能脱落而被儿童误吞，对各类食品进口的安全要求就更严格了，也不允许一些商品随意标明有医药功能。

5. 美国市场销售季节性强

美国消费品市场对各种商品的需求均有较强的季节性，通常分为春季（1 月至 5 月）、夏季（7 月至 9 月）和节日（11 月至 12 月）。每个季节都有商品销售高潮，如从感恩节（11 月底）开始便是美国人节日购物的季节，尤其圣诞节期间是美国商品全年销售旺季，通常要占全年销售额的 1/3。美国的圣诞节大采购一般是从感恩节之后开始的，感恩节是每年 11 月的第四个星期四，因此它的第二天也被称为“Black Friday”（黑色星期五），也就是美国人大采购的第一天，是美国人购物最疯狂的一天。在这一天，美国的商场都会推出大量的打折和优惠活动，以在年底进行一次大规模的促销。“Cyber Monday”是美国的另一个购物节，在感恩节后的第一个星期一，通常被看作“黑色星期五”的延伸活动，也是网络电商在一年中推出最大力度促销的时候。企业会根据美国的销售季节周期制定相应的定价措施，例如美国进口商进口订货均是根据其国内销售季节来组织的，如错过销售季节，这些商品就难以销售，意味着这一年度将退出美国市场，甚至被竞争对手长时间排除在市场之外。此外，美国有许多节日，如情人节、母亲节都是商家销售礼品的良机。美国作为移民大国，各个民族都有自己不同的传统节日，这些传统节日也就形成了为数众多的消费市场，商家往往都想方设法利用这些传统节日来促销。

综合以上特点，可以对进军美国市场的企业提出以下几条营销建议：

第一，审时度势，把握机遇。要深入研究美国营商环境，及时跟踪美国政府投资、贸易政策新动向，挖掘在美国投资潜力，打造新的投资亮点，加强项目可行性研究，规避相应投资风险。同时，借力美国市场，努力提升在所投资行业价值链中的地位，促进发展升级，服务国内发展大局。

第二，着眼长远，稳定发展。企业进入美国市场，应当有自己的中长期规划，科学制定符合美国市场实际的经营目标，并与当地合作伙伴甚至业内竞争对手共同培育、开创、拓展市场，一起把蛋糕做大。同时要坚持底线思维，对各种政治、经济、法律、人文风险考虑周全，在此基础上谋求企业在美国的落地生根和长远发展。

第三，融入当地，赢得尊重。美国政治、经济、法律、文化、社会、风俗、人际关系等营商环境与中国有很大差异，投资者对此要有充分认识，要特别重视州及地方政府商业办公室或投资贸易促进办公室以及律师事务所、会计师事务所、咨询公司、行业协会等专业服务机构的作用，努力实现企业本土化、可持续发展。企业还要注重与利益相关方分享发展红利，履行企业社会责任，进一步将中美投资合作转化为给两国人民带来的切实利益，赢得当地尊重支持，增强中资企业软实力和影响力，为中美经贸关系发展奠定坚实民意基础。

案例 13-1

比亚迪用纯电动大巴敲开美国市场

从 2010 年开始，进军美国的比亚迪逐步拓展可再生能源产品的销售，包括新能源车、太阳能产品、储能产品及发光二极管灯等。人们常说，美国是一个“活在车轮上的国家”，要在这个“强敌林立”的汽车市场里分一杯羹，难度可想而知。“电动车作为当时的新技术，想得到市场认可，要经过漫长等待。”比亚迪美国分公司总裁李柯回忆，这个市场培育过程可能要长达数年，其间还要不断投入，给公司经营带来了很大压力。与此同时，国外长期以来对“中国制造”的偏见，也让比亚迪在美国的拓展之路异常艰辛。

为了确立技术品质优势，比亚迪开始挑战被称为“魔鬼测试”的 Altoona 测试。2014 年 6 月 9 日，在持续行驶 2.4 万公里、经历了 116 天的“锤炼”后，比亚迪 K9 成为史上第一台完成该测试的 12 米纯电动大巴，这也为比亚迪获取美国订单扫除了法律障碍。

2014 年 9 月，长滩运输署重启电动巴士招标，比亚迪再一次如约而至，并在竞标环节中以压倒性优势胜出，获得 60 台纯电动大巴订单，创下美国最大纯电动大巴订单纪录。

就在比亚迪电动大巴源源不断开进美国各州的同时，其自主研发的电动卡车和储能产品也逐渐在美国站稳了脚跟。2016 年 7 月，比亚迪携手洛杉矶港口，利用储能系统＋纯电动重型卡车，打造了全球首个“绿色港区”，实现港口运输的零排放。

第三节 欧盟市场

一、欧盟的建立及其特点

1. 欧盟的建立

（1）欧共体的创建阶段（1957—1967 年）。

1957 年 3 月，为了对付当时的苏联，恢复第二次世界大战后的经济，法国、联邦德国、意大利、荷兰、比利时和卢森堡 6 个国家在罗马签订了《欧洲经济共同体条约》（亦称《罗马条约》），于 1958 年 1 月 1 日正式成立欧洲经济共同体。其主要目标是在六国之间建立一个关税同盟。它要求撤销相互间的贸易壁垒，取消相互间的进出口关税和数量限制，实行内部间的自由贸易。1967 年 7 月，欧洲经济共同体与欧洲煤钢共同体、欧洲原子能共同体合并，统称欧洲共同体，一体化的步伐又向前迈进了一步。

（2）欧洲统一市场的形成阶段（1968—1992 年）。

1968 年 7 月，欧共体所建立的关税同盟正式实施，它一方面实行共同的对外关税政策，另一方面取消成员国内部的关税和限制措施，同时在农产品方面实行统一价格。1984 年 2 月，欧共体的行政机构欧洲议会提出了建立欧洲联盟条约的草案，首次提出了“欧洲联盟”这一名称及方案。1986—1987 年的两年中，欧共体各国围绕组建“欧洲联盟”的方案，对《罗马条约》进行了重新修改，审议了包括 300 多项建议的白皮书，并颁布了《单一欧洲法案》。《单一欧洲法案》明确提出“将它们国家间的整个关系转化成欧洲联盟”，确定了建立欧洲统一市场的目标。《单一欧洲法案》包括以下几个方面的主要内容：取消所有的有形障碍，包括开放边界、取消海关、建立统一身份证，以便成员国人民自由往来、自由居住和自由选择工作；取消各种技术障碍，建立统一的欧洲技术标准，以便商品自由流动；取消各种财政税收上的差别，实行统一的商品税收政策，消除商品和销售成本上的差别，以保护商品公平竞争；取消商业和投资法律方面的不同，建立统一的商业法规，以便资本自由流动。

1991 年 12 月，欧共体首脑在荷兰的马斯特里赫特召开会议，通过了一项在欧洲一体化进程中具有划时代意义的《欧洲联盟条约》，即《马斯特里赫特条约》，简称《马约》。《马约》对欧洲一体化具有关键意义的货币一体化拟定了建设性时间表。它要求分三个阶段进行：第一阶段，从 1990 年 7 月 1 日开始；第二阶段，从 1994 年 1 月 1 日开始，组建统一的欧洲货币机构——欧洲货币局，进而以欧洲中央银行替代欧洲货币局；第三阶段，最迟从 1999 年 1 月 1 日开始，发行欧洲单一货币——欧元。同时，《马约》还宣布结成统一的政治联盟，强调建立共同的防卫政策和武装力量，取消不同国籍公民政治权利上的区别，使共同体的公民在任何成员国内居住都有选举和被选举权。《单一欧洲法案》和《马约》的签订，标志着从欧共体向欧洲联盟的过渡，即从经济、贸易一体化全面走向涉及外交、安全、防务、司法和民政等方面的政治一体化。

在此期间，欧共体在原来六国的基础上，新增了英国、爱尔兰、丹麦、希腊、西班牙和葡萄牙，达到12个国家。

（3）欧盟的实质性启动阶段（1993—1999年）。

1993年11月1日，《马约》正式生效，欧洲经济共同体从此发展为欧洲联盟。

1995年1月1日，奥地利、瑞典和芬兰加入欧盟，欧盟成员国由原来的12个国家发展到15个国家。

1997年6月18日，欧盟十五国在荷兰的阿姆斯特丹通过了《阿姆斯特丹条约》，简称《阿约》。《阿约》各签约国一致同意，1999年1月1日正式发行欧元，2002年7月1日各成员国货币停止流通，欧元将成为欧盟各成员国的正式货币而单独流通。

1999年1月1日，欧元在第一批11个成员国中流通发行，标志着欧盟市场一体化进程的实质性启动。

（4）欧盟扩张阶段（1999年以后）。

1999年12月，欧盟十五国首脑在赫尔辛基召开会议，讨论来自东欧和地中海沿岸的13个候选国的准入谈判。这13个候选国中包括1998年就正式开始准入谈判的波兰、匈牙利、捷克、爱沙尼亚、斯洛文尼亚和塞浦路斯6国。2002年11月18日，欧盟十五国外长在布鲁塞尔举行会议，决定邀请马耳他、塞浦路斯、波兰、匈牙利、捷克、斯洛伐克、斯洛文尼亚、爱沙尼亚、拉脱维亚、立陶宛这10个国家加入欧盟。2004年5月1日，10个新成员国正式加入欧盟。2007年，保加利亚与罗马尼亚加入欧盟，这是欧盟历史上第六次扩大。2013年7月1日，克罗地亚正式成为欧盟第28个成员国。

2022年3月1日，欧盟已正式启动审议乌克兰申请加入的程序。2022年3月3日，格鲁吉亚正式申请加入欧盟，阿尔巴尼亚、北马其顿、黑山和塞尔维亚被欧盟列为入盟候选国。2022年6月23日，欧洲理事会决定，同意欧盟委员会的建议，给予乌克兰和摩尔多瓦欧盟候选成员国地位。

（5）英国脱离欧盟。

2016年6月23日，英国就是否留在欧盟举行全民公投。投票结果显示支持“脱欧”的票数以微弱优势战胜“留欧”票数，英国将脱离欧盟。2017年3月29日，英国首相特雷莎·梅（Theresa May）致函欧盟，正式启动“脱欧”程序，英国经济将接受“脱欧”带来的全面挑战。2018年6月26日，英国女王伊丽莎白二世批准脱欧法案成为法律，允许英国退出欧盟。2020年1月23日，英国女王伊丽莎白二世签署批准了英国议会此前通过的“脱欧”协议相关法案。2020年1月24日，欧洲理事会、欧盟委员会主席签署英国“脱欧”协议。2020年1月30日，欧盟正式批准了英国脱欧。2020年1月31日，英国正式“脱欧”，结束其47年的欧盟成员国身份。2020年12月24日，欧盟委员会宣布，经过多轮激烈谈判，欧盟与英国当天终于就包括贸易在内的一系列合作关系达成协议，为英国按照原计划在2020年结束“脱欧”过渡期扫清障碍。

截至2024年4月，欧盟正式成员国共有27个，分别为：奥地利、比利时、保加利亚、塞浦路斯、克罗地亚、捷克、丹麦、爱沙尼亚、芬兰、法国、德国、希腊、匈牙利、爱尔兰、意大利、拉脱维亚、立陶宛、卢森堡、马耳他、荷兰、波兰、葡萄牙、罗马尼亚、斯洛伐克、斯洛文尼亚、西班牙、瑞典。

2. 欧盟的特点

（1）欧盟的宗旨。

欧盟的宗旨是：通过建立无内部边界的空间，加强经济、社会的协调发展和建立最终实行统一货币的经济货币联盟，促进成员国经济和社会的均衡发展；通过实行共同外交和安全政策，在国际舞台上展现欧盟的个性。

（2）欧盟的组织机构。

欧盟的主要组织机构如表 13－5 所示。

表 13－5　欧盟的主要组织机构

机构名称	主要职责
欧洲理事会	即欧盟首脑会议，是欧盟最高决策机构，由欧盟成员国国家元首或政府首脑及欧盟委员会主席组成，主要负责制定总的政治指导原则。
欧盟理事会	即欧盟各国部长理事会，由成员国外长或专业部长组成，负责日常决策并拥有欧盟立法权。
欧盟委员会	欧盟的执行机构，负责起草欧盟法规，实施欧盟条约、法规和理事会决定，向理事会提出立法动议并监督其执行情况，代表欧盟负责对外联系及经贸谈判。
欧洲议会	欧盟的立法、监督和咨询机构。
欧盟对外行动署	欧盟处理日常对外事务的部门，旨在促进欧盟共同外交政策的具体落实。
欧洲法院	欧盟的仲裁机构，负责审理和裁决在执行欧盟条约和有关规定中发生的各种争执。
欧洲审计院	负责欧盟的审计和财政管理。

（3）欧盟的市场概况。

欧盟是目前世界上最大的经济贸易集团之一。近年来，随着经济增速提高，欧盟加快了经济结构的调整，欧盟经济中高税负、高失业率、高债务等深层次矛盾越来越突出。欧盟经济一直增长乏力，失业率居高不下，经济改革步履艰难。由于成员国财政赤字和公共债务居高不下以及希腊债务危机的影响，金融市场走势仍然可能影响欧盟未来的经济增长形势。

（4）欧盟的对外关系。

欧盟积极开展全方位外交，已同 160 多个国家建立了外交关系，与多方建立了战略伙伴关系和定期领导人会晤机制。欧盟奉行有效多边主义，倡导自由贸易，积极引领国际能源及气候变化合作，强调维护联合国的地位和作用。2016 年 6 月，欧盟发布“共同愿景、共同行动：一个更强大的欧洲”的外交与安全政策全球战略，以促进和平与安全、实现繁荣、推进民主、建立基于规则的国际秩序等四大共同利益为目标，以“有原则的实用主义”为对外行动基本纲领。2019 年 12 月，新一届欧盟机构成立后，决定将“实用主义、团结和伙伴关系”作为三大外交原则，强调欧盟要加强地缘政治属性，基于现实主义、内部团结和伙伴关系三个支柱，统筹用好贸易、投资、金融、规则等工具开展对外行动，成为“全面地缘政治参与者”。2021 年 12 月，正式启动“全球门户”战略，推进欧盟的全球互联互通计划。2022 年 3 月，批准“战略指南针”行动计划，规划欧盟未来 10 年安全和防务政策。乌克兰危机以来，欧盟向乌克兰提供大量支持，对俄罗斯实施多轮制裁。

新闻专栏 13-2

俄乌冲突下遭遇能源危机，“双引擎”法德闹别扭，欧洲遭遇多事之秋

2022 年俄乌冲突背景下，能源危机笼罩欧洲。当地时间 2022 年 10 月 20 日至 21 日，欧盟秋季峰会在比利时首都布鲁塞尔举行，尝试降低能源价格是主要议题。但能源结构迥异的 27 个成员国，若要协商一致并非易事。法国、意大利、西班牙、波兰等国希望对天然气价格设置上限，欧盟委员会为此提出一个“动态价格上限”的折中方案，但遭到德国、荷兰、丹麦等国的反对。

作为欧洲最大经济体和最大天然气消费国，德国主张通过联合采购、减少消费和增加供给应对能源危机，法国则因其部分核电站停运遭遇电力短缺，一直推动设定天然气价格上限。德国认为此举将导致输往欧洲的液化天然气转而流向亚洲等其他市场，限价措施可能适得其反。

能源价格上涨助推通胀高企，法国、德国、意大利、奥地利、捷克、西班牙等欧洲多国近期频繁爆发大规模抗议示威活动，抗议生活成本上涨。欧盟统计局 10 月 19 日发布的数据显示，欧元区 9 月通胀率为 9.9%，高于 8 月的 9.1%；欧盟 9 月通胀率为 10.9%，高于 8 月的 10.1%。与 8 月相比，欧盟 6 个成员国的通胀率下降，1 个成员国保持稳定，20 个成员国上升。

欧盟秋季峰会召开当天，法国、西班牙和葡萄牙三国领导人宣布，同意修建一条名为“巴尔马尔”的连接伊比利亚半岛和法国的管道，输送氢等可再生能源以及天然气，这是连接伊比利亚半岛和欧洲中部最直接有效的选择。此前，西班牙和葡萄牙两国原打算重启 2017 年搁置的加泰罗尼亚中部天然气管道项目，穿过比利牛斯山脉并过境法国，向德国等欧洲国家输送天然气。但法国以项目成本高、工期久、难以化解短期供需矛盾等为由反对管道建设，引发德国不满。马克龙（Macron）说，新方案在增加欧洲天然气供给的现实需求和应对气候变化的长期目标之间求得平衡，是体现欧洲团结的重要时刻。

在俄罗斯天然气供应日渐微弱，美国高价销售液化天然气的情况下，欧盟还需消化内部能源政策分歧。而这只是当下棘手问题之一，俄乌冲突及其连锁反应正在深刻改变欧洲的各个领域，各种问题和矛盾最终都会危及欧盟的团结。

二、欧盟市场的特点

1. 市场规模巨大

欧盟面积约 414 万平方公里，人口约 4.5 亿，国内生产总值约 16 万亿欧元。其组成国家大多是发达的高收入国家，进出口额各占世界的四成左右。随着欧盟成员国的不断扩大以及涵盖范围的不断延伸，欧盟的市场规模不断扩大。

2. 市场对外贸易限制措施较多

欧盟对成员国以外的贸易采取了较多的限制措施，具体如表 13－6 所示。

表 13－6　欧盟市场对外贸易限制措施

限制措施	具体含义
数量限制	欧盟成员国可自由从其他国家进口原料和非敏感性产品，对敏感性产品则实行数量限制。
保护措施	对属于可自由进口的产品，如果进口数量增长过快，欧盟成员国可采取措施，要求出口国自我限制或自行设定关税配额。
关税壁垒	欧盟各成员国对外实行具有歧视性的共同关税和进口差价关税。
原产国规定	对原产国的标准、涉及的有关产品作了相当明确而严格的规定。
反倾销关税	由欧盟区域内的个人、企业、行业起诉，经欧盟委员会确定，具有下列三种情形之一者，即被征反倾销关税：（1）认定为倾销；（2）证明对欧盟有关产业构成损害；（3）从欧盟利益出发，认为有必要征税。

与此同时，欧盟为了自身的发展，对周边地区的国家和地区采取了十分优惠的贸易政策，从而使欧盟在周边乃至世界范围的影响不断扩大。

3. 对内一体化程度高

欧盟市场对外严格限制，对内的一体化程度却相当高。欧盟一体化进程是以关税同盟为起点，进而发展为统一大市场、经济货币联盟，并正向政治联盟发展。欧盟是当今世界上经济一体化程度最深、发展最顺利的国际经济一体化组织。欧盟经济一体化不断深化的过程表明了其成员国之间逐步走向经济一体化的坚定决心和实际行动。

案例 13－2

不容挑战的欧盟单一市场：从 Hello Kitty 案看经销安排中的地域限制

2019 年 7 月 9 日，欧盟委员会宣布，已勒令拥有人气卡通形象“凯蒂猫”（Hello Kitty）的日本三丽鸥公司支付 622.2 万欧元罚款，理由是该公司涉嫌在欧盟内的形象使用授权和商品销售方面妨碍竞争，违反了《欧盟竞争法》。

报道指出，欧盟委员会认为，三丽鸥公司向欧盟内单位授权，允许其销售书包、文具及玩具等带有卡通形象的商品，但在截至 2018 年 12 月的约 11 年内，限制这些单位在欧盟内跨国境销售。欧盟委员会竞争事务委员维斯塔格（Vestager）指出，这种限制缩小了消费者的选择范围，可能导致价格上涨。

在本次对三丽鸥公司的处罚决定书中，欧盟委员会总结了三丽鸥公司实施的多种“经典”纵向地域限制手段，包括主动销售限制、被动销售限制、网络销售限制、订单转介要求、产品语言限制等。同样值得注意的是，本案中的 622 万欧元罚单，是基于三丽鸥公司的一系列应对措施，最终减少了 40％的“优惠价”。

总体而言，此案对于企业在欧盟的经销实践具有极高的参考价值。

4. 农产品市场保护严重

欧盟为了保护本地的农产品市场，经过多次艰苦谈判，达成了内部的统一农业政策，制定了许多旨在保护本地农产品市场的价格措施。这些价格措施如表 13-7 所示。

表 13-7 欧盟农产品保护价格措施

价格措施	具体内容
目标价格	它是根据农产品的供应数量，每年制定的一个基础价格。当农民按照目标价格出售他们的农产品时，可以从政府手中获得相应的补贴。
干预价格	它是政府为干预农产品市场、保护农民利益，每年制定的最低价格。当农产品大量过剩时，政府就将按照干预价格收购农产品。
门槛价格	它是参照目标价格，以关税为手段，对进口农产品制定的标准价格。门槛价格是为了对进口农产品实施限制。
进口差价关税	它是对进口农产品所征的一种关税，等于世界谷物平均价格与门槛价格之差。进口差价关税实质上是一种保护性关税，使欧盟市场农民不会因进口数量的增加而受到损害。

5. 新时期一体化遭遇挫折，发展不确定性增强

英国脱欧无疑是 21 世纪以来欧洲政治发展中的重要历史事件，无论是对欧洲区域一体化还是全球化与全球治理进程，都堪称一次重大挫折。在经济上，英国脱欧可能延缓欧盟自由贸易和单一市场的推进，给英国和欧洲的劳动力市场管理、对外贸易、金融监管和国际资本流动机制等带来更多不确定性。

除了英国脱欧，2022 年俄乌冲突也对欧盟发展造成了严重影响。首先，从宏观经济来看，欧盟滞胀阴影挥之不去。欧盟统计局 2022 年 4 月公布的数据显示，受俄乌冲突影响，欧元区 3 月通胀率达 7.5%，创欧元区建立约 20 年以来单月通胀历史新高。欧元区内所有国家都出现通胀高企现象，波罗的海三国及荷兰通胀率均高达两位数，其中立陶宛通胀率最高，达到 15.6%。其次，欧盟遭遇能源危机，企业生产面临挑战。受俄乌冲突冲击及欧洲对俄制裁措施影响，欧洲能源价格大幅上涨，不少欧洲企业被迫削减生产，甚至面临倒闭。天然气和电力价格飙升也产生了严重的社会问题，据统计有近三分之一甚至更高比例的欧洲民众需要政府提供能源补贴。最后，难民安置耗资不菲。俄乌冲突爆发后，从乌克兰涌入其他欧洲国家的难民数量不断增加。

第四节 亚洲市场

一、东盟的建立及其特点

1. 东盟的建立

东盟的全称是东南亚国家联盟，于 1967 年 8 月 8 日在泰国曼谷宣布成立，目前成员国包括菲律宾、马来西亚、泰国、新加坡、文莱、印度尼西亚、越南、缅甸、老挝和柬埔寨等十国。

东盟的一体化进程大致可分为以下三个阶段：

（1）《曼谷宣言》阶段。

从1967年8月8日印度尼西亚、泰国、新加坡、菲律宾、马来西亚五国发表《曼谷宣言》宣告东盟成立至20世纪80年代，是东盟经济迅速发展的阶段。东盟成立之初，正处于美国、苏联冷战时期。东盟正急于摆脱殖民束缚，获得经济独立，因而充分利用了美国、日本在资金、技术、市场及市场管理方面提供的优惠条件，推进区域内的类似特惠关税制方面的经济合作，取得了20多年的经济高速增长。

（2）《新加坡宣言》阶段。

1992年1月，在新加坡举行的第四次东盟首脑会议上，东盟各国签署了《新加坡宣言》《加强东盟经济合作框架协议》和《有效普惠关税协定》，提出了在15年内（即到2008年），通过普惠关税计划，建立自由贸易区的建议，并在15年内使工业品的关税减至0～5%。《新加坡宣言》的签订，使东盟的一体化进程向前迈出了实质性的一步。

（3）《曼谷声明》阶段。

为加快吸引外国投资，同时为使东盟自由贸易区在WTO和亚太经合组织内变得更为有效，1995年12月，第五次东盟首脑会议在曼谷召开，发表了《曼谷声明》，并提出了加速实施东盟自由贸易区的计划安排。

2. 东盟市场的特点

（1）区域内经济发展水平和市场体制方面的差距较大。

从经济发展水平看，东盟十国相互间的差距很大，其中最高层次的文莱和新加坡的人均GDP是最低层次的缅甸、老挝、越南和柬埔寨的10～40倍；从市场体制方面的差距看，原东盟六国已是一系列国际财政、信用组织的成员，运行规则基本上与国际一致，而缅甸、老挝、越南、柬埔寨市场经济体制改革刚刚起步，因此东盟十国目前还难以按统一规则运行。由表13-8所示的东盟十国基本市场指标可以观察到，成员国之间确实存在发展差距。

表13-8　东盟十国基本市场指标（2020年）

国家	人口（万人）	GDP（亿美元）	商品出口（亿美元）	商品进口（亿美元）	经商便利指数	人均GDP（万美元）	互联网用户比例（%）
文莱	43.75	134.39	81.87	72.34	70.1	3.07	95
柬埔寨	1 671.90	230.24	146.18	159.69	53.8	0.14	—
印度尼西亚	27 352.36	10 276.62	1 899.56	1 636.20	69.6	0.38	53.73
老挝	727.56	185.85	65.44	58.16	50.8	0.26	33.80
马来西亚	3 236.60	3 441.00	2 117.75	1 892.92	81.5	1.06	89.56
缅甸	5 441.00	863.43	230.05	197.09	46.8	0.16	35.1
菲律宾	10 958.11	3 585.11	1 028.77	1 232.11	62.8	0.33	49.8

续表

国家	人口（万人）	GDP（亿美元）	商品出口（亿美元）	商品进口（亿美元）	经商便利指数	人均GDP（万美元）	互联网用户比例（%）
新加坡	568.58	3 353.63	6 351.46	5 282.07	86.2	5.90	92
泰国	6 980.00	4 318.57	2 361.80	2 128.50	80.1	0.62	77.84
越南	9 733.86	3 227.75	2 916.57	2 698.08	69.8	0.33	70.3

（2）在区域合作方面具有亚洲特色。

正因为东盟十国在经济发展水平和市场体制方面差距较大，所以东盟在区域合作方面不同于欧盟严格的制度化和一体化，而是采取协商一致的原则，在成员国之间充分酝酿，广泛讨论，多方协调以达成共识。

（3）区域内贸易水平较低，但发展较快。

据统计，目前东盟区域内的贸易只占东盟各国对外贸易总额的20%，其余80%的对外贸易是同区域外的国家和地区进行的，显示东盟各成员之间的经济联系还不够密切。但从其发展历史看，这种相互联系的趋势正在不断加强。

随着经济实力的不断加强，东盟在地区事务中发挥着越来越重要的作用。成立50多年来，东盟已日益成为东南亚地区以经济合作为基础的政治、经济、安全一体化合作组织，并建立起一系列合作机制，促进了本地区经济发展。东盟制定实施的一系列贸易自由化措施有利于其面对经济全球化和区域经济一体化的挑战，吸引了更多的外来投资，发展了民族经济，增强了各成员国产品在国际市场的竞争力，同时区域内消费者能更方便地获得更廉价的商品，推动了区域内贸易的发展，从而促进地区经济的整体发展。

新闻专栏 13-3

《区域全面经济伙伴关系协定》建设进程大事记

《区域全面经济伙伴关系协定》是2012年由东盟发起，历时八年，由包括中国、日本、韩国、澳大利亚、新西兰和东盟十国共15方成员制定的协定。

2012年11月20日，在柬埔寨金边举行的东亚领导人系列会议期间，东盟十国与中国、日本、韩国、印度、澳大利亚、新西兰的领导人，共同发布启动RCEP谈判的联合声明，正式启动这一覆盖16个国家的自贸区建设进程。

2013年5月9日，RCEP第一轮谈判在文莱举行。中国、日本、韩国、澳大利亚、新西兰、印度以及东盟十国均派代表团与会。本轮谈判正式成立了货物贸易、服务贸易和投资三个工作组，并就三个工作组的工作规划、职责范围、未来可能面临的挑战等议题深入交换了意见。

2015年8月，RCEP第三次部长级会议期间，货物贸易市场准入谈判取得重大突破，各成员就初始出价模式达成一致意见，实质性市场准入谈判即将开始。

2017年5月，RCEP 16个成员国举行第3次部长级会间会。此时，经济技术合作和中小企业2个章节已结束谈判，同时还有一些章节也即将结束谈判。

2017 年 11 月，RCEP 首次领导人会议在菲律宾首都马尼拉举行。与会领导人在会后发表联合声明，指示部长们和谈判团队加紧努力，以结束 RCEP 谈判。

2019 年 8 月，RCEP 部长级会议在北京举行。本次会议推动谈判取得了重要进展。在市场准入方面，超过三分之二的双边市场准入谈判已经结束；在规则谈判方面，新完成金融服务、电信服务、专业服务 3 项内容，各方已就 80%以上的协定文本达成一致，余下规则谈判也接近尾声。

2019 年 11 月，RCEP 第三次领导人会议举行。此时，历经 27 轮谈判，RCEP 除印度外的 15 个成员国已经结束全部 20 个章节的文本谈判，以及实质上所有的市场准入问题的谈判。与会领导人发表联合声明，指示各方启动法律文本审核工作，以便在 2020 年签署协定。

2020 年 10 月，RCEP 部长级视频会议举行。会议肯定了协定法律文本审核工作取得的实质性进展，决定为争取年内签署协定做好充分准备。2020 年 11 月 15 日，RCEP 第四次领导人会议以视频方式举行，会后东盟十国和中国、日本、韩国、澳大利亚、新西兰共 15 个亚太国家正式签署了《区域全面经济伙伴关系协定》。《区域全面经济伙伴关系协定》的签署，标志着当前世界上人口最多、经贸规模最大、最具发展潜力的自由贸易区正式启航。

二、东亚市场

东亚是亚洲东部的简称，一般包括中国、日本、韩国、朝鲜和蒙古国五个国家。东亚是世界上人口最稠密的地区之一，人口数量占世界人口的 22%。各国（地区）经济近年来都有一定的发展。其中日本、韩国以及中国的港澳台地区已经达到了发达水平。表 13 - 9 展示了东亚五国基本市场指标。

表 13 - 9 东亚五国基本市场指标（2020 年）

国家	人口（万人）	GDP（亿美元）	商品出口（亿美元）	商品进口（亿美元）	经商便利指数	人均 GDP（万美元）	互联网用户比例（%）
中国	141 110.00	146 165.00	27 232.50	23 571.06	77.9	1.04	70.40
日本	12 626.10	43 631.31	7 841.68	7 963.45	78	3.46	90.22
韩国	5 183.62	16 238.95	5 969.45	5 367.33	84	3.13	96.51
蒙古国	327.83	135.29	76.76	73.46	67.8	4.13	62.5
朝鲜	—	—	—	—	—	—	—

综合来看，东亚市场经济模式呈现出以下七大特征：

1. 产业结构互补

东亚经济高速增长，并呈现出发展的整体性，这与各国充分利用产业结构的互补性，积极调整产业结构是分不开的。在东亚地区聚集着发达、成熟的工业经济体，第一代、第二代新兴工业化经济体和迈向工业化的发展中经济体。各国和各地区处于工业化的不同层次，相互补充，形成了雁行产业结构，但其中也隐含着脆弱性。因为这些产业转移主要是通过直接投资进行的，从而使产业结构的优化升级过多依赖外资，很容易中断。

2. 实行出口型工业化战略

其内容是按照国际比较优势的原则，在政府产业政策的支持下，通过积极引进外资和技术，面向国际市场组织生产，并通过扩大出口，带动经济增长，缓和国际收支压力。这种战略被看作东亚经济模式的本质特征，也是东亚经济腾飞的重要经验。东亚各国突破了本国市场狭小和购买力较低的限制，不但提高了产品的国际竞争力，也加快了自身的资本积累，用大量的外汇收入购买本国所需要的先进技术和设备，逐步摆脱了贫穷和落后。但是这一战略的成功是有条件的。随着南亚、南美和东欧国家加入全球化竞争和发达国家色彩日益浓厚的贸易保护主义，东亚国家和地区的出口面临着越来越不利的局面。而且，东亚各国和地区的对外依存度普遍很高，容易受制于人，削弱一国在维护国家经济和政治主权斗争中的战斗力。

3. 广泛利用外资发展

东亚国家和地区利用外资的规模在不断扩大，通过“借鸡生蛋”的办法，逐步充实和壮大自己的力量。东亚国家和地区有的以吸收直接投资为主，有的以利用贷款为主，有的两者并重。国际资本与技术同东亚地区丰富的劳动力资源和自然资源相结合，成为推动东亚工业化的强大动力之一。不过，外国贷款和直接投资的利用，也带来了债务问题和外资对国民经济的巨大影响，特别是国际短期债务。东南亚金融危机已充分地说明了这一点。

4. 收入分配相对均等

东亚各国和地区在经济高速增长的同时，也注意到了经济增长速度与收入分配的相对均等。这也是东亚经济模式中的一条成功经验。

5. 国家对经济进行干预

众所周知，政府主导型的市场经济体制对于东亚经济的起飞发挥了重要作用。因为日本、韩国、新加坡和中国台湾等国家和地区的共同特点是工业化起步晚，市场经济发育迟缓，其市场经济的起点要比北美和欧洲低很多。另外，这些国家和地区受儒家文化的深刻影响，比较推崇权威，因而在经济起飞阶段，不仅需要强大的政府来管理经济，而且也使得这种作用得到了有力的支持。

6. 主要依靠技术模仿

东亚各国和地区都非常重视技术的引进。这是东亚经济高速增长的一个重要原因。但东亚科技立国政策有一个特点，即主要是靠技术引进、技术模仿来实现的。这一特点是由东亚经济的后发性所决定的。不过，通过技术引进和技术模仿来实现技术进步的后发优势也存在着很大的局限性，即容易导致自主性技术创新机制的缺乏，这是东亚国家和地区亟待解决的问题。

7. 对人力资本进行有效开发

东亚国家和地区在人力资本政策中，侧重于对基础教育的投资，并采取了保持劳动力市场高度灵活性的政策，进行了有力的人力资本开发。

案例 13-3

进军 55 亿美元的韩国手游“沃土”，本土化是最重要的一环

对于全球，尤其是中国手游开发商而言，韩国一直是一个让人“又爱又恨”的市场，喜欢这个市场是因为它拥有高达 50%以上的手游玩家基础，同时单个用户的付费能力也普遍较高。然而较高的门槛也导致很多产品进入韩国之后会出现“水土不服”的情况。针对其市场及用户特点，什么推广方式能够更有效地帮助产品快速落地?

Madcube 韩国地区高级经理彼特·帕克（Peter Park）给出了自己的看法：“手游产品进入韩国，本地化是最重要的一环，无论是运营还是素材的制作，都需要根据韩国玩家的特点进行有针对性的本地化调整。其中，素材本地化包含两个主要维度，首先是在视觉设计上，需要突出强调游戏产品的特点，表现出和其他游戏的与众不同之处。其次是在文案表达上，减少常规介绍性文案，更多体现游戏的玩法及特点，同时提升文案的可读性。”

三、日本市场

日本是亚洲东部、太平洋西北的一个岛国，主要由北海道、本州、四国、九州四个大岛和 6 800 多个小岛屿组成。日本是世界第三大经济体，属发达经济体，市场规模较大，法律法规和信用体系健全，社会秩序较好，基础设施完善。

对外贸易在日本经济中占有重要的地位。据联合国贸发会议数据，2020 年日本货物进出口总额为 1.27 亿美元，货物出口额、进口额分别为 6 414 亿美元和 6 315 亿美元。据日本财务省统计，2020 年中国、美国和韩国是日本前三大贸易伙伴国，双边贸易额分别为 3 050 亿美元、1 875 亿美元和 711 亿美元。

此外，日本积极开展与世界各国的经贸合作。2019 年 2 月 1 日，日本与欧盟经济伙伴关系协定正式生效，标志着占世界 GDP 近三成、涵盖 6.4 亿人口的巨大自由贸易区诞生。2020 年 1 月 1 日，日美贸易协定正式生效，使日本自贸区对外贸易覆盖率提升至 52%。2020 年 11 月 15 日，东盟十国以及中国、日本、韩国、澳大利亚、新西兰共 15 个国家正式签署《区域全面经济伙伴关系协定》，该协定于 2022 年 1 月 1 日正式生效。日本 92%的出口工业产品关税将在协定生效后逐步撤销。2021 年初，日本和英国经济伙伴关系协定正式生效。截至目前，日本已与多个国家和地区签署了自由贸易协定，详见表 13-10。

表 13-10　与日本签署自由贸易协定的国家和地区

国家/地区	签署时间	生效时间
新加坡	2002 年	2002 年
墨西哥	2004 年	2005 年

续表

国家/地区	签署时间	生效时间
马来西亚	2005 年	2006 年
智利	2007 年	2007 年
泰国	2007 年	2007 年
印度尼西亚	2007 年	2008 年
文莱	2007 年	2008 年
菲律宾	2006 年	2008 年
东盟	2008 年	2008 年
瑞士	2009 年	2009 年
越南	2008 年	2009 年
印度	2011 年	2011 年
秘鲁	2011 年	2012 年
澳大利亚	2014 年	2015 年
蒙古国	2015 年	2016 年
CPTPP 其他成员国	2017 年	2018 年
欧盟	2018 年	2019 年
美国	2019 年	2020 年
RCEP 其他成员国	2020 年	2022 年
英国	2020 年	2021 年

综合来看，日本市场呈现以下几个特点：

1. 巨大的市场需求

2022 年，日本商品零售总额约为 1.2 万亿美元，许多中低档商品和原材料都依靠国外进口。随着少子老龄化程度日益加深，日本在医疗、健康、护理等领域需求巨大。从 2007 年开始，约 690 万“团块世代”（指 1947—1949 年战后第一个生育高峰期出生的一代人）陆续进入退休年龄，其中蕴含的消费和服务需求值得关注。

2. 商务环境较为完善

日本已建立起较完备的法律制度，政局也较稳定。20 世纪 90 年代后，日本推进会计准则和相关法律制度国际化。2005 年修改、制定新公司法，使设立公司更加容易，企业兼并重组方式更加灵活，商业环境更加规范有序。日本电力、电信基础设施相对完善，高速公路、铁路、航空、海运等物流设施便利。除综合税负较高外，企业投资日本的总体商务环境较好。根据世界银行公布的《2020 年营商环境报告》，日本在 190 个经济体中位列第 29 位。世界经济论坛《2020 年全球竞争力报告》显示，日本在全球排第 34 位。日本政府也在积极拟订新经济增长战略，拟通过放宽管制、降低税负等举措刺激民间企业投资，增强日本经济活力。节能环保、新能源、汽车零部件、中小企业合作、生物医疗、ICT产业、现代农业、老龄服务产业等领域，是外国企业与日本开展经济合作的重点领域。

3. 重视数字化管理和服务水平的提升

为提高行政程序效率、简化行政手续，日本政府于2019年5月颁布《数字改革关联法》。主要内容包括：规定提交电子档案可优先办理业务；开设政府部门通用电子档案递交单一窗口；拟定出台线上一站式设立法人，法院、贸易、物流手续电子化等措施。首相菅义伟曾将数字化作为重要执政方针，为此于2021年9月成立数字厅，并出台系列政策推进相关工作。日本企业也正积极进行数字化转型，加大企业IT投资力度。不过，因日本国民相对保守、担心个人信息泄露等问题，日本整体数字化推进进程相对缓慢。

4. 重视企业的创新发展

日本政府重视企业创新能力，近年来持续出台多项政策，帮助企业提升创新能力。2020年12月日本出台的第三次大规模经济刺激计划中包括支持企业进行技术创新、向环保技术和数字化等领域转型的内容；2021年起，日本将设立2万亿日元基金，支持企业加快高精尖端技术的研发和应用；日本政府制订2021—2026年度“第6期科学技术与创新基本计划”，拟将政府研发预算总额提升至30万亿日元。

5. 市场垄断色彩浓重

在日本，由二战前的财阀演变而来的大企业集团控制了全国资本的70%，掌握着工业、交通、金融等支柱行业，成了日本对内、对外政策的实际决定者，控制了日本的经济和市场。

6. 流通渠道复杂

日本的所有生活消费品都要经过多个中间批发商、经过多道环节，然后进入零售渠道。因此，日本的批发流通费用要远远高于其他国家。

案例13-4

迪士尼跨国经营典范：日本东京“迪士尼”

1983年，迪士尼决定走向海外，建成了日本迪士尼乐园，完全采用美国迪士尼的标准化的经营模式，并连年创下该公司收入新高，以致引起许多文化与营销学家的关注。显而易见，日本作为东方文化的典型代表，与美国的西方文化有着极为明显的差异，但迪士尼公司在经营和营销方面却获得了显著的成功，并成为跨国经营的典范。首先，第二次世界大战历史形成了日本对美国文化的崇拜和认同。第二次世界大战中，美国率领盟国占领日本，战后，美国又不遗余力帮助日本重建，使日本经济迅速恢复，变成世界经济大国，对此日本人感激涕零，从心目中对美国产生了一种推崇感和认同感，而迪士尼所代表的正是典型的美国文化。在这种情况下，迪士尼进入日本非常顺畅。其次，日本人崇尚集体主义，是世界上最爱结伴旅行的人群。日本儿童和青少年热爱参加由学校组织的活动，这种崇尚集体活动的文化特征无形中大大促进了消费，为迪士尼带来了不菲的利润。最后，日本东京的地理位置决定了迪士尼将获得更广泛的潜在市场，“迪士尼”异域文化的神秘色彩对亚洲市场具有强烈的吸引力和感召力，为迪士尼乐园成功开发海外市场，实施跨文化营销策略奠定了重要基础。

四、中国市场

（一）中国市场概况

中国是世界第二大经济体，总人口超过14亿，中等收入群体规模世界最大，是全球最具成长性的消费市场。改革开放的40多年以来，中国长期稳定的政治环境使得国内的经济始终保持高速稳定的增长，无论是在生产还是在消费领域，中国市场都释放出巨大的潜能。2011—2019年，中国的消费率平均为53.4%。2021年，尽管受到新冠疫情的冲击，社会消费品零售总额仍然实现440 823亿元，比上年增长12.5%，最终消费支出拉动GDP增长5.3个百分点，对经济增长贡献率为65.4%，比资本形成总额高51.7个百分点，消费成为经济增长第一拉动力。同时，消费发展进入新阶段，居民消费能力快速提升，消费升级态势更加明显，中高端消费需求不断释放，服务消费较为活跃。2021年，全国居民人均消费支出比上年实际增长12.6%，人均服务性消费支出比上年增长17.8%，占居民人均消费支出的比重为44.2%，全国居民恩格尔系数为29.8%。2021年末，全国常住人口城镇化率为64.72%，比上年末提高0.83个百分点，将为投资增长和消费扩容创造巨大空间。除此之外，政府的各项法律法规以及方针政策都在保障和促进各个层级企业的健康发展和社会稳定。尽管2020年中国GDP增速为40多年来的最低水平，但中国仍是从疫情危机中强劲反弹，实现正增长的全球唯一主要经济体。

除了消费市场的逆势增长之外，中国的产业发展也呈现出新的格局，尤其在数字经济方面。中国的数字经济发展迅速，总体规模连续多年位居世界第二，对经济社会发展的引领支撑作用日益凸显。《国务院关于数字经济发展情况的报告》显示，中国数字经济核心产业规模加快增长，截至2021年，全国软件业务年收入达9.6万亿元，工业互联网核心产业规模超过1万亿元，大数据产业规模达1.3万亿元，并成为全球增速最快的云计算市场之一。制造业、服务业、农业的数字化水平加快，电子商务、移动支付规模全球领先，网约车、网上外卖、数字文化、智慧旅游等市场规模也在不断扩大。随着数字产业化和产业数字化的持续推进，在5G、大数据、物联网等新基建的有力支撑下，数字经济的新业态成为当前中国最具活力、最具创新力、辐射最广泛的经济形式之一。这也反映出在数字经济时代，传统企业要实现数字化，必须把数字营销作为一个重要的方面来关注，变革原本不能满足需要的营销思想、模式和策略，实现新的营销方式，适应市场的新动能与新趋势。

在国际贸易市场中，中国也不断提升市场对外开放水平与质量。近年来，中国先后设立21个自由贸易试验区，充分利用自贸试验区深化改革和扩大开放试验田的作用，率先打造以公平竞争为基础、贸易投资自由化便利化的制度体系，建立安全可控的风险管理体系，及时复制推广制度创新成果，带动全国优化外商投资营商环境。2018年以来，中国设立了海南自由贸易港这一中国特色自由贸易港，推动高水平开放的制度集成创新，构建商品、服务、要素自由便捷、安全有序流动的规则体系，大幅度放宽外资投资市场准入，颁布实施《中华人民共和国海南自由贸易港法》，促进外商投资自由化便利化，营造国际一流的外资营商环境。此外，加快设立开发开放试验区，打造内地开放和利用外资新高地，推动中西部与沿海地区协同开放，提升边境经济合作区、跨境经济合作区建设水平，中西部各具特色的特殊经济区外资管理体制逐步完善，也成为吸引外商投资的热点。外资进入中国市场的营商环境的不断优化，提升了中国吸引外资的能力与水平，也推动构建国内国际双循环的新发展格局。

除此之外，服务贸易在对外贸易中也逐渐成长为一个新的增长点。近年来中国的服务贸易发展迅速，在面临疫情冲击下实现了恢复性的增长，也成为中国吸引外资增长的“主引擎”。在新冠疫情冲击和全球经济下行趋势下，中国服务业外商直接投资逆势增长，规模快速扩张，引资结构不断优化，高技术服务业吸收外资强劲。中国为建设更高水平开放型经济新体制，实施更大范围、更宽领域、更深层次的全面开放，实行负面清单制度，以自主开放和协议开放相结合的方式，持续促进扩大服务业开放。同时，中国服务业吸收外资依然面临挑战，这需要中国在克服挑战的同时，保持引资优势，培育服务业引资新的竞争力，为外资进入中国市场提供更优质的营商环境与条件。

（二）中国市场的特点

1. 地大物博，市场广阔

从地理环境来看，中国位于亚洲东部、太平洋的西岸，地大物博，物产丰饶。陆地面积约 960 万平方公里，居世界第 3 位。中国陆地边界长达 2.2 万公里，同 14 国接壤，与 8 国海上相邻。东部和南部大陆海岸线约 1.8 万公里，海域分布着大小岛屿 7 600 个。

截至 2020 年，中国有 14 亿人口，其中 4 亿以上属中等收入人群，形成了世界独一无二的国内大市场，拥有超大规模的国内消费市场、国内产业市场以及出口市场。中国是仅次于美国的全球第二大消费市场。2021 年人均 GDP 为 80 976 元，接近高收入国家门槛，随着经济保持中高速增长，居民收入和消费支出也将持续增长，同时居民消费还将向更高品质、更高性能的商品和服务升级，将会更好地契合未来产业的市场定位。

2. 民族文化独特，多民族融合，消费呈现多样化

中国自古以来就是一个统一的多民族国家，各民族在 5 000 多年的历史长河中，互相融合成为伟大的中华民族。中华民族积淀了深厚的文化底蕴，也形成了独具特色、丰富多彩的民族文化。在长期的民族融合中，中国人民形成了海纳百川的开放心态，对外来文化采取兼容并蓄的态度，因此也促成了市场消费的多样化发展。

3. 市场发展具有企业主体优势

中国拥有数量众多的大学、研究机构和科学家、工程师队伍，拥有世界最多的市场主体。截至 2022 年 4 月底，全国登记在册市场主体中企业有 4 991.9 万户，个体工商户有 1.06 亿户，农民专业合作社有 222.4 万户。相比之下，美国、日本、德国、英国、法

国的企业数量处于200万至500万户之间。制造业是未来产业的主要领域。发达国家制造业比较成熟，各细分行业呈现市场份额集中于少数头部企业的特征。中国由于产业发展时间短且增长速度快，因此细分市场中的企业数量较多，这虽然在一定程度上造成过度竞争，但也提供了当未来产业进入大规模产业化后对不同技术路线进行探索的空间。比如在动力电池领域，三元材料、磷酸铁锂、钴酸锂、锰酸锂、氢燃料电池等不同技术路线在我国长期并存。

4. 产业配套较为完善，专业化产业集群竞争力不断上升

随着科学技术的发展和生产迂回程度的提高，现代科技所形成的产品大多具有复杂的产品架构，或者需要经由复杂的生产设施制造出来。未来产业的技术创新涉及多学科知识的融合，商业化和大规模产业化需要国民经济多个行业的支持，完善的产业配套对于未来产业的发展至关重要。中国拥有世界上最齐全的产业门类、最完整的产业链条、最完善的产业配套体系，能够将新产品快速大规模产业化并在产业化过程中持续改进工艺、降低成本、提高性能的“创新型制造”是中国制造业的显著优势所在。中国在长三角、珠三角、环渤海等地形成了许多具有国际竞争力的专业化产业集群。根据世界知识产权组织的报告，深圳-香港-广州、北京在世界领先科技集群中分别居于第二和第三位。通过依托产业集群发展，可以进一步发挥集聚效应，更快地促进前沿技术向大规模生产阶段的转化，并有利于增强最终产品的综合竞争力。

5. 营商环境不断优化

中国经济进入高质量发展阶段，要素的比较优势逐渐下降，营商环境优化成为引资竞争新优势，在“放管服”改革推动下，中国营商环境持续优化，排名由2012年的91位跃升至2020年的第31位，贸易投资自由化便利化水平不断提高，连续多年成为全球最佳投资目的地。2019年10月8日，国务院常务会议通过了《优化营商环境条例》，认真总结近年来中国优化营商环境的经验和做法，将实践证明行之有效、人民群众满意、市场主体支持的改革举措用法规制度固化下来，重点针对中国营商环境的突出短板和市场主体反映强烈的痛点难点问题，对标国际先进水平，从完善体制机制的层面做出相应规定。

此外，政府不断简政放权，放宽市场准入门槛，降低企业准营门槛，深化投资便利化改革，健全监管规则，提升监管政策执行规范性，优化监管方式，科学合理设定环境保护、安全生产等监管执法检查频次，降低外商投资企业合规成本。同时，全面推广实施国际贸易“单一窗口”。2019年8月7日，世界贸易组织根据《贸易便利化协定》规定，正式公布中国“单一窗口”措施已于2019年7月19日提前实施。2020年1月，中方向世贸组织通报提前实施《贸易便利化协定》中“确定和公布平均放行时间”等措施，中国对《贸易便利化协定》规定的各类措施实施率已达到100%。2022年4月10日，《中共中央 国务院关于加快建设全国统一大市场的意见》公布，提出要持续推动国内市场高效畅通和规模拓展，加快营造稳定公平透明可预期的营商环境，进一步降低市场交易成本，促进科技创新和产业升级，培育参与国际竞争合作新优势，推动全国统一大市场的发展与完善。

案例 13-5

借力自贸区“东风”，“淘金”黑非洲

当世界经济在电子商务中飞速发展时，非洲却还是一块未开垦的处女地：那里世界上人均电话占有率最低、计算机数量最少、通信和上网费用最昂贵……但荒芜也意味着机遇。上海金融学院市场营销专业毕业生王凤斋和该校坦桑尼亚在读留学生 Shafii 和 Justine 一起，借中国大力建设自贸区的“东风”，将创业的脚步迈向了非洲坦桑尼亚，在坦桑尼亚建立了首家电子商务平台。

2013 年 9 月，中国（上海）自由贸易试验区成立，王凤斋迅速将公司注册在了外高桥。由于是中非合资，自贸区提供了优惠的政策，同年 12 月，环非国际贸易（上海）有限公司注册成功。公司的成立还吸引了两位天使投资人注资 50 万元。2014 年 1 月，王凤斋带队到坦桑尼亚举行了环非国际贸易（上海）有限公司的宣讲会并开设了驻坦办事处。作为面向坦桑尼亚境内的首家电子商务网站，Chinaworldbuz 网络平台得到了坦桑尼亚的极大关注，当地各大媒体争相报道。平台上线以来，已经有 4 万多次的访问量，这在基础设施极其落后、上网费用非常昂贵的坦桑尼亚，已经相当不容易。

第五节　其他主要国际营销市场

一、非洲市场

（一）非洲市场概况

非洲拥有 54 个国家，总面积约 3 000 万平方公里，总人口约 14.27 亿。是世界第二大洲，同时也是人口第二大洲。在经历 20 世纪 80 年代“失去的十年”和 90 年代“动荡的十年”后，非洲进入了快速发展期。目前，非洲形势总体保持稳定，经济逐步向好，联合自强势头上升。伴随实力的增强，非洲形成了具有自身特色的规范与价值，逐渐“用一个声音说话”，自主性得到提升。

1. 非洲与欧盟的联系

由于地理上的邻近与历史上的渊源，非洲部分国家市场仍高度依赖与欧洲市场的经济联系。欧盟拥有先进的科学技术、雄厚的资本、发达的工业，而非洲则拥有丰富的自然和人力资源及广阔的市场，欧非地区的经济互补性很强。

2000 年 6 月 23 日，非洲、加勒比海和太平洋岛国地区国家集团（简称非加太集团）77 个成员国和欧洲联盟 15 个国家在贝宁首都科托努签订《非加太地区国家与欧共体及其成员国伙伴关系协定》，简称《科托努协定》（Cotonou Agreement），包括政治对话、贸易与投资、为促进发展而进行的合作三方面。主要内容是欧盟向非加太国家提供经济援助，双方进行全面政治对话，及时解决在消除贫困和防止地区冲突方面的问题，扩大经贸合作以及进行财政援助改革等。加强政治对话是协定的重要方面，对话涉及诸如人权、民主及善政等问题。在贸易及发展方面，协定执行头5年的金额将达到160亿欧元，已有74项有关计划获得通过以待实施。根据协定，欧盟和非加太地区将签署一系列经济伙伴关系协定，制定贸易和投资新框架，通过贸易和区域一体化减少贫困现象、保持可持续发展态势并加快非加太地区融入世界经济的步伐。《科托努协定》的有效期为20年，每5年修订一次。2005年6月25日，欧洲联盟和非加太集团按规定对协定进行了修订，签署了修改协定。经过修订的《科托努协定》在加强政治对话、实现新千年目标、消除贫困、加强经济和贸易联系等方面增加了新的内容。

欧盟-非盟峰会是旨在探讨非欧大陆在政治、经济和社会等领域的合作，构筑面向21世纪的非欧新型战略伙伴关系的峰会。1996年葡萄牙首次提出举行欧盟-非盟峰会的建议。1999年7月举行的非洲统一组织第35届首脑会议接受了这一建议。2000年4月3日至4日，由非洲统一组织成员国和欧洲联盟成员国领导人参加的首届欧盟-非盟峰会在埃及首都开罗举行，有67位国家元首和政府首脑或代表出席了会议，与会者着重讨论了非洲大陆所面临的一系列经济、政治和社会问题。2022年2月，第六届欧盟-非盟峰会在布鲁塞尔召开，时值大国战略博弈全面加剧的百年未有之大变局，欧盟与非洲关系处于深刻调整之中，并面临全新的挑战。2020年3月9日，欧盟委员会发布题为《对非洲全面战略》的政策文件，这是继2005年欧盟委员会推出《欧盟与非洲：走向战略伙伴关系》后，欧盟第二份明确提及战略的对非政策文件，标志着欧盟非洲政策的重大调整。需要注意的是，欧非之间的合作具有强烈的“欧洲中心主义”，难以实现“真正平等的伙伴关系”，欧洲对非洲地区的投资建设长期囿于“援助者—受援者”模式，通过在援助中附加政治条件干涉非洲国家内政，双边关系的进一步发展仍面临诸多挑战。①

2. 非洲内部的一体化进程

非洲大陆自由贸易区是非洲国家签署成立的自由贸易区，旨在通过加强人员、资本、货物和服务的自由流动，促进农业发展、粮食安全、工业化和结构性经济转型，从而深化非洲经济一体化。非洲大陆自由贸易区设想将市场整合与工业和基础设施发展相结合，以解决非洲的生产能力问题。2018年3月21日，非洲44个国家在卢旺达首都基加利举行的非洲联盟首脑特别会议上签署成立非洲大陆自由贸易区协议。2019年7月7日，非洲联盟非洲大陆自由贸易区特别峰会在尼日尔首都尼亚美开幕，会议正式宣布非洲大陆自贸区成立，有54个国家签署了协议。2021年1月1日，非洲大陆自由贸易区启动，这是非洲区域一体化和经济转型的一个重要里程碑。根据协议安排，自2021年1月1日开始，非洲自贸区成员将依照产品类别和各自情况逐步取消例外产品之外的货物关税。自贸区将在5年内逐步取消至多90%的外贸进口关税。非洲自贸区的成立为中非经贸合作升级转型提供了良好机遇。例如，来自中国的企业在非洲投资，如果其生产的商品符合原产地规则，便可享受自贸区优惠政策。这为更多企业到非洲开展属地化经营创造了条件。非洲大陆自由贸易区将消除非洲大陆供应方面的制约因素，促进非洲出口从单纯依赖原材料向增值产品多样化转变，并缓解非洲大陆长期以来基础设施建设匮乏的问题。除了提供创造更大经济规模、

---

① 赵雅婷. 大变局下的欧盟对非洲新战略探析. 当代世界，2020（8）：58-65.

更大市场和改善非洲大陆吸引投资者的机会，非洲大陆自由贸易区还为南非的产品和服务在西非和北非提供新的出口机会。

（二）非洲市场的特点

1. 市场潜力巨大，资源丰富

非洲拥有丰富的资源，有“世界原料库”之称，它不仅拥有发展工业所必需的50多种最主要的基本矿物和金属，而且有着丰富多样的林业、农业和渔业资源。巨大的市场潜力和丰富的资源使非洲成为许多国家未来或正在努力开发的目标。非洲市场产品结构也有其特殊性。非洲市场传统上以欧美产品为主，金融危机使得更多的机电企业开始关心非洲市场，非洲也愿意寻找比过去欧洲产品价格更好的替代品。

2. 非洲各国进出口贸易发展不平衡

由于非洲各国经济发展不平衡，它们各自的进出口贸易的规模也有很大的差异。从进口市场看，少数几个大国占了非洲总进口额的很大份额。南非、埃及、阿尔及利亚、摩洛哥、突尼斯、利比里亚、尼日利亚、利比亚等国家约占全非洲地区进口额的80%，其他非洲国家约占非洲地区进口额的20%。

3. 非洲进出口商品结构仍然受单一经济结构的制约

大多数非洲国家自独立以来的进出口商品结构没有很大的变化，出口商品主要是农业和矿产的初级产品，进口商品大部分仍是制成品。非洲广大消费者偏向于消费物美价廉的中低档商品，少数高档商品也有一定的销路。随着非洲国家重视工农业的发展，机械、成套设备和交通运输工具等生产资料的进口逐渐增多。

4. 转口贸易活跃

部分非洲地区的沿海国家港口设施较好，交通发达，运输方便，而内陆国家没有出海口，必然形成从沿海向内陆转口的局面，特别是西非、南非转口频繁。例如，西非的多哥是一个只有5.7万平方公里面积、880万人口的国家，长期实行对外开放政策，贸易环境宽松，一般商品进口无须许可证，转口费用较低，加之洛美港设有本国和邻近国家的保税仓库，所以洛美商贾云集，形成了不可忽视的有形和无形的转口贸易，转口额占进口额的70%～80%。

案例13-6

长春长铃集团摩托车成功进入喀麦隆

2001年长春长铃集团摩托车成功进入喀麦隆市场，经济环境的影响在其中发挥了重要作用。

喀麦隆是个农业国，自然条件优越，这为摩托车进入市场提供了契机，长铃摩托车的主要目标消费者在农村，农民把摩托车作为交通工具和运输工具，这正和长铃AX100和CM100ZH摩托车的用途特点相吻合。

喀麦隆公路运输较发达，省会及较大城市之间均有沥青路相连，路面本身质量较好。

喀麦隆拥有公路5万公里，其中3.4万公里由喀麦隆公共工程部负责，有4 000多公里为优等沥青路。而喀麦隆铁路全长约1 300公里，尚不发达。发达的公路条件和尚不发达的铁路运输为摩托车进入市场创造了突破口。

长铃集团正是正确运用了营销环境分析，抓住了经济环境中的优越性，利用自身优势在激烈的竞争市场中抓住了机会从而成功地进入喀麦隆市场。

案例13-7

中欧在非合作：第三方市场合作成功案例

为更好推进“一带一路”建设，中国提出了“第三方市场合作”理念，中国与欧洲国家在非洲的市场合作是这一理念成功的实践案例。中欧双方产业链互补、经济契合度高，中欧开展第三方市场合作，将有助于充分发挥双方产业的比较优势，促进海外市场的深度融合。而非洲国家以其特有的人口优势、广袤市场和发展需求，成为中国和欧洲企业间合作的重要市场。

在2021年7月5日的中法德领导人视频峰会上，习近平主席就提出希望欧方加大对非洲的支持和帮助，并表示欢迎法国和德国加入中国和非洲共同发起的“支持非洲发展伙伴倡议”。2022年3月8日，中法德领导人再次举行视频峰会，习近平主席指出中欧在谋和平、求发展、促合作方面有很多共同语言，要拿出担当，为动荡变化的世界注入更多稳定性和确定性，推动中欧关系行稳致远。

二、中东市场

（一）中东市场概况

中东地区指从地中海东部南部到波斯湾沿岸的部分地区，包括除阿富汗外的西亚的大部分与非洲的埃及、地处于俄罗斯边界的外高加索地区，约23个国家与地区，1 500多万平方千米，4.9亿人口。中东地区拥有丰富的石油和天然气资源，仅海湾国家的石油储量就占世界的26%，是世界上最大的石油市场。世界能源紧张，给中东地区经济增长以新的推动力，中东地区进入了经济综合国力竞争的新时期。在这些国家中，阿拉伯联合酋长国、科威特等国家人均年收入在3万～4万美元，而伊朗、伊拉克、也门等国家人均年收入在5 000～6 000美元不等。中东各国经济发展水平参差不齐，但总体工业都不发达，所以产品比较缺乏，大部分产品需要依赖进口，属于纯消费地区。

1. 阿拉伯国家联盟

中东地区的区域一体化发展主要体现为阿拉伯国家联盟与海湾阿拉伯国家合作委员会的建立及发展。阿拉伯国家联盟是为了加强阿拉伯国家联合与合作而建立的地区性国际组织，也是当今世界上最早成立的地区性组织，简称阿拉伯联盟或阿盟。1944年9月，在埃及倡议下，阿拉伯各国外长在亚历山大港举行会议，拟订了《亚历山大议定书》，并决定成立阿拉伯国家联盟。1945 年 3 月 22 日，埃及、伊拉克、约旦、黎巴嫩、沙特阿拉伯、叙利亚和也门 7 个阿拉伯国家的代表在开罗举行会议，通过了《阿拉伯联盟宪章》，宣告联盟成立。到目前为止，阿盟共有 22 个成员国。阿盟的宗旨是加强成员国之间的密切合作，维护阿拉伯国家的独立与主权，协调彼此的活动。近年来，阿盟外长理事会连续做出对华关系决议，呼吁阿盟成员国积极发展同中国在各个领域的关系。

2. 海湾阿拉伯国家合作委员会

1981 年 5 月 25 日，阿拉伯联合酋长国、阿曼、巴林、卡塔尔、科威特和沙特阿拉伯 6 个海湾阿拉伯国家的元首在阿拉伯联合酋长国举行会议，宣布成立海湾阿拉伯国家合作委员会。根据会议章程确定的该委员会宗旨是：加强成员国之间在各个领域内的协调、合作和一体化以实现它们的统一；加强和密切成员国人民间的联系、交往与合作；推动六国发展工业、农业、科学技术，建立科研中心、兴建联合项目鼓励私营企业间的经贸合作。海湾阿拉伯国家合作委员会成立后，每年轮流在六国首都召开首脑会议，会议主要商讨六国和海湾、中东地区面临的政治、经济、外交、安全和军事等重大问题，以便做到互通情况、协调立场、共商对策和联合行动。海湾阿拉伯国家合作委员会六国均奉行务实、平衡的外交政策。面对当前新的国际和地区形势，六国积极参与国际和地区事务，开展多元外交。

（二）中东市场的特点

1. 地域广阔，人口众多，需求大，且具有多样性

中东地区地域广阔，人口众多，市场广阔，是最重要的国际贸易市场之一。以阿拉伯联合酋长国为例，阿拉伯联合酋长国年贸易额约为 800 亿美元，由于自然资源匮乏，而人口的增长需要更多的物质资料，除了石油和天然气外的其他大多数产品都依赖进口，如工业用原料、设备以及民用生活物品，因此为了弥补国内工业生产的不足，阿拉伯联合酋长国政府一直实行开放的自由贸易政策，不设贸易壁垒、外汇管制及其管理机构，没有所得税、增值税、消费税和中间环节的各种税收，利润可以自由汇出。外贸在阿拉伯联合酋长国经济中占有重要位置。经过多年的发展，中东各国在国际贸易中的地位显著提高，在世界进出口商品贸易总额中所占的比重迅速上升。

2. 政局不稳定，面临一定的营商风险

中东地区在世界上有着特殊的地理位置，位于亚非欧之间的陆海交通要道口，在历史上就是兵家必争之地，加上其特殊的民族成分，各种冲突不断，进入 21 世纪以来冲突并没有因为经济水平的提高而有所缓和，而是愈演愈烈。随着中东地区局势的持续动荡，地缘政治风险已对海外贸易和企业的海外利益构成了一定威胁。另外，中东局势对世界的石油输出的影响也广受关注。石油市场是一个非常脆弱的市场，中东地区局势的变化无疑都关系着国际油价的变动。

3. 工业发展水平低，工业制成品市场巨大

中东大部分国家工业发展水平相对较低，加上自身资源条件的限制，不能发展与国民经济相匹配的工业，造成了工业门类的不完备，工业制成品也相对缺乏。据了解，海湾阿拉伯国家合作委员会六国今后5年用于城市建设、发电厂、海水淡化厂和石化项目的资金高达几千亿美元，但当地生产能力远远不能满足这些工程对建材和其他设备的需求。

（三）我国开展与中东地区贸易的对策措施

第一，深入中东市场，掌握有效的市场情况，积极进行市场风险预测。例如，中东地区的很多国家既不生产棉花也不生产化工纤维，所以自然而然就没有纺织厂，大多数纺织品都需要通过大量的进口才能满足市场的需要，而且这种需要也在随着人口的增长而不断增加。此外，战争、暴乱等政治风险是无法预计、难以计算发生概率的，此类风险一旦发生，将使企业遭受严重损失。企业一定要增强风险意识，积极进行市场风险预测，充分利用信用保险产品来规避海外风险。

第二，加强与中东国家的政府间对话，为开辟市场创造良好的环境。2007年，我国和海湾国家号召加快步伐，签署海湾阿拉伯国家合作委员会成员国与中国的自由贸易协定，双方一致认为，这将使双边贸易不断增长，并达到一个新的高度。近年来，中国正在努力与包括沙特阿拉伯和伊朗在内的所有海湾国家保持良好关系，促成更有力的国际营商环境的形成。

第三，完善我国的对外贸易政策，为发展和中东国家的经济关系提供政策支持。相对完善的外贸政策是我国发展对外贸易的有力政策保障，国际金融危机对全球经济的不良影响持续在我国发酵，对我国外贸进出口也会造成影响。中国市场与世界市场的联系越来越紧密，受世界市场影响的风险越来越大。2012年以来，我国外贸发展面临的内外部环境复杂严峻，进出口增速下滑至个位数，进出口企业困难增多。针对形势变化，我国政府及时出台一系列促进外贸稳定增长、优化外贸结构的政策措施，提振了企业信心，对外贸走势趋稳发挥了重要作用。

第四，鼓励企业自主创新，加快产业升级，提高产品质量以促进企业“走出去”。当前，无论是开拓市场空间，优化产业结构，获取经济资源，争取技术来源，还是突破贸易保护壁垒，培育中国具有国际竞争力的大型跨国公司，“走出去”都是一种必然选择，也是中国对外开放提高到一个新水平的重要标志。

案例 13-8

出海中东的电商黑马——Fordeal

Fordeal是面向海外C端消费者的电商一站式购物平台，是JollyChic之后中国跨境电商在中东的第二匹黑马，自创始以来一直保持低调，但发展迅速。Fordeal致力于将优质中国品牌和供应链输送到全球消费者手中。目前主要在中东地区运营，覆盖沙特阿拉伯、阿拉伯联合酋长国、科威特、卡塔尔、阿曼、巴林等国家，是国家“一带一路”核心战略的坚定践行者。

在疫情期间，Fordeal也没有停下脚步，而是主动出击，迎难而上，在中东及欧洲多个穆斯林占比较多的国家建立海外仓，并整合了当地的配送体系，完善后端仓配链路。

这种方式让原需使用飞机运输成本不划算的产品，如沙发、床等大件货物将可以无障碍销售。同样，Fordeal 在深化品牌出海与推进本地化的道路上越走越远，推出全新购物端 Al-Mart，与 Fordeal 本站一样，为消费者提供男女装、鞋包配饰、护肤彩妆、电子数码、家具用品等。目前仅覆盖沙特阿拉伯和中国这两个区域，支持中文、英语和阿拉伯语三种语言。创始人食年介绍，国内关于平台和自营的概念并不能套用在出海电商上，Fordeal 接近中间的业态。国内的传统模式下，“物权”的归属通常是划分自营和平台的标准之一。

三、俄罗斯市场

（一）俄罗斯市场概况

俄罗斯横跨欧亚大陆，领土包括欧洲的东部和亚洲的北部，是世界上国土最辽阔的国家。俄罗斯资源丰富，科技发达，经济发展稳定，在国际事务中依然发挥着重要作用。俄罗斯有庞大的、购买力不断增强的消费群体做支撑，是全球不可忽视的新兴市场。2012 年俄罗斯加入世贸组织，有利于国内营商环境的提升，也带来市场进一步开放的商机。根据《2020 年营商环境报告》，俄罗斯在全球 190 个经济体中营商便利度排名第 28 位，比前一年上升了 3 位，远优于 2013 年的 112 位。在对外贸易方面，据俄罗斯海关署统计，2019 年，俄罗斯外贸总额为 6 720 亿美元，同比下降 3%，顺差 1 772 亿美元；其中，出口额为 4 246 亿美元，同比下降 6%；进口额为 2 474 亿美元，同比增长 2.7%。从国别来看，中国已连续多年保持为俄罗斯第一大贸易伙伴国，具体贸易伙伴国情况如表 13－11 所示。

表 13－11 2019 年俄罗斯与主要贸易伙伴贸易情况

进口的主要国家/地区	进口额（亿美元）	占比（%）
中国	541	22.2
德国	251	10.3
美国	132	5.4
白俄罗斯	128	5.3
意大利	109	4.5
日本	90	3.7
法国	86	3.5
韩国	80	3.3
哈萨克斯坦	56	2.3
波兰	51	2.1

除此之外，2022 年 2 月 24 日，俄罗斯总统普京宣布在顿巴斯地区发起特别军事行动，俄乌冲突爆发。随着俄乌冲突的不断升级，美欧国家累计对俄罗斯实施多项制裁措

施，涉及经济、能源、文化等领域，对俄罗斯经济市场与社会产生了巨大影响。俄罗斯采取一系列结构性转型措施，应对来自美欧源源不断的新制裁，一方面强化经济安全，另一方面为未来经济发展确定方向和道路。

（二）俄罗斯市场的特点

1. 市场规模大，辐射范围广

首先，俄罗斯市场拥有庞大的制造业进口比重，科技产品、基本生活消费品多依赖进口，机械、办公设备、纺织成衣、汽车及相关零配件都是其大宗进口项目，占其进口额的七成以上。同时，俄罗斯已跨入中等收入国家的行列，消费品进口的潜力不断扩大。其次，俄罗斯市场辐射力强，俄罗斯与白俄罗斯和哈萨克斯坦建设共同市场，并推动建立囊括独联体国家的自贸区，再加上与东欧、独联体国家的人缘地缘关系，俄罗斯是进入这些市场的重要跳板。

2. 消费多元化，重视产品品质

一方面，俄罗斯富裕阶层对外国奢侈品牌趋之若骛，莫斯科高级名店及百货公司分布之广、种类之多，不亚于伦敦或巴黎。另一方面，中等收入阶层也较少有储蓄的习惯，虽对外国奢侈品牌也耳熟能详，但在消费时更注重品质和售后服务是否可靠，如果性能与质量比较高，也愿意为此接受高一点的价格。同时，俄罗斯 100 多个民族的文化不同，各个区域的经济发展水平不同，也带来消费需求的多样化。

3. 发展重心偏欧洲，主要依靠大城市带动

俄罗斯的人口和经济活动集中于领土的欧洲区域，以莫斯科为中心的中央联邦区面积仅占全国的 3.8%，人口和社会消费品零售总额却可以占到全国的 1/3 左右。俄罗斯城市人口约占全国人口的 3/4，以莫斯科和圣彼得堡为代表的大城市引领整个消费潮流，追求时尚和高消费是其显著特点，平板电脑、智能手机的消费量都很大。同样，高附加值的、经典的产品，如名牌表也很受欢迎。

4. 新业态发展迅速，市场潜力巨大

近年来，俄罗斯现代零售业态的市场份额不断扩大。超市、折扣店、便利店和现购自运店都得到快速发展，大型购物中心遍布莫斯科和圣彼得堡等主要城市。外资已成为俄罗斯零售业的重要力量，欧尚是俄罗斯大型卖场的领先企业、第三大食品零售商，宜家已开设十多家综合购物中心，麦德龙在俄罗斯运营多种零售业态。莫斯科等大城市的传统零售市场数量不断削减，但从全国来看，零售市场在供应肉类、果蔬、服装、鞋袜、地毯制品上依然起着重要作用。

（三）中国参与俄罗斯市场的策略

第一，树立正确的投资理念。一般而言，外商来俄罗斯投资主要着重在回收快及获利高的行业，如贸易业、餐饮业、金融保险业及食品业等，但跨国制造业已有在俄罗斯直接设厂生产内需产品的趋势。俄方鼓励外商投资高新技术产业，既能促进产业升级，也有利于增加就业和税收。中国企业可考虑在俄罗斯生产和组装手机、电脑等电子电器产品。投资过程中要尽可能让当地享有收益，创造税收和就业。

第二，了解俄罗斯的政治生态。近年来，俄罗斯地方政府积极对外招商引资，但俄联邦政府权力很大，如不能沟通协调好联邦各部委，即便与地方政府有共识的一些项目也很难推进。此外，要维系好与主管政府部门整体的关系，争取获得信赖与好感，不能只依赖于特定人员。

第三，研究细分市场。要详细了解俄罗斯市场的独特性，研究其地域广阔、气候复杂的特点，以及由此形成的不同区域的主要商品经销结构，再确定本企业产品的市场定位和营销策略。

第四，重视产品质量。随着经济实力的提升，俄罗斯消费者对质量的要求愈来愈高。要塑造中国产品的高品质形象，实现市场的可持续开发。同时，初入市场要尽量提供有竞争力的价格以打败竞争对手，市场销路稳定后再考虑新产品以较高价格销售。

第五，组建本土营销团队。开拓俄罗斯市场，最好使用俄语，需要既懂俄语又熟悉俄罗斯法律法规的人才。俄罗斯会说英语的人口约占 5%，与西欧国家的 35%～90%相差很多。

案例 13-9

百事可乐：反向贸易打开俄罗斯市场大门

百事可乐与俄罗斯之间的反向贸易发生在卢布可兑换之前。百事可乐要击败可口可乐，开拓俄罗斯市场，唯一可行的办法就是接受俄罗斯的伏特加酒和罗马尼亚的瓶装葡萄酒，用于支付这些国家的企业建设百事可乐灌装厂的费用。这一交易为百事可乐、俄罗斯和罗马尼亚都带来了丰厚的利润。

百事可乐继续与乌克兰合作以反向贸易的方式建工厂，百事可乐同意在 8 年内负责销售价值 10 亿美元的乌克兰商用船只，一部分销售收入将投资于造船合资企业，另一部分将用于购买软饮料设备与乌克兰共同建设 5 家百事可乐灌装厂。

本章小结

国际区域市场在经济全球化大背景下迅速发展，构成了企业进行国际市场营销时不容忽视的重要区域环境。在本章，我们学习到：

（1）国际区域市场形成的原因包括经济因素、政治因素、地缘因素与文化因素。

（2）国际区域合作的六种模式以及其特点，按一体化程度由低到高可分为优惠贸易安排、自由贸易区、关税同盟、共同市场、经济联盟和完全经济一体化。

（3）北美自由贸易区的建立及特点以及北美市场与美国市场的特点。

（4）欧盟建立的过程以及欧盟市场的特点。

（5）东盟的建立以及东亚市场、日本市场与中国市场的特点。

（6）世界其他主要国际营销市场的特点，比如非洲市场、中东市场和俄罗斯市场。

关键术语

国际区域市场　国际区域合作　自由贸易区　关税同盟　共同市场
经济联盟　北美自由贸易区　欧盟　东盟

辅助材料推荐

1. 迈克尔·钦科陶，伊卡·龙凯宁. 国际市场营销学（第 10 版）. 北京：中国人民大学出版社，2015.

2. 崔新健. 国际市场营销. 3 版. 北京：高等教育出版社，2020.

3. 陈启杰，等. 现代国际市场营销学. 3 版. 上海：上海财经大学出版社，2013.

本章思考题

1. 什么是国际区域市场？国际区域市场形成的根本原因与主要因素有哪些？
2. 各种不同模式的国际区域市场之间有什么异同？
3. 北美自由贸易区是南北经济合作的成功案例，它为什么会获得成功？
4. 欧盟未来的发展会对中国产生哪些影响？
5. 中国-东盟自由贸易区会对东盟的发展产生哪些影响？

拓展阅读

青岛啤酒的国际竞争环境分析

图书在版编目（CIP）数据

国际市场营销/丁凯，黄剑，胡玫主编；陈能军，宋洋副主编. -- 北京：中国人民大学出版社，2024. 7
经济管理类课程教材. 国际贸易系列
ISBN 978-7-300-32562-0

Ⅰ. ①国… Ⅱ. ①丁… ②黄… ③胡… ④陈… ⑤宋… Ⅲ. ①国际营销-教材 Ⅳ. ①F740. 2

中国国家版本馆 CIP 数据核字（2024）第 038919 号

经济管理类课程教材·国际贸易系列
国际市场营销
主　审　黄卫平
主　编　丁　凯　黄　剑　胡　玫
副主编　陈能军　宋　洋
Guoji Shichang Yingxiao

出版发行	中国人民大学出版社		
社　　址	北京中关村大街 31 号	邮政编码	100080
电　　话	010－62511242（总编室）		010－62511770（质管部）
	010－82501766（邮购部）		010－62514148（门市部）
	010－62515195（发行公司）		010－62515275（盗版举报）
网　　址	http://www.crup.com.cn		
经　　销	新华书店		
印　　刷	天津鑫丰华印务有限公司		
开　　本	787 mm×1092 mm　1/16	版　　次	2024 年 7 月第 1 版
印　　张	19. 25 插页 1	印　　次	2024 年 7 月第 1 次印刷
字　　数	440 000	定　　价	49. 00 元

教学支持说明

1. 教辅资源获取方式

为秉承中国人民大学出版社对教材类产品一贯的教学支持，我们将向采纳本书作为教材的教师免费提供丰富的教辅资源。您可直接到中国人民大学出版社官网的教师服务中心注册下载——http://www.crup.com.cn/Teacher。

如遇到注册、搜索等技术问题，可咨询网页右下角在线 QQ 客服，周一到周五工作时间有专人负责处理。

注册成为我社教师会员后，您可长期根据您所属的课程类别申请纸质样书、电子样书和教辅资源，自行完成免费下载。您也可登录我社官网的“教师服务中心”，我们经常举办赠送纸质样书、赠送电子样书、线上直播、资源下载、全国各专业培训及会议信息共享等网上教材进校园活动，期待您的积极参与！

2. 高校教师可加入下述学科教师 QQ 交流群，获取更多教学服务

经济类教师交流群：781029042

财政金融教师交流群：766895628

国际贸易教师交流群：162921240

税收教师交流群：119667851

3. 购书联系方式

网上书店咨询电话：010－82501766

邮购咨询电话：010－62515351

团购咨询电话：010－62513136

中国人民大学出版社经济分社

地址：北京市海淀区中关村大街甲 59 号文化大厦 1506 室　100872

电话：010－62513572　010－62515803

传真：010－62514775

E-mail：jjfs@crup.com.cn